LE SÉMINAIRE

Jacques Lacan

자크 라캉 세미나

11

정신분석의 네 가지 근본 개념

Jacques Lacan

LE SÉMINAIRE

Les quatre concepts fondamentaux de la psychanalyse

자크-알랭 밀레 편
맹정현 · 이수련 옮김

새물결

옮긴이

맹정현 · 파리 8대학 정신분석학과에서 DEA를 마치고 동대학원 정신분석학 박사과정 중에 있다. 역서로 브루스 핑크의 『라캉과 정신의학』이 있다.

이수련 · 파리 8대학 정신분석학과에서 DEA를 마치고 파리 7대학 정신분석학 박사과정 중에 있다. 역서로 슬라보예 지젝의 『이데올로기라는 숭고한 대상』이 있다.

자크 라캉 세미나 11권 – 정신분석의 네 가지 근본 개념

지은이 자크 라캉 | 옮긴이 맹정현 이수련 | 펴낸이 조형준 | 펴낸곳 (주)새물결
1판 1쇄 2008년 12월 25일 | 등록 서울 제15-52호(1989.11.9)
주소 서울특별시 은평구 연서로 48길 12, 513동 502호
전화 02- 3141-8696
E-mail: saemulgyul@gmail.com
ISBN : 978-89-5559-182-8 (94180)
978-89-5559-171-2 (세트)

일러두기

1 이 책은 자크 라캉의 *Le Séminaire livre XI. Les quatre concepts fondamentaux de la psychanalyse*(Seuil, 1973)를 우리말로 옮긴 것이다.

2 프랑스어판에서는 서체를 정자체와 이탤릭체 두 가지로 사용하고 있다. 본서에서는 원문의 이탤릭체를 여러 가지 방식으로 나누어 표시했다.

(1) 단순한 강조를 나타내는 경우에는 ' ' 로 표시했다.

(2) 직접 인용이나 대화의 경우에는 " "로 표시했다.

(3) 원문에서는 프랑스어 이외의 다른 모든 언어, 즉 영어, 독일어, 라틴어, 이탈리아어 등을 이탤릭체로 표시했다. 본서에서는 프랑스어 외의 단어나 문장이 나오는 경우 원서에서와 마찬가지로 먼저 이탤릭체로 표시한 다음 옆에 한국어 뜻을 괄호 안에 넣었다. 단, '게슈탈트' 나 '해피니스' 와 같이 일반적으로 통용되는 외래어는 ' ' 안에 발음을 그대로 적었다.

(4) 옮긴이 주에서 프로이트 전집(*Gesammelte Werke*)은 약어 *GW*로 표시한 뒤 해당 권과 쪽번호를 적어주고 ( ) 안에 한국어 번역판 제목과 쪽번호를 넣었다.

3 독자의 편의를 위해 본문의 좌우 여백에 원문의 쪽번호를 표시했다.

4 단행본이나 학술지, 잡지는 『 』로, 논문이나 시, 희곡은 「 」로, 미술작품이나 영화작품 등은 < >로 표시했다.

5 주요 번역어 선정을 비롯해 번역 전반에 관한 원칙을 설명한 '옮긴이 노트' 를 수록했다.

옮긴이 노트

1 이 책은 프랑스 정신분석가 자크 라캉(1901~1981)의 열한번째 세미나를 우리말로 옮긴 것이다. 본래의 세미나는 1963~1964년 고등사범학교(ENS)에서 시행되었고, 텍스트는 세미나 편자인 자크-알랭 밀레(Jacques-Alain Miller)에 의해 확정되어 1973년 출간되었다. 반면 이 책의 후기는 출간된 해인 1973년 라캉에 의해 쓰인 것이다.

2 열한번째 세미나 제목 *Les quatre concepts fondamentaux de la psychanalyse*는 정신분석 입문을 위한 기본 개념이 아니라 정신분석의 토대(fondement), 정신분석을 바로 세우기 위한 초석으로서의 네 가지 개념('무의식', '반복', '충동', '전이')을 의미한다는 점에서 '정신분석의 네 가지 근본 개념'이라 옮겼다.

3 본서에서는 Autre와 autre를 기존 역어인 대타자, 소타자가 아닌 '타자'로 통일하고 대신 Autre는 고딕체로, autre는 정자체로 표기해 구별했다(2장의 옮긴이 주 20 참조). signifiant은 '시니피앙'으로, signfication은 '의미효과'로, signifiance는 '시니피앙스'로 옮겼으며, objet *a*는 '대상 *a*'로, pulsion은 '충동'으로 옮겼다. 국내에 '응시'와 '시선'으로 번역되어온 regard와 œil는 각각 '응시'와 '눈'으로 번역했다. discours는 '담화'라고 번역했으나 라캉의 세미나를 가리키는 맥락에서는 '강의'로 옮기기도 했다. bord는 가두리로, topique과 topologie는 각각 '지형학'과 '위상학'으로 옮겼으며, le symbolique, l'imaginaire, le réel은 각각 '상징적인 것', '상상적인 것', '실재' 혹은 '실재적인 것'으로 옮겼다. 이 외에 적절한 우리말 번역어를 찾기 어렵다고 판단한 경우에는 조어를 해서 새로운 번역어를 제시했다. 본서 2부를 이해하는 데 핵심적인 어휘인 scopique, invocant을 각각 '시관적(視觀的)', '호원적(呼願的)'으로 번역한 것이 그러한 예이다(2장의 옮긴이 주 2와 8장의 옮긴이 주 12 참조). 이에

따라 pulsion scopique은 '시관 충동'으로, pulsion invocante는 '호원 충동'으로 옮겼다.

4 원문이 저술이 아니라 구술 세미나에 토대를 두고 있기 때문에, 번역을 하면서 어휘와 문장 수준뿐 아니라 담화 전체, 그리고 언표 행위의 수준까지 동시에 고려했음을 밝혀둔다. 또 세미나가 완성된 개념이 아니라 개념이 형성되는 과정을 제시한다는 점에서, 이미 규정된 개념에 의해 용어를 고정시키기보다는 되도록 용적이 넓은 용어를 사용했으며 대신 용어들의 관계 속에서 의미가 파악될 수 있도록 했다. 다만 어휘들이나 구절들 사이의 의미론적 간극이 넓은 경우 〔 〕안에 필요한 단어나 구절을 넣어 보다 명확하게 의미가 전달되도록 했으며, 윤리(학)의 경우에서처럼 첨가 가능한 말은 ( ) 안에 넣어 표시했다.

5 본서의 모든 주석은 원문에는 없는 것으로 옮긴이가 작성한 것이다. 옮긴이 주에는 원문에 대한 주해나 용어 설명보다는 서지와 참고사항 등 독서에 필요하다고 판단되는 최소한의 사항들을 주로 담았다. 이 책에 대한 상세한 소개와 해제에 관련해서는 향후 별도의 주석서가 출간될 예정이다.

6 이 책을 번역하는 데 도움을 주신 분들께 감사의 말을 전하고 싶다. 『세미나』의 한국어 번역을 허락해주신 자크-알랭 밀레 선생님, 세미나를 통해 정신분석 이론뿐 아니라 임상의 의미를 일깨워주신 파리 8대학 정신분석학과의 마리-엘렌 브루스(Marie-Hélène Brousse) 선생님, 개인적인 연구와 번역에 지속적인 관심과 애정을 보여주신 야스민 그라세(Yasmine Grasser) 선생님께 감사드린다. 또 거친 원석을 가공하는 고된 작업에 기꺼이 동참해주신 새물결 출판사 편집부 김재훈씨, 특히 누구보다도 이 책이 나오기까지 오랜 시간 동안 지켜봐주시고 격려와 조언을 아끼지 않으신 조형준 주간님께 깊은 감사의 마음을 전한다.

차 례

타자의 장, 그리고 전이로의 회귀

결론지어야 할 나머지

1

파문

어떻게 해서 권한을 부여받았는가?
순수하게 희극적인 요소
실천이란 무엇인가?
과학과 종교 사이
히스테리증자와 프로이트의 욕망

신사 숙녀 여러분, 7

고등실천연구원École pratique des Hautes Études 제6분과 초청으로 이번에 제가 맡게 된 일련의 강좌[1]에서는 정신분석의 토대에 관해 말해볼까 합니다.

오늘은 제가 정신분석의 토대라는 제목에 어떤 의미를 부여하고 또 어떤 방식으로 그것을 실현시키고자 하는지를 지적하는 선에서 그치기로 하겠습니다.

전부는 아니더라도 여기 계신 분들 대부분이 저에 대해 알고 계시겠지만 그래도 먼저 여러분에게 제 소개를 드려야 할 것 같습니다. 현 상황에서는 본론으로 들어가기에 앞서 우선 '제가 어떻게 해서 이런 〔이 주제에 대해 말할 수 있는〕 권한을 부여받았는가?' 하는 문제를 제기해보는 것이 적절해 보이기 때문입니다.

10년 동안 정신분석가들을 대상으로 소위 세미나라고 하는 것을 했다는 소문 덕분에 저는 여기 계신 여러분 앞에서 정신분석의 토대라는 주제에 대해 말할 수 있는 권한을 부여받았습니다. 여기 계신 몇몇 분들은 이미 아시겠지만 저는 진정 제 인생을 다 바쳤던 직무에서 물러났습니다. 이른바 정신분석협회, 더 구체적으로는 바로 그러한 직무를 저에게 맡긴 협회 내부에서 일어난 사태들 때문이었지요.

그렇다고 해서 그 직무를 다른 곳에서 수행하지 못할 만큼 제 자격에 문제가 있는 것은 아니라는 의견이 있을 수도 있겠지요. 하지만 그렇다고 해도 이는 문제를 잠시 보류하는 것이겠지요. 제가 하던 것을 '재개하는' 것일 뿐이지만, 오늘 할 수 있다면 새로운 단계가 될 이 수업을 시작하기에 앞서 먼저 제가 이렇게 여러분 앞에 설 수 있도록 자리를 마련해주신 고등실천연구원의 학장이신 페르낭 브로델 선생께 감사의 뜻을 전하고 싶습니다. 선생께선 제가 감사를 전하는 이 자리에 형편상 참석할 수 없어 유감이라는 말씀을 전해오셨습니다. 특히 제 강의의 유형과 평판에 대해서밖에 알지 못하시면서도 이번에 제가 처한 난처한 상황에 대해 묵묵히 침묵만 지키고 있지 않도록
8 대책을 강구해주신 그분의 고매한 기품에 경의를 표하는 바입니다. 고매함이란 단어야말로 저같이 피난민 처지에 있는 사람을 환대해준 분의 태도를 가리키기에 적격이라는 생각이 드는군요.

브로델 선생이 이처럼 신속하게 조치를 취해주실 수 있었던 것은 제 친구 레비스트로스의 배려 덕분으로, 그가 오늘 이 자리에 기꺼이 참석해주어 참으로 기쁘게 생각합니다. 그가 이렇게 제 연구에 가져주는 관심이 제게 얼마나 소중한지를 그도 알고 있을 겁니다. 제 연구는 그의 연구와 교신하는 가운데 이뤄졌지요.

또한 이 자리를 빌어 제게 호의에 가까운 공감을 표해주신 모든 분들께 감사드립니다. 특히 고등사범학교École normale supérieure 총장이신

로베르 플라슬리에르Robert Flacelière 선생은 이 강의실을 고등실천연구원이 자유롭게 이용할 수 있도록 배려해주셨지요. 그러한 배려가 없었더라면 이 자리에 참석하신 이렇게 많은 분들 — 이 점에 대해 여러분께 진심으로 감사의 말씀을 드립니다 — 을 과연 어떻게 맞이했을지 모르겠습니다.

이 모든 것은 제 강의의 '기지base', 장소적인 의미뿐 아니라 군사적인 의미에서의 기지와 관련되어 있습니다. 자, 그러면 이제 본래의 주제인 정신분석의 토대에 관해 살펴보도록 하겠습니다.

1

정신분석의 토대를 이루는 것에 관해 말하자면 제 세미나는 처음부터 그것에 '내포되어' 있었다고 할 수 있습니다. 제 세미나는 정신분석의 토대 확립에 구체적으로 기여했기 때문에 그러한 토대의 한 요소였다고 할 수 있지요. 제 세미나는 정신분석의 실천praxis 자체의 일부를 이루며, 그 실천 내부에 있으면서 그 실천을 이루는 한 요소, 즉 정신분석가 양성을 목표로 하고 있으니 말입니다.

얼마 전에 저는 아이러니하게도 — 아마도 임시적으로, 하지만 또한 제가 처한 난처한 사정으로 인해 달리 더 나은 방법이 없었기 때문에 — 정신분석이란 무엇인가에 대한, 정신분석가들이 배포하는 치료법이란 과연 무엇인가에 대한 기준을 규정할 기회가 있었습니다. 본인이 편집한 백과사전에 실린 것이니 오늘 이 자리에 계신 앙리 에Henry Ey 선생은 해당 논문[2]을 기억하실 겁니다. 선생이 이 자리에 계시는 만큼 어떻게 해서든 제 논문을 백과사전에서 삭제해버리려는 시도가 얼마나 집요했는지를 훨씬 더 생생하게 떠올려볼 수 있을 것 같습니다. 다들 아시다시피 선생께선 제게 커다란 호의를 보여주셨지만 결국 편집위원회 — 분명히 그중 몇 사람은 정신분석가였습니다 — 의 공작을 저지하기에는 역부족이었지요. 저는 저의 몇몇 텍스트들을 함께 묶은 선집에 앞의 논문을 수록할 예정인데 그 책이 출간되면 여러분은 제 논문이 시사성을 상실했는지 아닌지를 판단하실 수 있을 겁니다. 지금 제가 여러분 앞에서 거론하고 있는 문제들이 그 논문에서 제기했던 것과 동일한 것이고 제가 현재 처해 있는 상황이
9 여전히 전과 똑같은 질문, 즉 '정신분석이란 무엇인가?' 라는 질문을 제기하고 있는 만큼, 저로서는 전혀 그렇지 않다고 생각합니다.

분명 '정신분석이란 무엇인가?' 라는 질문과 관련해선 몇 가지 애매한 점이 있습니다. 위의 논문에서 지적한 바 있듯이[3], 이 질문은 항상 박쥐 같은 성격을 지니고 있습니다. 이 질문을 명약관화하게 검토하는 것, 그것이 당시 제 논문의 취지였는데, 오늘 어떤 위치에서 여러분께 그것을 다시 제시해야 하건 간에 저는 바로 그러한 취지로 다시 되돌아가볼 생각입니다.

사실 이 문제를 다시 다루기 위한 입지가 바뀌었습니다. 이제 완전히 안에 있지도 않지만, 그렇다고 밖에 있다고도 볼 수 없게 된 것이지요.

그저 가십거리 삼아 이 일을 떠올리는 게 아닙니다. 다음과 같은 사실을 지적한다면 여러분은 제가 괜한 가십이나 이런저런 논쟁에 기대어 이런 이야기를 하는 게 아니라는 걸 아실 겁니다. 즉 제 수업이라고 일컬어졌던 것이 '국제정신분석협회International Psychoanalytical Association' 라 불리는 국제 조직의 소위 '집행위원회' 로부터 검열을 당했다는 건데요. 전혀 평범하지 않은 검열이었지요. 결국 제 강의를 정신분석가의 자격 부여와 관련해선 '무효' 로 간주하며 금지해버렸고,

그 금지를 제가 속한 정신분석협회가 국제정신분석협회에 가입되는 조건으로 제시했으니 말입니다.

그런데 그것으로 충분하지 않은 모양입니다. 정신분석가 양성에 관한 한 제 수업이 '두 번 다시는' 재개되지 않을 것을 보장할 때만 가입을 받아들인다고 명시하고 있습니다.

따라서 여기서 문제는 실로 다른 분야에서라면 대파문[4]이라 불리는 것과 비견될 만한 것입니다. 그래도 그 용어가 사용되는 분야에서는 복귀의 가능성이 없이 그것이 선포된 적은 없었습니다.

파문이 복귀의 가능성 없이 존재하는 곳은 오직 '유대 예배당 synagogue' 이라는 의미심장한 상징적 용어로 지칭되는 어떤 종교 단체뿐이며, 바로 스피노자가 그 대상이었지요. 묘하게도 프로이트 탄생 200년 전인 1656년 7월 27일에 스피노자는 '헤렘kherem', 즉 대파문에 준하는 파문의 대상이 되었습니다. 그런 다음 얼마 뒤 그는 '샴마타 chammata' 의 대상이 됩니다. 즉 다시는 되돌아올 수 없다는 조항이 추가되었지요.

다른 곳에서도 마찬가지이지만 여기서 제가 비유적인 놀이나 하고 있다고 생각하지는 말아주십시오. 만약 그렇다면 그것은 우리가 다뤄야 할 장場의 중대성이나 규모에 비추어볼 때 너무나 유치한 놀이가 되겠지요. 여러분도 곧 아시게 되겠지만 제 생각에 그러한 사실〔파문〕은 그것이 불러일으키는 반향뿐 아니라 그것이 함축하고 있는 구조 때문에도 정신분석 실천에 대한 우리의 문제제기에 핵심적인 어떤 것을 끌어들입니다.

불가능한 일은 아니겠지만 정신분석 단체를 하나의 교회와 같은 것으로 취급하려는 것은 아닙니다. 그럼에도 이 단체 안에 어떤 종교 10
적 실천을 연상시키는 것이 있을 수 있지 않나 하는 문제가 제기된다는 점에는 의심의 여지가 없습니다. 어쨌든 제가 오늘 제시하게 될 다른 모든 것과 마찬가지로 앞으로 그러한[파문이라는] 사실이 유용하게 쓰일 것이라는 확신이 없었다면, 저는 그 안에 뭔지 모를 추문의 기미가 만연해 있는 그 사실을 강조하지도 않았을 겁니다.

그렇다고 제가 이러한 상황에 놓인 것에 무관심한 사람이라는 이야기는 아닙니다. 더욱이 그것이 제게 우스갯거리라는 의미에서의 희극의 소재일 것이라고는 생각하지 말아주십시오. 이는 추측컨대 제가 중간에 내세운 인물[5], 즉 제가 방금 참고인 또는 선례로서 주저하지 않고 환기했던 인물에게도 마찬가지였을 겁니다. 그럼에도 말이 나온 김에 말씀드리고 싶은 것은 저는 이 우회로에 담긴 어마어마한 희극적 차원에 속하는 무언가를 간과할 수 없었다는 겁니다. 그 희극적 차원은 앞서 제가 파문이라 부른 수준에서 벌어졌던 것을 말하는 것이 아닙니다. 오히려 그것은 지난 2년간 제가 처해 있던 상황에서 유래합니다. 즉 저는 다름 아닌 저의 동료나 제자의 위치에 있던 사람들에 의해 제가 '거래의 대상' 이 되었다는 것을 알고 있었던 겁니다.

문제의 핵심은 과연 어떤 잣대에 의해, 분석가 자격을 부여하는 제 수업의 가치에 관한 양해가 다른 한편 그렇게 해서 취득되는 협회의 국제적인 자격과 맞교환될 수 있는지를 아는 것이었기 때문이지요. 뒤에서 이 문제를 다시 살펴보겠지만 저는 엄밀히 말해 그러한 상황이야말로 막상 닥치게 되면 희극의 차원에서 체험될 수 있는 것이라는 점을 이번 기회를 빌어 꼭 지적하고 싶습니다.

제 생각에 이것은 오직 정신분석가에 의해서만 제대로 파악될 수 있는 것입니다.

인간의 존엄성이니 인권이니 하고 떠들어대는 것과는 정반대로 인간 주체가 거래의 대상이 되는 일이 그렇게 보기 드문 상황은 아닐 겁니다. 누구나 어떤 순간, 또 어떤 수준에서든 거래의 대상이 될 수 있습니다. 사회 구조에 대해 조금이라도 진지하게 생각해보면 그것이 교환으로 성립된다는 것을 알 수 있기 때문입니다. 여기서 문제가 되는 교환은 개인들의 교환, 즉 다른 분야에서라면 주체라고 불렸을, 소위 신성한 자율권을 가지고 있다고 여겨지는 사회적 매체들 사이의 교환이라 할 수 있습니다. 다들 아시다시피 정치는 거래로 이뤄집니다. 즉 소위 시민이라 불리는 주체들을, 이 경우에는 수백만의 사람을 도매금으로 한꺼번에 거래하는 것입니다. 따라서 이런 점에서는 제 상황도 전혀 예외적인 것이 아닙니다. 방금 제가 동료나 제자라고까지 불렀던 사람들에 의해 거래되다 보니 가끔 밖에서는 전혀 다른 이름으로 불리기도 하지만 말입니다.

그러나 분석을 통해 잘 드러나듯 주체의 진실은 이 주체가 주인의 입장에 있을 때조차 주체 자신이 아니라 대상 속에, 본성상 베일 속에 감춰져 있는 대상 속에 있습니다. 바로 이 대상을 불쑥 드러나게 하는 일이야말로 순수하게 희극적인 것의 기본이 되겠지요.

제 생각으로는 바로 이러한 차원을 지적할 필요가 있는데, 특히 저 자신이 그러한 상황에 대한 산 증인이라는 위치에서 그렇게 할 필요가 있습니다. 결국 이런 경우 누군가가 외부에서 그것을 증언한다면, 그것은 공연히 부끄러운 것으로 여겨지면서 터무니없는 함구의 대상이 되기 십상이기 때문이지요. 내부의 위치에서 저는 이러한 희극적 차원이 지극히 근거 있는 것임을 여러분에게 증언할 수 있습니 11
다. 저는 분석적 관점에서 희극적 차원이 충분히 체험 가능한 것이며, 심지어 그러한 차원을 지각함으로써 그것을 뛰어넘게 되는 어떤 방식을 통해서도, 다시 말해 유머 — 유머란 정신분석적 관점에서 보면 희극적인 것에 대한 인정에 불과합니다 — 라는 관점에서도 충분히 체험 가능한 것임을 증언할 수 있습니다.

이러한 지적은 제가 정신분석의 토대와 관련해 제시하는 것에서 벗어나 있지 않습니다. 실제로 '토대'[6]라는 말은 하나 이상의 의미가 담긴 중의적인 용어입니다. 이 말이 신이 모습을 드러내는 방식 중의 하나를 가리킨다는 점을 환기시키기 위해 굳이 카발라[7]를 언급할 필요는 없겠지요. 카발라에서 그러한 방식은 정확히 *pudendum*(치부)[8]과 동일시됩니다. 그럼에도 만약 분석 담화에서 우리가 주목하는 것이 바로 이 *pudendum*이라면 어쨌든 그것은 굉장한 일이 될 겁니다. 아마 여기서 토대는 '밑바닥〔내막〕dessous' 이라는 형태를 띠게 되겠지요. 그 밑바닥〔내막〕이 조금이라도 이미 드러나 있는 게 아니라면 말입니다.

몇몇 외부 인사들은 제게서 분석을 받았던 사람들, 심지어 지금도 여전히 분석을 받고 있는 사람들이 그러한 거래에 관여했으며, 그것도 아주 적극적으로 가담했다는 사실에 놀랄 수도 있을 겁니다. 그리고 저와 제 피분석자 사이에 분석의 가치 자체를 의문시할 수도 있는 어떤 불협화음이 있는 게 아니라면 어떻게 그런 일이 가능할 수 있을까 의아해할지도 모르겠습니다. 그런데 여기서 추문거리가 될 수 있는 것으로부터 출발해야 우리는 '교육 분석' — 정신분석에 관한 모든 출판물에서 아주 모호한 상태로 방치되어온 바로 그 실천 또는 그러한 실천의 단계 — 이라 불리는 것을 좀더 명확하게 파악하고, 또 그것의 목적과 한계와 효과를 조명할 수 있지 않을까 합니다.

이제 더이상 *pudendum*의 문제가 아닙니다. 문제는 바로 정신분석에서 무엇을 기대할 수 있고 기대해야 하는지를, 또 걸림돌이나 실패로 인정해야 하는 것이 무엇인지를 아는 것입니다.

바로 이런 이유에서 저는 여기서 조금의 가감도 없이 〔파문이라는〕 한 가지 '사실'을 하나의 대상으로 제시할 필요가 있다고 생각했던 겁니다. 저는 여러분이 이 '사실'의 윤곽과 함께 그것을 어떤 식으로 다룰 수 있는지를 좀더 명쾌하게 이해할 수 있기를 바랍니다. 또 바로 그렇기 때문에 저는 이 '사실'을, 여러분에게 넓은 의미에서 '정신분석의 토대는 무엇인가?'라는 질문을 던지면서 지금 제가 논의해야 할 것의 출발점으로 삼았던 겁니다. 그 질문은 결국 '정신분석을 실천으로 정초짓는 것은 무엇인가?'라는 질문이 될 겁니다.

2

실천이란 무엇일까요? 이 용어는 정신분석에 부적절하다고 간주되고 있지만 저는 그렇게 생각하지 않습니다. 실천이란 그것이 무엇이건 상징적인 것을 통해 실재적인 것을 다룰 수 있도록 인간에 의해 의도된 행동을 가리키는 매우 포괄적인 용어이지요. 그 가운데 다소간 상상적인 것을 만나게 된다는 사실은 부차적인 가치밖에 없습니다.

따라서 실천에 대한 이러한 정의는 아주 멀리까지 확대될 수 있습니다. 그렇다고 해서 디오게네스가 인간을 탐구하듯이 정신분석을 12
매우 다양화된 온갖 실천의 장에서 탐구하려는 것은 아닙니다. 오히려 우리는 우리의 관점에서 정신분석을 고수할 것이며, 이는 곧바로 우리를 충분히 한정되어 있고 명시 가능한 실천의 지점들로 이끌게 될 겁니다.

저는 제가 문제에 접근하기 위해 염두에 둔 두 가지 용어를 별다른 이행 과정 없이 소개하면서도 — 이 말을 아이러니하게 받아들일 필요는 전혀 없습니다 — 먼저 이렇게 단언하고 싶습니다. 제가 여기에, 이 강의실에, 이러한 장소에 이렇게 많은 청중 앞에 선 것은 저 자신에게 '정신분석이 하나의 과학인지'를 묻고 그것을 여러분과 함께 검토하기 위해서라고 말입니다.

정신분석과 관련해 참조되는 또다른 것으로는 종교가 있는데, 앞서 종교에 대해 언급하면서 저는 그것이 오늘날의 의미에서의 종교를, 멀리 원시적 사유 형태로 퇴행한 박제화되고 체계화된 종교가 아니라 지금도 여전히 살아 실천되고 있는 종교를 가리킨다는 것을 명시한 바 있습니다. 종교와 과학, 이 두 영역 중 어디에 속할 만하냐의 여부와는 상관없이, 정신분석은 우리가 두 용어를 어떻게 이해해야 할지를 조명해줄 수 있습니다.

무엇보다 한 가지 오해를 피하고 싶습니다. 정신분석은 어쨌든 하나의 탐구recherche라고 말할 사람도 있을 겁니다. 그러나 밝혀두건대 저는 탐구라는 말을 신뢰하지 않습니다. 특히 근래 들어 탐구라는 말을 거의 모든 것의 잣대[9]로 쓰고 있는 것처럼 보이는 당국자들에게 이를 분명히 말하고 싶습니다. 개인적으로 저는 한 번도 저 자신이 탐구자라고 생각해본 적이 없습니다. 언젠가 주변 사람들에게 큰 논란거리가 되었던 피카소의 말처럼 "저는 찾지 않습니다. 저는 발견합니다".

게다가 소위 과학적 탐구의 장에는 누구나 인정할 수 있는 두 개의 영역, 즉 탐구의 영역과 발견의 영역이 있습니다.

특이하게도 이는 과학이라 규정될 수 있는 것에서 아주 잘 구획되어 있는 어떤 경계선과[10] 일치합니다. 여하튼 무언가를 찾아나서는 탐구와 종교적인 영역 사이에는 어떤 유사성이 있습니다. 종교적인 영역에서는 흔히 이렇게 말합니다. "네가 이미 나를 발견하지 못했다면 나를 찾으려 할 수도 없을 것이다." '이미 발견했다' 가 항상 배후에 있지만, 그것에는 망각에 속한 무언가의 낙인이 찍혀 있습니다. 이렇게 해서 자족적인 무한정한 탐구가 열리는 게 아닐까요?

지금 이 시점에 탐구가 우리의 관심을 끄는 것은 이 논쟁과 관련해 오늘날 인간과학이라 불리는 차원에서 이뤄지고 있는 어떤 것 때문입니다. 정확히 말하자면 인간과학에서는 '해석학적 요구'[11]라 부를 수 있는 것이 모든 발견자의 발걸음 밑에서 불현듯 나타나는 것을 볼 수 있다는 것인데요. 이는 바로 탐구에 대한 요구입니다. 항상 새로우면서도 결코 다 헤아릴 수 없는, 그러나 다 자라기도 전에 발견자에 의해 베어질 위험이 있는 의미효과signification를 탐구하려는 요구이지요.

그런데 이 해석학은 우리 같은 분석가들에게도 관심의 대상입니다. 왜냐하면 많은 식자들이 해석학이 제시하는 바와 같은 의미효과의 발달 경로를 정신분석에서 말하는 '해석' 과 혼동하고 있기 때문입니다. 정신분석의 해석이 결코 위에서 말한 해석학과 같은 의미로 여 13
겨질 수 없음에도, 해석학은 정신분석의 해석을 기꺼이 자기편으로 받아들이는 경향이 있습니다. 이러한 측면에서 적어도 정신분석과 종교적인 영역 사이에는 대화의 통로가 하나 있는 셈이죠. 이 점에 대해서는 적당한 기회에 다시 살펴볼 생각입니다.

따라서 정신분석이 과학이라 불릴 수 있으려면 좀더 많은 것이 요구되어야 할 겁니다.

과학을 특징짓는 것은 그것이 하나의 대상을 갖고 있다는 점입니다. 과학은 적어도 '실험[경험]expérience' 이라 불리는 어떤 재생 가능한 차원의 조작에 의해 한정되어 있는 하나의 대상을 통해 규정된다는 주장이 있을 수 있습니다. 하지만 섣불리 단정하진 말아야 하는데,

왜냐하면 이 대상은 특이하게도 과학이 진화함에 따라 변화를 겪기 때문입니다. 현대 물리학의 대상은 17세기의 물리학이 탄생할 당시의 대상과 동일하다고 볼 수 없습니다. 또한 현대 화학의 대상이 과연 라부아지에 시대까지 거슬러 올라가는 탄생기 화학의 대상과 동일한 것일까요?

이렇게 지적한다면 아마 우리는 어쩔 수 없이 전술상으로라도 후퇴한 다음 다시 실천으로부터 출발하지 않을 수 없을 겁니다. 그리고 실천이 하나의 장을 규정한다는 사실을 명심하면서, 우리는 만물박사라곤 할 수 없는 현대 과학자가 규정되는 것은 바로 이러한〔실천에 의해 규정되는〕 장의 수준에서가 아닌지를 자문해야 합니다.

저는 모든 과학이 하나의 통일된 체계, 소위 세계라는 체계에 의거해야 한다는 뒤엠[12]의 주장을 받아들일 수 없습니다. 그런 것에 의거한다는 것은 동일성을 확인해야 할 필요성에 의거하는 것이기 때문에 언제나 종국에 가선 다소간 관념론적인 것이 되어버리지요. 사실 저는 우리에게는 실증주의자의 입장 속에 함축되어 있는 초월적인 보완물, 항상 모든 장들의 어떤 궁극적인 통일성에 의거하고 있는 보완물이 필요 없다고까지 말하고 싶습니다.

결국 그러한 주장은 논란의 여지가 있으며 잘못된 것으로 간주될 수도 있는 만큼, 우리는 그것과 더욱더 거리를 두게 될 겁니다. 과학의 나무가 하나의 줄기만을 가질 필요는 전혀 없습니다. 그렇다고 많은 줄기가 있다고 생각하는 것도 아닙니다. 아마 『성서』의 「창세기」 1장을 본따 두 개의 상이한 줄기가 있다고 할 수 있겠지요 — 다소 몽매주의에 물들어 있는 이 신화에 특별한 중요성을 부여하고자 하는 것은 아니지만 그렇다고 정신분석이 그러한 점을 분명하게 해주리라는 것을 기대하지 못할 이유는 없지 않을까요?

그러나 어떤 실천의 장으로 이해된 실험〔경험〕이라는 개념에만 머무는 것으로는 과학을 정의하기에 충분치 않다는 사실을 쉽게 확인할 수 있을 겁니다. 실제로 그러한 정의는 가령 신비 체험〔경험〕에도 아주 훌륭하게 적용될 수 있기 때문입니다. 심지어 바로 이 문을 통해 신비 체험〔경험〕이 다시금 과학적 고찰의 대상이 되며 우리는 이러한 체험〔경험〕을 과학적으로 파악할 수 있다고까지 여길 수도 있습니다. 그러나 거기에는 일종의 애매함이 존재합니다. 즉 어떤 체험〔경험〕을 과학적으로 검토하게 되면 항상 이 체험〔경험〕이 그 자체로 과학적으로 존립할 수 있다고 이해하게 될 우려가 있습니다. 그러 14
나 신비 체험〔경험〕을 과학에 재편입시킬 수 없다는 것은 자명합니다.

한 가지만 더 지적하겠습니다. 과학은 하나의 실천에 의해 결정되는 장에 근거한다는 규정을 적용해 연금술에 과학의 지위를 부여하는 것이 과연 가능한 일일까요? 저는 최근에 디드로의 『전집』에는 실려 있지 않지만 분명히 그가 쓴 것으로 보이는 어떤 소책자를 다시 읽었습니다. 라부아지에에 의해 화학이 탄생했음에도 불구하고 디드로는 이 책의 처음부터 끝까지 화학이 아니라 연금술에 대해 이야기하고 있습니다. 그것도 그만의 명민한 정신으로 말입니다. 디드로가 수세기에 걸쳐 우리에게 들려주는 현란한 이야기들에도 불구하고, 우리가 연금술은 결국 과학이 아니라고 단언할 수 있는 이유는 무엇일까요? 제가 보기에 무언가 결정적인 것이 있습니다. 즉 〔연금술에서는〕 조작자의 영혼이 지닌 순수성이야말로 그 자체로, 그리고 그 이름에 걸맞게 사태의 본질적인 요소였던 겁니다.

잘 아시겠지만 이러한 지적은 부차적인 게 아닙니다. 정신분석이라는 연금술[13]에서 분석가의 현존과 관련해 이와 비슷한 주장을 하면서, 아마도 우리의 교육 분석이 추구하는 게 그런 것이 아니냐는, 더군다나 제가 최근 강의들에서 온갖 방법을 동원해 그리고 극히 공개적인 방식으로, 분석가의 욕망이란 어떤 것인가라는 물음으로 저 핵심적인 지점을 겨냥해 이야기한 것도 그와 똑같은 것이 아니냐는 주장이 나올 법도 하니 말입니다.

3

분석을 올바르게 수행하기 위해선 분석가의 욕망은 어떤 것이어야 할까요? 이 질문을 우리의 장의 경계선 밖에 내버려둬도 좋을까요? 과학, 가장 확실하다고 하는 유형의 현대 과학들에선 실제로 이러한 질문이 제기되지 않고 있기에 드리는 말씀입니다. 가령 거기서는 아무도 물리학자의 욕망이 어떤 것인지를 묻지 않습니다.

오펜하이머[14] 같은 사람이 우리에게 현대 물리학의 기저에 자리잡고 있는 욕망에 대해 묻게 되려면 실제로 어떤 위기들이 있어야 합니다. 하지만 그 밖에는 누구 하나 이 점에 주목하지 않습니다. 다들 그것이 정치적인 에피소드라고 믿을 뿐입니다. 그러한 욕망은 연금술의 대가들에게 요구되는 것과 동일한 차원에 속하는 것일까요?

어쨌든 정신분석가의 욕망은 그것이 정신분석가 양성이라는 문제에 의해 가정되고 있는 이상 절대로 논외로 처리될 수 없습니다. 교육 분석은 다름 아니라 제가 저의 대수학에서 분석가의 욕망이라 지칭한 바로 그 지점으로 분석가를 인도하기 위한 것입니다.

여기서도 역시 저는 잠시 이 문제를 열어놓아야 합니다. 여러분은 제가 그냥 적당히 여러분을 농업은 과학인가라는 식의 질문으로 유도하고 있다고 느끼실 테니 말입니다. 이 질문에 대해 어떤 이는 그렇

다고 대답할 테고, 또 어떤 이는 아니라고 대답할 겁니다. 이러한 예 15
를 든 이유는 다름 아니라 여러분이 그래도 하나의 대상에 의해 규정되는 농학과 하나의 장에 의해 규정되는 농학을, 즉 농기술agriculture과 농과학agronomie을 구분하고 있다는 것을 시사하고 싶어서입니다.[15] 이를 토대로 저는 하나의 확실한 차원, 즉 '공식화公式化'의 차원을 등장시킬 수 있습니다 — 이는 초보적인 수준의 이야기지만 필수적으로 거쳐야 하는 것입니다.

공식화만으로 과학의 조건을 정의하기에 충분할까요? 저는 결코 그렇지 않다고 생각합니다. 가짜 과학도 진짜 과학처럼 공식화될 수 있겠지요. 따라서 과학이라고 가정된 정신분석이 다분히 논란의 여지를 안고 있는 이상, 문제는 그리 단순하지 않습니다.

정신분석에서 공식은 무엇에 관한 것일까요? 무엇이 대상의 미끄러짐을 초래하고 그것이 변주되게 만드는 걸까요? 즉석에서 만들어지는 정신분석 개념이라는 게 있을까요? 프로이트가 분석 경험을 구조화하기 위해 제안한 용어들이 마치 종교처럼 고수되는 것은 무엇 때문일까요? 이는 과학의 역사 속에서 일어난 아주 놀라운 사실, 즉 프로이트가 이 가상의 과학에 근본 개념들을 도입한 최초의 인물이자 유일한 인물이라는 사실에서 비롯된 것일까요? 그러한 몸통, 버팀대, 기둥이 없다면 도대체 우리의 실천을 어디에 정박시킬 수 있을까요? 문제의 관건이 진정한 의미에서의 개념에 있다고 말할 수 있는 것일까요? 그것들은 형성 중인 개념일까요? 발전하고 운동하는 개념, 재고되어야 하는 개념일까요?

이러한 질문과 관련해서라면 우리는 '정신분석이 과학인가'라는 물음을 해결하는 것을 목표로 하는 작업의 길, 정복의 길이라고밖에 할 수 없는 어떤 길 속에서 이미 일정한 진전을 보았다고 주장할 수도 있을 겁니다. 하지만 분명 정신분석가 외에는 아무도 거들떠보지 않는 재미없고 지겹고 따분한 일련의 정신분석 문헌이란 것 속에 들어있는 모든 이론적인 논의의 중심에서 프로이트의 개념들이 그대로 유지되고 있다 해도 달라질 것은 아무것도 없습니다. 여전히 프로이트의 개념들을 이해하기에는 한참 부족하며, 그 개념들 중 대부분은 왜곡되고 변질되고 단편화되었고, 지나치게 난해한 개념들은 그대로 폐기되어버렸지요. 가령 좌절frustration이라는 개념을 둘러싼 모든 논의는 이 개념을 파생시킨 프로이트의 개념들에 비춰볼 때 분명히 퇴보해 억측에 가까운 것이 되어버렸습니다.

마찬가지로 제 주위에서 볼 수 있는 아주 드문 예외적인 경우들을 제외하고는 이제 아무도 오이디푸스 콤플렉스의 삼항 구조나 거세 콤플렉스에 관심을 두지 않습니다.

페니헬 같은 저자가 수집광처럼 자료를 열거해가면서 그간 경험을 통해 축적된 모든 자료를 평면적으로 정리하는 것으로는[16] 정신분석에 이론적 지위를 보증해주기에 턱없이 부족하지요. 물론 상당량의 사실을 수집하고 그것을 몇 개의 장章으로 분류하는 것이 전혀 쓸모없는 짓은 아닙니다 — 그 장場 전체에 걸쳐 모든 것이 미리 설명되어 있다는 인상을 받을 수 있지요. 그러나 하나의 사례에서 이론의 변별적 특질을 찾아내 그것으로 왜 당신 딸이 말을 하지 않는지를[17] 설명할 수 있다고 생각한다면, 그것은 정신분석이 아닙니다. 왜냐하면
16 핵심은 '그녀가 말하게' 하는 것이며, 이러한 효과는 변별적 특질을 참조하는 것과는 전혀 무관한 유형의 어떤 개입으로부터 비롯되기 때문입니다.

분석은 바로 그녀가 말을 하도록 하는 데 있기 때문에 분석이 궁극적으로 무언증mutisme을 제거하는 것으로 요약된다고 말할 수 있을

지도 모르겠습니다. 이것이 바로 한때 저항 분석analyse des résistances이라 일컬어졌던 것이지요.

여기서 증상은 우선 말을 한다고 가정된 주체에게 나타난 무언증입니다. 말을 한다면 그는 당연히 무언증에서 치유된 것입니다. 그러나 그것으로는 주체가 왜 말을 하기 시작했는지가 전혀 설명되지 않습니다. 그것은 단지 우리에게 하나의 변별적 특질, 가령 말을 잃어버린 소녀의 경우에 우리가 마땅히 예상할 수 있는 히스테리증자의 특질만을 가리킬 뿐이지요.

그런데 히스테리증자의 변별적 특질은 정확히 다음과 같습니다. 즉 히스테리증자는 바로 말하는 운동 자체를 통해 자신의 욕망을 구성한다는 것이지요. 따라서 프로이트가 바로 이 〔히스테리증자라는〕 입구를 통해 사실상 욕망과 언어의 관계라고 할 수 있는 것 속으로 들어가 무의식의 메커니즘을 발견한 것은 놀라운 일이 아닙니다.

프로이트에게 욕망과 언어의 관계가 베일 속에 감춰져 있지 않았다는 것은 그의 천재성을 보여주는 일면이지만, 그렇다고 해서 그가 욕망과 언어의 관계를 완전히 해명했다는 뜻은 아닙니다 — 전이transfert라는 광범위한 개념을 통해서도, 아니 그것을 통해서는 특히나 더 그렇지 못했습니다.

히스테리증자의 욕망은 우리 앞에서 자신의 욕망을 충족되지 않는 욕망으로 제시하는 것이지요. 그런데 히스테리증자의 욕망을 충족시키는 것이 그를 모든 증상으로부터 치유하기 위한 최상의 방법이라고 간주해버리면, 결국 '왜' 히스테리증자가 자신의 욕망을 충족되지 않는 욕망으로만 유지하는가라는 〔히스테리에〕 고유한 문제는 완전히 논외가 되어버립니다. 또한 히스테리는 우리로 하여금 분석이 지니고 있는 원죄의 흔적과 대면케 한다고 말할 수 있습니다. 하나의 원죄가 있어야 합니다. 아마도 진정한 원죄란 하나밖에 없을 텐데요. 바로 프로이트 자신의 욕망입니다. 즉 프로이트 속의 어떤 것이 전혀 분석되지 않았다는 것이지요.

묘한 우연의 일치이긴 하지만 제가 세미나[18]를 그만둬야 할 처지가 된 것은 정확히 제가 이런 생각을 하고 있던 무렵이었습니다.

제가 아버지의-이름들Noms-du-Père에 대해 말하려 했던 것은 사실 다름 아니라 오로지 기원을 문제 삼기 위해서였습니다. 즉 프로이트의 욕망은 도대체 어떤 특권을 갖고 있었기에 그가 무의식이라 부른 경험의 장으로 들어가는 입구를 발견할 수 있었을까 하고 말이지요.

분석을 바로 세우려면 이러한 기원으로 거슬러 올라가는 것이 필수적입니다.

어찌되었건 분석 경험의 장을 탐사하는 이 같은 방식은 다음번 강의에서 다음과 같은 질문에 따라 인도될 겁니다. 프로이트가 근본 개념으로 도입한 용어 중 다음 네 가지, 즉 '무의식', '반복', '전이', '충동'에 어떤 개념적 지위를 부여해야 하는가?

예전 강의에서 저는 이 개념들을 좀더 일반적인 기능, 즉 이 네 가지 개념을 포괄하고 있으며 분석이라는 장에서 이 개념들의 조작적 가치를 제시할 수 있도록 해주는 기능, 다시 말해 이 개념들의 기저에
17 함축되어 있는 시니피앙 자체의 기능과 관련시킨 바 있는데, 다음 시간에는 그것을 발판으로 한 걸음 더 나아가볼 생각입니다.

올해는 1시 40분에 강의를 끝내기로 마음먹었습니다. 급하지 않은 분들은 잠시 남아서 제 강의를 들으며 품었던 의문에 대해 질문을 할 수 있도록 말이죠.

〈질의응답〉

미셸 토르 Michel Tort _ 선생님께선 정신분석을 프로이트의 욕망과 히스테리증자의 욕망에 결부시키셨습니다. 그런데 그렇게 하면 혹시 심리주의psychologisme라는 비난을 받지는 않을까요?

프로이트의 욕망을 언급한 것은 심리주의적인 것과는 무관합니다. 히스테리증자의 욕망에 대한 언급도 마찬가지입니다.

저는 이런 질문을 제기한 바 있지요. 즉 레비스트로스[19]가 사회 규약들의 기저에 놓은 야생의 사고의 작동 방식이 '하나의' 무의식이라 할 수 있다 하더라도, 과연 그것이 무의식 자체의 거처가 되기에 충분한 것일까? 그럴 수 있다 해도 과연 그것을 프로이트적인 무의식이라 할 수 있을까?

진정 프로이트적이라 할 무의식의 길을 프로이트에게 가르쳐준 이들은 바로 히스테리증자들입니다. 제가 히스테리증자의 욕망을 끌어들인 것은 바로 이런 의미에서입니다. 물론 저는 프로이트가 거기서 그치지 않았다는 것을 덧붙였지만 말입니다.

저는 프로이트의 욕망을 좀더 높은 수준에 위치시켰습니다. 저는 분석 실천이라는 프로이트의 장은 정신분석의 전수에서 항상 모호하지만 지배적인 역할을 수행하고 있는 어떤 본원적 욕망에 의존하고 있다고 말한 바 있습니다. 소크라테스의 욕망에 관한 문제 — 해결되지 않은 문제이긴 하지만 — 가 심리주의적인 것이 아니듯 프로이트의 욕망의 문제 역시 심리주의적인 것이 아닙니다. 소크라테스가 자신은 욕망에 관한 것 말고는 아무것도 아는 게 없다고 말했을 때, 이 말에는 주체의 지위와 관련된 어떤 핵심적인 주제가 담겨져 있었습니다. 소크라테스는 이 욕망을 본원적인 주체성이 아닌 대상의 위치에 놓았습니다. 자, 그런데 프로이트에게서도 역시 문제가 되는 것은 바로 이 대상으로서의 욕망입니다.

1964년 1월 15일.

무의식과 반복

L'INCONSCIENT ET LA RÉPÉTITION

2

프로이트의 무의식과 우리의 무의식

야생의 사고
잘못된 것에만 원인이 있다
간극, 헛디딤, 발견, 상실
불연속성
시뇨렐리

정시에 시작하기 위해 오늘은 시 한 편을 읽으며 강의를 열어볼까 21
합니다. 낭송할 시는 사실 오늘 다루게 될 주제와는 무관하며 작년 세미나[1]에서 언급했던 신비로운 대상, 가장 은밀하게 감춰진 대상, 즉 시관 충동pulsion scopique[2]의 대상과 관련된 것입니다.

이 시는 아라공의 『엘자에 미친 남자』 73쪽에 실려 있는 「대위 선율」[3]이라는 제목의 짧은 시입니다.

네 모습은 헛되이 나와 만나니
내 안으로 들어오지 못하네. 여기서 나는 네 모습을 비출 뿐
네가 나를 향해 돌아선다고 해도 내 응시의 벽에서
네가 찾을 수 있는 것은 오직 네가 꿈꾸던 너 자신의 그림자

나는 거울과도 같은 불행한 존재

비출 순 있지만 볼 수는 없다네.
나의 눈은 마치 거울처럼 텅 비어 있고 마치 거울처럼
너의 부재에 홀려 아무것도 보지 못하네.

이 시를 그 중단된 〔작년〕 세미나에, 그때 개진된 불안과 대상 *a*의 기능에 대한 논의에 몇몇 분들이 품고 있을 향수에 바치는 바입니다.

암시적으로 지칭해서 죄송하지만 그 몇몇 분들은 아라공이 이 경탄할 만한 작품 — 이 시에 대해 제가 하고자 하는 이야기를 분명히 하려면 저희 세대, 동년배의 제 동지들을 떠올리지 않을 수 없는데, 저로서는 이 작품 속에서 이렇듯 저희 세대의 취향을 확인하는 일이
22 여간 흐뭇한 게 아닙니다 — 뒤에 수수께끼 같은 다음 구절을 덧붙였다는 사실을 음미하실 수 있으리라 생각합니다. "언젠가 할례식에 초대받았을 때 안-낫지[4]는 이렇게 말했네."

작년 세미나에 참석했던 분들은 바로 여기서 '마이너스-파이[(−φ)]'의 중심적인 상징적 기능에 대상 *a*의 다양한 형태들이 상응하고 있다는 것을 다시금 확인하실 수 있을 겁니다. 아라공이 이 시의 주인공인 미친 시인의 토로에 담긴 소위 역사적 함의를 환기하기 위해 덧붙인 독특하지만 분명 우연이라곤 할 수 없는 그 마지막 언급은 바로 그 '마이너스-파이'를 환기하고 있습니다.

1

이 자리에는 제 강의에 이제 막 입문한 분들도 계신 것으로 알고 있습니다. 그런 분들은 오래전에 발표된 제 글을 읽고 이 강의에 들어오셨겠지요. 그런 분들이 첫 강의의 의미를 깨닫는 데 필수적인 지표

들 중의 하나로 알아두셨으면 하는 것은 현재 그분들의 위치에서는 분석가들이 과연 어느 정도까지 본인들의 작업 도구를 경시하거나 몰인식할 수 있는지 상상도 할 수 없다는 겁니다. 몇 해에 걸친 제 모든 노력은 분석가들이 '말parole' 이라는 도구의 가치를 재평가하는 데 있어 필수적인 것이었음을 그분들이 알아주셨으면 합니다. 저는 말에 본래의 존엄성을 되돌려주기 위해, 그리고 그들이 말을 미리부터 무시하고 그로 말미암아 어쩔 수 없이 분석 작업의 준거를 다른 데서 찾게 되는 사태가 발생하지 않게 하기 위해 최선을 다했습니다.

이 때문에 사실 입문 과정 수준에서 참조했던 것임에도 불구하고 적어도 한때 제가 그 뭔지 모를 언어철학에, 심지어는 하이데거 철학에 경도되어 있다는 소문이 돌았던 겁니다. 그런데 이곳에서 강의를 하고 있다고 해서 제가 좀더 철학자 같은 논조를 취하려는 것은 아닙니다.

또다른 것을 하나 더 비판해보자면, 이곳에서라면 분명 좀더 속편하게 이야기할 수 있는 것으로서, 제가 개념에 대한 거부 반응이라 부를 수밖에 없는 것을 거론할 수 있습니다. 바로 이 때문에 이미 첫 시간 말미에 언급했듯이 저는 오늘 여러분에게 프로이트의 주요 개념들 — 말 그대로 그러한 기능을 담당하는 것으로서 제가 선별한 네 개의 개념들 — 을 소개하려는 겁니다.

칠판에 프로이트의 개념들이라는 제목 아래 몇 개의 용어들을 적어보았는데, 그중 처음 두 가지는 무의식과 반복입니다. 전이는 다음 시간에 다루면 좋겠습니다. 전이 개념은 우리를 분석 실천을 위해, 특히 진정한 분석 기술을 완성하기 위해 마땅히 개진되어야 할 알고리즘들로 곧장 인도하게 될 겁니다. 충동은 여전히 접근하기 까다로운 개념이며 솔직히 말하자면 아직 미개척된 개념이기에, 올해는 전이를 살펴본 후에야 비로소 접근해볼 수 있을 것 같습니다.

따라서 우리는 분석에서 본질적인 것만을 살펴볼 겁니다. 그중에서도 어떤 점에서 교육 분석의 기능이 깊은 문제성을 가지며 이와 동
23 시에 분석을 심층적으로 주도하는지를 살펴볼 겁니다. 그것을 해명한 다음에야, 아마도 올해 말쯤에 가서야 충동을 다룰 수 있을 것 같습니다. 그렇다고 해서 충동 개념에 대한 접근이 안고 있는 불안정하고 난처한 측면을 축소시키지는 않을 겁니다. 불충분하고 빈약한 준거들만 믿고 무턱대고 덤벼드는 이들과는 분명 다르게 접근할 겁니다.

저는 칠판에 '무의식'과 '반복' 다음에 두 개의 작은 화살표를 그려놓고 그 뒤에 물음표를 달아놓았습니다. 이는 개념에 대한 우리의 관념 속에는 개념이란 항상 미적분에 의해 형식화되는 것과 무관하진 않은 어떤 접근법을 통해 확립된다는 생각이 함축되어 있다는 것을 뜻합니다. 현실을 포착하기 위해 만들어진 개념이 실제로 그 현실에 대한 접근을 본뜬 것이라면, 개념의 완전한 실현은 오직 도약, 즉 극한으로의 이행을 통해서만 가능합니다. 그렇기 때문에 무의식이라 불리는 개념적 고안물이 어떤 식으로 — 말하자면, 한정된 양量의 형태로 — 완성될 수 있는지를 짚고 넘어가야 하겠지요. 이는 반복에 대해서도 마찬가지입니다.

칠판 끝에 적어놓은 다른 두 개의 용어는 '주체sujet'와 '실재le réel'[5] 입니다. 지난 시간에 제기했던 질문이 바로 이 두 용어를 통해 구체화될 수 있을 겁니다. 지난 시간에 우리는 역설적이고 특이하며 모순적인 측면을 가진 정신분석이 과학을 구성한다고 할 수 있는지, 그것이 과학이 될 수 있다고 기대할 수 있는지 질문을 제기한 바 있지요.

우선 무의식이라는 개념부터 시작해봅시다.

2

여기 계신 대부분의 분들은 제가 제시했던 '무의식은 언어처럼 구조화되어 있다'라는 명제를 어느 정도 이해하고 계실 겁니다. 이 명제는 프로이트의 시대에 비해 오늘날 훨씬 더 쉽게 접근할 수 있는 어떤 장과 관련되어 있습니다. 저는 이 명제를 명백히 과학적이라 할 수 있는 수준에서 구체화된 어떤 것, 즉 레비스트로스가 '야생의 사고'라는 제목을 붙여 탐색하고 구조화하고 연구했던 장을 통해 설명해볼까 합니다.

모든 경험 이전에, 모든 개별적 연역 이전에, 심지어는 사회적 욕구로 귀결될 수 있는 집단적 경험들이 새겨지기 이전에 무언가가 이 장을 조직하고 그것의 최초의 역선力線들을 그어놓습니다. 이것이 레비스트로스가 토템 기능의 진리로서 보여주었던 기능, 토템 기능의 〔다양한〕 외관을 축약시키는 〔진리의〕 기능, 바로 일차적인 분류 기능입니다.

인간에게 고유의 관계들이 수립되기 전부터 이미 일정한 관계들이 결정되어 있습니다. 그러한 관계들은 자연이 소재들, 대립의 테마들로 배치된 소재들로서 제공한 모든 것들 속에서 확인할 수 있습니다. 이를테면 자연은 시니피앙들을 제공하며 이 시니피앙들은 창시적인 방식으로 인간관계를 조직하고 그것에 구조와 모델을 부여합니다.

우리에게 중요한 것은 여기서 주체가 구성되기 전에, 즉 사유하는 24
주체, 스스로를 사유하는 주체로 간주하는 주체가 구성되기 전에, 그것이 셈을 하면서 셈해지고, 그리하여 그 셈 속에서 셈하는 자가 이미 포함되어 있는 심급을 확인할 수 있다는 사실입니다. 그런 다음에야 주체는 거기서 자신을 계산하는 사람으로 인정할 수 있게 되는 겁니다. "나에게는 세 명의 형제가 있어요……. 폴, 에르네스트, 나 이렇게 말이죠"라는 한 꼬마의 말을 듣고 웃음을 참지 못했던 지능지수 검사관의 순진한 실수를 다시금 떠올려봅시다.[6] 사실 꼬마의 말은 지극히 자연스러운 것인데요. 우선은 폴과 에르네스트와 나, 이렇게 세 형제가 셈해집니다. 그러고 나서 이 첫번째 나를 반영해야 한다고 여겨지는 수준에 있는 나, 다시 말해 셈을 하는 나가 셈해지지요.

오늘날 우리는 인문과학으로 분류될 수 있지만 여타 심리-사회학과는 명확히 구분되어야 하는 하나의 학문이 형성되고 있는 역사적 시기에 있습니다. 바로 언어학을 말하는 것인데, 그것은 전前주체적인 방식으로 저 혼자 자발적으로 작동하는 조합 작용을 모델로 삼습니다. 무의식에 본연의 위상을 부여하고 있는 것은 바로 이러한 구조입니다. 어쨌든 바로 이 구조가 무의식이라는 명칭 아래 무엇인가가 규정될 수 있고 접근 가능하며 객관화될 수 있다는 확신을 주었지요. 하지만 제가 분석가들에게 작업의 견고한 토대를 제공해주고 있는 그 토양을 절대 간과하지 말 것을 촉구한다고 해서 그것이 제가 무의식이라는 이름 아래 프로이트에 의해 역사적으로 개관된 개념들을 인정한다는 뜻일까요? 물론 아닙니다. 저는 그렇게 생각하지 않습니다. 제가 오늘 설명하고자 하는 프로이트의 무의식 개념은 그런 게 아닙니다.

무의식이 동력학적 개념이라고 말하는 것만으로는 당연히 충분하지 않습니다. 이는 아시다시피 어떤 특수한 미스터리를 지극히 통속적인 미스터리 — 일반적으로 힘이라는 말은 어떤 불투명한 장소를 가리키는 데 쓰이지요 — 로 바꿔치기하는 것일 뿐이기 때문입니다. 오늘 제가 참조점으로 삼게 될 것은 바로 원인cause 기능입니다.

철학적 비판이란 관점에서 제가 방대한 참고문헌을 떠올리게 하는 영역으로 들어서고 있다는 것을 잘 알고 있습니다. 많아서 조금 주저되긴 하지만 그래도 선별 정도는 할 수 있겠지요. 만일 우리가 원인 기능을 이해할 때 언제나 마주쳤던 간극이 『부정량 개념에 대한 시론 *Essai sur les grandeurs négatives*』 속에서 얼마나 바짝 좁혀지고 있는지만 지적하고 넘어간다면, 적어도 여러분 중 일부는 여전히 만족하실 수 없을 겁니다. 그 시론에서 칸트는 대략 다음과 같이 말하고 있습니다. 즉 만약 이성의 준칙, *Vernunftsregel*이 항상 어떤 비교, *Vergleichung*이나 등가성이라면 원인은 결국 분석될 수 없는 개념, 이성으로는 이해 불가능한 개념이 되며 원인의 기능에는 본질적으로 어떤 '간극 béance'이 남아 있게 된다는 겁니다. 칸트는 실제로 『프롤레고메나』에서 '간극'이라는 용어를 사용하고 있습니다.

원인 문제가 철학자들에게 언제나 골칫거리였으며 아리스토텔레스가 제시한 상호 보완적인 네 개의 원인들이 조화를 이루는 것처럼 단순하게 생각될 수 없다는 이야기까지는 꺼내지 않겠습니다. 왜냐하면 여기서 저는 철학을 하고 있는 것이 아니며 이렇듯 몇 가지 참조를 가지고 그처럼 막중한 임무를 수행할 수 있으리라고도 생각하지 않기 때문입니다. 이러한 참조는 그저 제가 강조하는 바가 무엇인지를 보여주기에 적합할 뿐이지요. 칸트가 순수이성의 범주들 속에서 25
원인을 어떤 양태하에 귀속시켰든 — 분명하게 말하자면 그것을 관계의 도표 속에, 그중에서도 내속성inhérence과 상호성communauté 사이에 위치시켰습니다 — 제가 보기에는 그렇다고 원인이 더 합리적으로 규명된 것은 아닙니다.

원인은 '법칙loi'과 구분됩니다. 법칙은 하나의 연쇄 속에서 결정 작용을 수행하는 어떤 것이지요. 가령 작용과 반작용의 법칙이라고

하면 떠오르는 것을 생각해봅시다. 여기서는 〔각 항들이〕 하나로 이어져 있을 뿐이라고 할 수도 있지요. 하나는 다른 하나가 없으면 일어나지 않습니다. 어떤 물체가 땅에 떨어져 으깨졌다고 칩시다. 그 물체의 활력[7]의 대가로 되돌려받은 것의 원인은 그 물체의 질량이 아닙니다. 질량은 오히려, 반동 효과를 통해 물체로 되돌아가 그것을 으깨버린 그 활력에 통합되어 있는 것이지요. 최후의 순간이 아니라면 여기에는 어떠한 간극도 없는 셈이지요.

반면 원인에 대해 말할 때 거기에는 언제나 반反개념적이고 규정되지 않은 무언가가 있습니다. 달의 상相은 조수의 원인입니다. 실제로 우리는 이런 식으로 말하고 이 경우 원인이라는 말이 올바로 쓰였다는 것을 알고 있지요. 마찬가지로 장독瘴毒은 고열의 원인입니다. 이것 역시 별다른 의미가 없습니다. 〔원인이라는 표현이 쓰이는 경우〕 거기에는 어떤 구멍이 있고 그 틈새로 무언가가 흔들릴 뿐이지요. 요컨대 뭔가 잘못된〔절뚝거리는〕[8] 것에만 원인이 있다는 겁니다.

자, 저는 프로이트의 무의식이 위치하는 지점이 바로 여기, 원인과 그것이 영향을 미치는 것 사이에서 항상 무언가 잘못된〔절뚝거리는〕 것이 존재하는 지점이라는 것을 대략적으로나마 보여드리고자 합니다. 무의식이 신경증을 결정한다는 것은 중요한 사실이 아닙니다 — 이에 대해서라면 프로이트는 빌라도처럼 정말이지 흔쾌히 손을 씻었지요. 언젠가 체질적인 결정 인자가 발견되더라도 그것은 프로이트에게 중요한 게 아닙니다. 그에게는 별로 달라질 것이 없습니다. 무의식은 우리에게 간극을 보여주며 신경증은 바로 이 간극을 통해, 결정될 수 없는 어떤 실재에 다시 연결되는 것이기 때문입니다.

이 간극 속에서 무엇인가가 일어납니다. 이 간극이 일단 메워지면 신경증은 치료되는 것일까요? 결국 문제는 해결되지 않고 계속 남아 있게 됩니다. 그저 신경증은 다른 것으로, 종종 단순한 장애로 바뀔 뿐입니다. 프로이트의 말을 따르자면, '흉터cicatrice'가 되는 것이지요.[9] 신경증의 흉터가 아니라 무의식의 흉터 말입니다. 시간 관계상 이러한 위상학에 대해 학술적으로 상세히 소개할 순 없으므로 핵심만 지적하기로 하겠습니다만, 프로이트의 텍스트들을 읽어보신다면, 제가 소개하고 있는 용어들이 지침이 된다는 사실을 확인하실 수 있을 겁니다. 그가 출발한 지점, 즉 「신경증의 병인론Étiologie des névroses」부터 보시기 바랍니다. 원인에 특징적인 것이라 할 수 있는 구멍, 틈새, 간극 속에서 그는 무엇을 발견한 것일까요? 그것은 바로 '실현되지 않은 것non-réalisé'의 차원에 속하는 어떤 것입니다.

혹자는 거부refus라는 말을 하기도 하는데, 이는 너무 성급한 발언입니다. 더구나 언제부턴가는 그런 말을 하면서 그게 무슨 뜻인지도 모릅니다. 처음에 무의식은 우리에게 '태어나지 않은 것'의 영역에서 기다리고 있는 어떤 것으로 나타납니다. 억압이 그러한 영역 속에 무엇인가를 쏟아붓는다는 사실은 전혀 놀라운 일이 아닙니다. 이는 낙태전문 산파와 림보의 관계와 같은 것입니다.[10]

이러한 차원은 당연히 비현실적irréel이거나 탈현실적dé-réel인 것이
아닌 실현되지 않은non-réalisé 것의 영역 속에서 환기되어야 합니다. 이 26
러한 악령들의 영역에서 무엇인가를 움직이게 만드는 일은 항상 위험을 수반합니다. 분석가 — 그가 정말로 분석가라면 — 가 누군가에게 있는 악령들을 미처 빛이 있는 곳으로 끌어내지 못한 채 그들의 세계를 환기시켰다면, 아마도 그 분석가는 그 누군가에 의해 '실재적으로' 괴롭힘을 당할 수밖에 없는 위치에 놓이게 될 겁니다. 이 경우 위험성이 전혀 없는 담화는 없습니다. 지난 십여 년간 제가 수행해온 담화조차도 어느 정도는 그러한 효과를 갖고 있습니다. 심지어 어떤

공적인 담화일지라도 그것이 주체들을 겨냥하고 프로이트가 배꼽 — 그가 궁극적으로 꿈의 미지의 중심을 지칭하기 위해 쓴 용어인 '꿈의 배꼽nombril des rêves' [11] — 이라 불렀던 것을 명중시키게 된다면 어떤 효과가 없진 않을 겁니다. 해부학적 배꼽이 그러하듯 그것은 바로 앞에서 언급된 간극을 가리킵니다.

공적 담화가 가장 가까운 자에게 말을 걸 때 감수하게 되는 위험, 니체는 그것을 알고 있었습니다. 어떤 형태의 담화는 상대가 지극히 멀리 떨어져 있을 때만 말을 걸 수 있습니다.

사실 프로이트가 정확히 예견했듯이, 제가 환기하고 있는 이러한 차원의 무의식은 '망각되어 버렸습니다'. 2세대, 3세대 분석가들이 분석 이론을 심리학화하면서 그러한 간극을 봉해버리는 데 총력을 기울이는 정형외과의로 열심히 활동해준 덕분에 무의식은 자신의 메시지를 닫아버렸습니다.

제가 오직 세심한 주의를 기울여 그 간극을 다시 열어 보이리라는 것을 믿고 지켜봐 주시기 바랍니다.

3

물론 이 시대, 이 시점, 지금의 저는 원인과 관련해 이러한 간극이 발생하는 지점에 시니피앙의 법칙을 도입할 수 있는 위치에 있습니다. 그럼에도 우리가 정신분석에서 중요한 문제가 무엇인지를 알고자 한다면, 프로이트가 무의식 개념을 고안하기 위해 거쳤던 다양한 시기들에 따라 그 개념을 살펴보아야 합니다 — 그것은 극한까지 끌고 가야만 완수될 수 있는 것입니다.

프로이트적 의미에서의 무의식은 무의식이라는 이름으로 이전부터 지칭되었거나 그 당시에 탄생한, 혹은 당시에 여전히 회자되고 있던 다양한 형태들과는 아무런 관련이 없습니다. 제 이야기가 무슨 말인지 이해하시려면 라랑드 사전[12]을 펴보시기 바랍니다. 플라마리옹 출판사에서 드웰쇼베르가 40여 년 전에 발간한 한 저서[13]에 실려 있는 무의식에 관한 아주 재미있는 목록을 읽어보시기 바랍니다. 거기에는 8~10개 정도의 무의식 형태가 열거되어 있지만, 사실 그러한 것들은 아무것도 가르쳐주는 바가 없습니다. 그것은 단지 의식이 아닌 것, 어느 정도 의식적인 것 등을 가리킬 뿐이지요. 또한 그 외에도 심리학적 공상의 장에서 헤아릴 수 없이 다양한 종류의 무의식을 만날 수 있습니다.

프로이트적 무의식은 결코 상상력이 빚어낸 낭만주의적 무의식이 아닙니다. 그것은 밤의 신령들이 지배하는 장소가 아니지요. 물론 그곳이 프로이트가 눈여겨본 곳과 전혀 무관하다고는 할 수 없습니다. 하지만 프로이트가 낭만주의적 무의식의 용어들을 이어받은 융을 파문했다는 사실은 정신분석이 그와는 전혀 다른 것을 도입하고 27
있다는 점을 충분히 시사해줍니다. 마찬가지로 은둔의 철학자 에두아르트 폰 하르트만Édouard Von Hartmann이 평생에 걸쳐 궁리해낸 저 무질서하고 잡다한 무의식도 프로이트적 의미에서의 무의식이 아닙니다. 물론 이렇게 말할 수 있으려면 프로이트 본인이 『꿈의 해석』 각주[14]에서 그를 언급하고 있더라도 너무 성급하게 단정하지 말아야 하겠지요. 프로이트적 무의식이 그것과 어떻게 구별되는지를 파악하기 위해서는 좀더 면밀한 검토가 필요하다는 이야기입니다.

무의식을 원초적인 것으로 간주된 어떤 불투명한 의지, 많건 적건 언제나 의식 이전의 것과 연관시키는 이 모든 관념들에 반해 프로이트는 무의식의 수준에는 주체의 수준에서 일어나는 것과 전적으로 동일한 무언가가 있음을 보여주었습니다. 무의식도 의식의 수준만큼이나 정교한 방식으로 말하고 기능한다는 것이지요. 따라서 의식은 자신의 특권처럼 보였던 것을 잃고 맙니다. 이런 이야기만으로도 벌써 거북해하는 사람들이 있겠지만, 이는 프로이트의 어느 텍스트를 보아도 명백한 사실입니다. 가령 이에 관해서라면 『꿈의 해석』 7장 「꿈에서의 망각l'Oubli dans les rêves」에 나오는 한 구절을 읽어보시기 바랍니다. 그러한 망각에 대해 프로이트는 오로지 시니피앙의 유희만을 참조하고 있지요.

〔하지만〕 저는 이 같은 양적인 참조로는 만족하지 않습니다. 저는 프로이트가 무엇보다 무의식의 현상이라고 제시한 것의 작동 방식을 하나하나 열거한 바 있습니다. 꿈, 실수 행위, 재담 등에서 제일 먼저 우리의 주의를 끄는 것은 무엇일까요? 그것은 바로 이 모든 것들이 어떤 헛디딤achoppement이란 양상 아래 발생한다는 점입니다.

헛디딤, 실패, 균열. 말해진 문장이든 쓰인 문장이든 그 속에서 무언가가 발을 헛디디게 됩니다. 프로이트는 이러한 현상들에 이끌려 바로 그곳에서 무의식을 찾게 되지요. 거기서는 다른 무언가가 자신이 실현되기를 요구하는데, 그것은 분명 의도적인 것처럼 보이지만 어떤 기이한 시간성을 갖고 있습니다. 이 간극에서 발생하는 — '발생하다se produire' 라는 말이 담고 있는 모든 의미에서 — 것은 '발견trouvaille' 처럼 나타납니다. 프로이트가 탐험 중에 무의식 속에서 발생하는 무언가와 마주치게 된 것도 무엇보다 바로 이런 방식으로였지요.

발견, 그것은 동시에 하나의 해결책입니다. 물론 반드시 완전한 해결책이 되는 것은 아닙니다. 어쨌든 불완전한 해결책일지라도 그것은 테오도르 라이크가 아주 훌륭하게 구별한 바 있는[15] — 그는 그저 구별만 했을 뿐, 그보다 앞서 그것을 지적한 사람은 바로 프로이트였지요 — 그 특유의 특징과 함께 우리를 동요시키는〔적중시키는〕 알 수 없는 무언가를 가지고 있지요. 그것은 바로 '뜻밖의 것surprise' 입니다. 주체는 '뜻밖의 것' 에 압도당함을 느끼며, 거기서 자신이 기대한 것보다 더 많으면서 동시에 더 적은, 그러나 어쨌거나 자신이 기대한 것에 비해 독특한 어떤 가치를 발견하게 됩니다.

그런데 이러한 발견(물)이 모습을 드러내는 순간, 그것은 곧 재발견이 되어버립니다. 게다가 그것은 상실의 차원을 수립하면서 항상 다시 사라질 준비가 되어 있지요.

이는 오르페우스가 두 번이나 잃고 마는 에우리디케에 비유할 수 있는데, 이것은 분석가 오르페우스와 무의식의 관계에 대해 신화 속에서 찾을 수 있는 가장 명확한 이미지라 할 수 있습니다.

여기에 약간의 아이러니를 덧붙이자면, 바로 이런 점에서 무의식 28
은 사랑 속에서 일어나는 것과는 정반대라고 할 수 있습니다. 다들 아시다시피, 사랑은 언제나 둘도 없이 소중한 것이지만 그것을 가장 잘 표현해주는 말은 "하나를 잃으면 열을 되찾는다" 입니다.

불연속성은 무의식이 처음에 현상으로 가시화될 때 나타나는 본질적인 형태입니다 — 이러한 불연속성 속에서는 무엇인가가 흔들리는 것으로서 나타납니다. 그런데 불연속성이 프로이트의 발견 과정의 출발점에 위치한 절대적인 것이라면 — 이후에 분석가들의 경향이 그랬던 것처럼 — 우리도 그 배후에 전체라는 것이 있다고 해야 할까요?

불연속성에 대해 '하나'[16]가 선행할까요? 저는 그렇게 생각하지 않습니다. 최근 몇 년 동안 저는 줄곧 이 완결된 '하나' 를 요구하지 말라고 가르쳐왔습니다. 이 완결된 '하나' 는 거짓된 통일성의 지배를 받는다고 가정되는 일종의 유기체의 분신, 〔육체의〕 외피로서의 심리 작용을 언급할 때 붙어 다니는 환영일 뿐이지요. 무의식의 경험이 도입하는 '하나'가 있다면, 그것은 오직 균열, 자취, 결렬의 '하나'일 뿐이라는 저의 주장에 여러분도 동의하시게 될 겁니다.

바로 이 지점에서 '하나'의 한 가지 몰인식된 형태인 *Unbewußte*(무의식)의 *Un*이 불현듯 나타납니다. *Unbewußte*의 한계, 그것은 *Unbegriff*라고 말할 수 있겠지요. 이는 *Unbegriff*가 비개념이 아니라 결여의 개념이란 의미에서 그렇습니다.

그렇다면 그 밑바탕은 무엇일까요? 부재일까요? 아닙니다. 오히려 결렬, 균열, 열림의 흔적이 부재를 나타나게 하지요. 외침이 침묵을 배경으로 해서 나타나는 것이 아니라 오히려 외침 때문에 침묵이 침묵으로서 솟아나듯 말입니다.

이 최초의 구조를 파악하고 있다면 여러분은 무의식과 관련해 가령 '무의식은 담화의 소실消失이 욕망과 결부되는 수준에서 자신의 역사 속에서 소외된 주체이다'라는 식의 이런저런 부분적인 시각으로부터 벗어날 수 있을 겁니다. 여러분은 한층 더 근본적으로 무의식을 공시태의 차원에 위치시켜야 한다는 것을 이해하게 될 겁니다. 무의식은 어떤 존재의 수준, 하지만 모든 것에 적용될 수 있는 한에서의 어떤 존재의 수준에 있습니다. 다시 말해, 무의식이 하나하나의 문장과 화법에 따라 재발견되지만 그만큼 다시 사라져버린다는 점에서, 그리고 감탄문, 명령문, 기원문, 심지어는 말실수 속에서도 항상 자신의 수수께끼를 던지면서 말을 건넨다는 점에서 그 무의식이 위치하는 곳은 바로 언표 행위의 수준입니다. 프로이트가 꿈에 관해 이야기했던 것처럼[17] 무의식은 요컨대 그 속에서 꽃피워진 모든 것이 균사체처럼 하나의 중심점을 놓고 퍼져나가는 수준에 있습니다. 언제나 문제의 관건은 결정되지 않은 것으로서의 주체인 것입니다.

Oblivium(망각)은 장음 *e*가 있는 *lèvis*입니다. *lèvis*란 매끄럽고 평탄하며 반들거린다는 뜻이지요. *Oblivium*, 그것은 무언가를 지우는 것입니다. 무엇을 지우는 것일까요? 바로 시니피앙 자체를 지우는 것입니다. 여기서 우리는 어떤 조작적인 방식을 통해 무언가로 하여금 다른 것을 빗금 치고 삭제하는 기능을 맡도록 만드는 기본적인 구조를 다시 만나게 됩니다. 이는 좀더 나중에 나타나게 될 억압보다 구조적으로 더 근원적인 수준에서 일어나는 삭제입니다. 자, 그런데 삭제 29
를 수행하는 이러한 요소가 바로 프로이트가 처음부터 검열 기능에 대해 말할 때 염두에 두었던 것입니다.

그것은 가위로 잘라내는 것입니다. 러시아나 독일의 검열을 생각해 봅시다. 가령 하인리히 하이네의 책 『독일*Livre de l'Allemagne*』의 시작 부분을 보시기 바랍니다. "아무개씨 부부는 기쁨에 가득 차서 자유와 같이 아름다운 아기의 탄생을 여러분에게 알리게 되었다"라는 구절에서 검열을 맡았던 호프만 박사는 '자유'라는 단어를 지워버립니다. 물론 우리는 말 그대로 물리적인 이 검열에 의해 자유라는 단어가 어떤 효과를 낳게 되었는지를 물을 수도 있겠지만 이는 별개의 문제입니다. 그런데 무의식의 동력학이 가장 큰 효과를 발휘하는 곳이 바로 이 지점입니다.

여지껏 한 번도 제대로 활용된 바 없는 예를 한 가지 들어봅시다. 이는 프로이트가 자신의 이론을 설명하기 위해 사용했던 첫번째 예[18]로서 그가 오르비에토 대성당에 있는 회화들을 관람한 후에 '시뇨렐리Signorelli'라는 단어를 잊어버린 기억 장애에 대한 것이지요. 어떻게 여기서 사라짐, 제거, *Unterdrückung*, 즉 밑으로의 내리눌림이 은유가 아닌 현실로서 텍스트 자체에서 솟아나와 모습을 드러내고 있는 것을 보지 못할 수 있을까요? '시뇨르Signor'와 '헤어Herr'라는 용어가

밑으로 사라져버립니다. 언젠가 제가 말한 적이 있는 절대 주인, 즉 죽음이 거기서 사라져버리지요. 그런데 또한 우리는 이 모든 것의 이면에서 프로이트가 아버지의 죽음에 관한 신화들 속에서 자기 욕망에 대한 조율을 발견할 수밖에 없게 되는 모든 계기가 드러남을 볼 수 있지 않을까요? 결국 그는 자신의 신화 속에서 신은 죽었다고 선언하게 된다는 점에서 니체와 의견을 같이 합니다. 이는 아마도 동일한 이유를 배경으로 한 것이겠지요. '신은 죽었다' 는 신화는 아마도 거세 위협에 대항해 찾아낸 안식처에 지나지 않기 때문입니다 — 개인적으로 저는 대부분의 요즘 지식인들과는 달리 그 신화를 그다지 신뢰하지 않는 편인데, 그렇다고 이것이 유신론의 선언이거나 부활에 대한 믿음인 것은 전혀 아닙니다.

만약 오르비에토 대성당의 묵시록적인 벽화들을 읽을 줄 안다면, 여러분은 거기서 거세의 위협을 확인하실 수 있을 겁니다. 아니면 열차 안에서의 프로이트의 대화를 읽어보시기 바랍니다. 그 대화는 전적으로 성 능력의 상실에 관한 이야기인데, 당시 프로이트와 대화를 나눈 의사는 그가 '시뇨렐리' 라는 이름을 기억하지 못했을 때 함께 이야기를 나눴던 인물과 동일인입니다. 그때 그는 프로이트에게 자기 환자들에게서 성 능력의 상실이 통상 얼마나 극적인 특성을 갖고 나타나는지를 이야기해주게 됩니다.

그리하여 주체의 절단[단절]이 프로이트가 욕망 — 우리는 잠정적으로 이 욕망을 문제의 담화 속에서 주체로 하여금 예상치 못한 지점에서 스스로를 포착하게 만드는 발가벗은[훤히 드러난] 환유 속에 위치시킬 수 있을 겁니다 — 과 동일한 것이라 생각했던 어떤 발견(물)이 불쑥 다시 튀어오르는 지점이라면, 무의식은 항상 바로 이러한 주체의 절단[단절] 속에서 동요하는 무엇으로서 모습을 드러냅니다.

프로이트 그리고 그와 아버지의 관계에 관해서라면, 우리는 그가 온갖 노력에도 불구하고 해결하지 못한 문제가 남았다고 고백할 수 밖에 없었음을 기억해야 합니다. 그는 그 문제를 자신과 대화를 나누던 여자들 중 한 명에게 털어놓게 되는데, 그것은 바로 '여자는 무엇을 원하는가?' 라는 문제였지요.[19] 그는 결코 이 문제를 해결하지 못했습니다. 존스가 조심스럽게 표현했듯이, 우리는 프로이트의 실제 여자 관계 속에서 그의 공처가 기질을 발견할 수도 있을 겁니다. 프로이트는 만약 히스테리라는 형태로 타자[20]에게 헌신하지 않았다면, 분 30
명 감탄할 만한, 열렬한 이상주의자가 되었을 겁니다.

저는 항상 정해진 시간인 1시 40분에 세미나를 마치기로 했습니다. 보시다시피 무의식의 기능에 대해서 오늘 다 다루진 못했습니다.

질의응답은 유실되었음.

1964년 1월 22일.

3

확실성의 주체에 관하여

존재하는 것도 아니고 존재하지 않는 것도 아닌
욕망의 유한성
달아나는 것
무의식의 위상은 윤리적인 것이다
이론 속의 모든 것은 재구성되어야 한다
데카르트주의자로서의 프로이트
히스테리증자의 욕망

지난주에는 간극의 구조를 통해 무의식을 소개한 바 있는데, 그것 31
을 계기로 수강자 중 한 사람인 자크-알랭 밀레Jacques-Alain Miller가 이전의 제 논문들을 읽고 자신이 결여의 구조화 기능이라고 이해한 것에 관한 훌륭한 발제를 해주었습니다. 그는 대담한 틀을 가지고, 제가 욕망의 기능에 관해 말하면서 존재(에의)-결여manque-à-être라 지칭했던 것을 그러한 기능에 결부시켰습니다.

그 발제문은 적어도 제가 가르쳐온 것을 이미 어느 정도 이해하고 있는 사람에게는 분명 쓸모가 없지 않을 겁니다. 자크-알랭 밀레는 그 발제문을 작성하고 나서 저의 존재론에 관해 물었습니다.

시간이 제한되어 있던 관계로 그 질문에 제대로 답할 수가 없었는데요. 하지만 저로서는 무엇보다 먼저 그가 존재론이라는 용어로 정확히 무엇을 의미하려 했는지를 직접 들어보면 좋지 않았을까 하는 생각이 듭니다. 그렇지만 제가 그 질문이 적절하지 못하다고 여겼다고는 그가 생각하지 않았으면 좋겠습니다. 오히려 그 반대인데요. 무의식 기능에서 가장 근본적인 것은 간극이기 때문에, 저는 그 간극을 통해 무의식 기능을 소개해야 한다고 생각했지요. 그런데 그 간극의 핵심이란 바로 어떤 존재론적인 기능이라는 점에서, 그의 질문은 특히나 시기적절한 것이었습니다.

1

무의식의 간극, 우리는 그것을 '전前존재론적'이라 말할 수 있을
겁니다. 저는 무의식이 처음 출현했을 때와 관련해 사람들이 까맣게
잊고 있는 — 의미가 없지 않은 어떤 방식으로 잊힌 — 어떤 성질을
강조했지요. 즉 그것이 존재론의 대상으로는 적합하지 않다는 겁니
다. 실제로 프로이트, 탐험가들, 최초의 발걸음을 내디딘 이들이 처음
에 확인했고, 분석 중에 말 그대로 무의식의 질서에 속한 것을 잠시라
도 관찰해본 사람이라면 누구나 다시 한 번 확인할 수 있는 것, 그것
32 은 바로 무의식은 존재하는 것도 아니고 존재하지 않는 것도 아닌, 실
현되지 않은 것이라는 사실입니다.

저는 림보의 기능에 대해 언급한 바 있습니다. 어쩌면 그노시스Gnose파의 교의에서 매개적인 존재라 불리는 대기의 요정sylphe이나 대지의 요정gnome 또는 더 나아가 보다 고도의 형태의 양면적인 중개자들에 관해 말할 수도 있었을 겁니다. 또한 프로이트가 이 세계를 뒤흔들기 시작했을 때 소리높여 외쳤던 다음과 같은 시구를 잊지 말아야 합니다. *Flectere si nequeo superos Acheronta movebo.*[1] 프로이트가 당시 이렇게 선언할 때만 해도 거기에는 왠지 불안한 중압감이 잔뜩 묻어 있었지만 놀랍게도 60여 년간의 분석 경험 이후 그러한 위기

감은 완전히 잊혔습니다. 지옥을 여는 것이라 선포되었던 것이 이후 그토록 보란 듯이 무균처리되어버렸다는 점은 놀라운 일이 아닐 수 없습니다.

그런데 특기할 만한 사실이 또 하나 있지요. 즉 지하 세계를 여는 것이라 결연히 선포되었던 것은 극히 드문 예외를 제외하면 기존에 존재하고 있던 소위 온갖 심령학적인 연구, 텔레파시의 흔적을 더듬어 그러한 현상을 규명하는 데 고군분투했던 마이어스[2]의 고딕풍 심리학과 같은 교령술, 강신술, 영매술, 강령술 등과 그 어디에서도 진지하게 교류를 맺은 적이 없었다는 겁니다 — 그런 것들은 지금도 여전히 유행하고 있지만 프로이트의 발견이 있었던 시대에는 그 정도가 훨씬 더 심했지요.

물론 프로이트도 지나는 길에 이런 것들을, 본인에게 일어날 수 있는 일이었거나 분석 경험을 통해 얻을 수 있는 것에 한에서 다룬 적이 있습니다. 하지만 그의 이론화 작업이 세련되고 합리주의적인 환원을 지향했다는 것은 분명한 사실입니다. 반면, 오늘날의 정신분석 집단이 보여주고 있는 심령 현상, 이른바 프사이(Ψ) 현상들 — 이러한 명칭은 그 현상들을 소독시켜버린다는 점에서 의미심장합니다 — 에 대한 관심은 지극히 이례적일 뿐 아니라 탈선적이기까지 합니다. 가령 세르바디오[3] 같은 사람의 연구가 바로 이런 경우에 해당되겠지요.

당연히 우리의 경험이 우리를 이끌어온 방향은 이쪽이 아닙니다. 이와는 반대로 무의식에 대한 우리의 연구 성과는 일종의 건조 과정 쪽으로, 식물 도감 — 오로지 이미 체계적으로 목록화된 영역이나 자연 그대로를 표방했던 어떤 분류법 안에서만 표본을 수집한 식물 도감 — 으로의 환원이라고 말할 수 있는 방향으로 나아갑니다. 전통

심리학의 영역에서는 신이 인간의 욕망에 남긴 것이라 생각되는 그 뭔지 모를 자취를 보면서 인간 욕망이 통제 불가능하며 무한한 것임을 강조하는 경향이 있지만, 분석 경험이 확인시켜주는 것은 오히려 욕망의 유한한 기능입니다. 인간의 그 어떤 가능성보다도 더 어딘가에서 한계지어져 있는 것이 바로 욕망입니다.

이 모든 것들은 나중에 다시 다루게 될 겁니다. 하지만 제가 '욕망' 이라고는 했지만 '쾌락' 이라고는 하지 않았다는 것만큼은 지적하고 넘어갔으면 합니다. 쾌락이란 인간의 가능성을 제한합니다. 다시 말해 쾌락원칙은 항상성homéostase의 원리이지요. 반면 욕망은 자신의 경계선, 자신의 고정된 관계, 자신의 한계에 맞닥뜨리게 됩니다. 욕망은 바로 그러한 한계와의 관계 속에서, 쾌락원칙에 의해 부과된 문턱을 넘으면서 욕망으로 유지되는 것입니다.

프로이트가 자신이 대양적大洋的 열망이라 칭한 것을 종교적인 감상성의 장으로 내쫓은 것은 그의 개인적인 성향 때문이 아닙니다. 우
33 리는 경험을 통해 그러한 열망이 환상에 불과하다는 것을 깨닫게 되며, 그 기반이 다른 곳에 있음을 확신하고, 그 열망을 프로이트가 종교와 관련해 환영illusion이라 부른 것의 자리에 다시 위치시켜야 함을 알게 됩니다.

무의식의 기능에서 존재적인 것은 틈새fente입니다. 이 틈새 사이로 무엇인가가 순간적으로 환하게 드러나지요. 우리의 장 속에서 그것은 극히 짧은 순간 동안만 모습을 드러냅니다. 그 틈새가 금새 닫히면서 그것이 사라지고 있는 모습만 보여주기 때문이지요. 저는 맥락상의 이유 때문에 지금까지는 제쳐놓을 수밖에 없었던 이 문제를 다시 살펴볼 예정입니다만 어쩌면 지금이야말로 바로 그것을 살펴볼 수 있는 단계가 아닌가 싶기도 합니다.

아시다시피 이는 민감한 사안입니다. 왜 그런지는 분석해보아야 알겠지만 우리의 기술적인 관례들은 시간의 기능들과 관련해 지나치게 예민해졌습니다. 따라서 우리의 연구 영역뿐 아니라 어디서나 통용될 본질적인 구분들을 소개하려면 다소 변론조의 논의로 들어갈 수밖에 없을 것 같습니다.

무의식을 정의하는 수준 자체 — 프로이트는 1차 과정과 관련해 무의식이란 말을 우선은 시범 삼아 이용할 수밖에 없었던 상황이었기 때문에 어쩔 수 없이 대략적으로밖에 정의할 수 없었지만 — 에서 우리는 무의식에서 일어나는 일이 모순이나 시공간적 배치뿐 아니라 시간의 작용에 영향을 받지 않는다는 점을 분명히 확인할 수 있습니다.

그런데 욕망은 그것이 과거의 이미지를 통해 지탱하고 있는 것을 항상 일순간의 한정된 미래로 실어나르기만 할 뿐인데도, 프로이트는 그런 욕망을 '불멸하는 것' 이라 말합니다.[4] 그가 '불멸하는 것' 이라는 용어를 제시한 것은 모든 현실들 중에서도 가장 견고하지 못한 현실에 입각해서입니다. 만일 불멸하는 욕망이 시간을 벗어난다면, 그것은 사물들의 질서 중에서 어떤 영역에 속하는 것일까요? 사물이란 일정한 시간 동안 동일한 것으로서 지속되는 것이기 때문에 이러한 질문을 던지는 겁니다. 우리는 여기서 지속durée이라고 하는 사물의 실질적 시간 이외에 또다른 양태의 시간을, 즉 논리적 시간을 구별해낼 수 있을까요? 아시다시피, 저는 이 주제를 이미 한 논문에서 다룬 바 있습니다.[5]

우리는 지난 시간에 틈새의 기능에 대해 언급한 바 있는데 바로 그 틈새가 일으키는 맥동脈動 운동의 절분된scandé 구조를 여기서 다시 발견하게 됩니다. 사라지면서 출현하는 것apparition évanouissante은 논리적 시간의 시작과 끝이라는 두 지점 사이에서, 즉 직관 자체로부터 무언가가 항상 생략되고 상실되기까지 하는 순간인 보는 순간과, 무의식이 완전히 손에 붙잡히지 않고 항상 미끼에 속았다는 듯이 되돌아서 빠져 나가버리는 순간 사이에서 이뤄지지요.

따라서 존재의 수준에서 볼 때 무의식은 달아나는 것입니다. 하지만 우리는 무의식을 하나의 구조, 그것도 시간적인 구조 속에서 파악하기에 이르렀는데, 그러한 구조는 지금껏 한 번도 진정한 의미에서의 구조로서 해명된 적이 없었다고 말해도 좋을 겁니다.

2

34 프로이트 이후의 분석 경험이 간극 속에서 출현하는 것에 대해 보여주었던 것은 그것을 경시하는 태도였습니다. 프로이트가 『꿈의 해석』의 한 전환부에서 사용한 비유를 빌려 말하자면, 우리는 그 간극에서 나온 악령에게 "피를 공급해주지"[6] 않았던 것이지요.

우리의 관심은 다른 곳에 있었습니다. 올해 저는 어떻게 해서 이러한 관심의 이동이 구조를 끄집어내는 쪽으로 좀더 기울어져 있었는지를 보여드리려 하는데, 그러한 구조들은 분석 중에는 제대로 논의되지 못하고 논의되더라도 거의 예언적인 어조로밖에 되지 않고 있습니다. 분석가들이 자신의 경험에 대해 보고하는 최고의 이론적 증언들을 읽을 때조차도 우리는 너무나 자주 해석이 필요하다는 느낌을 받지요. 적당한 시기에 저는 분석 경험에서 초미의 사항, 가장 중요하다고 할 전이를 다루게 될 텐데 그때 이 점을 보여드릴까 합니다. 전이에 관해서라면 우리는 지극히 단편적인 증언들과 매우 통찰력 있는 증언들이 완전히 뒤죽박죽되어 공존하고 있는 것을 목격하게 될 겁니다.

그렇기 때문에 단계적으로 논의를 진척시키는 것 외에는 다른 방도가 없는 겁니다. 제가 여기서 무의식과 반복에 관해 말하게 될 것을 또한 다른 사람들은 그것이 전이의 문제인 양 전이의 수준에서 말할 테니 말입니다. 가령 우리는 전이가 일종의 반복이라는 말을 흔하게 들을 수 있습니다. 저는 그것이 틀렸다거나 전이 속에 반복의 요소가 없다고 말하려는 게 아닙니다. 프로이트가 전이 경험을 염두에 두지 않고 반복에 접근했다고 말하는 게 아닙니다. 제가 말하고자 하는 바는 반복 개념은 전이 개념과 완전히 무관하다는 점입니다. 그렇기 때문에 저로서는 먼저 반복 개념을 검토하고 그것에 논리적인 단계를 부여하지 않을 수가 없는 것이지요. 반복 경험이 전이 경험으로 인해 불가피하게 겪어야 했던 시행착오 속에서 발견되었다는 데서 반복 개념의 모호함이 유래하는 이상, 연대기적으로 따라가는 것은 그 모호함을 〔더욱더〕 조장하는 일이 될 테니 말입니다.

여러분에게는 놀라울 수도 있는 사실을 하나 지적하고자 하는데, 즉 무의식이 좀처럼 포착되지 않는 견고하지 못한inconsistant 존재라는 위상을 가지게 된 것은 바로 그것을 발견한 사람의 행보 때문이라는 것입니다.

제가 존재의 수준에서는 매우 취약하다고 지적한 무의식의 위상, 그것은 윤리적인 것입니다. 프로이트는 진리를 갈망하면서 이렇게 말합니다. "무슨 일이 있어도 거기에 가야만 한다." 왜냐하면 무의식이 어디선가 자신의 모습을 드러내고 있기 때문입니다. 프로이트는 속임수의 기호가 — 어떤 의미에서는 본래부터 — 묻어 있기에 당시까지 의사들에게서 철저하게 거부당하고 은폐되고 억눌렸던 현실, 바로 히스테리증자의 현실을 경험하는 가운데 이렇게 말한 겁니다.

물론 이 때문에 우리는 "바로 그곳이 내가 내 백성을 이끌고 갈 나라이다"라는 발견자 프로이트의 선언이 구성해낸 불연속에 의해, 그 최초의 행보에 의해 인도된 장 속에서 그 밖의 다른 많은 것들을 접하
35 지 않을 수 없게 되었던 것이지요. 오랫동안 이 장 속에 있었던 것에는 프로이트가 처음에 무의식을 발견했을 때의 특징, 다시 말해 히스테리증자의 욕망의 흔적이 묻어 있는 것처럼 보였습니다. 하지만 곧이어 전혀 다른 무언가가 모습을 드러냈는데, 그것은 항상 그렇듯이 좀더 앞서 발견되었지만 그만큼 더 나중에 뒤늦게 공식화된 것입니다. 왜냐하면 프로이트에게 이론이란 앞서 이뤄진 발견들에 대해서만 고안되었던 것이기 때문입니다. 결과적으로 히스테리증자의 욕망에 관한 것을 포함해 모든 것을 재구성해야만 합니다. 여기서 무의식의 장 속에서 벌어지는 일을 다루는 프로이트의 태도의 핵심을 분명히 지적하려면, 우리는 일종의 소급적인 도약을 감행해야겠지요.

제가 프로이트의 행보가 윤리적인 것이라고 말한 것은 그에게서 그와 같은 인상을 받았기 때문이 아닙니다. 다시 말해 어떤 일이 닥쳐도 의지를 굽히지 않는, 흔히 말하는 학자의 용기를 염두에 두고 한 말이 아닙니다. 다른 모든 이미지들도 그렇지만 특히 이런 이미지는 에누리를 해서 들을 필요가 있습니다. 제가 무의식의 위상을 두고 존재적인 것이 아니라 윤리적인 것이라고 말한 것은, 바로 프로이트 자신이 무의식에 제 위상을 부여하면서 그러한 측면을 강조하지 않았기 때문입니다. 제가 그에게 활력을 불어넣어 주었던 진리에 대한 갈망을 언급한 것은 그저 프로이트의 열정이 어디에 있는지를 가리키기 위함이었지요.

『꿈의 해석』 마지막 장을 그 책에서 분석된 모든 꿈들에 비해 특별한 위치를 차지하는 어떤 꿈으로 시작할 때[7] 프로이트는 그 부분

〔무의식의 위상〕과 관련해 무의식의 일렁이는 무늬가 얼마나 부서지기 쉬운 것인지를 잘 알고 있었습니다. 그것은 아버지를 그와 아주 가까운 아들, 죽은 아들의 시신과 대면시키면서 극심한 불안을 야기하는 미스터리의 입구에서 멈춰진 꿈입니다. 잠든 아버지가 꿈속에서 "아버지, 제가 불타고 있는 게 안 보이세요?"라고 말하는 아들의 모습을 보았는데, 실제로 아들의 시신이 옆방에서 불타고 있었던 겁니다.

프로이트는 왜 이 예를 가지고 꿈이 욕망의 이미지라는 이론을 펼치는 것일까요? 이 예에서 불꽃의 그림자가 일렁이는 가운데 꿈꾸는 아버지를 깨운 것은 바로 어떤 현실, 거의 꿈을 그대로 베껴 쓴 것 같은 현실처럼 보이는데 말입니다. 저 너머의 세계에 다름 아닌 어떤 미스터리를, 그리고 "아버지, 제가 불타고 있는 게 안 보이세요?"라고 말하는 아들과 아버지 둘만의 뭔지 모를 비밀을 환기시키기 위한 것이 아니라면 어째서 그런 주장을 펼치는 것일까요? 아들은 무엇에 의해 불타고 있는 것일까요? 그것은 프로이트의 위상학 속에 표시된 다른 지점들을 통해 드러나게 될 어떤 것, 다시 말해 프로이트가 오이디푸스 콤플렉스와 결부시킨 햄릿 신화 속에서 망령이 짊어진 아버지의 죄악의 무게〔가책〕에 의해서가 아닐까요? 아버지, 아버지의-이름은 법의 구조를 가지고 욕망의 구조를 지탱하지요. 하지만 키에르케고르가 지적했듯이 아버지가 물려준 유산은 곧 아버지의 죄악입니다.

햄릿의 망령이 등장하는 지점은 어디일까요? 아버지가 자신의 죄악이 절정에 이르렀을 때 불의에 목숨을 잃게 되었음을 스스로 밝히는 곳, 그리고 아들의 욕망을 존속케 할 법의 금지들을 햄릿에게 제공하기는커녕 오히려 아버지 자신이 그렇게 지나치게 이상적理想的인 아버지〔라는 역할〕에 대해 매 순간 깊은 의구심을 갖고 있다는 것을 그 스스로 드러내는 곳이 아닐까요?[8]

이 예에서는 모든 것이 손에 닿는 곳에 있으며 모든 것이 한눈에 들어옵니다. 프로이트가 이 예를 포함시킨 것은 어떤 점에서는 사실
36 자신은 그것을 이용한 것이 아니라 그것을 감식하고 가늠하며 음미했다는 것을 보여주기 위해서이지요. 그는 이처럼 바로 가장 매혹적인 지점으로부터 우리의 주의를 돌려 우리를 꿈의 망각에 관한 논의와 주체가 하는 꿈 이야기가 어떤 가치를 갖는지에 관한 논의로 이끕니다. 그러한 논의는 몇 가지 용어들을 중심으로 진행되는데, 그것들에 대해서는 강조해둘 필요가 있습니다.

사실 거기서 중심 용어는 진리가 아닙니다. 그것은 *Gewißheit*, 즉 확실성입니다. 프로이트의 행보는 확실성의 주체를 토대로 해서 출발한다는 점에서 데카르트적입니다. 우리가 무엇에 관해 확신할 수 있는지를 문제 삼는 것이지요. 이를 위한 첫번째 과제는 무의식의 내용이라 할 만한 것을 함축하는 모든 것을 넘어서는 것입니다. 특히 꿈의 경험으로부터 무의식을 솟아나게 하는 것이 관건일 때는 더더욱 그렇습니다. 예컨대 주체가 꿈에 대해 이야기할 때마다 이리저리 쓸려 다니는 것, 그 꿈의 텍스트를 얼룩지우고 더럽히고 오염시키는 것 — "나는 확신할 수 없다, 나는 의심한다" — 을 넘어서는 것입니다.

실제로 겪었던 것과 이야기되는 것 사이에 명백한 차이가 존재한다면 어느 누가 주체가 하는 꿈 이야기를 의심하지 않을 수 있을까요?

그런데 의심은 바로 프로이트에게 확실성의 근거입니다. 이것이 바로 프로이트가 가장 힘주어 강조하는 바입니다.

프로이트는 어째서 의심이 확실성의 근거가 되는지를 밝힙니다.

즉 의심 자체는 무언가 지켜야[숨겨야] 할 것이 있음을 뜻하는 기호라는 것입니다. 의심은 저항의 기호인 셈이지요.

그럼에도 불구하고 그가 의심에 부여한 기능은 여전히 모호하게 남아 있습니다. 왜냐하면 지켜야[숨겨야] 할 무언가란 또한 드러나야 할 무엇일 수도 있기 때문입니다 — 어쨌든 드러나는 것은 *Verkleidung*, 즉 들통나기 십상인 변장이나 가발 속에서만 자신의 모습을 나타내니 말입니다. 하지만 어찌되었건 제가 주장하고 싶은 바는 데카르트의 행보와 프로이트의 행보가 서로 근접해 수렴하는 지점이 있다는 사실입니다.

데카르트는 이렇게 말합니다. "의심한다는 사실로부터 나는 내가 생각한다는 것을 확신한다." 이 문장을 저는 이렇게 고쳐보고자 합니다. "생각함으로써 나는 존재한다." 원래의 문장보다 신중한 표현은 아니라고 생각하지만 그래도 이렇게 쓰면 "나는 생각한다"와 관련된 논쟁거리를 피할 수 있을 겁니다. 말이 나온 김에 다음과 같은 점을 유념하시기 바랍니다. 우리가 보기에 "나는 생각한다"는 데카르트가 암묵적으로나마 그것을 말로 진술함으로써만 비로소 공식화될 수 있다는 사실과 당연히 분리될 수 없는데 — 바로 이것이 데카르트가 잊고 있었던 점입니다 — 제가 "나는 생각한다"라는 표현을 피한 것은 바로 위와 같은 사실에서 야기되는 논쟁을 피하기 위해서입니다. 지금으로서는 이 문제는 유보해두기로 합시다.

정확히 이와 유사한 방식으로 프로이트는 자신이 의심하는 바로 그곳에 — 왜냐하면 결국 그것은 '그의' 꿈이며, 처음에 의심을 품었던 것도 바로 그 자신이기 때문입니다 — 무의식적이라 할 어떤 생각이 존재하고 있음을 확신했지요. 무의식적이라 함은 그 생각이 부재자로서 자신을 드러낸다는 것을 뜻합니다. 타자들[다른 것들]에 관여하는 순간부터 그는 바로 그가 의심하는 자리에서 "나는 생각한다"를 불러들이는데, 바로 이 "나는 생각한다"를 통해 주체가 자신을 드러내게 될 겁니다. 요컨대 프로이트는 조금이라도 누군가가 자기 대신 〔자기 자리에서〕 사유를 하고 있다면 — 바로 여기에 도약이 있는 것이지요 — 그러한 사유가 이를테면 그것 자체만의 "나는 존재한다"와 함께 그곳에서 독립적으로 존재하고 있음을 확신하게 됩니다.

바로 여기서 프로이트와 데카르트 사이의 비대칭성이 드러납니다. 둘 사이의 비대칭은 주체의 확실성을 정립하는 최초의 행보에 있는 것이 아닙니다. 비대칭은 프로이트에게선 주체가 거처하는 곳이 바로 그 무의식의 장이라는 데 있지요. 프로이트가 세상을 변혁시킬
37 만큼의 진보를 완수해낸 것은 그가 〔주체가 거처하는 곳으로서의〕 그 무의식의 장의 확실성을 단언했기 때문입니다.

데카르트의 경우 최초의 '코기토cogito' — 이에 대해선 데카르트 주의자들이 저보다 더 잘 알겠지만, 그래도 이것을 논의에 부쳐봅니다 — 속에서 "나는 생각한다"는 그것이 "나는 존재한다"로 전환되는 한에서 어떤 실재를 겨냥하고 있습니다. 하지만 참된 것이 계속해서 저 너머에 남겨져 있기에 데카르트는 보증을 확보해야 했지요. 그는 무엇으로부터 보증을 확보하게 될까요? 바로 기만하지 않을 뿐 아니라 심지어는 존재하는 것만으로도 진리의 토대를 보증해줄 수 있는 어떤 타자로부터입니다. 그것은 데카르트가 확보해낸 실재 자체가 진리의 차원을 얻기 위해 꼭 필요한 토대들이 데카르트 본인의 객관적인 이성 속에 있다는 것을 그에게 보증해줄 수 있는 타자입니다. 저는 여기서 완전한 신이라고 할 타자의 손에 진리를 되돌려줌으로써 야기된 놀라운 결과들을 지적하지 않을 수 없습니다. 즉 이제 진리는 바로 타자의 소관이 되는데, 왜냐하면 타자가 무엇을 말하려 했건 그

것은 언제나 진리가 될 것이기 때문입니다. 그가 2+2는 5라고 해도 그것은 진리인 겁니다.

이것이 함축하는 바는 무엇일까요? 우리가 기하학을 해석학으로 변형시키는 대수학의 소문자들을 가지고 놀이를 할 수 있게 되었다는 것이겠지요. 이제 우리에게 집합론으로의 문이 열린 것이며 모든 것이 진리의 가설로서 허용된다는 겁니다.

하지만 이 문제는 전혀 우리의 관심사가 아니므로 그냥 접어두기로 합시다. 다만 우리가 주체라는 용어가 무엇을 뜻하는지를 알고 있는 이상, 주체의 수준에서 시작된 것은 절대로 무위로 돌아가지 않는다는 것 또한 알고 있음을 지적해두기로 하겠습니다.

데카르트는 이 점을 알지 못했던 겁니다. 그는 그 주체가 이전의 모든 지식을 폐기한 확실성의 주체라는 것밖에 알지 못했지요. 하지만 프로이트 덕분에 우리는 무의식의 주체가 자신을 드러낸다는 사실을, 그가 확실성을 얻기 이전부터 사유한다는 것을 알고 있습니다.

이것이 우리가 떠안고 있는 문제입니다. 우리의 골칫거리이지요. 하지만 어쨌든 그것은 이제 그것이 제기한 질문과 관련해 우리가 거부할 수 없는 하나의 장입니다.

3

제가 지금 강조하고 싶은 것은 이제부터 주체의 상관항은 더이상 속이는 **타자**가 아니라 속는 **타자**라는 사실입니다. 이는 분석 경험 속으로 들어가는 순간 아주 구체적으로 확인할 수 있습니다. 주체가 가장 두려워하는 것은 자신이 우리[분석가]를 속일 수 있으며 잘못된 길로 들어서게 할 수 있다는 것입니다. 요컨대 우리[분석가]가 속을 수 있다[틀릴 수 있다]는 것이지요. 우리 모습을 보면 여느 세상 사람들과 마찬가지로 속을[틀릴] 수 있는 사람들임이 분명하기 때문입니다.

하지만 이 사실이 프로이트를 곤란하게 하지는 않습니다. 기호들이 교차하기 때문에 — 특히 꿈의 망각에 관한 장의 첫번째 단락을 읽을 때 이해해둬야 하는 것이 바로 이 점입니다 — 우리는 모든 것
38 을 고려해야 하며, 거기서 추구되는 모든 평가, *Preisschätzung*, 확실한 것과 확실하지 않은 것에 대한 모든 평가의 척도로부터 자유로워져야 — 그의 표현에 따르면 *frei machen* — 합니다.[9] 무언가가 장 속으로 들어오고 있다는 것이 아주 약간만 암시되더라도, 우리는 그것을 주체와 관련된 흔적과 동등한 가치를 가진 것으로 간주해야 합니다.

훗날 프로이트는 저 유명한 여성 동성애자 사례 보고서에서 그 환자가 꾼 꿈에 관해 다음과 같이 비아냥거리게 될 사람들을 가정하며 조소한 바 있습니다. "하지만 우리를 지고의 진실로, 신적인 진리로 이끌어준다고 하는 그 잘난 무의식은 어디에 있는가? 보라. 당신의 환자는 당신을 비웃고 있다. 왜냐하면 그것은 그녀가 주위 사람들이 바라는 대로 남자를 좋아하게 되었다고 당신이 생각하게 하기 위해 분석 중에 고의적으로 만든 꿈이기 때문이다." 하지만 프로이트는 이것이 의미 있는 반론이라고 여기지 않았습니다. 그는 그저 "무의식은 꿈이 아니다"라고 말했지요.[10] 이는 무의식이 기만의 방향으로 작동할 수도 있지만, 프로이트에게는 그것이 전혀 반론의 가치를 갖지 않는다는 것을 뜻합니다. 실제로 어찌 거짓말의 진실이란 것이 있을 수 없단 말입니까? 역설이라고 간주되는 것과는 반대로 "나는 거짓말한다"라는 단언을 완벽하게 가능한 것으로 만드는 진실이 있습니다.

다만 이때 프로이트는 히스테리증자와 여성 동성애자의 욕망의 대상이 무엇인지를 올바로 공식화해내지 못했지요. 그렇기 때문에 프로이트는 도라와 같은 히스테리증자도, 저 유명한 여성 동성애자도 감당하지 못했고 그래서 치료를 중단하게 되었던 겁니다. 자신의 해석에 관해서도 프로이트 본인은 계속해서 주저하게 됩니다. 아직 해석할 때가 되지 않았거나 아니면 이미 때를 놓쳐버렸다는 겁니다. 프로이트는 제가 여러분에게 도출해 보여드리고자 하는 구조적 지표들을 미처 알지 못했기에 히스테리증자의 욕망 — 사례에서 분명하게 읽을 수 있는 것이지요 — 이 아버지의 욕망을 유지하기 위한 것이며, 도라의 경우에도 그녀의 욕망은 대리를 통해 아버지의 욕망을 유지하는 것이었음을 간파하지 못했던 겁니다.

도라는 아버지가 K씨의 부인에게 구애할 수 있게 두 사람의 은밀한 관계를 노골적으로 방조합니다. 이러한 게임을 통해 그녀가 유지해야 하는 것은 바로 남자의 욕망입니다. 더욱이 관련 인물들 중 한 명인 K씨가 도라에게 "당신에게는 관심이 없다"가 아니라 "내 아내에겐 관심이 없다"라고 말하는 순간 도라가 보인 행위화passage à l'acte는, 다시 말해 그에게 결별의 따귀를 때린 것은 그녀로선 [K부인이라는] 제3의 요소와 관계를 유지해야 했음을 보여줍니다. 이 제3의 요소는 욕망이 충족되지 않은 상태로 존속되고 있다는 것을 그녀가 확인할 수 있도록 해주는 것이지요. 이때 충족되지 않은 것으로 유지되는 욕망은, 그녀가 무능력한 것으로 조장하는 아버지의 욕망뿐 아니라 타자의 욕망으로밖에 실현될 수 없는 그녀 자신의 욕망까지도 포함하는 것입니다.

마찬가지로 여성 동성애자의 욕망이 또 하나의 해결책을 발견한 것도 아버지의 욕망에서입니다. 그 해결책이란 바로 아버지의 욕망

에 도전하는 것이었는데, 이는 제가 제시한 '인간의 욕망은 타자의 욕
망이다' 라는 공식, 본연의 수준에 위치시켜본다면 히스테리증자의
경험에서 유래한 것이라 할 수 있는 이 공식의 정당성을 다시 한 번
입증해주는 것입니다. 이 사례를 다시 읽어본다면, 이 처녀의 모든 행
실이 확연히 도발적인 면모를 풍긴다는 사실을 확인하실 수 있을 겁
니다. 그녀는 마을에서도 눈에 띄는 어느 화류계 여자를 쫓아다니면
39 서 그녀를 향한 기사도적인 배려를 끊임없이 과시했지요. 그러던 어
느 날 아버지와 마주치게 되는데, 이때 그녀가 아버지의 눈빛에서 읽
은 것은 그가 자기 앞에서 벌어진 일을 회피하고 경멸하고 지워버리
려 한다는 사실이었지요. 그 다음 그녀는 갑자기 작은 철교의 난간 밑
으로 몸을 던졌습니다. 말 그대로, 그녀는 자신을 없애버리는 방법을
통해서가 아니고는 어떻게 하면 한 여성을 위해 헌신하는 순수하고
영웅적이고 한결같은 남근이 될 수 있는지를 아버지에게 보여줄 수
없었던 겁니다 — 그것을 보여주는 것이 그녀가 맡은 임무였지요.

이 여성 동성애자가 프로이트를 속이면서 자신의 꿈속에서 행한 것 또한 아버지의 욕망에 대한 도전입니다. "아버진 제가 남자를 사랑하길 원하시겠죠. 그러니 원하시는 대로 남자를 사랑하는 꿈을 얼마든지 꾸어드리죠." 이는 조소 어린 형태의 도전입니다.

무의식의 장에서 문제가 되는 것은 바로 주체이기에, 프로이트가 이 주체에 어떤 자세로 접근했는지를 정확히 설명하려다 보니 서론이 다소 길어졌던 것 같습니다. 이렇게 해서 저는 진리 추구에 있어 확실성의 주체가 수행하는 기능을 구별해냈습니다.

다음 시간에는 반복 개념에 대해 살펴보기로 할 텐데, 반복 개념을 어떻게 이해해야 하는지를 질문해볼 생각입니다. 더불어 기만의

반복으로서의 반복 개념을 통해 프로이트가 어떻게 속이는 것으로서의 분석 경험을 어떤 실재와, 즉 과학의 장 속에서는 주체가 놓칠 수밖에 없는 운명이지만 그러한 놓침 자체를 통해 계시되는 것으로서 규정되는 어떤 실재와 조화시키는지를 확인하시게 될 겁니다.

〈질의응답〉

X_ 사물의 실질적 시간과 논리적 시간은 다른 것입니까?

논리적 시간은 세 개의 시간으로 구성됩니다. 가장 먼저 '보는 순간'이 있는데, 이것은 '통찰insight'이라는 지적 작용의 심리적 경험 속에서 상당히 정확하게 규정된다고는 하지만 신비스러운 부분이 없는 것은 아닙니다. 그 다음으로 '이해를 위한 시간'이 있고 마지막으로 '결론을 내리는 시점'이 있지요. 물론 이는 그저 이전에 했던 이야기를 간단히 환기해본 것뿐입니다.

논리적 시간이 무엇인지를 이해하려면 시니피앙의 대열隊列이 처음에 주어진 것이라는 사실에서 출발해야 합니다. 이러한 토대 위에, 우리가 살펴보게 될 것처럼 반복 기능이 필연적으로 수반하게 되는 두 개의 용어가 도입되어야 하지요. 그것은 *Willkür*와 *Zufall*, 즉 우연과 자의성입니다.

바로 이런 식으로 프로이트는 꿈을 해석하면서 전사傳寫의 우연과 연관의 자의성이 어떻게 나타난 것인지를 고려하게 됩니다. 왜 이것은 다른 모든 것을 제쳐두고 꼭 저것과 결부될까요? 현대 과학이 우리가 우연에 근거해 정립할 수 있는 것이 무엇인지를 입증해준다고 40 할 때, 프로이트가 현대 과학의 발달에 의해 제기된 문제의 한복판으로 우리를 이끈다는 것은 분명한 사실입니다.

실제로, 처음에 우연 — 확률 계산, 전략 — 이 상황을 시니피앙이라는 관점에서 제한적으로 구조화하는 경우가 아니라면, 아무것도 우연에 근거할 수 없습니다. 현대의 게임이론이 두 맞수의 전략을 연구한 결과에 따르면, 서로 상대방 입장에서 추론할 때 상대방을 이길 수 있는 최대한의 확률을 얻게 된다고 합니다. 이런 식의 작전이 효과를 발휘하는 이유는 뭘까요? 이는 이미 판이 짜여 있고, 해당 시니피앙의 좌표들이 그 짜여진 판에 기입되어 있으며, 해결책이 그 좌표들을 절대로 넘어서지 않기 때문이 아닐까요?

그런데 무의식과 관련해 프로이트는 자신이 듣게 되는 모든 이야기를 순수한 시니피앙의 기능으로 환원시킵니다. 그것이 작동하는 것, 프로이트의 말에 따르면, 결론을 내리는 시점이 나타나는 것은 바로 그러한 환원을 기점으로 해서지요. 결론을 내릴 시점이라 함은 판단하고 결론을 내릴 용기를 갖게 되는 시점입니다. 그렇게 해서 이는 제가 그의 윤리적 증언이라 부른 것의 일부를 이루게 되지요.

곧이어 그는 자신이 주체와 관련해 한계에 봉착하게 되었다는 사실을 경험을 통해 확인하게 됩니다. 그 한계란 불확신, 저항, 치료의 실패 등을 말하지요. 기억하기[remémoration]는 항상 어떤 한계를 갖고 있습니다. 물론 분석이 아닌 다른 방법을 통해 더 완벽한 기억을 얻을 수도 있지만, 그런 방법은 치료 효과가 별로 없습니다.

바로 여기서 기억하기와 반복, 이 두 개의 길이 미치는 범위를 구별해야 합니다. 이들 사이에는 가역성이 없는 만큼 시간적인 진행성도 없지요. 요컨대, 이들은 서로 뒤바뀔 수 없다는 겁니다. 기억하기로부터 시작해 반복의 저항들을 만나게 되는 것과 반복에서 시작해 기억의 실마리를 얻게 되는 것은 전혀 다른 일입니다.

이는 시간 기능이 여기서 논리적 질서를 띠고 있으며 실재를 시니피앙으로서 형식화하는 것과 관련되어 있음을 보여줍니다. 서로 뒤바뀔 수 없음은 사실 시니피앙의 영역에만 속하는 범주이지요.

우리는 여기서 무의식의 질서를 출현시키는 무언가를 포착하게 되지요. 이에 대한 근거로 프로이트가 제시하는 것은 무엇일까요? 그것을 보증해주는 것은 무엇일까요? 이것이 바로 두번째 시기에 그가 반복 기능을 연구하면서 풀게 되는 문제입니다. 나중에 아리스토텔레스의 『자연학*Physique*』을 참조하면서 우리가 그것을 어떻게 공식화할 수 있는지를 보시게 될 겁니다.

피에르 코프만 Pierre Kaufmann_ 작년에 선생님께서는 불안은 속이지 않는 것이라고 말씀하셨습니다.[11] 그 말을 존재론과 확실성에 연관지어 설명해주셨으면 합니다.

불안은 실제로 속이지 않는다는 점에서 분석에 있어 중요한 준거입니다. 하지만 불안이 제구실을 못할 수도 있지요.

분석 경험 속에서 불안에 잠식되어버리지 않으려면, 불안의 경로 41
를 정리하고, 이를테면 그것을 적절히 조제할 필요가 있습니다. 여기서 나타나는 어려움은 주체를 실재 — 많은 학생들이 이 용어에 대해 계속해서 오해하고 있는 만큼 다음 시간에는 그 의미를 명확히 규정해보겠습니다 — 와 접속시키는 데 있어서의 어려움과 같은 맥락의 어려움입니다.

분석가는 주체의 무의식에서 무언가가 일어나고 있다는 것을 어떻게 확인할 수 있을까요? 프로이트는 — 제가 무의식의 형성물들을 연구하면서 보여주었듯이[12] — 진리를 자리매김하기 위해 어떤 시니피앙적인 절분에 전적으로 의지합니다. 이러한〔시니피앙적인 절분에 대한〕 신뢰의 정당성은 실재에 대한 참조를 통해 주어집니다. 하지만 이와 관련해 우리가 언급할 수 있는 최소한의 사실은 실재가 프로이트에게 쉽게 자신을 내주진 않는다는 점입니다. 「늑대인간」을 예로 들어봅시다. 프로이트의 저작 속에서 이 사례는 환상의 장면이 바로 실재와의 관계 속에서 작동한다는 것을 보여주기 때문에 각별히 중요합니다. 실재는 환상을 지탱하고 환상은 실재를 보호합니다. 이러한 관계를 해명하기 위해 다음 시간에는 스피노자식의 사변으로 되돌아가볼까 합니다. 물론 이번에는 속성attribut이란 용어 대신 다른 용어를 사용하게 될 겁니다.

1964년 1월 29일.

4

시니피앙의 그물망에 관하여

무의식의 사유
의심의 콜로폰
주체의 전복
반복에의 입문
실재는 항상 동일한 자리로 되돌아오는 것이다

지금은 관례처럼 된 소위 겨울 스포츠라고 하는 의례적인 휴가를 43
떠나기 위해 두 주 동안 세미나를 거르는 것이 저의 관행이었습니다. 다행히 올해는 눈이 별로 오지 않아 이러한 의무를 이행하지 않아도 되므로 세미나를 쉬지 않으리라는 것을 즐거운 마음으로 알려드리는 바입니다.

우연히 이번 일로 인해 또 한 가지 사건을 더 많은 청중들에게 알릴 수 있게 된 것을 매우 기쁘게 생각합니다. 사실은 여행사에 선금 지불을 거절했는데, 그들이 오히려 제게 매우 고맙다는 인사를 전하는 겁니다. '프랑스정신분석학회' 회원 여덟 명으로부터 예약을 받았기 때문이라더군요.

밝혀두건대, 이 일을 여러분에게 알려드리면서 기분이 좋은 이유는 그것이 진정한 선행, 복음서에서 말하는 "오른손이 하는 일을 왼손이 모르게 하라"는 식의 선행에 해당하기 때문입니다.

〔프랑스정신분석학회의〕 교육 분과에 속한 간부급 회원 여덟 명은 제 수업의 효과를 막기 위한 대책을 강구하기 위해 현재 런던에 모여 있습니다. 그 정도면 제법 높이 살 만한 정성인데, 영국 '학회' 회원들이 소위 프랑스 '학회' 의 활동에 직접 관여하기 위해 방문할 때면 통상 이쪽에서 여행 경비를 책임졌던 것과는 달리 아마도 영국 '학회' 가 이쪽 회원들의 비용을 부담해주지 않는 이상, 프랑스 학회는 자기 회원들의 편의를 위해서라면 어떠한 희생도 각오할 준비가 되어 있으니 말입니다.

제가 여러분에게 이 사실을 알려야 한다고 생각한 것은, 아마도 이번 파견과 결부된 것처럼 보이는 몇 가지 사소한 신경과민의 징후들을 감사의 노래로 일축하기 위해서입니다.

1

44 지난 시간에는 무의식 개념에 관해 이야기하면서 무의식의 진정한 기능은 *Unbegriff* 개념, 혹은 본원적인 *Un*의 *Begriff* 기능, 즉 절단〔단절〕 기능과 시원적이고 창시적으로 깊이 연관을 맺는다는 데 있다는 것을 언급한 바 있습니다.[1]

저는 그 절단〔단절〕을 시니피앙 자체와 구성적인 관계를 맺고 있는 주체의 기능과 긴밀히 연결시켰습니다.

무의식에 대해 말하면서 주체를 언급한 것이 뜬금없는 이야기처럼 들리는 것은 당연합니다. 하지만 저는 이 모든 것이 하나같이 동일한 장소, 주체라는 장소에서 일어난다는 점을 여러분이 이해하실 수 있도록 충분히 설명했다고 생각합니다. 이러한 주체는 최초의 확실성의 토대를 하나의 점으로 환원시키는 데카르트적 경험을 통해 아르키메데스적 가치를 획득하게 되었는데, 이는 특히 그 주체가 뉴턴을 기점으로 과학이 전혀 다른 방향으로 나아갈 수 있게 해준 받침점[2]이 되었다는 점에서 그렇습니다.

저는 지금까지의 논의에서 줄곧 이른바 무의식의 '박동적' 기능을, 어떤 의미에서는 무의식에 내재적인 것이라 할 수 있는 사라짐의 필연성을 강조해왔습니다. 프로이트 본인이 사용한 은유를 따르자면, 일순간의 간극 속에서 나타나는 모든 것은 일종의 선매先買에 의해 다시 닫힐 운명, 달아나버릴 운명, 사라져버릴 운명에 처해 있다는 것이지요. 동시에 저는 이를 통해 이미 물리학에서 이뤄진 뚜렷하고 단호한 결정작용cristallisation이 다시 한 번 나타나기를, 물론 이번에는 '주체에 대한 추정과학science conjecturale' 이라 부를 수 있는 전혀 다른 방향으로 나타나기를 기대한다고 말한 바 있습니다.[3] 이것은 얼핏 보이는 것과는 달리 그다지 역설적이지 않습니다.

프로이트는 자신이 히스테리증자의 분석 경험으로부터 터득한 것의 확증을 꿈의 장 속에서 얻을 수 있음을 깨닫고 그 어느 때보다도 과감한 행보를 보이기 시작했습니다. 당시 그가 무의식에 관해 뭐라고 말했던가요? 그는 무의식이란 의식이 잠재의식적인 것으로부터 불러내고 펼쳐놓고 판별해내고 꺼내놓는 어떤 것으로 구성되는 것이 아니라 본질적으로 거부된 것에 의해 구성된다고 주장합니다. 그렇다면 프로이트는 그것을 뭐라고 불렀을까요? 그것은 바로 제가 방금 전에 받침점이라고 부른 것을 가리키기 위해 데카르트가 사용했던 용어인 *Gedanken*, 즉 사유입니다.

의식 너머의 장에 사유가 있습니다. '나는 생각한다' 의 주체가 '나는 의심한다' 라는 진술과 동일한 상동 관계 속에서 결정되어 있다는 점을 통해서가 아니면 그러한 사유를 표상하는 것은 불가능합니다.

데카르트가 '나는 생각한다'를 포착한 것은 '나는 의심한다'라는 언표 행위를 통해서이지 그것의 언표를 통해서가 아닙니다. 왜냐하면 언표는 여전히 의심에 부칠 수 있는 지식 전체를 담고 있기 때문입니다. 데카르트와 프로이트 양자의 비교가 매우 정당함을 보여주는 사실이 하나 있습니다. 즉 프로이트는 제가 '의심의 콜로폰colophon du
45 doute'이라 부를 어떤 것을 꿈의 텍스트 속에 통합시키길 권유하면서 한 걸음 더 진일보하게 된다는 것입니다. 콜로폰이란 활판 인쇄술을 사용하던 시절 고서의 여백에 인쇄해 넣었던 작은 손 표시를 말합니다. 의심의 콜로폰은 텍스트의 일부를 이룹니다. 그것은 프로이트가 자신의 *Gewißheit*(확실성)의 근거로 삼았던 것은 오로지 이야기, 주석, 연상 등으로부터 유래한 시니피앙의 배치뿐이라는 사실을 가리킵니다. 이때 이런 것들이 철회된 것이라 해도 별로 문제가 되지 않습니다. 모든 것이 시니피앙을 제공하게 되며, 프로이트는 그 시니피앙에 근거해 자신의 확실성을, *Gewißheit*를 정립합니다 — 강조하건대, 분석 경험은 오로지 그의 행보와 더불어 시작되기 때문입니다. 이런 이유에서 저는 프로이트의 행보를 데카르트의 행보와 비교한 겁니다.

저는 하나의 신화이자 불분명한 혼동에 불과한 심리적 기능과 구별되는 것으로서의 주체를 〔처음으로〕 도입한 사람이 프로이트라고 말하는 게 아닙니다. 그 일을 한 사람은 바로 데카르트이니까 말입니다. 제가 말하고 싶은 것은, 프로이트가 주체를 겨냥하는 것은 그에게 다음과 같은 사실을 알리기 위해서라는 점입니다. "여기 꿈의 장이야말로 네가 있는 너의 집이다. *Wo es war, soll Ich werden.*" 바로 이것이 새로운 점입니다.

이 독일어가 뜻하는 바는 뭐가 뭔지 알 수 없는 저 쓰레기 같은 번역이 말하는 것처럼 "자아가 이드를 몰아내야 한다"가 아닙니다. 소크라테스 이전 시대의 언술만큼이나 깊은 울림을 자아내는 프로이트의 원문을 프랑스어로 어떻게 옮겨놓고 있는지 잘 보시기 바랍니다. *soll Ich werden*에서 문제는 자아가 아닙니다. 프로이트의 전 저작에서 *Ich*는 — 물론 그것의 위치를 알아볼 수 있다면 — 시니피앙 그물망의 충만하고 완전한 장소, 다시 말해 주체를 가리킵니다. 그리고 "그것이 있던 곳"은 언제나 그랬듯이 바로 꿈입니다. 고대인들은 꿈속에서 온갖 것을 알아보았습니다. 때로는 신들의 메시지도 꿈속에서 찾아냈지요 — 왜 아니겠습니까? 그들은 그것을 신들의 메시지로 삼았습니다. 이후의 제 논의에서 확인하겠지만, 꿈에서 신들의 메시지를 들을 가능성을 배제할 순 없을 겁니다 — 물론 그것의 사실 여부는 그다지 중요하지 않지만 말입니다. 우리의 관심사는 이러한 메시지들을 총괄하는 조직, 종종 무엇인가가 걸려드는 그물망에 있습니다. 거기서 신들의 음성이 들려올 수도 있겠지만, 인간의 귀는 이미 오래전에 원래의 상태로 되돌아가 버렸습니다. 다들 아시다시피, 본래 인간의 귀란 아무것도 듣지 않기 위해 만들어졌으니 말입니다.

하지만 주체는 "그것이 있던 곳에" 자신을 자리매김하기 위해 거기에 있는 겁니다. 미리 밝혀두자면, "그것이 있던 곳"은 바로 실재입니다. 이게 무슨 뜻인지를 곧 확인시켜 드리겠습니다. 물론 오랫동안 제 강의를 들어온 분들이라면 제가 기꺼이 '신들은 실재의 장에 속한다' 라는 공식을 이용하리라는 것을 아실 겁니다.

"그것이 있던 곳"에 *Ich* — 심리가 아니라 주체 — 가 와야 합니다. 그런데 그곳에 이르렀다는 것을 알 수 있는 방법은 딱 한 가지밖에 없습니다. 바로 그물망을 식별해내는 것입니다. 우리는 어떻게 그것을 식별할 수 있을까요? 우리가 그것을 식별할 수 있다면 이는 우리가 맴돌면서 되돌아오고 지나온 길을 다시 지나기 때문입니다. 다시 말해 항상 동일한 방식으로 교차하기 때문이지요. 『꿈의 해석』 7장에 나오는 다음과 같은 구절만큼 저자의 *Gewißheit*를 확증해주는 것은 없습니다. "우연이라고 말하고 싶은 사람은 그렇게 말해도 좋을
46 것이다. 나의 경험으론 거기서 어떠한 자의적인 것도 확인할 수 없다. 그것은 우연을 벗어나도록 서로 교차하기 때문이다."[4]

이 주제를 다룬 제 강의[5]를 들었던 분들은 프로이트가 플리스Wilhelm Fliess에게 보낸 52번째 편지[6]를 기억해보시기 바랍니다. 이 편지에는 나중에 『꿈의 해석』에서 광학적이라 불리게 될[7] 도식에 관한 언급이 들어 있지요. 이 모델에는 여러 층들이 그려져 있고, 이 층들은 각각의 층마다 다르게 굴절되는 빛과 비슷한 어떤 것을 투과시키고 있습니다. 거기가 바로 무의식의 주체가 작용하는 곳이지요. 프로이트는 그곳은 공간적이거나 해부학적인 장소가 아니라고 말합니다. 그렇지 않다면 그가 우리에게 제시한 바와 같은 무의식 — 살과 피부 사이라는 표현처럼 의식과 지각 사이에 방대하게 펼쳐져 있는 특수한 스펙트럼 — 을 과연 어떻게 이해할 수 있을까요? 아시다시피, 이 두 요소는 나중에 프로이트가 두번째 지형학을 구상할 때 지각-의식, *Wahrnehmung-Bewußtsein* 체계를 구성하게 되지요. 하지만 이때 이 두 요소를 가르는 간극을 잊어서는 안 됩니다. 그 간극이 바로 타자가 위치하는 곳이며 주체가 구성되는 곳이니 말입니다.

플리스에게 보낸 편지에 따른다면 *Wahrnehmungszeichen*, 지각의 흔적들은 어떻게 기능할까요? 자신의 분석 경험으로부터 프로이트는 지각과 의식은 완전히 분리될 필요가 있다는 것을 유추해냅니다. 즉 지각의 흔적들이 기억 속으로 들어가려면 우선 그것들이 먼저 지각 속에서 지워져야 하며, 또 반대로 기억이 지각의 흔적 속으로

들어가려면 먼저 기억이 지워져야 한다는 겁니다. 그리고 그는 *Wahrnehmungszeichen*이 동시적으로 구성되었음에 틀림없는 어떤 시간을 지적합니다. 이것이 바로 시니피앙적인 공시태가 아니라면 무엇이겠습니까? 물론 프로이트는 50년 후의 언어학자들이 자신이 한 이야기를 어떤 식으로 표현하게 될지 알지 못했기 때문에, 그것을 *Wahrnehmungszeichen*이라고만 불렀습니다. 그러나 우리는 곧바로 이 *Wahrnehmungszeichen*에 '시니피앙'이라는 진정한 이름을 부여할 수 있을 겁니다. 이러한 독법은 프로이트가 『꿈의 해석』 중 그것을 다시 다루는 대목에서, 이번에는 유비를 통해 흔적들이 구성되는 층들이 있음을 지적하고 있다는 점에서 다시 한 번 정당성을 얻을 수 있습니다. 거기서 우리는 통시태를 통해 도입되는 은유를 구성하는 데서 핵심적인 기능을 하는 대비contraste와 유사similitude의 기능들을 다시 발견할 수 있지요.

오늘 진도를 나가야 하기 때문에 이 점에 대해 더 깊이 들어가지는 않겠습니다. 하지만 프로이트가 이 공시태에서 문제는 단순히 우연과 인접성의 연합들로 구성된 그물망만이 아님을 명시하고 있다는 사실은 분명히 해둡시다. 시니피앙들이 동시적으로 구성되려면 구성적 통시태라는 명확히 규정된 어떤 구조가 필수적입니다. 통시태는 구조에 의해 방향지어져 있습니다. 프로이트는 무의식의 마지막 층 — 이 마지막 층은 무의식 중에서 전의식의 수준에서 이용될 부분과 1차 과정이 미리 관계를 맺는 곳, 일종의 조리개가 작동하는 곳이지요 — 에는 기적과 같은 것이 있을 수 없음을 분명히 합니다. 그는 "그것은 분명 인과율과 관련된다"고 말합니다.

이 모든 지적들은 서로 교차[수렴]합니다. 이로써 — 물론 우리는 우리의 시니피앙 이론이 나오기 전에 프로이트를 읽었고 게다가

47 매번 읽는 즉시 이해할 수 있었던 것도 아니었기 때문에 문제의 실마리가 거기서 나왔다는 사실을 알지 못했지만 — 우리도 우리가 프로이트를 재발견하고 있다는 것을 확신하게 됩니다. 무의식 구조의 중심에 원인이라는 간극을 위치시키게 된 것은 분명 우리의 분석 경험에 고유한 필연성 때문입니다. 하지만 우리가 프로이트의 텍스트에서 그러한 간극에 대한 수수께끼 같은, 설명되지 않은 언급을 발견해낸 것은 우리가 확실성을 향한 '그'의 길로 진일보하고 있다는 증거입니다. 왜냐하면 여기서 확실성의 주체는 분열되어 있기 때문입니다 — 확실성, 그것을 갖고 있는 자는 바로 프로이트입니다.

2

바로 이러한 방향 속에서 제가 제기한 문제의 핵심이 드러납니다. 정신분석을 지금 당장 하나의 과학으로서 제시할 수 있을까요? 현대과학을 『테아이테토스』에서 논의된 태동기의 과학으로부터 구분해주는 것은 바로 과학이 태동할 때는 언제나 스승〔주인〕[8]이 있다는 점입니다. 의심의 여지없이 프로이트는 스승〔주인〕입니다. 정신분석 문헌으로 쓰인 것 모두가 그저 서툰 농담에 불과한 것이 아니라면, 그는 변함없이 스승〔주인〕의 역할을 맡고 있다고 할 수 있습니다. — 여기서 제기되는 문제는 언젠가 과연 우리가 이러한 기둥으로부터 홀가분해질 수 있을까 하는 겁니다.

그의 확실성 반대편에는 데카르트 이후 거기서 기다리고 있었다고 방금 설명한 바로 그 주체가 있습니다. 감히 저는 프로이트의 장은 오직 데카르트적 주체가 출현하고 어느 정도 지나고 나서야 비로소 가능한 것이었다는 점을 하나의 진리로 내세우고자 합니다. 데카르트가 첫발을 내디딘 이후에야 비로소 현대 과학이 시작되었다는 점에서 말입니다.

우리가 주체를 불러내 무의식 속의 자기 집으로 돌려보낼 수 있는 것도 — 어쨌든 중요한 것은 '누구'를 호명하는지를 아는 것이기 때문입니다 — 바로 그 데카르트의 행보 덕분입니다. 사멸하건 불멸하건 우리는 항구불변의 영혼을 불러내는 것이 아니며, 그림자나 분신, 유령을 불러내는 것도 아닙니다. 방어의 장소나 여타 도식론들의 장소인 이른바 방벽을 두른 정신세계를 불러내는 것도 아니지요. 호명되는 것은 바로 주체이며, 따라서 선택될 수 있는 것도 오직 주체뿐입니다. 『성서』의 우화에서처럼 부름을 받는 이는 많아도 선택받는 이는 적습니다. 하지만 분명한 것은 부름받은 이들만이 선택될 수 있다는 것이지요.

프로이트의 개념을 이해하기 위해서는 호명되는 자가 주체, 바로 데카르트에 기원을 둔 주체라는 토대에서 출발해야 합니다. 이러한 토대는 분석에서 기억하기[remémoration]라 불리는 것에 진정한 기능을 부여해줍니다. 기억하기는 플라톤적 의미에서의 상기[réminiscence]가 아닙니다. 그것은 저 너머의 최상의 진리에서 유래한 선과 미의 에이도스[eïdos], 흔적, 형상 등이 회귀하는 것이 아닙니다. 그것은 지극히 저속한 만남과 우리보다 앞서 떠들고 있던 모든 사람들에게서 탄생한 하찮은 무언가의 구조적인 필연성들, 그리고 우물거리며 더듬더듬거리면서도 어떤 제약들 — 오늘날 수학 속에서 그러한 제약들의 반향, 모델, 스타일 등을 다시 만날 수 있다는 것은 신기한 일입니다 — 을 벗 48
어나진 않는 구어적인 언어들의 시니피앙적 구조들로부터 유래합니다.

여러분이 교차라는 개념에서 보았듯이 *Wiederkehr*, 회귀의 기능은 본질적입니다. 단지 억압되었던 것이 되돌아온다는 의미에서만이 아니라 무의식이라는 장의 구성 자체가 *Wiederkehr*에 근거한다는 의미에서 그렇습니다. 프로이트가 자신의 확실성을 확보한 것도 바로 거기에서입니다. 물론 그것으로부터 확실성이 유래한 것은 아닙니다. 확실성은 프로이트가 자신의 욕망의 법칙을 인식했다는 사실로부터 온 것이지요. 그의 텍스트에서 확인할 수 있듯이 자가 분석을 통해 그가 자신의 욕망의 법칙으로 인도되지 않았다면 그는 이 확실성의 내기에서 앞으로 나아갈 수 없었을 겁니다.

그렇다면 프로이트의 자가 분석이란 아버지의-이름에 매달려 있는 욕망의 법칙을 천재적으로 간파해낸 것이 아니고 무엇이겠습니까? 프로이트는 자기 욕망과의 모종의 관계에 기대, 그리고 정신분석을 설립하는 자신의 행위에 기대 진일보합니다.

여기서 이에 대한 논의를 접는 것이 아직 주저되긴 하지만 더 이상 깊이 들어가지는 않겠습니다. 만약 이 문제에 계속 천착한다면, 지각에 대한 퇴행적 투자 과정이라 할 수 있는 프로이트의 환각 개념에는 주체가 그 속에서 완전히 전복되어야 한다는 — 사실상 주체는 극히 짧은 순간 동안만 존재한다는 — 점이 필연적으로 함축되어 있다는 것을 보여드릴 수도 있을 겁니다.

물론 그럼에도 불구하고 위의 논의로는 고유한 의미에서의 환각, 즉 주체가 믿지 않으며 그 속에 자신이 연루되어 있음을 인식하지 못하는 환각의 문제가 전혀 해결되지 않습니다. 아마도 그것[9]은 현실과 동떨어진 개념 정의에 불과할 겁니다 — 착란에서 유래한 환각성 정신병의 망상을, 프로이트가 성급히 단정했던 것처럼 정지된 욕망에서 비롯된 지각적인 퇴행의 발현물이라고 말할 수 있을지는 확신할 수 없기 때문이지요. 하지만 거기에 프로이트가 주체의 전복이 가능하다고 보았던 한 가지 양태가 있다는 사실은 그가 어느 정도까지 주체를 시니피앙의 체계에 의해 본원적으로 전복된 것으로 생각하고 있었는지를 보여줍니다.

그러면 이제 무의식에 관한 논의는 잠시 접어두고 반복이란 무엇인가라는 물음으로 넘어가 봅시다. 이에 관해서는 여러 차례의 강의가 필요할 것 같습니다.

3

이제 여러분에게 말씀드리려는 것은 물론 제가 제시했던 시니피앙 이론에 의해 뒷받침되는 것이지만 그럼에도 아주 새로운 것인 만큼, 오늘부터는 제가 반복의 기능을 어떻게 이해하고 있는지를 여러분에게 숨김없이 밝혀야 할 것 같습니다.

어쨌든 반복의 기능은 방금 *Wiederkehr*, 회귀라고 부른 저 회로들이 개방되어 있는지 폐쇄되어 있는지와는 아무런 관련이 없습니다.

반복 개념을 처음 도입했다고까지는 말할 수 없지만 프로이트는 49
정신분석에서 가장 많은 오해를 불러일으켰던 1914년 논문 「기억하기, 반복하기, 돌파하기Erinnern, Wiederholen und Durcharbeiten」에서 그 개념을 명확히 분절했습니다. 여기서 제시된 반복 개념은 「쾌락원칙을 넘어서Jenseits des Lustprinzips」 5절에서 완성되고 있지요.

이 장을 프랑스어가 아닌 다른 언어로 꼼꼼히 읽어보시기 바랍니다. 독일어를 모르시는 분은 영역본으로라도 읽어보시기 바랍니다. 여담이지만 영역본을 읽어보면 꽤 재미있을 텐데요. 가령 *Trieb*(충동)를 *instinct*(본능)로, *triebhaft*를 *instinctual*(본능적인)로 번역한 것이 역자 자신에게 얼마나 많은 골칫거리를 안겨주었는지를 볼 수 있습니다. 이런 식의 번역이 곳곳에서 일관되게 유지되지만 — *Trieb*와 *instinct* 사이에는 아무런 공통점도 없기 때문에 결국 이 영어판은 전체적으로 완전히 오역에 빠지게 됩니다 — 이 텍스트〔5절〕에서 나타나는 두 낱말 간의 부조화는 대단히 큰 것이기 때문에 *triebhaft*를 *instinctual*이라 번역하면 어떤 문장은 아예 마무리조차 할 수 없게 됩니다. 따라서 다음과 같은 각주가 불가피하게 되지요. "다음 단락 시작 부분에 나오는 *Trieb*라는 단어는 …… *instinctual*이라는 말보다 훨씬 더 긴박한 어조를 드러내고 있다." *Trieb*가 좀더 궁지로 몰아넣는 듯한 뉘앙스를 갖는다는 겁니다. 소위 본능이란 것과 *Trieb*의 차이점은 고작 이게 다라는 건데요. 이것이 바로 정신분석 교육의 현주소이지요.

이제 *Wiederholen*이 어떻게 소개되고 있는지를 살펴보도록 합시다. *Wiederholen*은 *Erinnerung*, 즉 기억하기와 관련되어 있습니다. 주체가 자신의 집으로 되돌아가는 것, 자신의 전력을 회상해내는 것, 이 모든 것은 실재라 불리는 어떤 일정한 한계에 도달하기 직전까지만 진행됩니다. 스피노자식으로는 이렇게 말할 수도 있겠지요. *cogitatio adaequata semper vitat eamdem rem.*[10] 우리가 존재하는 수준에서 사유로서 적합한 어떤 사유는 — 비록 나중에 완전히 되돌아가기 위해서일지라도 — 항상 동일한 어떤 것을 비켜간다는 것이지요. 여기서 실재란 늘 동일한 장소 — 사유하는 자로서의 주체, 즉 *res cogitans*가 그것〔실재〕과 만나지 못한 장소 — 로 되돌아오는 것입니다.

프로이트가 반복을 하나의 기능으로 발견하는 전 과정은 사유와 실재의 관계를 이런 식으로 명확히 해야만 밝혀질 겁니다. 처음에는 일이 순조롭게 진행되었는데, 이는 그가 히스테리증자들과 작업했기 때문이지요. 기억하기라는 절차가 최초의 히스테리증자들에게 대단한 설득력을 발휘했다는 것은 익히 잘 알려진 사실입니다. 하지만 당시에는 기억하기에서 정작 중요한 것이 무엇인지 알 수 없었습니다. 즉 히스테리증자의 욕망이 아버지의 욕망, 그것도 아버지라는 위상 속에서 유지되어야 하는 아버지의 욕망임을 알지 못했던 것이지요. 히스테리증자가 아버지의 자리를 차지하고 있는 사람을 위해 모든 것을 빠짐없이 기억해낸다 해도 이는 전혀 놀라운 일이 아니지요.

이 기회를 빌어 제가 지적하고 싶은 것은 프로이트의 텍스트에서 반복은 재생reproduction이 아니라는 사실입니다. 이 점에 관해서는 추호의 흔들림도 없습니다. *Wiederholen*은 *Reproduzieren*이 아닙니다.

카타르시스에 큰 희망을 걸었던 시대에는 재생에 대한 믿음이 있었습니다. 오늘날 9프랑 50센트만 주면 거장들의 복제화를 살 수 있 50
는 것처럼 당시 사람들에게는 재생된 원장면이 있었습니다. 그런데 프로이트가 머지않아 다음 단계〔행보〕에서 보여준 것은 이른바 상징적 방식으로서가 아니라면 *in effigie, in absentia*(그림으로나 부재중일 때는) 어느 것 하나도 잡히지 않거니와 파괴하거나 불태울 수도 없다는 것이지요.[11]

반복은 처음에는 명확하지도 자명하지도 않은 형태로 나타나면서 재생산처럼 보이기도 했고 '행위로서en acte' 현전화現前化하는 것처럼 보이기도 했습니다. 칠판 하단의 '행위acte'라는 말에 커다란 물음표를 붙여 쓴 것은 바로 이 때문입니다. 즉 반복이 실재와 맺는 관계에 대해 이야기하는 한 행위는 우리 논의의 지평 안에 머물게 될 것이라는 사실을 보여주기 위해서입니다.

프로이트건 그의 추종자건 하나같이 행위와 관련해 삼척동자도 다 알 만한 것을 한 번도 상기해볼 생각을 하지 않았다는 것은 매우 신기한 일입니다. 괜찮으시다면 이 행위라는 말에 수식어를 붙여 인간적 행위라고 부를 수도 있을 텐데요. 우리가 아는 한에서는 오직 인간의 행위만이 있을 뿐이니 말입니다. 왜 행위는 행동comportement이 아닐까요? 예를 들어 어떤 상황 속에서 자기 배를 가르는 행위, 행위라 부르는 데 이론의 여지가 없는 그 행위 — '하라키리hara-kiri' 라고 하지 말아야 할 텐데, 정확한 표현은 '세푸쿠seppuku' 입니다 — 를 주목해 봅시다. 그들은 왜 그런 행위를 할까요? 이는 그러한 행위가 다른 이들을 거북하게 할 것이라 생각하기 때문이고, 그것이 구조적으로 무엇인가에 경의를 표하기 위해 행해지는 행위이기 때문입니다. 하지만 좀더 두고 보도록 합시다. 정확히 알기 전까지는 섣불리 지레짐작해서는 안 됩니다. 다음 사항을 유념하시기 바랍니다. 행위, 진정한 행위는 분명하게 포착되지 않는 실재와 관련된다는 점에서 항상 구조적인 부분을 갖고 있습니다.

Wiederholen, 이보다 더 수수께끼 같은 것도 없었지요 — 특히 프로이트의 심리학 전체를 구축하는 쾌락원칙과 현실원칙이라는 이분법과 관련해서 그러합니다. 아주 신중한 어원학자들의 말에 따르면 이 *Wiederholen*은 — 예인로曳引路 위에서 끌어당기는 것처럼 — '끌어당기다*haler*' 와 매우 가까운 말입니다. 그것은 주체의 '끌어당김' 과 아주 흡사합니다. 주체는 자신이 벗어날 수 없는 어떤 길 안으로 항상 자신만의 무언가를 끌어들입니다.

그렇다면 처음에 반복은 왜 외상성신경증이라 불리는 수준에서 나타났던 것일까요?

모든 신경생리학자들이나 병리학자들과는 반대로 프로이트는 다음과 같은 사실에 주목했습니다. 즉 가령 신경증을 초래한 폭격에 대한 강렬한 기억이 꿈속에서 재생된다면 주체에게 문제가 되겠지만,

그것이 주체가 깨어 있는 상태에서 재생된다면 별다른 반응을 불러일으키지 못한다는 겁니다. 만약 쾌락원칙의 관점에서 어떤 것도 이 외상적인 반복을 정당화하지 못하는 듯이 보인다면, 그 반복은 과연 무슨 기능을 하는 것일까요? 고통스러운 사건을 제어하는 것이라 말할 사람이 있을지도 모르겠습니다. 하지만 누가 제어하는 것일까요? 그리고 그 제어하는 자, 주인은 어디에 있는 것일까요? 제어 작용이 이뤄지는 심급을 정확히 어디에 위치시켜야 하는지도 모르면서 어찌 그렇게 성급하게 말할 수 있을까요?

제가 제시한 두 편의 핵심적인 논문이 포함된 일련의 저술들 말미에서 프로이트는 외상성신경증자의 꿈속에서 무슨 일이 일어나는지 51
는 오직 가장 원초적인 활동 수준, 즉 에너지의 결집liaison을 획득하는 것이 관건인 활동 수준에서만 알 수 있다고 지적합니다. 그렇다고 해서 더없이 정교한 수준의 실재에서 볼 수 있는 것과 같은 어떤 기능의 할당이나 간극이 문제의 핵심이라고 미리 짐작하지는 맙시다. 오히려 우리는 여기서 주체가 스스로 여러 개의 심급으로 분열됨으로써만 접근할 수 있는 어떤 지점을 확인하게 됩니다. 그것에 대해서는 마치 분열된 왕국에 대해 말하는 것과 똑같이 이야기할 수 있을 겁니다. 즉 거기서는 의식을 향해 상승하는 총체적이고 종합적인, 이른바 정신 현상의 통일성이라는 관념 전체가 소멸된다고 할 수 있습니다.

결국 분석 경험의 초기 단계에서 기억하기가 점차 되풀이되고 모든 사건들이 드러날 것 같은 일종의 초점, 중심점에 점점 더 가까이 접근하게 되는 순간에, 정확히 바로 그 순간에 제가 '주체의 저항' — 이 말을 따옴표 안에 넣어야 할 텐데, 왜냐하면 이 두 단어에 진정한 의미를 부여하기 위해서는 그 의미를 완전히 바꿔야 하기 때문이지요 — 이라 부른 것이 나타나 그 순간 행위로 반복됨을 볼 수 있습니다.

다음 시간에는 이 논의와 관련해 아리스토텔레스의 『자연학』 중에서도 특히 빼어난 4장과 5장을 어떻게 우리 식대로 적용해볼 수 있는지를 살펴볼까 합니다. 원인의 기능에 관해 당시까지 가장 정교한 이론을 보여주었던 아리스토텔레스는 자신의 이론과 전혀 어울리지 않는 두 개의 용어를 — 이들 두 용어는 우연hasard과 요행fortune이라고 잘못 번역되고 있지요 — 이리저리 굴리면서 가다듬은 바 있습니다. 이 두 개의 용어란 현대 수학을 통해 우리가 시니피앙의 그물망이라고 알고 있는 '오토마톤automaton' 과 우리에게 실재와의 조우를 의미하는 '투케tuché' 를 말합니다. 다음 시간에는 아리스토텔레스가 이 두 용어 사이에 설정한 관계를 재검토해보는 자리를 갖도록 하겠습니다.

질의응답은 유실되었음.

1964년 2월 5일.

5

투케와 오토마톤

정신분석은 관념론이 아니다
트라우마로서의 실재
꿈과 깨어남의 이론
의식과 표상
신은 무의식이다
'포르트-다' 놀이에서의 대상 *a*

오늘은 지난 시간에 이어 반복 개념을 프로이트의 담화와 정신분 53
석 경험에 의해 제시되는 바에 따라 검토해보도록 하겠습니다.

여기서 정신분석은 언뜻 우리를 어떤 관념론으로 인도하는 것처럼 보인다는 점을 강조하고 싶습니다.

이 때문에 정신분석이 비난을 받았다는 것은 만인이 다 아는 사실이지요. 가령 혹자들은 인간이 불완전한 이유를 갈등, 분쟁, 심지어 인간에 의한 인간의 착취와 같은 가혹한 사태들에서 찾지 않을 수 없다는 것이 경험을 통해 명백히 드러나지만 정신분석은 오히려 그러한 경험을 무시하고 있다고 말합니다. 그들은 정신분석이 주체의 조건에 의해 이미 처음부터 주어져 있는 원초적이고 내적인 어떤 욕구들이 있다고 생각하면서 우리를 그러한 욕구들의 존재론으로 몰고 가고 있다고 비판합니다.

그러나 분석 경험이 처음부터 걸어온 길을 돌이켜본다면, 정신분석은 오히려 우리를 '삶은 한 편의 꿈이다' 라는 식의 격언으로 귀착시키지 않는다는 사실을 충분히 이해할 수 있을 겁니다. 정신분석만큼 경험의 중심에서 실재의 중핵을 향하고 있는 실천도 없지요.

1

이 실재를 우리는 어디서 만나게 될까요? 정신분석이 발견한 것 속에서 문제의 핵심은 실제로 만남, 어떤 본질적인 만남입니다. 즉 우리는 달아나는 어떤 실재와의 만남에 항상 불려나가게 되어 있다는 겁니다. 바로 이런 의미에서 저는 오늘 다룰 주제의 지표가 될 만한 몇 가지 단어들을 칠판에 적어두었습니다.

우선 '투케', 이것은 지난 시간에 언급했듯이 아리스토텔레스가 원인에 관해 연구하면서 사용한 용어에서 빌려온 것입니다. 우리는 그것을 '실재(와)의 만남' 이라 번역했지요. '오토마톤', 즉 기호들의
54 회귀, 재귀, 되풀이가 우리 자신이 쾌락원칙의 명령 아래에 있음을 보여준다면, 실재는 바로 그런 것들 저 너머에 위치합니다. 실재는 항상 오토마톤 뒤편에 자리 잡고 있는 것으로, 그것이 프로이트의 연구 전반에 걸쳐 주된 관심사를 이뤘다는 것은 아주 분명한 사실입니다.

환상의 기능이 프로이트에게 드러남에 따라 그가 진정으로 관심을 기울이기 시작한 것이 무엇인지를 이해하고 싶다면, 「늑대인간」 사례가 어떻게 전개되었는지를 — 이는 우리에게 매우 중요한 것이지요 — 떠올려보시기 바랍니다. 프로이트가 거의 불안에 사로잡힐 정도로 골몰했던 문제는 첫 만남이란 무엇인가, 환상 뒤에 있다고 단언할 수 있는 실재는 무엇인가라는 것이었지요. 바로 그 실재가 분석 전체에 걸쳐 프로이트와 함께 환자를 거의 강제적으로 끌고 다니면

서 그의 연구를 좌지우지한 탓에 결국 우리는 그의 욕망, 현존, 열병 등이 뒤늦게 환자의 정신병적인 징후들을 일으키는 조건이 되었던 것은 아닐까 하는 의문이 들 정도입니다.

따라서 반복을 기호들의 회귀나 재생산, 일종의 행위화된 기억에 의해 주도된 변조 등과 혼동해서는 안 됩니다. 반복이란 본성상 분석에서 항상 베일에 가려져 있는데, 이는 분석가들이 전이와 반복을 동일시해 개념화하기 때문이지요. 그러나 우리는 바로 그 지점에서 그 둘을 구분해야 합니다.

전이에서 문제가 되는 실재와의 관계는 프로이트가 "그림으로나 부재중일 때는" 아무것도 붙잡을 수 없다고 말했을 때 분명해졌지요. 그런데 전이야말로 우리에게 그림, 부재와의 관계처럼 주어지는 것이 아닌지요? 전이와 관련된 현실의 이 모호함은 반복에서 실재가 담당하는 기능으로부터 출발해야만 해명할 수 있을 겁니다.

실제로 반복되는 것은 항상 '우연인 것처럼' — 이러한 표현은 반복되는 것이 '투케'와 맺는 관련성을 충분히 보여줍니다 — 일어납니다. 원칙적으로 우리 분석가들은 이것에 절대로 속지 말아야 합니다. 적어도 저는 분석을 받으러 오려 했지만 그날 갑자기 사정이 생겨 오지 못했다는 주체의 말에 속아서는 안 된다고 늘 강조하고 있지요. 우리에게 정확히 문제가 되는 것이 바로 우리가 매 순간 재발견하는 이 헛디딤, 흠집인 한, 주체의 주장을 곧이곧대로 받아들여서는 안 된다는 겁니다. 주체가 그의 조건을 이루는 것과 맺는 관계에 대해 우리가 제시한 새로운 독법이 불가피한 것은 무엇보다 바로 이러한 이해 방식 때문이지요.

'투케'의 기능, 만남 — 만남이라고는 해도 만날 수 없을지도 모르는 만남, 본질적으로 어긋난 만남이라 할 수 있는 만남이지만 —

으로서의 실재의 기능이 정신분석사에서 처음 등장한 것은 그 자체 만으로도 이미 우리의 주의를 끌기에 충분한 형태, 바로 트라우마[traumatisme]라는 형태로서였습니다.

55 분석 경험의 기원에서 실재가 그 내부에 있는 '동화 불가능한 것'의 형태로 — 우발적인 것처럼 보이는 기원으로 기능하면서 그 뒤의 모든 사건들을 결정짓는 트라우마라는 형태로 — 나타났다는 사실은 놀라운 일이 아닌가요? 우리는 여기서 쾌락원칙과 현실원칙의 대립을 통해 도입된 갈등 개념이 얼마나 뿌리 깊은 것인지 — 이것이 현실원칙을 결정적인 영향력을 행사하는 것이라 여길 수 없는 이유입니다 — 를 이해할 수 있게 해주는 핵심에 도달하게 됩니다.

실제로 예나 지금이나 트라우마는 쾌락원칙에 의해 규정되는 활동 전반을 방향짓는 주체화하는[subjectivant] 항상성에 의해 완충되어 있는 것으로 인식되고 있습니다. 그러나 분석 경험은 한 가지 문제를 제기합니다. 1차 과정의 중심에서조차 트라우마가 부단히 자신의 존재를 환기시킨다는 문제인데요. 트라우마는 실제로 자신의 모습을, 그것도 아주 빈번히 베일을 벗은 얼굴로 다시 드러냅니다. 주체의 욕망을 담지하는 꿈이 어떻게 트라우마를 — 트라우마의 본래 얼굴 자체는 아니더라도 적어도 배후에 트라우마가 있음을 가리키고 있는 스크린[écran]을 — 반복적으로 다시 등장시킬 수 있을까요?

결론을 말하자면, 현실 체계는 그것이 아무리 고도로 발달하더라도 여전히 실재에 속해 있는 것의 핵심적인 한 부분이 쾌락원칙의 올가미에 사로잡히게 놔둔다는 겁니다.

우리가 가늠해야 하는 것은 바로 이것, 이러한 현실입니다. 가령 멜라니 클라인[Mélanie Klein]이라는 사람이 제시했던 것과 같은 발달의 원동력이 제가 조금 전에 언급한 '삶은 한 편의 꿈이다'라는 명제로 환원되지 않기 위해서는 그러한 현실이 반드시 우리 앞에 자리 잡고 있어야 할 겁니다.

이러한 요청에 응답하는 것이 바로 제가 만남이라 부른 실재 내의 근본적인 지점들인데, 이들은 우리가 현실을 *unterlegt, untertragen* 한 것으로 이해하게 만드는 지점이기도 합니다. *unterlegt, untertragen*은 훌륭한 중의성을 가진 프랑스어 단어 souffrance로 번역될 수 있는데, 이는 현실이라는 것이 거기서 미결 상태[1]로 대기하고 있음을 뜻합니다. 그리고 프로이트가 *Wiederholung*으로 정의한 *Zwang*, 강박은 1차 과정의 우회 자체를 명령하는 것입니다.

우리는 제가 최근 강의들에서 무의식이라는 형태로 정의하고자 애썼던 것에 다름 아닌 이 1차 과정을 다시 한 번 그 결렬의 경험 속에서, 지각과 의식 사이에서, 즉 앞서 제가 무시간적이라고 말했던 장소 — 이는 프로이트가 페히너[2]에게 경의를 표하면서 *die Idee einer anderer Lokalität*라 불렀던 것, 또다른 장소, 또다른 공간, 또다른 무대, "지각과 의식 사이"를 상정할 수밖에 없게 만드는 곳이지요 — 속에서 포착해야 합니다.

2

이 1차 과정은 언제든지 포착 가능합니다.

어느 날 저는 휴식을 취하려다 잠깐 잠이 들었는데, 그때 잠이 아직 깨지 않은 상태에서 무언가가 문을 두드리는 소리를 들었음에도 결국 잠에서 깨어나지 못한 적이 있습니다. 그때는 이미 제가 그 다급 56
한 노크 소리를 가지고 꿈을 만들어낸 다음이었기 때문인데, 물론 꿈의 내용은 노크 소리와는 상관없는 것이었지요. 잠에서 깼을 때 제가 그 노크 소리 — 그러한 지각 — 를 의식한 것은 제가 그 소리를 중심으로 저의 표상 전체를 재구축하는 한에서입니다. 저는 제가 거기에 있다는 것과 몇 시에 잠이 들었는지, 왜 잠이 들었는지를 알고 있었던 겁니다. 이 노크 소리가 제 지각이 아닌 의식에 전달되었다면 이는 제 의식이 그러한 표상을 중심으로 재구축되었기 때문입니다. 다시 말해, 제가 잠을 깨우는 노크 소리 아래 있다는 사실을, 제가 '노크당했다knocked' 는 사실을 저 자신이 알고 있었던 것이지요.

하지만 여기서 저는 그 순간에 제가 무엇이었는가에 대해 질문을 던져야 합니다. 바로 그 직전의 순간, 그렇게 확연히 구분된 그 순간, 즉 저를 깨우는 것처럼 보이는 노크 소리 아래서 꿈을 꾸기 시작한 순간의 제가 무엇이었는지 말입니다. 가정하건대, 저는 '제가 깨어나기 전에avant que je ne me réveille' 존재하고 있습니다. 제가 어느 논문에서 이미 지적한 바 있는[3] 이 'ne' 라는 허사[4]는 잠을 깨기 이전의 '제가 존재하는' 현존 양식이지요. 그것은 단순한 허사가 아닙니다. 그것은 오히려 제 실질성[5]이 표출되어야 할 때마다 나타나는 표현이지요. 언어, 프랑스어는 용법을 통해 그것을 잘 정의해주고 있습니다. "Aurez-vous fini avant qu'il ne vienne?(그가 오기 전엔 끝내시겠죠?)" 에서 중요한 것은 당신이 끝내기 전에 그가 올까봐 걱정된다는 것이지요. 반면 "Passerez-vous, avant qu'il vienne?(그가 오기 전에 들르실 거죠?)" 라고 말한다면 이는 그가 올 때쯤엔 이미 당신이 없을 것이기 때문입니다.

제가 여러분을 어디로 이끌고 있는지를 보시기 바랍니다. 그것은 바로 잠을 깨우는 노크 소리가 난 후 저를 외관상 저의 표상 — 겉으로 볼 때 저를 의식적인 존재로 만들 수밖에 없는 표상 — 과의 관계를 통해서만 지탱될 수 있게 만드는 구조적인 대칭을 향해서입니다.

이것은 일종의 안으로 말린 반영입니다. 왜냐하면 저는 제 의식 속에서 단지 저의 표상만을 다시 포착해낼 뿐이기 때문입니다.

이것이 전부일까요? 프로이트는 자신이 의식의 기능으로 되돌아가야 할 것이라는 — 실제로는 전혀 그렇게 하지 않았지만 — 점을 분명히 했습니다. 무엇 때문에 표상된 현실이 불쑥 출현하게 되었는지를 포착한다면, 다시 말해 깨어남을 구성하는 현상, 거리, 간극 그 자체를 포착한다면 아마도 우리는 문제의 핵심을 좀더 잘 이해할 수 있을 겁니다.

이 점을 강조하기 위해, 제가 여러분에게 다시 읽어보길 권해드렸던 『꿈의 해석』에 나오는 꿈 — 마찬가지로 전체 내용이 소리에 근거한 꿈 — 으로 돌아가 보도록 합시다. 저 비운의 아버지를 떠올려보십시오. 원문에 따르면 그는 아들의 시신을 어떤 백발의 노인에게 맡기고 옆방에서 잠시 쉬고 있었습니다. 아버지는 깜짝 놀라 잠에서 깹니다. 그를 깨운 것은 무엇일까요? 그것은 단지 그를 실재로 불러들이기 위한 어떤 소리의 현실, 쇼크, '노크'가 아닙니다. 그것은 실제로 일어나고 있는 일, 즉 촛불이 넘어져 아들이 누워 있는 침대를 불태우고 있는 현실 그 자체와 거의 흡사한 것을 그의 꿈속에서 나타내주는 어떤 것입니다.

여기에는 『꿈의 해석』에서 제시된 프로이트의 테제, 즉 꿈은 곧 욕망의 실현이라는 테제를 뒷받침해주기에 적당치 않아 보이는 무엇인가가 있습니다.

여기서 우리가 확인하게 되는 것은 『꿈의 해석』에서 거의 처음으로 지적된, 겉보기에는 부차적으로 보이는 꿈의 또 한 가지 기능입니 57
다. 즉 이 경우 꿈은 잠을 연장시키려는 욕구만을 충족시킨다는 것이지요. 프로이트는 바로 그 자리에 이 꿈을 배치하고 이 꿈 자체만으로 꿈에 대한 자신의 테제를 충분히 확증할 수 있다고 강조했습니다. 프로이트는 이때 과연 무슨 말을 하려 했던 것일까요?

만약 꿈의 기능이 잠을 연장하는 것이라면, 그리하여 어쨌거나 꿈이 그 꿈을 꾸게 만든 현실에 그처럼 가까이 접근할 수 있다면 잠에서 깨지 않고도 꿈이 그러한 현실에 응답할 수 있다고 말할 수 있지 않을까요? 결국 여기에는 몽유병적인 활동이 있는 겁니다. 여기서 우리는 프로이트가 그 전에 지적한 사항들에 근거해 다음과 같은 질문, 즉 "잠을 깨우는 것은 무엇인가?"라는 질문을 제기할 수 있을 겁니다. 그것은 꿈 '속에 있는' 또다른 현실이 아닐까요? 즉 프로이트가 다음과 같이 묘사하고 있는 현실 말입니다. *Daß das Kind an seinem Bette steht ihn am Arme faßt und ihm vorwurfsvoll zuraunt: Vater, siehst du denn nicht, daß ich verbrenne?* "아이가 침대 옆에서 아버지의 팔을 잡고 비난하는 듯한 어조로 속삭인다. '아버지, 제가 불타고 있는 게 안 보이세요?'"

이러한 메시지 안에는 아버지로 하여금 옆방에서 일어나는 기이한 현실을 알아차리게 해주는 소리에 들어 있는 것보다 더 많은 현실이 들어 있지 않을까요? 이 말 속에는 아이의 죽음의 원인이 된 어긋난〔상실된〕 현실이 나타나 있는 게 아닐까요? 죽은 아들이 〔실제로〕 그에게 건넸을 법한 말, 죽은 아들로부터 영원히 떨어져나온 말을 아버지가 무엇 때문에 영원히 마음속에 담아두게 된 것인지 — 프로이트는 아마도 고열 때문일 것이라 가정합니다만[6] 누가 알겠습니까? — 그 꿈속의 문장에서 알아보아야 한다고 프로이트가 본인의 입으로 말하지 않았던가요? 아마도 그 말은 아버지로 하여금, 자신이 아들의 침대맡을 지키도록 시킨 노인이 그 임무를 제대로 감당할 능력이 없는 사람이었다는 것 — *die Besorgnis daß der greise Wächter seiner Aufgabe nicht gewachsen sein dürfte* — 을 영원히 한탄하게 만드는 말이 아닐까요? 실제로 노인이 잠이 들어버렸으니 말입니다.

고열에 관해 언급하고 있는 그 구절을 보면, 제가 지난 강의에서 고열의 원인이라 부른 어떤 것이 떠오르지 않나요? 옆방에서 벌어지는 일을 막으려는 행동은 십중팔구 아주 급하게 튀어나온 것일 테지만 그럼에도 문제의 관건, 즉 앞에서 진술된 문장 속에서 드러나는 심리적인 현실에 비하면 너무 뒤늦은 감이 있지 않나요? 이어지는 꿈은 본질적으로 어긋난〔상실된〕 현실, 즉 아무리 긴 시간이 흘러도 결코 도달할 수 없는 깨어남 속에서 무한히 반복됨으로써만 이뤄질 수 있는 현실에 바치는 오마주라 할 수 있지 않을까요? 사고에 의해 마치 우연처럼 일어난 불길이 그에게 옮겨붙는 바로 그 순간에 이뤄지는 만남이 아니라면 불꽃에 타들어가는데도 영원히 움직이지 않는〔비활성의〕 존재를 달리 어떻게 만날 수 있을까요? 이 우연한 사고 속에서 현실은 어디에 있는 것일까요? 결국 보다 운명적이라 할 무언가가 아버지가 잠이 깨서 올 때까지도 시신을 지켜볼 임무를 맡은 사람이 잠들어 있던 현실, 바로 그 현실을 '수단으로' 해서 반복되는 것이 아닐까요?

이렇게 꿈과 깨어남 사이에서, 뭔지 모를 꿈을 꾸며 계속 잠을 자
고 있는 사람과 오로지 깨어나지 않으려는 이유만으로 꿈을 꾼 사람 58
사이에서 영원히 어긋난〔상실된〕 만남이 스쳐 지나갑니다.

프로이트가 여기서 경탄하면서 욕망의 이론이 확증되었다고 생각하게 된다면, 이는 분명 꿈이 단순히 소망을 충족시키는 환상만은 아님을 뜻합니다.

왜냐하면 꿈은 아들이 아직도 살아 있다고 말하려는 게 아니었으

니 말입니다. 하지만 죽은 아들이 아버지의 팔을 잡고 있는 끔찍한 광경은 꿈속에서 들려오는 저 너머의 것을 가리킵니다. 꿈은 대상의 상실을 더없이 잔인한 부분까지 그려냄으로써 욕망을 현전화합니다. 진정 단 한 번의 만남이라 할 수 있는 이 만남이 이뤄질 수 있는 것은 오직 꿈속에서입니다. 오직 의례로써만, 끊임없이 반복되는 행위로써만 이 태고의 만남을 기념할 수 있지요. 아버지 중의 아버지〔신〕가 아니라면 어느 누구도, 어떤 의식적인 존재도 아이의 죽음이 무엇인지 설명할 수 없기 때문입니다.

실제로 무신론의 진정한 공식은 '신은 죽었다' — 프로이트는 아버지의 기능의 기원을 부친 살해에 두면서까지 아버지를 보호하지요 — 가 아니라 '신은 무의식이다' 입니다.

잠에서 깨어났다는 것은 실제로 일어난 일, 즉 어떻게든 막아야만 했던 현실 속의 유감스러운 사고에 대한 표상 속에서 주체의 의식이 깨어난다는 것을 보여줍니다. 그렇다면 이 사고는 무엇이었을까요? 모두가 잠이 들어 있었습니다. 잠깐 쉬고 싶었던 아버지, 아들의 시신을 제대로 지키지 못했던 사람, 침대에 누워 있는 모습 때문에 선의를 가진 누군가로부터 "잠이 든 것 같군"이란 말을 들었을 법한 사람, 이 모두가 잠이 들었습니다. 우리는 오직 한 가지 사실만을 알고 있습니다. 즉 모든 이가 잠이 들어 있는 세계 속에서 "아버지, 제가 불타고 있는 게 안 보이세요?"라는 목소리만이 들려온다는 겁니다. 이 문장은 그 자체가 불쏘시개입니다. 그것이 떨어지는 곳마다 불이 붙습니다. 우리는 무엇이 불타고 있는지를 알 수 없는데, 불꽃으로 인해 불길이 *Unterlegt, Untertragen*의 수준, 즉 실재에까지 뻗쳐 있다는 사실이 보이지 않기 때문입니다.

바로 이것을 통해 우리는 아버지에게 고통을 안기며 떨어져나온 꿈속의 문장 속에서 깨어났을 때의 그의 의식이 될 만한 것의 이면을 알아보게 되며, 그러면서 또한 꿈속에서 표상의 상관항이라 할 수 있는 것이 무엇인지를 자문하게 됩니다. 이러한 의문은 우리가 여기서 꿈을 실제로 표상의 이면이라고 보는 만큼 더더욱 놀라운 것이지요. 어쨌든 그 무엇은 꿈의 이미지적인 측면에 속하므로, 바로 이런 맥락에서 우리는 프로이트가 무의식에 대해 논하면서 본질적으로 무의식을 결정짓는 것이라 지적했던 것, 즉 *Vorstellungsrepräsentanz*를 강조할 수 있습니다. 이것은 표상적 대표자[représentant représentatif]라고 무미건조하게 번역되기도 하지만 표상의 대리자[tenant-lieu de la représentation]가 적절한 번역이지요. 이것의 기능에 대해서는 차후에 살펴보게 될 겁니다.

저는 이를 통해 여러분이 영원히 어긋난〔상실된〕 것으로서의 만남에서 매듭이 되고 프로이트가 그 꿈속에서 더없이 잘 예시된다고 보았던 어떤 것을 그의 텍스트상에서 실제로 뒷받침해주는 것이 무엇인지를 이해하셨기를 바랍니다.

이제 트라우마에서 환상 — 환상이 반복 기능에서 가장 핵심적이고 결정적인 어떤 것을 숨기는 스크린에 다름 아닌 한에서 — 까지 이어지는 실재의 자리, 바로 그것을 짚고 넘어가 봅시다. 이는 또한 59
깨어남의 기능과 이 깨어남 속에서의 실재의 기능 모두에서 발견되는 모호함을 한꺼번에 설명해줄 겁니다. 실재는 우리가 꿈을 꾸고 있는 것이 아니라는 것을 증명해주는 사고, 작은 소음, 지극히 사소한 현실에 의해 대표〔대리〕될 수 있습니다. 그러나 또다른 측면에서 본다면 이 현실은 그렇게 사소한 것이 아닙니다. 왜냐하면 우리를 깨우는 것은 표상의 역할을 〔대신〕 수행하는 무언가를 실패하게 만드는, 배후에 숨겨진 또다른 현실이기 때문입니다. 프로이트에 따르면 이 또다른 현실이 바로 *Trieb*입니다.

하지만 주의하시기 바랍니다. 우리는 아직 이 *Trieb*가 무엇인지에 대해서는 말하지 않았습니다. 그런데 표상이 결여되어 있기 때문에 *Trieb*가 지금 이곳에 있는 게 아니라면, 여기서 말하는 *Trieb*란 어떤 *Trieb*일까요? 우리는 그것을 장차 도래하게 될 *Trieb*라고밖에는 생각할 수 없습니다.

깨어남, 그것이 두 가지 방향〔의미〕으로 작동한다는 것을 — 구성되고 표상된 어떤 현실 속에 우리를 다시 위치시키는 깨어남이 이중적인 용법을 갖고 있다는 것을 — 어떻게 보지 못할 수 있을까요? 우리가 실재를 찾아야 하는 것은 바로 꿈의 저편, 즉 하나의 대리자만을 갖는 표상의 결여 뒤에서 꿈이 우리에게 감싸 숨기고 있는 어떤 것 속에서입니다. 우리의 다른 어떤 활동보다도 더 많은 것을 지배하고 있는 실재가 바로 거기에 있습니다. 정신분석은 바로 그것을 우리에게 가리키고 있습니다.

3

따라서 프로이트는 그에 앞서 영혼에 대해 가장 예리한 질문을 던진 사람, 즉 키에르케고르가 이미 반복을 중심으로 제기했던 문제를 자신이 해결했다고 생각하게 됩니다.

키에르케고르의 『반복』이라는 글을 다시 한 번 읽어보시기 바랍니다. 그것은 돈 후안처럼 사랑의 환영들을 깨는 데 있어 가히 모차르트에 버금갈 만한, 경쾌하고 기막힌 아이러니의 유희로 빛나는 글입니다. 키에르케고르는 우리에게 감동과 웃음을 동시에 선사하는, 사랑에 빠진 젊은이의 초상을 보여주었는데, 거기서 그는 사랑에 빠진 그 젊은이가 기억력을 매개로 오직 자기 자신하고만 이야기하고 있다는 것을 반박할 수 없을 만큼 날카롭게 꼬집었습니다. 라로슈푸코는 누군가가 사랑이란 것이 어떻게, 어떤 식으로 이뤄지는지를 설명해주지 않는다면 인간은 사랑을 경험하기 힘들 것이라[7] 말한 바 있습니다만, 사실 키에르케고르의 분석에는 이보다 더 심오한 의미가 담겨 있지 않나요? 그렇습니다. 〔사랑은〕 무엇에 의해 시작되었나요? 사랑의 마법에 걸려든 그 젊은이에게 모든 것은 본질적으로 기만에 의해 시작되지 않았나요? — 그는 스스로 타자에 대한 열광과 숨 가쁨의 포로가 됨으로써 그 사랑의 마법을 타자에 대한 열광처럼 보이게 했지만, 자아이상을 통해서건 자신을 이상으로 삼는 자아를 통해서건 타자를 가지고 더없이 거짓된 요구, 나르시시즘적 만족에 대한 요구를 만들어냈지요.

키에르케고르와 마찬가지로 프로이트에게도 문제는 자연적인 것 속에 자리 잡고 있는 반복, 즉 욕구의 회귀가 아닙니다. 욕구의 회귀는 생물학적 욕구를 충족시켜주는 소비를 지향합니다. 반면 반복은 새로운 것을 요구합니다. 반복은 새로운 것을 자신의 차원으로 하는 유희적인 것 쪽으로 기울어집니다. 프로이트 역시 제가 지난 시간에 60
참조했던 절[8]에서 이 점에 대해 언급하고 있습니다.

이러한 반복 속에서 변주되고 변조되는 것은 모두 그 반복의 의미를 헛갈리게 만들 뿐이지요. 성인뿐 아니라 어느 정도 성장한 아동도 자신의 활동과 유희 속에서 새로운 것을 요구합니다. 하지만 이러한 변주는 유희의 진정한 비밀이라 할 수 있는, 반복 그 자체가 구성하는 좀더 근본적인 다양성을 감추고 있지요. 가령 유아가 인간 존재로 형성되는 순간에, 그 첫 반응으로 항상 똑같은 동화를, 그것도 항상 의례적인 방식으로, 다시 말해 토씨 하나 틀리지 않고 똑같이 이야기해

달라고 졸라댈 때와 같은 반복을 생각해봅시다. 이야기의 세부사항들을 넘어서 한결같은 것을 요구한다는 것은, 그 기억 행위 속에서는 시니피앙의 실현이 결코 시니피앙스[9] 그 자체의 우위를 의미할 수 있을 만큼 정교하지는 못할 것이라는 뜻입니다. 따라서 의미효과들을 변주하며 시니피앙스를 전개하는 것은 그 시니피앙스를 회피하는 것처럼 보입니다. 이러한 변주는 시니피앙스의 행위를 놀이로 변형시키고, 쾌락원칙의 관점에서 보았을 때 행복한 방출이라 할 수 있는 것을 거기에 부여하면서 시니피앙스의 목표물을 망각시킵니다.

프로이트는 손자가 되풀이하는 '포르트-다fort-da' 놀이 속에서 반복을 포착해내고는, 아이가 스스로 엄마의 부재의 작인作因이 됨으로써 그 부재의 효과를 지우려 한다는 점을 강조할 수 있었지요. 〔하지만〕 이런 현상은 부차적인 것입니다. 왈롱[10]은 아이가 엄마를 다시 보게 되기를 기다리며 엄마가 나간 문을 주시하는 것은 그 즉시 이뤄진 것이 아니라는 점을 강조했지요. 그것은 그 전에 이뤄진 것입니다. 즉 아이가 주의를 기울이게 된 것은 엄마가 자기를 떠난 순간, 자기 곁에 있으면서 자기를 유기한 순간부터였지요. 윤곽이 드러난 부재에 의해 도입되어 항상 열린 채로 있는 간극은 원심적인 궤적의 원인으로 남습니다. 이 원심적인 궤적에서 떨어져나오는 것은 주체가 자신을 투사하는 인물로서의 타자가 아니라, 아이가 쥐고 있는 실 가닥을 통해 아이 자신과 연결된 실패꾸러미이지요. 다시 말해, 앞으로 시니피앙스가 도입되는 기점이 될 자기 절단이라는 시련을 통해 아이로부터 분리되어버린 무언가가 그 원심적인 궤적을 통해 표현되는 겁니다. 왜냐하면 실패꾸러미 놀이는 엄마의 부재가 아이의 영토의 경계선이라 할 수 있는 요람의 가두리 위에 파놓은 깊은 '구렁'에 대한 주체의 응답이기 때문이지요. 아이는 그 구렁의 주변에서 뛰어넘기 놀이를 할 수밖에 없습니다.

그 실패꾸러미는 지바로Jivaro 부족이나 가지고 놀 법한 작은 공처럼 축소된 엄마가 아니라, 주체로부터 떨어져나왔지만 여전히 그에게 남아 있는 주체의 일부분이지요. 아리스토텔레스식으로 말하자면, 그것은 인간이 대상을 가지고 사유한다고 말할 수 있는 장소입니다. 대상을 가지고 아이는 구덩이가 되어버린 제 영역의 경계선을 뛰어넘고 주문을 걸기 시작하지요. 만약 시니피앙이 주체의 첫번째 낙인이라면 — 게다가 이미 그 놀이가, 앞으로 나타날 최초의 대립들 중 하나를 수반한다는 사실만으로도 — 우리는 이러한 대립이 이 경우에 실제로 적용되는 대상, 즉 실패꾸러미가 바로 주체가 위치하는 지점임을 인정하지 않을 수 없습니다. 우리는 이후에 그 대상을 라캉의 대수학 용어로 소문자 *a*라 부르게 될 겁니다.

이 놀이 활동 전체는 반복을 상징합니다. 하지만 그것은 단순히 61
아이의 울음소리에서처럼 엄마에게 돌아와 달라고 호소하는 듯한 어떤 욕구의 반복이 아닙니다. 그것은 주체의 *Spaltung*(분할)의 원인이 된 엄마의 떠남을 반복하는 것이지요. 그러한 주체의 *Spaltung*은 '여기' 혹은 '저기' 라는, 교대로 '여기' 의 '저기' 나 '저기' 의 '여기' 가 되는 것을 목표로 하는 '포르트-다' 의 교차 놀이를 통해 극복됩니다. 본질적으로 이 놀이가 겨냥하는 것은 표상된 것으로서 거기에 존재하지 않는 어떤 것이지요. 왜냐하면 *Vorstellung*의 *Repräsentanz*인 것은 바로 놀이 그 자체이기 때문입니다. 만일 엄마의 이 *Repräsentanz*가 — 욕망의 구아슈[11], 터치들로 그려진 그의 데생 속에서 — 다시금 결여된다면, *Vorstellung*은 어떻게 될까요?

저 역시, 어떤 아이가 칭얼거리면서 일찍부터 저를 부르는데도 제가 몇 달 동안이나 자리를 뜨는 일을 되풀이했기 때문에 트라우마를 입은 것을 제 눈으로 — 엄마들의 예지력에 눈을 떴다고나 할까요? — 직접 확인한 적이 있습니다. 오랜 시간이 지난 후 제가 아이를 품에 안았을 때 아이는 제 어깨에 머리를 기대고 잠이 들었는데, 이 잠이야말로 트라우마가 생긴 그날 이후로 아이가 살아 있는 시니피앙이 된 저에게 접근할 수 있는 유일한 수단이었지요.

여러분은 오늘 제가 '투케'의 기능에 대해 제시한 이 시론이 전이를 해석할 때 분석가의 직무가 되는 것을 바로잡는 데 꼭 필요한 것이라는 점을 확인하시게 될 겁니다.

오늘은 오래전부터 인식connaissance이라 간주되어온, 세계와 인간의 관계가 분석을 통해 보다 근본적으로 조정될 수 있다는 것이 헛된 말이 아님을 강조하는 것으로 충분하리라 봅니다.

이론적인 문헌들은 종종 인식을 개체발생과 계통발생 간의 관계와 유사한 어떤 것과 연관시키곤 합니다. 이는 혼동의 결과입니다. 다음 시간에는, 정신분석의 독창성은 심리적인 개체발생을 이른바 '단계들stades'에 근거한 것으로 여기지 않는다는 데 있음을 확인하게 될 겁니다. 우리가 생물학적으로 관찰할 수 있는 발달 과정 속에는 단계들을 언급할 만한 근거가 말 그대로 전혀 없습니다. 만약 발달이 '투케'라는 헛디딤에 의해, 오직 우발적인 사고에 의해서만 활성화된다면, 이는 '투케'가 우리를 소크라테스 이전 철학이 세계 자체의 동기가 되는 곳이라 여겼던 곳으로 이끄는 한에서입니다.

세계는 어떤 지점에서는 클리나멘clinamen을 필요로 했지요. 이미 데모크리토스는 순수한 부정성의 기능을 반박하고 거기에 사유를 도입하고자 하면서, 클리나멘을 겨냥해 이런 말을 한 적이 있습니다. "본질적인 것은 μηδέν(없는 것)이 아니다." 그리고 덧붙이기를,

"그것은 어떤 μηδέν이 아니라 어떤 δεν(있는 것)이다" — 이는 제 여제자 하나가 철학의 시원적 단계라 불렀던 때부터 이미 하이데거의 시대와 똑같이 어휘의 조작이 이뤄졌다는 사실을 보여주지요. δεν이란 그리스어 신조어인데요. 데모크리토스가 ἕν(하나)이라는 말을 쓰지 않은 것은 ὄν(존재)에 대해 말하지 않기 위해서입니다. 그렇다면 뭐라고 말했을까요? 그는 오늘 제가 제기한 것과 같은 관념론에 대한 질문에 답하면서 다음과 같이 말했지요. "아마도 아무것도 없는 것일 62
까? 아마도 아무것도 없는 것이 아니라, 아무것도 없는 것이 아닌 것이리라."

〈질의응답〉

프랑수아즈 돌토 Françoise Dolto _ 저는 서너 살 이전에 지능이 형성되는 것을 단계들이라는 개념 없이 어떻게 설명할 수 있는지 이해가 되지 않습니다. 저는 절단의 위협들에 맞서기 위한, 거세를 가려주는 방어적인 환상들과 관련해서는 단계들을 참조할 필요가 있다고 생각하는데요.

'리비도의 형성자'로서의 단계들을 기술하려면, 언제나 불분명하게 남아 있는 자연적 성숙이라는 거짓 개념을 참조해선 안 됩니다. 소위 단계들은 거세불안을 중심으로 조직됩니다. 성욕을 도입하는 교접 행위는 트라우마를 일으키며 — 바로 여기에 커다란 흠집이 있는 거지요 — 발달을 조직하는 기능을 가지고 있지요.

거세불안은 발달의 모든 단계를 관통하는 한 가닥의 실과도 같습니다. 그것은 엄밀한 의미에서 거세불안이 도래하기 이전에 존재하던 관계들 — 젖떼기, 대변 가리기 훈련 등 — 을 조율합니다. 거세불안은 잘못된 만남을 중심으로 하는 어떤 변증법 속에서 각각의 계기들을 응결시키지요. 단계들이 일관성을 가질 수 있다면, 이는 그 단계들이 잘못된〔불길한〕 만남이라는 관점에서 등록될 수 있기 때문입니다.

핵심이 되는 잘못된〔불길한〕 만남은 성적인 수준에 있지요. 이는 거세불안으로부터 성적인 색채가 흘러나와 그 단계들을 물들였다는 뜻이 아닙니다. 반대로, 이러한 감정이입empathie이 일어나지 않기 때문에 트라우마나 원장면에 대해 말할 수 있다는 겁니다.

1964년 2월 12일.

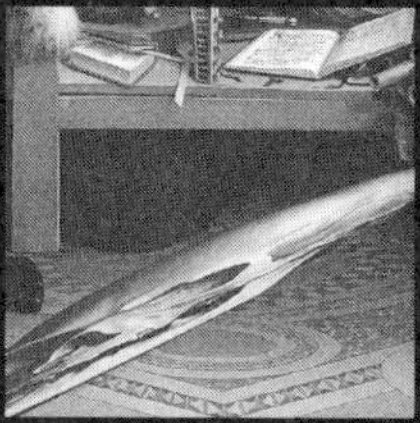

대상 *a*로서의 응시에 관하여

DU REGARD COMME OBJET PETIT *a*

6

눈과 응시[1)]의 분열

주체의 분열
트라우마의 작위성
모리스 메를로퐁티
철학적 전통
의태
모든 것을 훔쳐보는 관음증자
꿈속에서 그것이 보여준다

이야기를 계속해보도록 하겠습니다. 65

Wiederholung(반복)에 대해선 여러분에게 환기시킨 바 있듯이, 그것이 어원적으로 '끌어당기다[haler]' 라는 말과 관련되며 그러한 어원에는 끈질김〔진절머리가 남〕이라는 함의가 내포되어 있다는 점을 이미 강조해서 언급한 바 있습니다.

'끌어당기다[haler]', '끌어내다[tirer]' 라는 것인데요. 무엇을 끌어낸다는 말일까요? 프랑스어 단어의 다의성을 바탕으로 말놀이를 해본다면 제비를 뽑는다[tirer au sort]라고 할 수 있겠지요. *Zwang*(강박)은 우리를 어쩔 수 없이 뽑을 수밖에 없는 카드 쪽으로 몰고 갑니다. 게임에 카드가 딱 한 장밖에 없다면 그것을 뽑는 수밖에 없다는 것이지요.

시니피앙 파트〔놀이〕[2)]에 의해 제시되는 수학적인 의미에서의 집합, 가령 정수의 무한정성과 대비되는 〔시니피앙이라는〕 집합의 성격을 통해 우리는 어쩔 수 없이 뽑아야 하는 카드의 기능이 곧바로 적용되는 어떤 도식을 떠올려볼 수 있습니다. 주체가 시니피앙의 주체라면 — 즉 시니피앙에 의해 결정된다면 — 통시성 속에서 선택적 효과들을 발휘하는 공시적 그물망을 상상할 수 있을 겁니다. 여기서 관건은 예측할 수 없는 통계적 효과가 아니라 회귀를 함축하고 있는 그물망의 구조 자체라는 사실을 잘 이해해야 합니다. 아리스토텔레스의 '오토마톤automaton'이 우리가 〔게임의〕 전략들이라 부르는 것에 대한 해명을 통해 형상화해주는 것이 바로 이것입니다. 마찬가지로 우리는 반복강박compulsion de répétition을 뜻하는 *Wiederholungzwang*에서 *Zwang*을 바로 '자동운동automatisme'이라 번역합니다.

1

제가 나중에 증거가 될 만한 자료들을 통해 보여드리겠지만, 경솔하게도 자기중심적인 상태라 규정되곤 하는 유아의 옹알이가 나타나는 몇몇 시기들을 관찰해보면 우리는 그것이 엄격히 통사적인 놀이에 입각한 것임을 알게 됩니다. 이러한 놀이들은 전의식이라 불리는
66 장에 속하지만, 무의식 보호구역 — 사회적인 그물망 내부에 있는 인디언 보호구역과 같은 의미에서 — 의 거점을 만들어주는 것이기도 하지요.

물론 통사적 구성은 전의식적인 것입니다. 그러나 주체가 모르는 사실이 있는데, 그것은 자신의 통사적 구성이 무의식 보호구역과 관계되어 있다는 겁니다. 주체가 자기 이야기를 할 때 그 통사적 구성을 통제하고 점점 더 조이는 무언가가 잠재적으로 작용합니다. 무엇에 대해〔대항해〕 조이는 것일까요? 바로 프로이트가 심리적 저항에 관해 설명하기 시작했을 때부터 중핵noyau이라 부른 것에 대해서입니다.

이 중핵이 외상적인 어떤 것과 관련되어 있다고 말하는 것은 하나의 어림짐작에 지나지 않습니다. 담화가 이 중핵을 중심으로 조여질 때, 우리는 이러한 담화의 일차적인 저항을 주체의 저항과 구별해야 합니다. 주체의 저항이라는 표현은 자아라고 가정된 어떤 것을 지나치게 함축하고 있는데, 막상 이 중핵에 다가갈수록 자아라는 호칭이 과연 정당한 것인지 확신할 수 없게 되기 때문이지요.

이 중핵은 실재적인 것 — 지각의 동일성을 원칙으로 하는 한에서의 실재적인 것 — 이라고 지칭되어야 합니다. 궁극적으로 그 중핵은 프로이트가 일종의 〔표본〕 채취prélèvement라 지적한 것, 우리가 지각의 영역에 있음을 그것을 인증하는 현실감을 통해 확신하게 해주는 그 〔표본〕 채취에 근거를 둡니다.[3] 이것은 무슨 뜻일까요? 주체 쪽에서 보았을 때 깨어남éveil이라 불리는 것이 아니라면 말입니다.

지난번 강의에서 저는 『꿈의 해석』 7장의 꿈을 중심으로 반복 문제를 다뤘는데, 이는 프로이트가 꿈 과정의 최종 심급이라는 문제를 다루면서 〔논의의 출발점으로〕 이 꿈 — 아직 분석되지 않았기 때문에 이중, 삼중으로 은폐되어 있지만 — 을 선택했다는 사실이 시사하는 바가 크기 때문입니다. 잠을 깨우는 데 결정적인 역할을 한 현실이란 꿈과 욕망의 제국이 맞서 버티고 있던 그 가벼운 소음을 말하는 것일까요? 현실이란 오히려 다른 무언가가 아닐까요? 현실이란 혹시 이 꿈에 깃들인 불안의 밑바닥에서 표현되고 있는, 부자 관계의 가장 내밀한 부분이 아닐까요? 아들의 죽음 속에서가 아니라 그 죽음이 피안에 자리 잡고 있다는 사실 속에서, 즉 죽음이 갖는 숙명이란 의미 속에서 불쑥 나타난 가장 내밀한 부분이 아닐까요?

모두가 잠든 사이 마치 우연처럼 일어난 일 — 촛불이 넘어져 시트에 불이 붙은 터무니없는 사건, 사고, 불운 — 과 아무리 감춰져 있더라도 "아버지, 제가 불타고 있는 게 안 보이세요?"라는 말에 담겨 있는 가슴을 아리는 무엇 사이에는 반복에서 볼 수 있는 것과 동일한 관계가 존재합니다. 우리에게 운명신경증이나 실패신경증이라는 이름을 통해 형상화되는 것이 바로 이것입니다. 놓치고 만〔결여된〕 것은 적응이 아니라 '투케', 만남인 것이지요.

'투케'는 행운이건 불운이건 무생물, 유아, 동물로부터가 아니라 *proairesis*, 즉 선택을 행할 수 있는 존재로부터만 유래할 수 있다는 아리스토텔레스의 말은 여기서 허위임이 밝혀집니다. 하나의 본보기라 할 이 꿈에서 논의되고 있는 사고事故 자체가 이를 잘 보여줍니다. 당연히 이 지점에서 아리스토텔레스는 늘 보여주던 한계를 드러내고
67 마는데, 즉 그는 자신이 *teriotes*, 흉측하다고밖에 형언할 수 없었던 과도한 형태의 성적 행태들 앞에서 멈추고 맙니다.

사고, 반복되는 사고와 감춰진 의미 — 우리를 충동으로 이끄는 진정한 현실 — 사이의 관계의 밀폐된 측면은 전이를 소위 현 상황으로 귀착시키는 것으로는 전이라는 치료의 가공물을 탈신비화할 수 없음을 확실하게 보여줍니다. 이런 식으로 전이를 한 차례 혹은 일련의 분석에서 벌어지는 현 상황으로 환원시키는 것에 근거한 치료 지침은 입문 과정을 위해서라도 언급할 가치조차 없습니다. 우리는 반복에 대한 올바른 개념을 전이 효과들의 총체와는 혼동해선 안 되는 다른 방향에서 찾아야 합니다. 앞으로 전이의 기능을 다룰 때 문제는 바로 전이가 어떻게 우리를 반복의 중심으로 인도하느냐일 겁니다.

바로 이러한 이유에서 우리는 먼저 반복의 근거를 만남과 관련해 주체에게 일어나는 분열 그 자체에서 찾아야 합니다. 이 분열은 우리로 하여금 실재를 그것의 변증법적 반향 속에서 근원적으로 적당치 않은〔잘못 도래한〕malvenu 것으로 이해하게 만드는 것으로서 분석 경

험과 발견의 특징적인 차원을 구성합니다. 실재가 주체에게 있어 충동의 가장 가까운 공모자가 되는 것은 정확히 바로 이런 맥락에서입니다 — 이 충동에 대해서는 마지막에 다루게 될 텐데, 이는 이 길을 다 거친 후에야 그것이 무엇을 중심으로 맴도는지를 이해할 수 있기 때문입니다.

결국 문제는 원장면이 왜 그토록 트라우마적인가 하는 것이니 말입니다. 그것은 왜 너무 이르거나 혹은 너무 뒤늦은 것일까요? 주체는 왜 그것으로부터 쾌락을 너무 과도하게 얻거나 — 적어도 우리는 처음에 이것이 강박증의 트라우마적인 원인이라고 생각했지요 — 히스테리증자의 경우처럼 거의 취하지 못할까요? 그것이 정말 근본적으로 리비도적인 것이라면, 왜 그 장면은 그를 곧바로 깨우지 못할까요? 왜 여기서 사태는 *dustuchia*(불운, 잘못된 만남)일까요? 왜 소위 의사-본능의 성숙이 이를테면 *tychique* — *tuché*라는 말에서 온 '투케적인 것' — 에 의해 옭아매이고, 관통되고, 침윤되는 것일까요?

지금으로선 우리의 지평은 성욕과의 근본적인 관계 속에서 작위적인[factice] 것으로 나타나는 어떤 것입니다. 우리가 분석 경험에서 출발점으로 삼아야 하는 것은, 만일 원장면이 외상적이라면 분석 가능한 것으로 하여금 변주되도록 지탱해주는 것은 성적인 감정이입이 아니라 어떤 작위적인 사태라는 사실입니다. 작위적인 사태란 「늑대인간」의 분석에서 그토록 고집스럽게 추적했던 장면 속에서 나타난 것 — 페니스가 사라졌다 다시 나타나는 기이함[étrangeté] — 과 같은 사태를 말합니다.[4)]

지난 시간에는 주체의 분열이 어디에 있는지를 명시하고자 했습니다. 이 분열은 잠에서 깬 후에도 계속됩니다. 한편에는 실재로의 귀환이 있는데, 즉 다시 딛고 일어서서 만세를 부르며 다음과 같이 말하는 세계의 표상이 있습니다. "무슨 일이 일어난 거지? 정말 끔찍하고 어처구니없는 일이로군. 저 영감이 잠이 들어버렸다니, 이 무슨 바보 같은 짓이란 말인가!" 다른 한편에는 "이 모든 것을 겪고 있는 건 바로 나라고. 굳이 꼬집어보지 않아도 이게 꿈이 아니라는 걸 알 수 있지"라고 중얼거리며 다시 짜이는 의식, 자신이 이 모든 것을 한 편의 악몽처럼 겪고 있음을 인지하면서 어쨌든 자기 자신을 놓지 않는 의
68 식이 있습니다. 그럼에도 이러한 분열은 여전히 보다 심층적인 분열을 대리하는 것일 뿐입니다. 우리는 보다 심층적인 분열을 한편으로는 꿈이라는 무대 장치 속에서 주체 탓을 하며 가까이 다가오는 아이의 이미지, 원망이 가득한 그 응시와, 다른 한편으로는 주체의 원인이 되면서 주체를 추락시키는 것, "아버지 …… 안 보이세요?"라고 하면서 바라봐주길 간청하는 아이의 애원, 아이의 목소리 사이에 위치시켜야 할 겁니다.

2

여러분을 이끌어오는 여정에서 최상이라 여겨지는 길을 자유로이 따라온 저는 〔이제〕 바로 이 지점에서 곡선형 바늘로 양탄자를 꿰듯이, 우리가 주체의 여정을 사유하고자 하는 모든 이들과 만나게 될 일종의 교차로가 되는 물음이 제기되는 쪽으로 건너뛰어 볼까 합니다.

주체의 여정이 진리를 탐구하는 것이라면, 그 여정은 작위성의 반영이라 할 주체의 트라우마와 더불어 우리의 모험 스타일에 따라 개척되어야 하는 것일까요? 아니면 전통이 늘 그래온 대로 지각의 출발

점에서 그 지각이 기본적으로 가지고 있는 관념적이며 감성적이라 할 수 있는 측면으로부터 도출된 진리와 외양의 변증법, 시각에 중점을 두는 것으로 특징지어진 그 진리와 외양의 변증법이라는 수준에 자리매김되어야 하는 걸까요?

바로 이번 주에 제 친구 모리스 메를로퐁티의 유작인 『가시적인 것과 비가시적인 것』[5]이 출간되어 여러분이 그것을 읽을 수 있게 된 것이 그저 우연 — 순수하게 투케적인 것의 차원에 속하는 것 — 만은 아닙니다.

이 책에는 우리로 하여금 대화를 주고받게 한 무엇이 생생하게 표현되고 있습니다. 지금도 생생히 기억나는 본느발 학회[6]에서의 발언은 그 자신이 어떤 길을 가고 있는지를 보여주었지요. 그의 여정이 저작의 어느 한 지점에서 끊겼다고 해도 그 저작이 완성 상태에 이르지 못한 것은 아닙니다. 이는 클로드 르포르Claude Lefort에게 공을 돌려야 할 헌신적인 작업 속에서 예견된 것이지요. 완벽한 경지에 도달했다고 할 수 있을 그 길고 험난한 필사 작업에 대해 이 자리를 빌어 경의를 표하고 싶습니다.

『가시적인 것과 비가시적인 것』은 우리에게 철학적 전통이 출현한 시점을 가리켜 보여줄 수 있을 겁니다 — 이러한 전통은 플라톤이 이데아를 전면에 위치시킴으로써 시작되었는데, 이데아에 관해 우리는 그것이 감성적 세계에서 출발해 존재에 부여된 최고선이라는 어떤 결말〔목적〕에 의해 규정되고 이로써 마찬가지로 이데아 자체의 한계점인 미에 이르게 된다고 말할 수 있을 겁니다. 그런데 메를로퐁티가 이러한 고찰의 길잡이를 눈에서 찾아낸 것은 결코 우연이 아닙니다.

끝이면서 시작이기도 한 이 저작에서 여러분은 그가 앞서 『지각의 현상학』에서 공식화했던 것을 환기시키며 당시의 길을 따라 한 걸음 더 나아가고 있음을 발견하시게 될 겁니다. 실제로 이 저서는, 철학적 사유의 진보와 더불어 관념론이라는 제목하에 극도의 현기증
69 — 가령 어떻게 안감이었던 표상이 그것이 감싸고 있다고 여겨지는 것과 만날 수 있는가라는 문제처럼 — 을 불러일으킬 만큼 멀리까지 개진되었던 것들에 맞서기 위해, 형태가 갖는 조절 기능을 환기하며 원용하고 있습니다. 이런 맥락에서 『지각의 현상학』은 우리로 하여금 주체의 눈뿐 아니라 그의 기대, 움직임, 쥐기, 근육 및 내장의 흥분 등 요컨대 주체의 총체적 지향성이라는 말로 지칭되는 구성적 현존에 의해 지배되는 형태의 조절 기능을 주목케 했던 겁니다.

이제 메를로퐁티는 이러한 현상학 자체의 한계를 헤치고 다음 발걸음을 뗍니다. 여러분은 그가 인도하는 길이 단순히 시각적 현상학의 차원에만 속한 것이 아니라는 사실을 확인하시게 될 겁니다. 왜냐하면 그 길은 — 이것이 바로 요점인데 — 우리 눈에 보이는 것은 누군가의 눈이 우리를 보고 있다는 점에 의존한다는 사실을 재확인하는 쪽으로 나 있으니 말입니다. 그럼에도 이는 좀 지나친 표현일 텐데, 왜냐하면 누군가의 눈이란 제가 오히려 그의 '싹'[7]이라 부를 수 있는 것 — 그의 눈에 선행하는 무엇 — 에 대한 은유에 불과하기 때문입니다. 메를로퐁티가 일러준 길을 따라 우리가 파악해야 할 것은 응시의 선재성입니다. 나는 단 한 지점에서 볼 뿐이지만, 나의 실존 속에서 나는 사방에서 응시되고 있다는 겁니다.

내가 본원적으로 종속되어 있는 이 '보다voir'가 바로 우리를 이 저서의 야망에, 즉 형태를 좀더 원시적인 수준에서 정립하는 것에 근거한다고 할 수 있는 존재론적 전환에 이르게 하는 것이겠지요.

이 기회를 빌어 저는 혹자의 질문에 당연히 저도 소박한 것이든

세련된 것이든 다른 사람들처럼 하나의 존재론을 가지고 있다고 답할 수도 있겠지요.[8] 왜 저라고 없겠습니까? 하지만 분명 제가 제 담화를 통해 그려보고자 하는 것에는 분석 경험의 장 전체를 아우르려는 포부가 전혀 담겨 있지 않습니다. 프로이트의 담화를 재해석하는 것이라 하더라도 제 담화는 근본적으로 그가 남긴 분석 경험의 고유성에 중점을 두고 있기 때문이지요. 무의식을 포착함으로써 우리에게 열린 중도지대entre-deux조차도 프로이트가 그것을 주체가 손에 넣어야 할 어떤 것으로 제시하고 있는 한에서만 우리의 관심사가 됩니다. 다만 저는 프로이트 사상의 그러한 측면이 비록 통상 자연주의로 치부되더라도 반드시 유지되어야 함을 부언하고 싶습니다. 그것은 심리적 현실을 실체화하지 않으면서 구체화하는, 유일하진 않더라도 보기 드문 시도들 중 하나이기 때문이지요.

메를로퐁티가 우리에게 제시하고 있으며 나아가 분석 경험의 흐름에 따라 다소간 관심의 대상이 된 시관적[9] 장에서, 존재론적인 위상은 그 장이 미치는 더없이 작위적일 뿐 아니라 더없이 허약한 효과들을 통해 나타납니다. 그러나 우리가 통과해야 할 곳은 가시적인 것과 비가시적인 것 사이가 아닙니다. 제가 주목하는 분열은 우리가 현상학적 경험의 지향성을 따라 세계로 향할 때 그 세계로부터 어떤 형태들이 부과된다는 — 바로 이로부터 우리가 가시적인 것에 대한 경험 속에서 만나게 되는 한계가 유래합니다 — 데서 비롯되는 거리distance가 아닙니다. 응시는 우리의 지평에 나타난 경험의 막다른 골목, 즉 거세불안의 구성적인 결여를 상징하는 것으로서 기묘한 우발성이라는 형태 70
로만 모습을 드러냅니다.

눈과 응시의 분열, 바로 이것이 시관적 장의 수준에서 충동이 모습을 드러내는 지점입니다.

3

시각을 통해 구성되고 표상의 형체들 속에 정돈되는 것과 같은, 사물에 대한 우리의 관계 속에서는 무언가가 층에서 층으로 미끄러지고 통과되고 전달되면서 결국 항상 어느 정도는 빠져나가 버립니다. 이것이 바로 응시라 불리는 것입니다.

여러 가지 방법을 통해 여러분에게 이 응시를 구체적으로 보여드릴 수도 있을 겁니다. 극단적인 경우로 자연 관찰을 통해 만나게 되는 수수께끼 중 하나를 통해 생각해볼까요? 다름 아니라 의태mimétisme라 일컫는 현상을 통해서 말입니다.

의태 현상에 대해서는 이미 많은 논의가 이뤄졌지만 그중 대다수는 터무니없는 것입니다. 가령 의태 현상이 적응을 위한 것이라고 설명해야 한다는 것이 그것인데요. 저는 그렇게 생각하지 않습니다. 여러 저서들 중 아마 여러분 대부분이 이미 알고 계실 카이유와의 『메두사와 그 일당』[10]이라는 제목의 소책자를 예로 드는 것으로 충분할 겁니다. 거기서는 적응이라는 준거가 아주 예리하게 비판되고 있지요. 한편으로 가령 곤충에게서 의태의 결정적인 변이가 제 효과를 발휘하려면 그것은 단번에, 그리고 즉시 일어나야 한다는 겁니다. 다른 한편, 그러한 변이에 소위 적자생존적 효과가 존재한다는 주장은 모종의 의태를 통해 스스로를 보호한다고 하는 곤충도 그렇지 않은 곤충만큼이나 새들, 특히 포식성 조류들에게 잡아먹힌다는 사실을 보면 전혀 설득력이 없다는 겁니다.

그러나 어찌되었건 문제는 그것이 아닙니다. 의태에 있어 가장 근본적인 문제는 의태가 그것을 가시적으로 발현시킨 유기체의 어떤 조형 능력 자체에서 비롯된 것이라 보아야 하는가입니다. 이 설명이 정당성을 얻기 위해서는 그 조형 능력이 과연 어떤 경로를 통해 의태된 신체[11]의 형태뿐 아니라 환경과의 관계 — 가령 신체와 환경이 확실히 구분되거나 혹은 완전히 혼동되어버리는 관계 — 까지도 통제할 수 있게 되는지를 밝혀내야 할 겁니다. 요컨대 여러 가지 의태 현상들, 특히 눈의 기능을 연상시키는 의태 현상인 눈 모양의 반점[ocelle]과 관련해 카이유와가 아주 적절하게 지적한 바와 같이 문제는 다음과 같은 사항을 밝히는 것입니다. 즉 반점이 눈과 닮았기 때문에 강한 인상을 주는 것인지 — 반점이 그것을 보게 되는 포식동물이나 먹잇감에게 이러한 효과를 발휘한다는 것은 분명한 사실입니다 — 아니면 반대로 눈이 매혹적인 까닭이 그것이 반점의 형태와 닮아서인지를 밝혀야 합니다. 바꿔 말하면, 이와 관련해선 눈의 기능과 응시의 기능을 구분해야 하지 않을까요?

그 위치, 작위성, 예외적 성격 때문에 선택된 이 독특한 예는 우리 71
가 강조해야 할 어떤 기능, 말하자면 '얼룩' 기능을 보여주는 한 가지 작은 예일 뿐입니다. 이 예의 가치는 보이는 것[vu]보다 볼거리로-주어진-것[donné-à-voir]이 먼저 존재한다는 것을 알려준다는 데 있지요.[12]

굳이 우주 전체를 다 볼 수 있는 존재를 가정할 필요는 없습니다. 이 얼룩의 기능이 자율적인 것임이 인정되고 응시의 기능과 동일한 것이라고 할 수 있다면, 우리는 시관적 장을 통해 세계가 구성되는 모든 단계에서 그것의 경로, 실마리, 흔적을 추적할 수 있을 겁니다. 그렇게 해서 우리는 얼룩과 응시의 기능이 그 시관적 장을 극도로 은밀하게 조종하는 것임을, 그러면서 동시에 스스로를 의식이라고 상상하며 자족하는 시각 형태로는 절대로 포착될 수 없는 것임을 깨닫게 될 겁니다.

의식이 자기 자신을 되돌아볼 수 있다면 — 발레리의 시에 등장하는 젊은 파르크[13]처럼 스스로를 '자신이 자신을 보고 있는 것을 보는 자'라고 생각하는 것 — 이는 하나의 은폐술[14]과 같은 것에 의해 서입니다. 거기선 응시 기능에 대한 회피가 일어납니다.

이는 지난번 강의에서 우리가 만들어보았던 위상학, 즉 주체가 꿈을 통해 깨어 있을 때의 형태들과 대립되는 상상적인 형태들에 다가갈 때 그 주체의 위치에서 무엇이 보이는지에 의거해 만들었던 위상학을 통해 탐지해낼 수 있는 점입니다.

이와 마찬가지로, 분석 경험이 나르시시즘 — 저는 이 나르시시즘이 거울 이미지와의 관련 속에 가지고 있는 본질적인 구조를 재도입하려 노력했는데요 — 이라는 용어로 내포했던 것으로서 주체에게 특히나 만족감을 주는 차원 속에서, 그러한 나르시시즘으로부터 퍼져 나와 그토록 근본적인 몰인식의 근거를 마련해주는 만족감과 자족감 속에서, 그리고 주체가 관조라는 형태로 만나게 되는 충일성이라는 철학적 전통의 참조점 속에서 역시 우리는 달아나는 것, 즉 응시의 기능을 파악할 수 있지 않을까요? 메를로퐁티의 지적처럼, 저는 우리가 세계의 광경 속에서 응시되고 있는 존재들이라고 생각합니다. 우리를 의식하는 존재로 만드는 것은 동시에 우리를 *speculum mundi*(세계의 거울)로 위치시킵니다. 제가 조금 전에 메를로퐁티를 따라서 이야기한 우리를 에워싸는 응시, 자기 모습을 드러내지 않은 채 무엇보다 우리를 응시되는 존재로 만들어버리는 응시, 바로 그러한 응시에 의해 우리는 응시되는 것에서 만족을 느끼는 게 아닐까요?

이런 의미에서 세계의 광경은 모든 것을 훔쳐보는 자omnivoyeur처럼 보입니다. 이는 플라톤적 전망 속에서 발견되는, 모든 것을 볼 수 있는omnivoyant 자질을 위임받은 어떤 절대적 존재에 대한 환상이지요. 관조의 현상적 경험의 수준 자체에서, 모든 것을 훔쳐보는 자의 면모는 한 여성이 자신이 〔누군가에 의해〕 응시되고 있음을 알게 되면서 느끼는 만족감을 통해 잘 드러납니다. 물론 그녀가 그러한 만족감을 느끼려면 그 누군가가 자신이 그녀를 응시하고 있다는 사실을 그녀에게 드러내지 않아야 하겠지만 말입니다.

세계는 모든 것을 훔쳐보는 자〔관음증자〕이지만 노출증자는 아닙니다. 세계는 우리의 응시를 촉발하지 않습니다. 만일 세계가 우리의 72
응시를 촉발한다면 즉시 생경하다는[15] 느낌을 받겠지요.

이는 무슨 뜻일까요? 소위 깨어 있는 상태에서는 응시가 생략되어 있다는 겁니다. '그것이 응시한다' 는 것뿐 아니라 '그것이 보여준다' 는 것 또한 생략되어 있습니다. 반면 꿈의 장 속에서 이미지의 특징은 바로 '그것이 보여준다' 는 데 있지요.

그것은 보여줍니다montrer — 하지만 거기서도 역시 어떤 형태로 주체가 미끄러진다는 점이 드러납니다. 어떤 것이든 좋으니 꿈 텍스트를 하나 참조해봅시다. 제가 지난번 세미나에서 이야기한 것도 좋고 다른 꿈도 괜찮습니다. 물론 지난번에 다뤘던 그 꿈을 통해선 지금 제가 말하려는 것이 잘 이해되지 않을 수도 있습니다. 꿈 텍스트를 하나 취해 그것을 원래의 좌표에 다시 위치시켜봅시다. '그것이 보여준다' 는 사실이 전면에 부각될 겁니다. 그 구성의 특징들 — 즉 깨어 있는 상태에서 관조되는 것이라면 갖고 있어야 할 폐쇄성, 시계視界 등의 부재, 이미지들이 돌출되어 있거나 대비를 이루며 얼룩처럼 번지는 특성, 그 색상의 강렬함 등등 — 과 더불어 그것이 보여주고 있다는 사실이 너무나도 부각된 나머지, 꿈속에서 우리는 결국 근본적으로 보지 못하는 자의 위치에 놓이게 됩니다. 주체는 그것이 어디로 이끄는지를 알지 못한 채 따라가지요. 경우에 따라선 거리를 두며 단지 꿈일 뿐이라고 중얼거릴 수도 있지만, 꿈속에서는 어떤 경우에도 자신을 데카르트의 코기토처럼 사유하는 존재로 파악하지 못합니다. 그는 "이것은 한낱 꿈일 뿐이야"라고 말할 수는 있습니다. 그러나 자신을 "어쨌든 나는 이 꿈에 대한 의식이야"라고 말하는 자처럼 위치시키진 못합니다.

자신이 나비가 되는 꿈을 생각해봅시다.[16] 주체가 꿈속에서 나비가 된다는 것은 무슨 뜻일까요? 그것은 그가, 실제로는 〔그 자신을〕 응시하고 있는 나비를 본다는 뜻입니다. 응시의 본질이 지닌 근원성을 드러내는, 무상으로 '주어진 볼거리'가 아니라면 이 많은 형태, 윤곽, 색깔들은 다 뭐란 말일까요? 그런데 놀랍게도 그 나비는 늑대인간을 공포에 몰아넣었던 것과 그리 다르지 않습니다.[17] 메를로퐁티는 그것의 중요성을 분명하게 알고 있었으며 본문에는 수록되지 않은 한 작업 노트[18]에서 이를 언급하고 있습니다. 꿈에서 깨어난 장자는 혹시 나비가 장자가 되는 꿈을 꾸고 있는 것은 아닐까 자문할 수 있습니다. 이러한 의문은 타당한 것입니다. 이중적인 의미에서 타당한데, 첫째, 그것은 그가 미치지 않았다는 것을, 그가 스스로를 장자와 완전히 동일시하지는 않는다는 것을 증명해주기 때문이며, 둘째, 그는 자신이 제대로 판단하리라고는 생각하지 않기 때문입니다. 실제로 그가 자신의 정체성의 어떤 근원을 알게 된 것 — 본질적으로 그는 자기만의 색깔로 그려진 나비였고 현재도 그렇습니다 — 은 바로 그가 나비였을 때입니다. 바로 그렇게 해서 그는 궁극적으로 장자인 것이지요.

이에 대한 증거는 그가 나비일 경우에는 잠에서 깨어나 자신이 장자가 되는 꿈을 꾸는 나비가 아닐까 자문해보는 일이 일어나지 않는다는 겁니다. 그가 나비가 되는 꿈을 꾸었다면 분명 자신이 나비로 나타났었다는 사실을 나중에 증언해야 한다는 것이지요. 하지만 이것이 그가 나비에게 홀렸다〔포획되었다〕는 것을 뜻하지는 않습니다. 그는 포획된 나비이지만 그 나비를 포획하는 것은 아무것도 없습니다. 꿈속에서 그는 그 누구에 대해서도 나비가 아니기 때문이지요. 그가
타자들에게 장자가 되는 것, 그가 타자들의 포충망에 걸려드는 것은 73
바로 그가 잠에서 깨어났을 때입니다.

만일 주체가 장자가 아니라 늑대인간이라면, 바로 이러한 이유에서 나비는 그에게 공포증적인 두려움을 불러일으킬 수도 있습니다. 즉 그 자신의 존재가 처음으로 욕망의 창살에 갇혔을 때 새겨진 최초의 흠집, 말하자면 원인작용의 맥동으로부터 그 작은 날개의 퍼덕임이 그리 멀지 않다는 사실을 알아보는 것에 대해 공포증적인 두려움을 그에게 불러일으킬 수 있습니다.

다음 시간에는 여러분을 시관적 만족의 본질로 안내하도록 하겠습니다. 응시는 라캉의 대수학에서 주체가 추락하는 지점인 대상 *a*를 그 자체 안에 포함할 수 있습니다. 구조적인 이유들로 인해 시관적 장에서는 주체의 추락이 제로에 가깝게 축소되어 항상 인식되지 못한 채로 남게 된다는 것, 바로 이것이 시관적 장을 특징짓는 것이자 그 장에 고유한 만족을 유발하는 원천입니다. 응시는 그것이 거세 현상에서 표현되는 중심적인 결여를 상징화할 수 있는 대상 *a*인 한에서, 그리고 본성상 소멸되는 점 형태의 기능으로 환원되는 대상 *a*인 한에서 주체를 현상 너머에 있는 것에 대해 무지한 자로 남게 만듭니다. 이 무지야말로 철학적 연구가 닦아놓은 길 위에서 사유가 진보하면서 줄곧 보여준 특징이라고 할 수 있습니다.

〈질의응답〉

자비에르 오두아르Xavier Audouard _ 분석을 하는 동안 우리가 환자를 바라보고 있다는 사실을 환자 본인이 얼마나 알게 해야 할까요? 다시 말해, 우리가 환자가 스스로를 바라보는 과정을 바라보는 자의 위치에 있다는 사실을 얼마나 알게 해야 할까요?

앞서 설명한 것들을 되새기면서 제가 여기서 펼치고 있는 담화에는 두 가지 목적이 있다는 점을 덧붙이도록 하겠습니다. 하나는 분석가들과 관련된 것이고, 다른 하나는 과연 정신분석이 과학인지를 알기 위해 이 자리에 참석하신 분들과 관련된 것입니다.

정신분석은 *Weltanschauung*(세계관)이 아니며 우주의 열쇠를 제시한다고 주장하는 철학도 아닙니다. 정신분석은, 역사적으로 주체 개념이 정교화됨에 따라 규정된 어떤 특별한 목적에 의거해 작동합니다. 정신분석은 주체를 시니피앙에 의존하고 있는 것으로 환원시킴으로써 새로운 방식의 주체 개념을 제시하지요.

지각으로부터 출발해 과학으로 나아가는 관점은 주체에게 존재를 포착하기 위한 더 나은 시험대가 없는 이상 당연한 것처럼 보입니다. 이 길은 아리스토텔레스가 소크라테스 이전의 사상을 따라 지나온 길이기도 하지요. 하지만 그것은 필히 분석 경험을 통해 바로잡아야 하는 것인데, 왜냐하면 그 길은 거세라는 심연을 회피하고 있기 때
74 문입니다. 이는 가령 '투케'가 점 형태로서가 아니면 「신통기」나 「창세기」 속으로 들어오지 못한다는 사실을 통해 알 수 있지요.

저는 여기서 '투케'가 시각적인 지각 행위 속에서 어떻게 표상되는지를 이해해보고자 합니다. 시관적 기능에서 '투케적인' 지점이

자리 잡는 곳은 제가 얼룩이라 부른 수준임을 보여드리려는 것이지요. 이는 응시와 응시된 것 사이의 상호작용의 차원이 그 무엇보다도 주체에게 알리바이 역할을 하기에 적합하다는 것을 의미합니다. 따라서 우리는 분석 중의 우리의 개입으로 인해 주체가 이 차원에 자리 잡게 되지 않도록 하는 것이 좋습니다. 이와는 반대로 주체를 환영일 뿐인 최종적인 응시의 지점으로부터 분리시켜야 하겠지요.

선생께서 지적하신 난점은 우리의 작업이 얼마나 신중한 것인지를 잘 보여줍니다. 우리는 환자에게 "세상에, 왜 그렇게 찡그리고 있죠?"라든가 "조끼 맨 윗단추가 풀려 있네요"라는 식으로 말하지 않습니다. 분석이 얼굴을 맞대지 않고 이뤄지는 것에는 다 그럴 만한 이유가 있는 것이지요. 곧 보시게 되겠지만, 응시와 눈이 분열되어 있다는 점 때문에 충동의 목록에는 시관 충동이 추가됩니다. 프로이트의 「충동과 충동의 운명Les pulsions et leurs avatars」을 읽어본다면, 그가 이미 시관 충동을 전면에 부각시키면서 그것이 다른 충동들과 대등한 것이 아님을 보여주고 있음을 깨닫게 될 겁니다. 실제로 시관 충동은 거세라는 항을 가장 완벽하게 피해나가는 충동입니다.

1964년 2월 19일.

7

왜상歪像

의식의 토대에 관하여
대상 *a*로서의 응시의 특권
맹인의 광학
그림[1] 속의 남근

네 모습은 헛되이 나와 만나니 75
내 안으로 들어오지 못하네. 여기서 나는 네 모습을 비출 뿐
네가 나를 향해 돌아선다고 해도 내 응시의 벽에서
네가 찾을 수 있는 것은 오직 네가 꿈꾸던 너 자신의 그림자

나는 거울과도 같은 불행한 존재
비출 순 있지만 볼 수는 없다네.
나의 눈은 마치 거울처럼 텅 비어 있고 마치 거울처럼
너의 부재에 홀려 아무것도 보지 못하네.

기억하시겠지만, 최근 강의 중 하나를 시작하면서 아라공의 『엘자에 미친 남자』에 나오는 이 「대위 선율」이라는 시를 인용한 바 있습니다. 그때만 해도 응시에 관한 논의를 이 정도까지 진전시키리라고

는 저도 예상하지 못했는데요. 저는 제가 여러분에게 프로이트의 반복 개념을 소개하던 방식에 이끌려 응시에 관한 논의로 방향을 돌리게 되었던 겁니다.

아마도 최근 모리스 메를로퐁티의 『가시적인 것과 비가시적인 것』이 출간됨에 따라 시관적 기능 쪽으로 빠져버린 이 여담 역시 반복에 관한 설명의 일부라는 것을 부정할 수 없을 겁니다. 거기에 어떤 만남이 있다면, 이는 의식을 무의식의 관점에서 어떻게 위치시킬 수 있는지를 규정하도록 — 바로 이것을 규정하는 것이 오늘 제가 가장 중점적으로 하고자 하는 것입니다 — 운명지어진 절호의 만남이 될 것이라고 생각합니다.

주지하다시피 프로이트의 담화 자체에서 의식의 사태는 어느 정도의 음영陰影, 혹은 우리에게 유용하게 쓰일 용어로 말하자면 어느 정도의 무착색 부분 — 천을 염색할 때 물들지 않고 남는 부분이란 의미에서 — 에 의해 각인됩니다.

76 참, 지난 시간에 이어 논의를 계속하기 전에 우선 한 가지 짚고 넘어갈 것이 있습니다. 지난번 강의를 들은 일부 학생들 사이에서 어떤 용어에 관해 혼동이 있었다고 하는데요. 제가 논평을 하면서 사용했던 *tychique*라는 아주 간단한 단어가 어떻게 혼동이 되었는지는 잘 모르겠습니다. 어떤 이들에게는 그것이 그저 재채기 소리처럼 들렸던 모양입니다. 그러나 저는 *psuché*(영혼)에 상응하는 형용사가 psychique이듯이 *tychique*란 말은 *tuché*의 형용사임을 분명히 밝혔습니다. 제가 반복 경험을 설명하는 도중에 이러한 유비를 사용한 것에는 아무런 의도가 없는 게 아닙니다. 그것은 분석이 밝혀낸 심리적 발달에 관한 모든 개념에서 '투케적인' 사태가 중심이 되기 때문입니다. 오늘 제 강의도 이와 마찬가지로 눈, *eutuchia*(절호의 만남)이나

dustuchia(불길한 만남) 등에 관한 것이 될 것입니다.

1

어디선가 젊은 파르크는 "나는 내가 나를 보고 있는 것을 보았다"라고 말한 바 있지요. 「젊은 파르크」에서 전개된 주제, 즉 여성성이라는 주제와 관련해서라면 이 진술에는 풍부하고 복잡한 의미가 함축되어 있음이 분명하지만, 우리는 아직 거기까지는 이르지 못했습니다. 우리가 이 진술에서 주목하는 것은 표상과의 관계 속에서 의식의 본질적인 대응물 중의 하나로서, '나는 내가 나를 보고 있는 것을 본다'로 지칭되는 무언가를 포착해낸 철학자의 모습입니다. 우리는 어떻게 해서 이 진술을 자명한 것으로 여길 수 있게 된 것일까요? 어떻게 해서 이 진술이 우리가 데카르트의 '코기토' 속에서 참조했던, 주체가 스스로를 사유로서 파악하게 만드는 기본 양태에 결국 대응하는 것으로 남게 된 것일까요?

이 같은 사유 자체에 의한 사유의 파악을 특징짓는 것이 있다면, 그것은 일종의 회의, 표상 속에서 사유의 근거가 될 만한 모든 것을 의심하는 소위 방법적 회의입니다. 그렇다면 '나는 내가 나를 보고 있는 것을 본다'가 어떻게 그 사유의 외피이면서 동시에 그것의 토대가 될 수 있을까요? 어떻게 그것이 우리가 생각하는 것 이상으로 사유의 확실성을 근거지을 수 있을까요? '나는 나를 따뜻하게 함으로써 따뜻함을 느낀다'는 신체를 신체로서 참조하는 것입니다. 나를 사로잡은 따뜻함이라는 감각이 내 안의 어느 한 지점에서 퍼져나와 나를 신체로서 위치시키는 것입니다. 이에 반해 '나는 내가 나를 보고 있는 것을 본다'의 경우에는 내가 시각에 의해 이와 유사한 방식으로 사로잡힌다는 느낌을 결코 받을 수 없습니다.

더구나 현상학자들은 나는 '밖에서' 보고 있으며, 지각은 내 안에 있는 것이 아니라 지각에 의해 파악된 대상들 쪽에 있음이 분명하다는 것을 엄밀하게, 그러나 더없이 곤혹스런 방식으로 명시하게 됩니다. 그럼에도 불구하고 나는 '나는 내가 나를 보고 있는 것을 본다'의 내재성에 속한 듯이 보이는 지각을 통해 세계를 파악합니다. 여기서 주체의 특권은 내가 지각한 그 표상들을 내 것으로 만들어주는 양극적인 반영 관계로부터 나오는 것처럼 보입니다.

77 바로 이렇게 해서 세계가 이상화〔관념화〕idéalisation되어 있는 것은 아닐까 하는 추측과 그것이 나에게 오직 나의 표상들만을 보여주는 것이 아닌가 하는 의구심에 휩싸이게 됩니다. 아무리 진득한 실천도 별수 없습니다. 오히려 철학자나 관념론자는 자신뿐 아니라 그에게 귀를 기울이는 사람 앞에서도 혼란에 빠져버렸지요. 내게 세상의 모든 것이 나의 표상으로서만 나타난다는 것을 어떻게 부정할 수 있겠습니까? 이것이 바로 버클리[2] 주교가 보인 결연한 행보입니다. 물론 그의 주관적 입장에 관해서는 할 말이 많지요. 여러분은 그냥 지나치셨을지 모르지만 소유권을 연상시키는 '나에게 속한' 표상들과 관련해서는 특히 그렇습니다. 어쨌든 극단적인 경우 이러한 성찰 과정, 내성적 반성 과정은 데카르트적 성찰을 통해 파악된 주체를 하나의 무화無化하는 힘으로 환원시키는 데까지 이르게 됩니다.

세계 속에서의 나의 현존 양태, 그것은 자신이 주체임을 확신하게 하는 유일한 증거로 자기 자신을 내세움으로 말미암아 결국 능동적인 무화의 과정 자체가 되어버린 한에서의 주체입니다. 이어지는 철학적 성찰 과정은 실질적으로 주체로 하여금 변혁을 일으키는 역사적 행동으로 향하게 만들고, 바로 그 지점을 중심으로 역사적 변모를 겪으며 형성된 능동적 자기의식의 양태들을 정돈하게 됩니다. 하이데거의 사유에서 절정에 달한 존재에 관한 성찰에 대해 말하자면, 그것은 존재 자체에 이처럼 무화의 힘을 되돌려줍니다. 혹은 적어도 이 무화의 힘을 존재 자체와 관련지을 수 있는지에 관한 물음을 제기하지요.

메를로퐁티 역시 우리를 바로 이 지점으로 이끕니다. 그러나 그의 텍스트를 읽어보면 바로 이 지점에서 그가 뒤로 한 발 물러서려 한다는 것을 알 수 있을 겁니다. 이는 그가 시각 자체가 출현하는 지점을 자리매김하고자 가시적인 것과 비가시적인 것을 다루면서 직관의 원천으로 되돌아가고, 정립적이건 비정립적이건 모든 반성에 선행하는 어떤 것으로 거슬러 올라갈 것을 제안하려는 데서 비롯된 것입니다. 여기서 문제는 육체가 아니라 메를로퐁티 자신이 세계의 육신chair이라 부른 것으로부터 시각의 원점이 출현하게 되는 과정을 복구하고 재구성하는 것입니다. 재구성이라고 한 것은 그 과정을 거슬러 올라가는 것이 아니라 그의 말대로 다시 구축하거나 복구하는 것에 불과하기 때문이지요. 이렇게 해서 우리는 이 미완성 저서에서 보는 자인 내가 나 자신을 어떤 이름없는 실체로부터 도출해내는지에 관한 탐구가 구체화되고 있음을 볼 수 있게 됩니다. 처음에 내가 그 일부로 속해 있었던 어떤 영롱한 광채의 그물, 이를테면 빛줄기로부터 나는 '봄'[3] 기능이라 일컬을 수 있는 것을 출현시키면서 하나의 눈으로서 등장합니다.

이로부터 어떤 야생의 향기가 풍겨져 나와 멀리 아르테미스 여신이 사냥하는 모습 — 그 형국은 우리가 이 저자를 떠나보낸 비극적인 상실의 순간과 잘 어울리는 듯 보입니다 — 을 엿볼 수 있게 해줍니다.

그러나 그가 가고자 했던 길이 바로 이 길일까요? 그가 장차 성찰할 부분에 대해 남겨놓은 흔적들을 보면 과연 그럴까 하는 의구심을 갖게 됩니다. 특히 그가 남긴 엄밀한 의미에서 정신분석적인 무의식
78 에 대한 지표들은 그가 철학적 전통과 비교해볼 때 독창적인 연구를 지향했으며 또한 우리가 분석을 통해 추적할 수 있는 주체에 관해서도 새로운 차원의 성찰을 지향했음을 짐작케 합니다.

제가 볼 땐 다른 독자들이 생각하는 것만큼 그렇게 수수께끼 같지는 않은 몇 개의 작업 노트들이 오늘 제가 다루려 하는 도식들과 — 특히 그중 하나와 — 완전히 일치한다는 사실에 놀라움을 금할 수 없습니다. 가령 그가 장갑 손가락의 뒤집힘이라 부른 것에 관한 노트를[4] 읽어보시기 바랍니다. 털장갑에서 가죽이 털을 감싸고 있는 방식을 보시면 알 수 있겠지만 이는 의식, '자신이 자신을 보고 있는 것을 보는' 환영 속에 있는 의식이 응시의 뒤집힌 구조에 기초하고 있음을 보여준다고 할 수 있습니다.

2

그렇다면 응시란 무엇일까요?

우선 주체의 환원이 이뤄지는 장 속에 어떤 균열 — 이러한 균열은 우리에게 또 하나의 준거, 즉 정신분석으로 하여금 의식의 특권들을 축소시킬 수 있게 해주는 준거를 도입할 필요성을 일깨워주겠지요 — 이 각인되는 최초의 무화의 지점으로부터 시작해봅시다.

정신분석은 의식을 철저하게 한계지어진 것으로 간주하고, 이상화[관념화]의 원리만이 아니라 몰인식[méconnaissance]의 원리로 규정합니다. 혹은 시각 분야에서 쓰이게 되면서 새로운 가치를 지니게 된 용어

를 사용하자면, 의식을 '암점scotome' 으로서 규정한다고 할 수 있지요. '암점' 이란 용어는 프랑스 학파에 의해 정신분석 용어로 도입되었습니다.[5] 이는 단순히 은유에 불과한 것일까요? 우리는 여기서 다시 한 번 시관 충동의 영역과 관련된 모든 것에 새겨져 있는 애매함을 만나게 됩니다.

우리에게 의식이란 제가 입문을 목적으로 공란이 들어 있는 텍스트라는 설정을 통해 여러분에게 보여드리려 했던 것과 관련시켰을 때만 의미가 있습니다. 이에 따를 때, 문제는 말하는 자로서의 주체를, 처음에 그가 말하는 자로서 자신을 드러냈던 텍스트의 바로 그 공란들 속에 다시 위치시키는 것입니다. 그러나 이는 전의식과 무의식의 관계만을 이야기해줄 뿐입니다. 의식 자체와 결부된 동력학, 즉 주체가 자기 자신의 텍스트에 관심을 기울이는 것은 프로이트가 강조한 바와 같이 지금까지는 이론 밖의 문제로 치부되어 말 그대로 제대로 논의되고 있지 않는 실정이지요.

제가 여기서 보여드리고자 하는 것은 주체가 자기 자신의 분열로부터 얻는 이익이 그 분열을 결정짓는 무언가와 연결되어 있다는 점입니다. 다시 말해, 실재가 근접함에 따라 이뤄진 자기절단automutilation, 그 최초의 분리로부터 출현한 어떤 특권적인 대상과 연결되어 있다는 것이지요. 그것이 바로 저의 대수학에서 대상 *a*라 불리는 것입니다.

주체가 어떤 본질적인 흔들림 속에서 환상에 매달려 있다면, 시관적 관계에서 그 환상이 의존하는 대상은 바로 응시입니다. 응시의 특 79
권은 응시의 구조 자체에서 연유합니다. 또한 바로 그 특권 때문에 주체는 자신이 응시에 의존하고 있음을 그토록 오랫동안 몰인식할 수 있었던 겁니다.

이것이 무슨 뜻인지 곧장 도식화해봅시다. 주체가 응시에 적응하고자 하는 순간 응시는 점 형태의 대상, 즉 사라지고 있는 점이 되고 주체는 그 점을 자기 자신의 소멸과 혼동합니다. 또한 주체가 욕망의 영역에서 자신이 의존하고 있는 대상이라고 인정할 수 있는 모든 것들 중에서 응시는 특히나 포착 불가능하다는 특징을 갖습니다. 바로 그런 이유에서 응시는 그 어떤 대상보다도 훨씬 더 몰인식됩니다. 아마도 같은 이유에서 주체는 '나는 내가 나를 보고 있는 것을 본다'는 의식의 환영 속에서, 점 형태로 소실되어가는 자기 자신의 자취trait를 그토록 즐겁게 상징화할 수 있는 것이지요. 물론 그러한 환영 속에서 응시는 생략됩니다.

이렇듯 응시가 의식의 이면이라면 우리는 그것을 어떻게 상상해 볼 수 있을까요?

응시는 우리가 구체적으로 현실화시킬 수 있는 것이기 때문에 상상이라는 표현은 전혀 부당한 것이 아닙니다. 사르트르는 『존재와 무』의 가장 뛰어난 구절 중 하나[6]에서 응시를 타인autrui의 실존이라는 차원에서 작동시킵니다. 만일 응시가 없다면, 타인은 사르트르가 정의한 대상성의 조건들, 부분적으로 〔타인으로서의〕 현실성을 잃게 만드는 그 대상성의 조건들 자체에 갇혀버리고 말 겁니다. 사르트르가 생각하는 것과 같은 응시는 불시에 나를 엄습하는 응시입니다 — 그 응시가 불시에 나를 엄습한다는 것은 그것이 나의 세계의 모든 관점들과 역선들을 변화시키고, 내가 자리 잡고 있는 무의 지점으로부터 유기체들의 방사형 그물망을 통해 나의 세계를 질서짓기 때문입니다. 무화의 주체인 내가 나를 둘러싸고 있는 것과 관계를 맺는 곳인 응시가 가지고 있을지도 모르는 어떤 특권 때문에, 바라보는 주체인 나는 나를 대상으로 응시하는 자의 눈을 암점화하게〔보지 못하게〕 될 수도 있습니다. 사르트르에 따르면 〔타인의〕 응시 아래 있게 되면 나는 나를 응시하는 눈을 볼 수 없게 되고, 만일 내가 그 눈을 본다면 응시는 사라집니다.

이러한 현상학적 분석은 정확한 것일까요? 그렇지 않습니다. 내가 응시 아래 있을 때, 내가 누군가의 응시를 요구하고 획득하게 될 때, 나는 결코 그것을 응시로 보지 않는다는 것은 사실이 아닙니다. 화가들은 이러한 응시 자체를 가면 속에서 포착해내는 데 탁월함을 보였지요. 이 점은 고야Francisco de Goya의 경우만 생각해보더라도 충분히 이해할 수 있을 겁니다.

응시는 가시화됩니다 — 이때의 응시는 정확히 사르트르가 말하는 응시, 다시 말해 불시에 나를 기습해 수치심에 빠뜨리는 응시입니다. 이런 이야기를 하는 것은 그가 가장 강조해 기술한 감정이 바로 수치심이기 때문입니다. 내가 만나게 되는 이 응시는 — 사르트르의 텍스트 자체에서 볼 수 있듯이 — 내가 보고 있는 응시regard vu가 아니라 내가 타자의 장에서 상상해낸 응시regard imaginé입니다.

그의 텍스트를 읽어보면, 그가 이 응시의 등장을 시각 기관과 연
관시키지 않고 사냥 도중 갑자기 들려오는 나뭇잎 소리나 복도에서
들려오는 발자국 소리로 묘사하고 있음을 확인할 수 있을 겁니다. 그
런 소리가 들려오는 때는 언제일까요? 바로 그가 열쇠 구멍을 통해 80
〔방안을〕 응시하다가 들켰을 때입니다. 응시는 관음증자인 그를 불시에 기습해 당황케 하며 동요시키고 수치심에 빠뜨립니다. 문제의 응시는 바로 타인의 현존 그 자체입니다. 그렇다면 이는 응시의 핵심이 본래 주체와 주체의 관계 속에, 즉 나를 바라보는 타인의 실존이라는 기능 속에 있다는 뜻일까요? 여기에 응시가 개입하는 것은 자신이 〔응시하다〕 들켰다고 느끼는 주체가 대상성의 세계의 상관항인 무

화의 주체가 아니라 욕망의 기능 속에서 유지되는 주체이기 때문임이 분명하지 않나요?

우리가 〔눈속임으로〕 욕망을 슬쩍 감춰버릴 수 있다면, 그것은 바로 욕망이 여기 시각의 영역 속에 자리 잡기 때문이 아닐까요?

3

우리는 시각의 영역이 어떤 연결 통로를 따라 욕망의 장에 통합되었는지를 따라가 봄으로써, 욕망의 기능 속에서 응시가 갖는 특권을 파악할 수 있습니다.

데카르트의 성찰이 주체의 기능을 순수한 형태로 출범시킨 바로 그 시대에 오늘 제가 기하광학적[7]이라는 이름을 붙여 구별하게 될 광학의 차원이 발달한 것은 우연이 아닙니다.

매우 특이하게도 그 시대의 많은 지식인들을 매료시켰던 기능이 어떤 것인지를 잘 보여주리라 생각되는 작품을 하나 예로 들어 설명해보도록 하겠습니다.

오늘 제가 설명할 사안에 대해 좀더 깊이 알고 싶으신 분들은 발트루사이티스의 『왜상』[8]이라는 책을 참고하시기 바랍니다.

왜상의 구조는 좋은 본보기가 되기 때문에 저는 그것의 기능을 제 세미나에서 자주 이용해왔습니다.[9] 원통형 왜상이 아닌 단순 왜상은 어떤 식으로 만들어질까요? 지금 제가 들고 있는 이 평평한 종이 위에 초상화가 그려져 있다고 가정해봅시다. 마침 칠판이 종이에 대해 비스듬히 놓여 있군요. 가상의 선과 윤곽을 이용해 종이 위에 그려져 있는 이미지의 각 점들을 저 비스듬한 위치의 칠판 위로 옮긴다고 가정해보면 어떤 결과가 나올지 쉽게 상상할 수 있습니다. 원근법의 선들을 따라 늘어나고 뒤틀린 형상이 나타나겠지요. 만일 제가 이러한 구성에 사용된 것, 즉 제 시야에 들어온 이미지를 걷어낸다 하더라도, 제가 같은 곳에서 보고 있는 이상 제가 받게 될 인상은 분명 동일한 것이 될 겁니다. 최소한 저는 이미지의 전체 윤곽을 알아볼 수 있을 것이고, 잘하면 그것과 동일한 인상을 받을 수도 있겠지요.

이제 여러분에게 이 시기보다 100년 정도 전인 1533년에 그려진 그림의 사본 한 장을 돌리겠습니다. 아마도 여러분 모두가 알고 계실 한스 홀바인Hans Holbein의 <대사들Ambassadeurs>이라는 그림입니다. 이
그림을 잘 아시는 분들은 보시면 기억이 새로우실 겁니다. 처음 보시 81
는 분들은 주의 깊게 보시기 바랍니다. 그림에 대해서는 잠시 후에 논의하도록 하겠습니다.

시각은 일반적으로 이미지의 함수관계fonction라 부를 수 있는 어떤 양태에 따라 조직됩니다. 이미지의 함수관계란 공간 속에 놓인 두 개의 단위가 점대응을 하는 것으로 규정됩니다. 그런 관계를 세우기 위해 사용된 광학적인 중개물이 어떤 것이든, 이미지가 실상이든 허상이든, 점대응은 필수불가결합니다. 따라서 시각의 장에서 이미지의 양태에 해당하는 것은 왜상을 성립시키는 간단한 도식으로 축소될 수 있습니다. 말하자면 하나의 표면에 연결되어 있는 이미지와 우리가 기하광학적 조망점point géométral이라 부르게 될 어떤 점의 관계로 환원될 수 있습니다. 이러한 방식으로 규정되는 것은 무엇이든 이미지라 불릴 수 있는데, 이 방식에서는 직선이 빛의 경로로서의 역할을 수행합니다.

여기서 예술은 과학과 뒤섞이게 됩니다. 레오나르도 다빈치는 그의 굴절광학적인 구조물들이 보여주듯이 예술가이면서 과학자이기도 합니다. 비트루비우스의 건축학 개론[10] 또한 이와 비슷한 면모를

지니고 있지요. 그리고 비뇰라[11]와 알베르티[12]에게서는 원근법의 기하광학적 법칙에 대한 발전된 형태의 질문이 제기되고 있음을 볼 수 있습니다. 원근법 연구는 시각 영역에 대한 각별한 관심이 집중되는 곳입니다. 우리는 이러한 시각 영역이 데카르트적 주체의 구성과 관계가 있음을 간과할 수 없는데, 그 이유는 데카르트적 주체 역시 일종의 기하광학적 조망점이자 원근법적 조망점이기 때문입니다. 그리고 기하광학적 원근법을 중심으로, 회화사 속에서 완전히 새로운 방식으로 그림이 구성됩니다 — 우리는 너무나 중요한 이 그림이라는 기능을 곧 살펴보게 될 겁니다.

자, 그런데 디드로의 글을 참조해봅시다. 「눈이 보이는 사람들을 위해 쓴 맹인에 대한 서한」[13]을 읽어보면 우리는 이러한 방식의 구성이 시각의 핵심을 완전히 놓치고 있다는 사실을 감지할 수 있습니다. 왜냐하면 맹인 또한 시각의 기하광학적 공간을 — 아시다시피 제가 강조했던 거울의 허상적 공간 속에 있는 상상적인 부분들을 그것에 포함시킨다 하더라도 — 완벽하게 재구성하고 상상할 수 있으니까 말입니다.

기하광학적 원근법에서 관건은 시각이 아니라 공간의 좌표화일 뿐입니다. 당연히 맹인도 자신이 인식하는 공간의 장, 그가 현실적이라고 인식하는 공간의 장이 원거리에서도, 그리고 동시적으로 지각될 수 있다고 생각할 수 있습니다. 이는 그에게 시간적 기능, 즉 즉각성instantanéité을 이해하는 문제일 뿐입니다. 데카르트의 굴절광학을 보면 양 눈은 마치 두 개의 막대기가 결합되어 작용하는 것처럼 그려집니다. 따라서 시각의 기하광학적 차원은 시각의 장 자체에 의해 제시되는 주체화의 본원적 관계를 완전히 규명해주기엔 한참 부족합니다.

왜상의 구조에서 원근법이 어떻게 거꾸로 사용되는지를 밝히는 것이 중요한 것은 바로 이 때문입니다.

뒤러는 원근법을 구축하기 위한 장치를 손수 발명하기까지 했는
데요. 뒤러의 쪽문[14]은 제가 조금 전에 저와 칠판 사이에 위치시켰던
것, 어떤 이미지, 좀더 정확히 말하면 캔버스, 혹은 직선들이 가로지 82
르게 될 격자와 비슷한 것입니다. 여기서 직선이 반드시 광선일 필요
는 없으며 노끈과 같은 것이어도 무방합니다. 이러한 직선은 내가 세
계 속에서 보게 되는 각 점으로부터 캔버스 위의 한 점까지 관통하면
서 두 점을 연결하게 될 겁니다.

따라서 뒤러의 쪽문은 정확한 원근법적 이미지를 구축하기 위해 만들어진 것입니다. 그런데 원근법을 뒤집어 사용하게 되면 저 끝에 있는 세계가 또다른 평면 위에 복원되는 것이 아니라, 재미있게도 처음에 얻었던 이미지의 왜곡된 형상을 얻게 됩니다. 우리는 무슨 재미난 놀이에 빠진 양 무엇이건 마음껏 희한한 모양으로 늘려버리는 이러한 조작에서 좀처럼 헤어나지 못할 겁니다.

뒤러의 시대가 이러한 놀이에 매혹되었다는 것을 믿어주시기 바랍니다. 발트루사이티스의 책을 보면 이런 식의 활용이 격렬한 논쟁들을 부추겼고 그 결과 많은 양의 작품들이 양산되었다는 사실을 알 수 있습니다. 지금은 없어졌지만 투르넬 거리 한쪽에는 미님회Minimes 수도원이 있었는데, 그중 한 회랑의 긴 내벽에는 우연의 일치인지 모르지만 파트모스섬의 성 요한의 모습이 그려져 있었습니다. 그 그림이 발휘하는 뒤틀림의 효과를 최대한 음미하려면 벽의 구멍을 통해 보아야 했지요.

〔형상의〕 뒤틀림은 온갖 편집증적 다의성을 유발하는데 — 이는 방금 말한 이 특별한 프레스코화에는 해당되지 않습니다 — 아르침

볼도Ginseppe Arcimboldo에서 달리Salvador Dali에 이르기까지 많은 화가들이 그것을 사용해왔습니다. 저는 심지어 이러한 〔뒤틀림에 대한〕 매혹이 원근법에 대한 기하광학적 탐구가 시각에서 놓친 것을 보완해주고 있다고까지 말하고 싶습니다.

어떻게 지금까지 아무도 거기서 …… 발기의 효과를 떠올리지 못했던 것일까요? 휴식 상태에 있던 임시 기관[15]에 새겨진 문신이 어떤 특별한 상태 속에서 펼쳐지는 모습을 상상해보시기 바랍니다.

어떻게 여기서 기하광학적 차원 — 이 차원은 응시의 장 속의 일부일 뿐이며 시각 그 자체와는 무관한 것입니다 — 에 내재하며 결여의 기능을 상징화하는 것을, 다시 말해 남근적 유령의 출몰을 상징화하는 것을 보지 못할 수 있단 말인가요?

이제 <대사들>을 다 돌려보셨겠지요. 이 그림에서 무엇을 보셨는지요? 두 인물 앞, 전면에 비스듬히 걸려 있는 이상한 물체는 무엇일까요?

두 인물은 과시적인 치장을 하고 얼어붙은 듯이 뻣뻣하게 서 있고, 그 둘 사이에는 당시 회화에서 '바니타스'[16]를 상징하던 일련의 사물들이 그려져 있습니다. 동시대에 코르네이유 아그리파가 과학뿐 아니라 예술을 겨냥해 『지식의 공허함』[17]이라는 책도 썼듯이, 이 사물들은 여러분도 알고 있는 '삼학三學'과 '사과四科'로 분류되던 과학과 예술을 상징하는 것이지요. 그런데 지극히 매혹적인 형태들로 진열된 외관의 영역 앞에서 공중을 나는 듯하기도 하고 기울어져 있는
83 듯하기도 한 이 물체는 과연 무엇일까요? 고개를 돌려 이 그림의 진정한 매혹을 회피한다면, 그것이 무엇인지 알 수 없을 겁니다.

아마도 여러분을 오랫동안 매료시켰을 이 그림이 있는 방에서 한번 나가보시기 바랍니다. 『왜상』의 저자가 묘사하고 있듯이 우리가

이 형상이 무엇인지를 알게 되는 것은 방을 나가면서 뒤돌아보는 순간이지요. 무엇이냐 하면 바로 해골입니다.

처음에는 전혀 해골처럼 보이지 않습니다. 『왜상』의 저자는 그 모양을 오징어뼈에 비유하고 있는데, 저는 오히려 오래전에 달리가 일부러 초라하고 더러우며 경박하기까지 한 모습으로 그린 노파의 머리 위에 올려놓으며 흐뭇해했던 1킬로그램의 빵이나, 또는 그가 그린 축 늘어진 시계들[18]이 떠오릅니다. 그 시계들에는 이 그림의 전경에 날아가는 것처럼 그려진 것 못지않게 남근적인 의미가 담겨 있지요.

이 모든 것을 통해 알 수 있는 것은 주체라는 개념이 등장하고 기하광학이 연구되던 바로 그 시대에 홀바인은 무화된 것으로서의 주체에 다름 아닌 어떤 것을 가시화해서 보여주고 있다는 점입니다. 주체는 엄밀히 말해 거세라는 '마이너스-파이[(-φ)]'를 이미지로 구현하는 어떤 형태 속에서 무화된 주체이지요. 이때 거세는 우리에게 욕망들이 근본적인 충동들의 틀을 통해 조직되는 전 과정의 중심축을 이룹니다.

그러나 시각의 기능은 좀더 먼 곳에서 찾아야 합니다. 그러면 우리는 그러한 기능으로부터 남근적인 상징인 왜상적인 유령이 아니라 응시 그 자체가 이 그림에서처럼 훤히 펼쳐진 박동 기능을 수행하면서 모습을 드러낸다는 것을 확인하게 될 겁니다.

이 그림은 모든 그림이 그렇듯이 응시를 잡기 위한 덫에 다름 아닙니다. 어떤 그림에서든 각각의 지점에서 응시를 찾으려 한다면, 그 순간 여러분은 응시가 사라지는 것을 목격하시게 될 겁니다. 이에 대해서는 다음 시간에 상세히 논의하도록 하겠습니다.

〈질의응답〉

프랑수아 발[François Wahl] _ 선생님께선 사르트르가 설명한 것처럼 응시의 근원을 타인의 응시 속에서 포착하는 것은 응시를 근본적으로 이해하는 것이 아니라고 설명하셨습니다. 선생님께서 대략적으로 제시하신 것, 즉 응시를 욕망의 방향에서 이해하는 것에 관해 좀더 명확히 설명해주셨으면 좋겠습니다.

욕망의 변증법을 강조하지 않으면 무엇 때문에 타인의 응시가 지각의 장을 교란시키는지를 이해할 수 없습니다. 이는 문제의 주체가 반성적 의식의 주체가 아니라 욕망의 주체이기 때문이지요. 이것이 기하광학적 조망점-눈[œil-point géométral]에 관한 것이라 생각할 수도 있겠지만, 사실 문제는 <대사들>의 전면에서 날고 있는 전혀 다른 눈입니다.

84 프랑수아 발_ 그러나 저는 어떻게 타인이 선생님의 논의 속에 다시 등장하게 되는지를 이해할 수가 없습니다…….

잘 들으시기 바랍니다. 중요한 것은 저는 실언을 하지 않는다는 거지요.

프랑수아 발_ 또한 선생님께서 주체와 실재에 관해 하신 말씀을 처음 들었을 때, 이 둘을 별개의 용어로 이해하고픈 마음이었다는 점을 말씀드리고 싶습니다. 그러다가 그것들이 서로 연관되어 이해되어야 하며 위상학적으로 정의된 것들이라는 사실을 차츰 깨닫게 되었습니다. 즉 주체와 실재는 환상의 저항 속에서 분열의 양끝에 위치해 있습니다. 실재는 어떤 면에서는 저항의 경험이지요.

제 담화는 그런 식으로 펼쳐집니다. 즉 각각의 항은 다른 항들과의 위상학적 관계에 의해서만 유지되지요. 이 점에서는 '코기토'의 주체도 마찬가지입니다.

프랑수아 발_ 선생님께 위상학은 발견의 방법인가요, 아니면 설명의 방법인가요?

위상학적 좌표화는 분석가로서 우리의 경험에 고유한 것이지만 그러고 나서 형이상학적인 관점에서도 다시 접근할 수 있는 것입니다. 저는 메를로퐁티가 이러한 방향으로 나아가고 있었다고 생각하는데, 앞서 말한 책 2장에서 그가 「늑대인간」과 장갑의 손가락을 언급하고 있는 부분을 보시기 바랍니다.

피에르 코프만_ 선생님께선 응시에 관한 어떤 전형적인 구조를 제시하셨습니다. 그러나 빛의 확장에 대해서는 언급하지 않으셨지요.

저는 응시와 눈은 다른 것이라고 말했지요. 그 날아가는 형체에서처럼 홀바인이 뻔뻔스럽게도 제게 저 자신의 축 늘어진 시계를 보여주는 경우는 예외지만 말입니다……. 다음 시간에는 육화된 빛에 대해 이야기해볼까 합니다.

1964년 2월 26일.

8

선과 빛

욕망과 그림
정어리 통조림 이야기
스크린
의태
기관
너는 결코 내가 너를 보는 곳에서 나를 응시하지 않는다

눈의 기능은 여러분을 계몽하려는 〔저 같은〕 사람이 좀더 멀리까 85
지 탐험할 수 있도록 길을 열어줄 겁니다. 가령 눈이라는 기관의 기능, 무엇보다 눈의 간단한 형태가 생물체의 계통 속에 출현한 것은 언제부터일까요?

주체와 기관의 관계는 우리의 분석 경험의 중심을 이루고 있습니다. 눈이라는 기관도 젖가슴, 대변 등과 같이 우리 분석가들에게 중요한 기관 중 하나입니다. 놀라운 것은 눈의 기원이 생명체의 출현을 대표적으로 보여주는 종들에까지 거슬러 올라간다는 점입니다. 여러분은 아무것도 모르고 무심코 드셨겠지만, 동물계에선 굴 정도의 수준에서 이미 눈이 나타납니다. 이런 식의 거시적인 관점은 단언컨대 눈과 관련해 전체적인 것까진 아니더라도 여러 가지를 가르쳐줄 겁니다. 하지만 바로 이 모든 것 중에서 우리는 우리와 관련된 사안에 논의를 국한시켜 선별할 필요가 있습니다.

지난번 강의에서 충분히 설명했기 때문에 제가 칠판 위쪽에 옮겨 본 아주 간단한 이 삼각형 도식이 어떤 이점을 갖는지 충분히 아시리라 믿습니다.

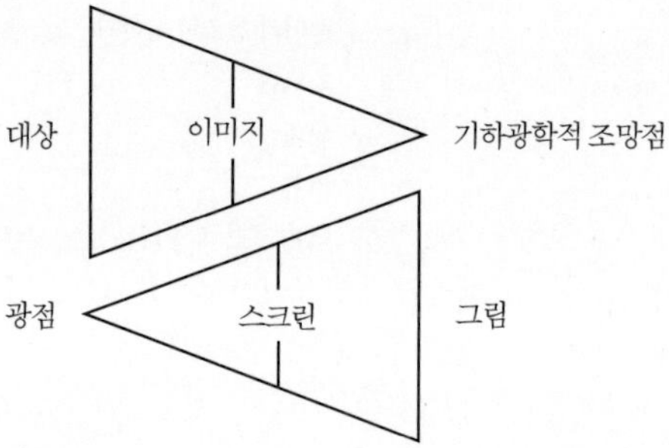

86 이 도식은 특히 15세기 말부터 16~17세기까지 회화 기법을 지배했던 전도된 원근법을 보여주는 조작적인 조립물 속에서 사용된 광학을 여러분에게 세 개의 항으로 환기시켜드리기 위한 것일 뿐입니다. 왜상은 회화의 핵심이 공간 속의 사물들을 사실적으로 재현하는 것 — 이러한 표현에 대해서는 많은 유보 조항들을 달아야 하겠지요 — 에 있지 않음을 보여줍니다.

우리는 또한 이 작은 도식을 통해 어떤 식의 광학은 시각의 핵심을 놓쳐버리게 만든다는 사실을 알 수 있습니다. 그런 식의 광학은 맹인도 이용할 수 있지요. 저는 디드로의 「서한」을 언급한 바 있는데, 이 책은 우리가 시각을 통해 알게 되는 공간에 대한 모든 것을 맹인들도 똑같이 설명하고 재구성하고 상상하며 이야기할 수 있다는 것을 보여줍니다. 디드로는 이러한 가능성에 근거해 형이상학적 함의가 담긴 영원히 알 듯 모를 듯한 말을 하게 되지만, 오히려 바로 이러한 애매함이 그의 텍스트에 활기와 신랄함을 더해주지요.

이러한 기하광학적 차원은 우리의 관심사인 주체가 어떻게 시각의 장 속에 사로잡히며 그것에 의해 조종되고 매혹되는지를 엿볼 수 있게 해줍니다.

〔지난번 강의에서〕 저는 홀바인의 그림 전면에 떠 있는 기이한 물체를 — 평소 제 습관과는 달리 카드를 감추지 않고 — 곧바로 보여드렸습니다. 응시되기 위해 거기에 있는 그 물체는 응시하는 자, 즉 우리를 잡기 위해 '덫을 놓는다' 고 할 수 있습니다. 이 그림은 그 뭔지 모를 화가의 성찰 덕분에, 주체로서의 우리가 말 그대로 그림 속으로 불려들어가 마치 그 안에 붙잡힌 것처럼 표상된다는 사실을 이례적이라 할 수 있을 만큼 분명하게 보여주고 있습니다. 왜냐하면 제가 '바니타스' 와 연관되어 있음을 이미 지적한 바 있는[1] 이 그림, 잘 차려입고 부동 자세로 서 있는 두 인물 사이에 당대의 관점에서 예술과 과학의 공허함을 환기시키는 모든 것을 배치한 이 매혹적인 그림의 비밀은 우리가 조금씩 왼쪽으로 걸어나가다가 그림을 향해 뒤돌아보면서 그림의 전면에 떠 있는 이 알 수 없는 물체가 무엇인지를 깨닫게 되는 순간에 밝혀지기 때문입니다. 그것은 해골의 형상으로 우리 자신의 무를 반영하고 있습니다. 주체를 사로잡기 위해 시각의 기하광학적 차원이 활용된 것이지요. 여기서 주체가 욕망과 관계가 있음은 명백하지만 정작 그 욕망이 무엇인지는 여전히 수수께끼로 남습니다.

그렇다면 이 그림에 걸려들어 붙박여버린 욕망, 나아가 예술가로 하여금 무언가를 가지고 작품을 만들도록 부추긴 그 욕망은 과연 어떤 욕망일까요? 바로 이러한 길을 따라 오늘도 한 걸음 더 나아가고자 합니다.

1

이러한 가시적인 것의 영역에서는 모든 것이 덫이며 특히 모리스 메를로퐁티의 저서 『가시적인 것과 비가시적인 것』의 소제목 중 하나
87 가 잘 보여주는 바와 같이 '뒤엉킴entrelacs'이지요. 시각 기능에 의해 나타나는 분할된 부분, 이 이중 국면 속에는 어느 하나 미로처럼 보이지 않는 것이 없습니다. 여기서는 장場들을 나누면 나눌수록 그 장들이 얼마나 서로 얽혀 있는지가 더더욱 잘 드러나게 됩니다.

제가 기하광학적이라 부른 영역에서는 무엇보다 빛이 우리에게 이를테면 한 가닥의 실을 제공하는 것처럼 보입니다. 실제로 지난 시간에 여러분은 이러한 실을 통해 우리가 대상의 각 점에 연결되며, 그것이 스크린 형태의 그물망을 가로지르면서 그곳에 이미지를 만들어낼 때 정말로 하나의 실처럼 기능하는 것을 보셨습니다. 소위 말하듯 빛이 직선으로 전파된다는 것은 당연하게 보입니다. 빛이 우리에게 실을 제공하는 것처럼 생각되는 것도 이 때문이지요.

하지만 잘 생각해보시기 바랍니다. 이 실은 빛을 필요로 하지 않습니다. 그저 팽팽히 당겨진 실이기만 하면 됩니다. 그렇기 때문에 우리가 약간의 수고를 마다하지 않는다면 맹인도 우리가 하는 것을 얼마든지 따라할 수 있는 것이지요. 가령 우리는 그에게 일정한 높이에 있는 물체를 더듬어보게 하고 〔그것으로부터〕 팽팽한 실을 따라가게 할 수 있겠지요. 그리고 손가락 끝으로 실을 더듬어 하나의 평면 위에서 일정한 배치 형태를 판독하는 법을 가르쳐 그가 이미지의 형태를 그대로 그려내게 할 수도 있을 겁니다. 이는 순수 광학에서 비율은 다양해도 근본적으로는 동질적인 관계들, 이를테면 공간 속에서 하나의 점에 다른 하나의 점이 대응되는 관계를 머릿속으로 그려볼 때와

똑같은 방식으로서, 결국은 언제나 두 점을 하나의 실 위에 위치시키는 것으로 귀착됩니다. 따라서 이러한 구성은 빛이 제시해주는 것에 대해 특별히 많은 것을 알려주진 못합니다.

이렇게 공간을 광학적으로 구조화하면서 무언가를 놓치고 있다고 할 수 있는 것을 우리는 어떤 식으로 이해할 수 있을까요? 전통적인 논쟁은 항상 이 문제와 관련되어 있습니다. 이와 관련해 매우 뛰어난 활약으로 두각을 나타낸 최근의 알랭Alain으로부터 칸트를 거쳐 플라톤까지 철학자들은 하나같이 소위 지각의 기만성이라는 것에 천착해왔습니다. 그러면서 그들은 지각이 대상을 그 대상이 있는 자리에서 포착해낸다는 사실과, 우리가 평행사변형처럼 생긴 큐브의 겉모양을 보고 그것을 큐브로 지각하게 되는 것은 정확히 우리의 지각 자체의 기반을 이루는, 공간의 단절rupture 때문이라는 사실을 강조함으로써 너나 할 것 없이 이 분야에서 대가를 자처하게 됩니다. 지각을 둘러싼 고전적 변증법의 요술[2], 유희는 모두 그것이 기하광학적인 시각을 다루기 때문에 생겨나는 것입니다. 말하자면 본질상 전혀 시각적이지 않은 공간 속에 자리 잡은 한에서의 시각을 다루기 때문이지요.

철학자는 시각의 장을 정복하며 외양과 존재의 관계에 대해 쉽사리 대가 행세를 하지만 이러한 관계의 본질은 전혀 다른 곳에 있습니다. 그것은 직선이 아니라 광점 — 방사의 원점, 빛줄기, 불빛, 반사광이 발산되는 원천 — 에 있지요. 빛은 물론 직선으로 전파되지만, 굴절되며 확산되고 〔우리의 눈을〕 가득 채우거나 넘치기도 합니다. 우리의 눈이 주발 모양이라는 점을 잊지 마시기 바랍니다. 빛은 이 주발에서 흘러넘칩니다. 이에 따라 어쩔 수 없이 안구〔눈의 주발〕 주변에 일련의 방어 기관들, 장치들이 필요하게 됩니다. 홍채는 거리뿐 아니 88

라 빛에도 반응하지요. 경우에 따라서는 빛에 의해 안구가 손상될 수도 있기 때문에 홍채가 안구 깊은 곳에서 진행되는 과정을 보호해야 합니다. 눈꺼풀 또한 너무 밝은 빛을 접하게 되면 일단은 깜박거리다가 잘 아시다시피 찡그리면서 오그라듭니다.

어쨌든 눈만 빛에 반응하는 것이 아님은 잘 알려져 있는 사실입니다. 외피 — 오로지 시각과 관련될 뿐인 다양한 명칭의 외피 — 의 표면 전체가 빛에 반응할 수 있지만 이 차원은 어떤 방식으로도 시각의 기능으로 환원될 수 없습니다. 그러한 외피는 색소점이라고 하는, 빛에 반응하는 기관의 어떤 원형이라 할 수 있지요. 눈에서는 색소가 활발히 작용하기 때문에 당연히 현상이 매우 복잡하게 보이게 됩니다. 이 경우 색소는 가령 추상체 안에서는 시홍의 형태로 작용하지만 또한 망막의 다양한 층들 안에서 작용하기도 합니다. 색소가 모든 기능들에 나타나는 것도 아니고 항상 곧바로 확인할 수 있는 명시적인 기능들에 나타나는 것도 아니지만, 그럼에도 그 색소가 나타나는 기능들은 빛과 관계를 맺는 메커니즘들의 깊이와 복잡함, 그러면서도 통일성을 보여줍니다.

따라서 빛의 고유한 성질과 주체의 관계에는 이미 애매모호함이 엿보입니다. 그런데 우리는 바로 이러한 애매모호함을 서로 반대 방향으로 포개지게 될 두 개의 삼각형 도식에서 확인할 수 있습니다. 이 도식은 제가 조금 전에 지적한, 이 모든 영역을 구조화하는 뒤엉킴, 포갬, 교착의 기능에 관한 최상의 실례가 될 겁니다.

주체와 빛의 관계가 제기하는 문제를 구체적으로 이해하실 수 있도록 짤막한 이야기를 하나 해볼까 합니다. 이 이야기는 주체가 기하광학이 규정하는 기하광학적 조망점이 아닌 다른 곳에 위치하고 있음을 보여줄 겁니다.

이 이야기는 실화입니다. 저의 20대 시절로 거슬러 올라가는 이야기이지요. 당시 젊은 인텔리였던 저는 어디론가 떠나고픈 마음뿐이었는데요. 농사일이나 사냥, 뱃일 등 어떤 직접적인 실천 속으로 뛰어들고 싶었던 겁니다. 어느 날 저는 한 작은 항구에 사는 어부 일가와 함께 조각배를 타고 바다로 나갔습니다. 당시 브르타뉴 지방은 아직 산업화가 이뤄지지 않았고 트롤선도 없었습니다. 어부는 위험을 무릅쓰고 조각배를 타고 나가 고기를 잡아야 했는데, 저는 바로 그러한 위험을 함께 하고 싶었습니다. 물론 항상 위험하기만 했던 것은 아니고 날씨 좋은 날도 있었지요. 그물을 거둬들일 시간을 기다리고 있는데, 일명 꼬마장Petit-Jean, 우리가 그렇게 부를 수 있을 한 남자가 — 그는 그의 가족들이 모두 그랬듯이 당시 그 계층에 만연해 있던 결핵으로 불시에 목숨을 잃었습니다 — 파도 표면에 떠다니는 무언가를 저에게 가리켰습니다. 그것은 작은 깡통, 정확히 말하자면 정어리 통조림 깡통이었습니다. 우리가 고기를 대주던 통조림 공장의 증거물 89
이나 된 듯 그 깡통은 햇빛을 받으며 떠다니고 있었습니다. 그것은 햇빛을 받아 반짝반짝 빛나고 있었지요. 꼬마장은 "보이나? 저 깡통 보여? 그런데 깡통은 자네를 보고 있지 않아!"라고 제게 말했습니다.

그는 이 작은 에피소드를 두고 아주 재미있어 했지만 저는 별로 그렇지 못했습니다. 저는 왜 그것이 그만큼 재미있지 않은지를 고민해보았습니다. 이 이야기는 대단히 교훈적입니다.

우선 깡통이 저를 보고 있지 않다는 꼬마장의 말에 어떤 의미가 있다면, 이는 어떤 면에서는 그럼에도 그 깡통이 저를 응시하고 있기 때문입니다. 깡통은 광점에서 저를 응시하고 있습니다. 그 광점에는 저를 응시하는 모든 것이 자리 잡고 있습니다. 이는 결코 은유가 아닙니다.

꼬마장이 짜낸 이 짧은 이야기의 효과, 즉 그에게는 이 이야기가 아주 재미있었지만 제게는 별로 그렇지 못했던 것은 다음과 같은 이유에서였습니다. 즉 그가 저에게 그런 이야기를 한 것은 어쨌거나, 앞서 제가 저 자신에 대해 묘사했듯이 제가 그 당시 거친 자연에 맞서 싸우며 힘겹게 생계를 꾸려나가던 사람들과 함께 있으면서 아주 우스꽝스런 그림을 만들어냈기[3] 때문이었지요. 한마디로, 저는 아주 작게나마 그림 속의 얼룩이 되었던 겁니다. 저 자신이 그것을 느끼고 있었기 때문에, 저는 그 유머러스하고 아이러니한 이야기에서 저를 불러세우는 소리만 들었을 뿐 그것이 그렇게 재미있다고는 생각하지 못했던 겁니다.

저는 지금 주체의 수준에서 구조를 논하고 있지만, 이 구조는 빛에 대한 눈의 자연적인 관계 속에 이미 존재하는 무엇인가를 반영합니다. 나는 단순히 원근법이 형성되는 기하광학적 조망점에서 나타나는 점 형태의 존재가 아닙니다. 물론 내 눈 깊은 곳에서는 그림이 그려집니다. 그림은 분명히 내 눈 속에 있지요. 하지만 나는 그림 속에 있습니다.

빛이 나를 응시합니다. 그리고 그 빛 덕분에 내 눈 깊은 곳에 무엇인가가 그려집니다. 그것은 단순히 구성된 관계라든가 철학자들이 운운하던 대상이 아닙니다. 그것은 내게서 떨어져 미리 자리 잡고 있는 것이 아닌 어떤 표면의 반짝임이자 인상이지요. 그것은 기하광학적 관계 속에서 삭제되어버린 것 — 나의 통제를 완전히 벗어나는 온갖 애매모호함과 변화무쌍함을 가진 그 장의 깊이〔심도〕 — 을 개입시킵니다. 오히려 그것이 나를 사로잡고, 매 순간 나를 유혹하며, 풍경을 하나의 원근법이 아닌 다른 어떤 것으로, 제가 그림tableau이라 부른 것이 아닌 다른 어떤 것으로 만들어버립니다.

그림과 같은 자리, 즉 바깥에 위치시켜야 할 그림의 상관항은 응시의 지점입니다. 그림과 응시 사이에 있으면서 양자를 중개하는 것에 대해 말하자면, 그것은 기하광학적 공간과는 다른 성질을 지니면서 이와 정반대의 역할을 하는 무엇, 가로지를 수 있어서가 아니라 불투명하기 때문에 작용하는 무엇입니다. 바로 스크린입니다.

내 앞에 펼쳐지는 빛의 공간 속에서 응시는 언제나 일종의 빛과 불투명성의 유희입니다. 그것은 언제나 제가 방금 들려드린 짧은 이 90
야기에서 보았던 것과 같은 반짝거림입니다. 그것은 항상 각 지점에서 스크린이 됨으로써, 스크린을 넘쳐흐르는 영롱한 광채로 빛을 발함으로써 나를 사로잡습니다. 한마디로, 응시의 지점은 언제나 보석의 애매모호함을 담고 있지요.

그런데 만일 내가 그림 속의 어떤 것이라고 한다면, 그것 역시 제가 방금 얼룩이라 부른 스크린 형태를 띠고 있습니다.

2

이상이 바로 주체가 시각의 영역과 맺는 관계입니다. 여기서 주체는 일반적인 의미에서의 주체, 즉 주관적이라는 의미에서의 주체로 이해되어서는 안 됩니다. 이러한 관계는 결코 관념론적 관계가 아니지요. 제가 주체라 부르는 조망(점)[survol], 그림에 정합성을 부여하는 조망(점)은 단순히 표상적인[représentatif] 차원의 조망(점)이 아닙니다.

스펙터클의 영역에서는 그러한 주체의 기능과 관련해 여러 가지 방식의 착각이 발생할 수 있습니다.

『지각의 현상학』에서 우리는 분명히, 망막 뒤에서 이뤄지는 종합 기능과 관련된 많은 예를 볼 수 있습니다. 수많은 문헌들에서 능숙하게 추려낸 매우 주목할 만한 현상들을 가지고, 메를로퐁티는 가령 배합색 — 예컨대 두 개의 스크린이나 두 개의 바퀴가 앞뒤로 돌아가면서 빛의 색조를 배합해내는 것 — 의 원천으로 작용하는 바탕 중 일부분을 스크린으로 가리면 이러한 개입만으로도 그 배합색이 전혀 다르게 보일 수 있음을 지적했지요.[4] 실제로 여기서 우리는 그 용어의 일반적인 의미에서 순수하게 주관적인 기능, 즉 그 앞에 끼워넣은 중간 장치의 색감을 파악하게 됩니다. 우리가 그 배합 성분을 다 알고 있다 해도 이 실험에 의해 조합되는 빛의 유희는 주체가 지각하는 것과는 전혀 다른 것이기 때문이지요.

또다른 예로 바탕이나 색채의 반사 효과를 지각하는 것이 있습니다. 이것도 주관적인 측면을 지니기는 마찬가지이지만 이번에는 전혀 다른 방식으로 초점이 맞춰집니다. 가령 파란 바탕 옆에 노란 바탕을 놓아봅시다. 파란 바탕이 노란 바탕 위에 반사된 빛을 흡수함으로써 색감이 바뀌게 될 겁니다. 그런데 당연히 색이라는 것은 모두 주관적인 것일 뿐이지요 — 스펙트럼상에 색채의 질에 대응하는 객관적인 지표가 있어 그 질을 파동으로서의 빛의 주파수나 파장으로 바꿀 수 있는 것이 아닙니다. 여기에도 주관적인 것, 하지만 앞서와는 다른 방식으로 결정되는 주관적인 것이 있습니다.

이것이 전부일까요? 이것이 제가 그림이라 부른 것과 주체의 관계에 대해 제가 말하고자 하는 바일까요? 물론 아닙니다.

91 그림과 주체의 관계에 대해서는 몇몇 철학자들도 고찰을 시도해왔지만 우리는 그러한 시도가 핵심을 놓치고 있다고 말할 수 있을 겁니다. 레이몽 뤼에의 『신목적론』[5]이라는 책을 읽어보시기 바랍니다. 지각을 목적론적 관점으로 설명하기 위해 그가 어떻게 주체를 절대적인 조망의 위치에 놓는지를 살펴보시기 바랍니다. 그가 들고 있는

예에서 문제가 어떤 체스판[6] — 제가 앞서 규정하고자 노력했던 기하광학의 일부인 체스판 — 처럼 짜인 지각을 해명하는 것일 뿐이라면, 지극히 추상적인 방식으로라면 모르지만 주체를 절대적 조망의 위치에 놓아야 할 필요성은 전혀 없습니다. 거기서 우리는 *partes extra partes*[7]의 공간 속에 있게 되는데, 이러한 공간은 언제나 대상의 포착을 거스릅니다. 사태는 이와 같은 방향으로 축소될 수 없습니다.

그럼에도 진정한 의미에서 주체를 절대적 조망에 위치하는 것으로 파악할 수 있게 해주는 한 가지 현상적인 영역 — 이러한 영역은 어떤 특정 지점들에만 나타나는 것이 아니라 매우 폭넓게 퍼져 있지요 — 이 있습니다. 그와 같은 영역이 존재할 수 없다고 해서 그것이 전혀 요청할 만한 것이 되지 못하는 것은 아니기 때문이지요. 현상적인 차원에서 조망을 통해 내가 나 자신을 그림 속에 얼룩으로 위치시키게 되는 경우라고밖에 설명될 수 없는 사태들이 있습니다. 의태라는 사태가 바로 그것입니다.

깊이가 있건 없건 의태와 관련해 개진된 수많은 문제들을 여기서 다 다룰 수는 없습니다. 여러분 스스로 관련 서적을 참조하시기 바랍니다. 눈요기를 넘어 생각할 거리가 아주 풍부할 겁니다. 여기서는 지금까지 그다지 강조되지 않았던 점을 강조하는 수준에서 만족할까 합니다. 먼저 의태에서 적응의 기능이 어떤 중요성을 갖는지에 대해 의문을 제기해보도록 하겠습니다.

몇 가지 의태 현상들과 관련해서는 어쩔 수 없이 적응색이나 적응발색에 대해 이야기할 수밖에 없습니다. 가령, 케노[8]가 몇몇 사례에서 상당히 적절하게 지적한 바와 같이, 발색이 배경에 적응하는 것인 한 그것이 빛에 대한 한 가지 방어 수단에 불과함을 볼 수 있는 경우가 있습니다. 녹색 풀들이 많은 물속처럼 주변 환경상 녹색 복사가 지배적인 곳에서 극미동물 — 이러한 사례가 될 수 있는 동물은 무수히 많습니다 — 은 빛에 의해 해를 입을 수 있기 때문에 녹색으로 변해 버립니다. 빛을 녹색으로 반사해 내보내기 위해 녹색이 되고, 이런 식으로 적응을 통해 빛의 효과로부터 자신을 보호하게 되는 것이지요.

그러나 의태에서 문제의 핵심은 전혀 다른 곳에 있습니다. 다음의 예는 거의 무작위로 선택한 것으로 특수한 사례라고는 생각하지 않으셨으면 합니다. '아칸시페라acanthifera' 라는 형용사를 붙여 부르는 '바다대벌레caprella' 라는 이름의 작은 갑각류에 관한 것인데요. 그것이 동물과 식물의 중간쯤 되는 이끼벌레briozoaire 가운데 정착할 때는 무언가를 모방하게 되는데, 그것은 무엇일까요? 바로 거의 식물이나 다름 없는 이 이끼벌레라는 동물에게 있는 얼룩입니다. 이끼벌레가 거치는 여러 단계 중에는 소장궁小腸弓이 얼룩을 만드는 단계가 있고, 색소반 같은 것이 작동하는 단계도 있지요. 바로 이 얼룩진 형태에 그 갑각류가 적응하는 겁니다. 그것은 스스로 반점이 되고 그림이 되어
92 자신을 그림 속에 기입해 넣습니다. 엄밀히 말하면, 바로 이것이 의태의 근원적인 원동력입니다. 바로 여기서 주체가 자신을 그림 속으로 기입시키는 근본적인 차원들이 우리가 처음에 다소 머뭇거리면서 짐작했던 것보다는 훨씬 더 근거 있는 것으로 드러납니다.

저는 카이유와가 『메두사와 그 일당』이라는 소책자에서 이 점을 매우 통찰력 있게 지적했다는 것을 이미 내비친 바 있습니다. 이따금 그의 통찰력은 비전문가적인 데가 있지만 오히려 그러한 거리 때문에 핵심을 훨씬 더 정확히 짚어낼 수 있었던 것 같습니다. 아마도 전문가라면 사실들을 나열하는 수준에서 멈췄겠지요.

어떤 이들은 발색이라는 수준에서 성패의 정도는 다양하겠지만

어쨌든 적응의 사태만을 보려고 할 겁니다. 하지만 그러한 사태들이 실제로 확인시켜주는 바에 따르면 의태에는 — 통상 적응이 생존의 욕구와 관련된 것이라면 — 적응의 차원에 속하는 것이 전혀 포함되어 있지 않습니다. 의태는 대부분의 경우 아무런 효과가 없거나, 효과가 있다 해도 적응이라 추정되는 결과와는 정반대로 작용합니다. 반면 카이유와는 실제로 의태 활동이 펼쳐지는 주요 차원이라 할 수 있는 세 가지 항목을 강조하지요. 변장travesti, 위장camouflage, 위협intimidation이 그것입니다.

실제로 주체가 자신을 그림 속에 끼워넣는 차원은 바로 이와 같은 영역에서 나타납니다. 의태는 배후에 있는 '그 자신'이라 불릴 수 있는 것과 구별되는 무언가를 보여줍니다. 의태의 효과는 엄밀하게 기술적技術的인 의미에서 위장입니다. 여기서 핵심은 배경과 조화를 이루는 것이 아니라 얼룩덜룩한 배경을 바탕으로 스스로 얼룩덜룩해지는 것이지요. 그것은 정확히 인간의 군사 작전에서 사용되는 위장술처럼 작용합니다.

변장의 경우에는 어떤 성적 목적이 있습니다. 이 성적 목적이 본질적으로 가장déguisement이나 가면무도회mascarade라 할 수 있는 갖가지 효과들을 통해 나타난다는 것은 자연 현상을 보면 알 수 있지요. 그러나 여기에는 성적 목적 그 자체와 구분되는, 또 하나의 중요한 역할을 수행하는 차원이 형성되어 있습니다. 그것을 섣불리 속임수tromperie 차원으로 단정해서는 안 됩니다. 이 경우 미혹leurre의 기능은 또다른 별개의 것으로, 그 효과가 정확하게 가늠되기 전까지 우리는 판단을 유보하는 편이 나을 겁니다.

마지막으로, 소위 위협이라고 하는 현상 역시 주체가 자신의 외양을 통해 항상 과대평가되고자 한다는 사실을 함축하고 있습니다. 여기서도 선불리 상호주관성을 거론하는 것은 적절치 못한 일이겠지요. 모방이 문제가 되는 경우에는 이른바 모방되는 타자를 무턱대고 떠올리는 것을 삼가야 합니다. 모방하기, 그것은 아마도 이미지를 재생산하는 것이겠지요. 그러나 근본적으로 그것은 주체가 어떤 기능의 실행에 사로잡혀 자신을 그 기능 속으로 편입시키는 것입니다. 우리가 잠시 주목해야 할 것은 바로 이 점입니다.

이제 진정한 의미에서의 무의식적인 기능, 즉 주체에게 정복되기 위해 마련된 장으로서의 무의식적인 기능을 통해 우리가 무엇을 배울 수 있는지를 살펴봅시다.

3

93 이러한 방향으로 나아갈 때, 카이유와의 언급은 우리에게 길잡이가 됩니다. 그는 동물 수준에서 관찰되는 의태 현상들이 인간의 예술이나 회화라고 하는 것과 유사함을 확신시켜 주었습니다. 이에 대해 제기될 수 있는 단 하나의 이의는 르네 카이유와가 그러한 언급을 하면서 회화라고 하는 개념을 다른 것을 설명하기 위해 인용해도 좋을 만큼 자명한 것으로 여기고 있는 듯이 보인다는 겁니다.

회화란 무엇일까요? 주체가 자신을 주체로 파악하도록 만드는 기능을 우리가 그림이라고 명명한 데는 물론 그 나름의 이유가 없지 않을 겁니다. 하지만 인간 주체가 그림을 그릴 때, 중심에 응시를 위치시키는 무엇인가를 작동시킬 때 문제의 핵심은 과연 무엇일까요? 어떤 이들은 화가가 그림 속에서 주체가 되기를 원한다고 말합니다. 회화 예술은 예술가가 작품을 통해 우리에게 주체로서, 응시로서 스스로를 강요한다는 점에서 다른 예술과 구별된다는 것이지요. 이에 대해 또 어떤 이들은 대상으로서의 예술품의 측면을 강조하면서 반론을 펼치기도 합니다. 이 두 의견 모두 그 나름의 옳은 구석이 있겠지만, 양쪽 모두 핵심을 해명해내지 못하고 있음은 분명합니다.

여기서 저는 다음과 같은 테제를 제시해볼까 합니다. 즉 확실히 그림 속에는 언제나 응시와 같은 무엇인가가 나타난다는 것이지요. 화가는 그 점을 아주 잘 알고 있으며, 화가의 도덕, 탐구, 탐색, 수련 등은 그가 그것을 고수하건 고수하지 않건 어떤 일정한 양식의 응시를 선택하는 것이라 할 수 있습니다. 심지어 네덜란드나 플랑드르 화풍의 풍경화처럼 두 눈으로 구성되는 통상 응시라 불리는 것이 부재하는 그림들, 어디서도 인간의 모습을 찾아볼 수 없는 그림들을 바라볼 때조차도 결국 여러분은 화가 저마다에 특징적인 어떤 것을 은연중에 보게 될 것이며 그리하여 응시가 현존한다는 느낌을 받게 될 겁니다. 그러나 그것은 한낱 우리가 추구하는 대상일 뿐이며 아마도 착각에 지나지 않겠지요.

그림의 기능은 — 말 그대로 화가가 자기 그림을 보여주는 상대에 대해 — 응시와 관계가 있습니다. 언뜻 이해할 때 그렇게 보일 수도 있겠지만 이 관계는 응시를 잡는 덫이 되는 것이 아닙니다. 화가도 배우들처럼 자신을 내보이려 하고 남들에게 보여지고〔응시되고〕 싶어한다고 생각할 수도 있을 겁니다. 저는 그렇게 생각하지 않습니다. 미술 애호가의 응시와 관계가 있겠지만 그것은 좀더 복잡한 것이라고 생각합니다. 화가는 자신의 그림 앞에 서게 될 사람에게 적어도 그림의 한 부분에선 "보고 싶니? 그럼 이걸 보렴!"이라고 요약될 수 있을 무언가를 제공합니다. 화가는 눈에 양식거리를 주면서도 그림을 보는 이에게 마치 무기를 버리듯이 응시를 포기하도록 권유합니다. 바로 여기에 회화가 발휘하는 아폴로적 진정 효과가 있습니다. 무엇인가가 응시가 아닌 눈에 주어지며, 그것은 응시의 포기와 철회를 수반합니다.

94 문제는 회화의 한 양상 전체가 이러한 장으로부터 떨어져나오게 된다는 겁니다. 표현주의 회화를 말하는 것인데요. 표현주의 회화를 특징짓는 것은 그것이 응시가 요구하는 것을 일정하게 만족시키는 — 프로이트가 말한 충동의 만족이라는 의미에서 — 방향으로 작용하는 무엇인가를 제공한다는 점에서 찾을 수 있습니다.

바꿔 말하면, 이제 우리는 기관으로서의 눈이란 무엇인가라는 질문을 제기해야 합니다. 어떤 이는 기능이 기관을 만들어낸다고 말합니다. 정말 터무니없는 말이지요. 기능을 가지고는 기관을 설명조차 할 수 없습니다. 유기체 속에 기관으로 존재하는 모든 것은 언제나 복합적인 기능들을 가지고 나타납니다. 눈에서도 다양한 기능들이 여러 가지 형태로 나타난다는 것은 명백한 사실이지요. 눈의 식별 기능은 특별히 식별을 위해 마련된 지점인 '중심와中心窩'에 가장 집중되어 있습니다. 전문가들이 암시력暗視力이 발휘되는 곳으로 부당하게 규정하곤 하는 나머지 망막 표면에서는 다른 일이 벌어집니다. 여기서 우리는 다시 한 번 교착chiasme을 발견하게 되는데, 왜냐하면 최소한의 불빛만으로도 지각을 가능케 하는 것이라고 이야기되는 그 나머지 부분이 오히려 빛의 효과들을 지각할 수 있는 가능성을 가장 많이 보여주기 때문입니다. 오등성이나 육등성의 별을 보려면 — 이것이 바로 아라고Arago 현상이라고 하는 것인데 — 그것을 똑바로 쳐다보아서는 안 됩니다. 차라리 약간 비스듬히 바라보아야만 보이지요.

눈의 이러한 기능들은 생명체에 출현한 기관, 그리고 여느 기관들이 그렇듯이 자신이 무엇을 해야 하는지를 이미 알고 있는 기관으로서 눈이 갖는 특성을 전부 다 설명해주진 못합니다. 이때 그처럼 막연히 본능을 참조하는 것이 잘못된 이유는 이러한 관점은 본능이 유기체가 하나의 기관을 가지고 자유롭게 최상의 결과를 만들 수 있는 방편이라는 점을 고려하지 못하기 때문입니다. 동물계에서는 기관이 필요 이상으로 과잉발달해서 유기체를 압도하는 경우가 무수히 많습니다. 유기체와 기관의 관계에서 소위 본능의 기능이라고 하는 것은 도덕적인 의미로 규정되어야 할 것처럼 보입니다. 우리는 이른바 본능의 전적응[9)] 능력에 경탄을 금할 수가 없습니다. 경이로운 것은 유기체가 자신의 기관을 가지고 무언가를 만들어낼 수 있다는 점이지요.

우리가 무의식을 언급할 때 중요한 것은 바로 기관과의 관계입니다. 성욕sexualité과의 관계를 말하는 것도 아니고 어떤 〔종種에〕 고유한 지시 대상을 부여할 수 있는 용어라 할 성기〔섹스〕sexe와의 관계를 말하는 것도 아닙니다. 문제는 성기〔섹스〕의 목표 속에서 도달할 수 있을지도 모르는 실재적인 것에 결여되어 있는 것으로서의 남근phallus과의 관계입니다.

우리가 무의식 경험의 중심부에서 이 기관 — 이 기관은 주체에게 거세 콤플렉스를 통해 조직된 불완전함에 의해 특징지어지는데 — 과 관계하는 한, 우리는 우리의 눈이 얼마나 이와 유사한 변증법에 사로잡혀 있는지를 이해할 수 있습니다.

눈과 응시의 변증법에 어떠한 일치도 없으며 근본적으로 미혹만이 있다는 것을 우리는 첫눈에 알아볼 수 있습니다. 사랑에 빠진 내가 응시를 요구할 때 근본적으로 충족되지 않고 항상 결여되는 것이 있다면, 이는 "너는 절대로 내가 너를 보고 있는 곳에서 나를 응시하지 95
않기" 때문이지요.

역으로, "내가 바라보는 것은 결코 내가 보고자 하는 것이 아닙니다". 앞서 언급한 바 있는 화가와 미술 애호가의 관계는 사람들이 뭐라고 하든 하나의 놀이, 일종의 눈속임[10] 놀이입니다. 그러한 놀이는 흔히들 구상적具象的이라고 잘못 일컫는 것 — 구상적이라는 말이 저 뭔지 모를 기저의 현실을 가리킨다고 생각한다면 — 과는 무관합니다.

제욱시스Zeuxis와 파라시오스Parrhasios에 관한 고대의 일화에서 제욱시스의 뛰어남은 그가 새들을 끌어들일 만큼 감쪽같이 포도송이를 그려냈다는 것입니다. 이때 강조점은 이 포도송이가 정말 진짜 같은 포도송이였다는 사실이 아니라 그것이 새들의 눈까지 속였다는 사실에 놓여야 하지요. 이에 대한 증거는 그의 동료 파라시오스가 벽에 베일을 그림으로써 그를 이겼다는 사실입니다. 그 베일이 얼마나 진짜 같았던지 제욱시스는 그를 돌아보며 이렇게 말했지요. "자, 이제 자네가 그 뒤에 무엇을 그렸는지 보여주게." 여기서도 분명히 드러나듯이, 중요한 것은 바로 눈을 속이는 것입니다. 눈에 대한 응시의 승리인 것이지요.

눈과 응시의 이러한 기능에 대해서는 다음 시간에 계속해서 다루도록 하겠습니다.

〈질의응답〉

무스타파 사푸앙 Moustafa Safouan _ 제가 이해한 것이 맞다면, 그림을 감상할 때 눈이 응시하기를 멈추고 휴식을 취한다[11]는 것입니까?

외양과 그 너머의 변증법에 대해 다시 설명하자면, 외양 너머에는 사물 자체가 아니라 응시가 있습니다. 눈이 기관으로서 위치하는 것은 바로 이런 관계 속에서입니다.

무스타파 사푸앙__ 외양 너머엔 결여 혹은 응시가 있다는 말씀이신가요?

시관적 차원에서 충동이 작용하는 한, 우리는 다른 모든 차원에서 탐지될 수 있는 것과 똑같은 대상 *a*의 기능을 이 차원에서 확인할 수 있습니다.

대상 *a*란 주체가 자신을 주체로 구성하기 위해 자신으로부터 분리해낸 기관과 같은 것입니다. 그것은 결여의 상징, 말하자면 남근이라는 상징에 비길 만한 것이지요. 물론 남근이란 남근 그 자체가 아니라 결여된 것으로서의 남근입니다. 따라서 그것은 첫째로 분리 가능한 대상이어야 하고, 둘째로 결여와 모종의 관계가 있는 대상이어야 합니다. 제가 말하고자 하는 바를 좀더 구체적으로 보여드리겠습니다.

구강적인 수준에서 대상 *a*는 무無입니다. 주체가 이유離乳를 통해 빼앗긴 것이 그에게 더이상 아무것도 아닌 것이 아닌 한에서 말입니다. 96
다. 신경성 식욕부진증의 경우 아이는 바로 이 무를 먹는 겁니다. 이를 통해 우리는 어떻게 이유의 대상이 거세의 차원에서 박탈privation로 기능할 수 있는지 이해할 수 있겠지요.

항문적인 수준은 은유의 장소입니다. 어떤 대상을 다른 대상으로 대체하는 것, 가령 남근 대신 대변을 주는 것입니다. 항문 충동이 헌신oblativité, 증여, 선물의 영역이 되는 것은 바로 이 때문이겠지요. 빈털터리가 되고, 가진 게 없기 때문에 주어야 할 것을 주지 못하게 되어도, 우리는 언제나 궁여지책으로 다른 무언가를 줄 수 있습니다. 그렇기 때문에 인간은 그의 도덕이라는 측면에서는 항문적 수준에 속합니다. 유물론자〔물질주의자〕의 경우에는 특히 더 그렇습니다.

시관적 수준에서 우리는 더이상 요구demande의 수준에 있지 않고 욕망의 수준에, 즉 타자의 욕망의 수준에 있지요. 이는 무의식의 경험과 가장 가까운 호원 충동[12)]의 경우에도 마찬가지입니다.

일반적으로 응시와 우리가 보고 싶어하는 것의 관계는 미혹의 관계입니다. 주체는 자신이 아닌 다른 것으로 나타나며 그에게 보라고 주어지는 것은 그가 보고 싶어하는 것이 아닙니다. 바로 이를 통해 눈은 대상 *a*로, 다시 말해 결여($-\varphi$)의 수준에서 기능할 수 있는 것이지요.

1964년 3월 4일.

9

그림이란 무엇인가?

존재와 존재의 허울
스크린의 미혹
응시-길들이기와 눈속임
배후의 응시
제스처와 붓터치
볼거리를-주기와 *invidia*

대상 *a*가 제가 시종일관 (−φ)라는 알고리즘으로 표기해온 욕망의 97
중추적 결여를 상징화하면서 가장 완벽하게 자취를 감춰버리는 장 〔시각의 장〕 속으로 뛰어들며 벌였던 이 무모한 도박을 오늘도 계속해야겠습니다.

칠판을 보셨는지 모르겠지만 평소와 다름없이 몇 가지 지표가 될 만한 사항을 적어두었습니다. "가시적인 것의 장에서 대상 *a*는 응시이다." 이에 이어 중괄호 속에 다음과 같이 적었지요.

{ 자연 속에서
{ = (−φ)로서

실제로 우리는 자연에서부터 이미 응시로 하여금 그것이 인간의 상징적 관계 속에서 맡을 수 있는 기능에 적합한 것으로 만드는 무언가를 포착해낼 수 있습니다.

그 아래에 저는 지난 시간에 이미 소개한 바 있는 두 개의 삼각형 도식을 그려보았습니다. 첫번째는 기하광학적 장에서 우리의 자리에 표상의 주체를 위치시키는 것이고, 두번째는 나 자신을 그림으로 만드는 것입니다. 그에 따라 오른쪽 직선 위에 첫번째 삼각형의 꼭지점인 기하광학적 주체의 조망점이 위치합니다. 그런데 내가 응시되고 있는 그림이 되는 곳 또한 바로 그 오른쪽 선 위입니다. 이때의 응시는 두번째 삼각형의 꼭지점에 기입됩니다. 여기서 이 두 삼각형은 실제로는 시관적 영역의 작용 속에 있으므로 서로 겹쳐지게 됩니다.

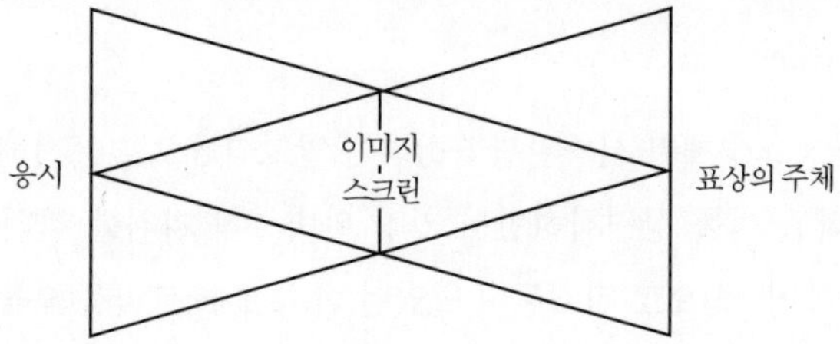

1

98 논의를 시작하기 위해 저는 시관적 장에서는 응시가 바깥에 있으며 나는 응시된다는 것을, 즉 나는 그림이 된다는 것을 강조해야겠습니다.

이것이 바로 가시적인 장 속에 주체가 자리 잡을 때 가장 내밀한 수준에서 작용하는 기능입니다. 이러한 장에서 나를 근본적으로 결정짓는 것은 바깥에 있는 응시입니다. 응시를 통해 나는 빛 속으로 들어가며, 응시로부터 빛의 효과를 입게 됩니다. 그리하여 응시는 빛을 구현하는 도구가 되며, 그 도구를 통해 나는 '사진-찍히게〔빛에-의해-그려지게〕photo-graphié' — 종종 그랬던 것처럼 이 단어를 끊어서 사용하는 것을 허용해주신다면 — 됩니다.

여기서 관건은 표상에 대한 철학적 문제가 아닙니다. 그러한 관점에서라면 표상 앞에서 결국 나는 그것에 대해 훤히 알고 있다고 확신하게 될 것이고, 나 자신이 표상은 단지 표상일 뿐이며 그 너머에는 사물, 사물 자체가 있다는 사실을 알고 있는 의식적 존재임을 확신하게 될 겁니다. 예컨대 현상 이면에는 본체noumène가 있다는 것인데요. 당연히 그것은 내가 어찌할 수 없는 것일 텐데, 왜냐하면 칸트가 주장하듯 나의 선험적 범주들이 자기 뜻대로만 작동하면서 사물을 그 범주들에 맞게 받아들이도록 저를 강제할 것이기 때문입니다. 그런데 그렇게 되면 모든 것이 순조로울 테니 궁극적으로는 잘된 일이겠지요.

하지만 저는 사물의 균형은 표면과 그 너머의 것 사이의 변증법을 통해 이뤄지는 것이 아니라고 생각합니다. 우리의 출발점은 자연상태에서부터 존재의 균열, 이분화, 분열을 초래하는 어떤 것이 있다는 사실입니다. 존재는 결국 그러한 분열에 적응하는 것이지요.

이러한 사실은 궁극적으로 의태라는 큰 제목 아래 다양하게 변주되는 일련의 현상들을 통해 관찰될 수 있습니다. 이는 성적 결합에서뿐 아니라 목숨을 건 사투에서도 분명하게 작용하지요. 이때 존재는 존재와 허울semblant로, 다시 말해 존재 자체와 그것이 내민 종이호랑이〔가면〕로 확연히 분해됩니다. 대개는 동물의 수컷에서 볼 수 있는 구애 행위〔과시〕parade나 서로 위협을 가하는 싸움 놀이를 할 때, 존재는 인상을 찌푸리며 몸을 부풀리는 행동을 하면서 가면, 분신, 껍데기, 등딱지처럼 몸뚱이를 감싸기 위해 떨어져나온 피부 등을 스스로 만들어내거나 상대에게서 발견하게 됩니다. 존재가 삶과 죽음의 효과 속에 개입할 수 있는 것은 바로 이처럼 자기 자신으로부터 떨어져 나온 형태들을 통해서이지요. 그러므로 우리는 생식을 통해 존재를 연장할 수 있게 해주는 결합은 이 같은 상대의 대역代役이나 자기 자신의 대역 덕분에 실현된다고 말할 수 있습니다.

따라서 미혹은 여기서 어떤 본질적 기능을 수행합니다. 우리가 암수를 결합시키는 이성에 대한 끌림이라고 상상할 수 있는 것에서 '변장travesti' 과 같은 것이 두드러지게 나타난다면, 임상 경험 자체의 수
99 준에서 우리의 주목을 끄는 것도 이와 똑같은 것입니다. 수컷과 암컷의 가장 강렬하고 격렬한 만남은 의심의 여지없이 가면을 매개로 이뤄집니다.

그러나 주체 — 인간 주체, 인간의 본질인 욕망의 주체 — 는 동물과 달리 이러한 상상적 포획에 완전히 사로잡히지 않습니다. 주체는 거기서 자신의 위치를 파악해냅니다. 그것이 어떻게 가능할까요? 그것은 주체가 스크린의 기능을 분별해 그 기능을 가지고 유희하는 한에서 가능합니다. 실제로 인간은 그 너머에 응시가 존재한다는 듯이 가면 놀이를 할 줄 압니다. 여기서 스크린은 매개의 장소입니다.

지난 시간에 저는 메를로퐁티가 『지각의 현상학』에서 참조했던 사례들에 관해 언급한 바 있습니다. 그가 겔프Adhemar Gelb와 골드슈타인Kurt Goldstein의 실험에서 발췌한 사례들은 사물을 그것의 실재적인 모습으로 복원시켜주는 스크린의 기능이 이미 단순한 지각 수준에서부터 작동하고 있음을 보여줍니다.[1] 우리가 격리된 상태에 있는 어떤 조명 효과에 의해 압도될 때, 가령 우리의 시선의 안내자 역할을 하는 광선 다발이 뿌연 원추처럼 나타나 그것이 무엇을 비추는지 분간할 수 없을 만큼 눈이 부시게 만들 때, 우리는 작은 스크린 하나 — 그 조

명 아래 있는 잘 보이지 않는 무엇과 대비되는 — 를 이 원추 속에 끼워넣는 것만으로도 그 빛을 어둠 속으로 되돌려보내고 그 속에 감춰져 있는 대상을 드러나게 할 수 있습니다.

이는 좀더 근본적인 기능 속에서 고려되어야 하는 어떤 관계가 지각의 수준에서 나타난 것입니다. 좀더 근본적인 기능이란 욕망과의 관련 속에서는 현실이 가장자리에 있는 것으로서만 나타난다는 것입니다.

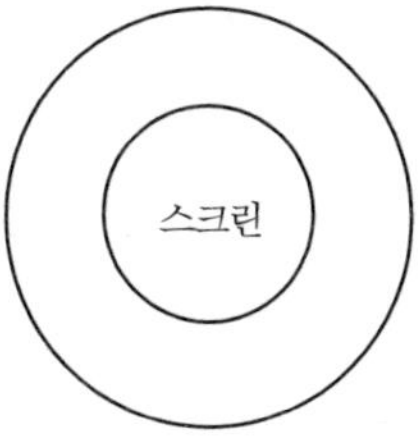

현실은 가장자리에 있다.

바로 이것이 회화 창작에서 지금까지 거의 지적된 적이 없다고 할 수 있는 특징 중 하나입니다. 그럼에도 고유한 의미에서 구성이라 할 수 있는 것, 즉 화가가 창조해낸 표면의 분할선, 소실선, 역선, 이미지가 자리 잡는 틀bâtis 등을 그림 속에서 다시 찾아내는 일은 매혹적인 놀이입니다. 하지만 어떤 책에서, 그것도 꽤 주목할 만한 책에서 이 틀을 '골조charpentes' 라고 부르는 것을 보고 무척 놀란 적이 있는데요.[2] 그렇게 부르면 그것의 주된 효과가 사라지기 때문입니다. 그러나 아이러니하게도 그 책의 뒤표지에는 다른 어떤 것보다 훌륭한 본보기가 될 루오Georges Rouault의 그림이 그려져 있는데, 이 그림에는 문제의 핵심을 간파할 수 있게 해주는 어떤 둥그런 도형이 표시되어 있습니다.

실제로 지각의 경우와는 반대로 그림 속에는 언제나 부재한다고 할 수 있는 무엇인가가 있습니다. 시각에서 눈의 식별 능력[3]이 최대
100 로 발휘되는 곳은 바로 중앙 부분입니다. 〔반면〕 어떠한 그림에서도 중앙은 부재할 뿐이고 구멍으로 — 요컨대, 뒤에 응시를 감추고 있는 눈동자의 반영으로 — 대체되어 있습니다. 그 결과 그림이 욕망과 관계를 맺게 되는 한 항상 중앙에는 스크린의 자리가 각인되고, 바로 이러한 이유에서 나는 그림 앞에서 기하광학적 차원의 주체로서 삭제되어버립니다.

바로 그렇기 때문에 그림은 표상의 장 속에서 작용하지 않습니다. 그림의 목적과 효과는 다른 곳에 있습니다.

2

시관적 장에서는 모든 것이 이율배반적으로 작용하는 두 개의 항 사이에서 분절됩니다. 사물들 쪽에는 응시가 있지요. 다시 말해, 사물이 나를 응시합니다. 반면에 나는 사물을 봅니다. 복음서가 힘주어 전한 "눈이 있어도 보지 못하니"[4]라는 말씀은 바로 이러한 의미로 이해되어야 합니다. 그런데 무엇을 보지 못한다는 말일까요? 바로 사물들이 우리를 응시한다는 사실을 보지 못한다는 겁니다.

바로 이러한 이유로 저는, 동물들의 의태 기능이 인간에게서 회화가 수행하는 기능과 등가적일 것이라는 점을 지적하면서 로제 카이유와 — 왜 그랬는지는 잘 모르겠지만 제가 지난 시간에 로제를 르네라 부르는 말실수를 범한 것을 다들 눈치 채셨겠지요 — 가 제시한 작은 문을 통해 회화를 우리가 탐험하는 장 속으로 끌어들였던 것이지요.

그렇다고 해서 이를 계기로 우리가 여기서 화가를 정신분석하겠다는 뜻은 아닙니다. 소위 화가의 정신분석이란 언제나 위태롭고 외설스러워서 듣는 이를 항상 무안하게 하지요. 또한 회화 비평을 하려는 것도 아닙니다. 물론 매우 값진 조언을 해주곤 하는 저의 지인 한 분이 제가 회화 비평 비슷한 일을 벌이고 있는 것은 아닌가 해서 당황했다는 말을 한 적도 있습니다. 당연히 그것은 위험천만한 짓이며, 이에 대해서라면 저는 어떠한 오해도 없도록 노력할 겁니다.

주체화 구조structure subjectivante의 역사적 변천에 의해 회화에서 일어난 온갖 변화를 생각해본다면 어떠한 공식으로도 저 수많은 목표들, 기교들, 무한할 정도로 다양한 트릭들을 다 담아낼 수 없음이 분명합니다. 게다가 여러분도 보셨다시피 지난 강의에서 저는 회화에는 '응시-길들이기' 가 존재한다고, 말하자면 회화는 언제나 응시하는 이로 하여금 응시를 내려놓도록 만든다고 공식화했지만 그럼에도 표현주의는 응시에 노골적으로 호소하는 것이라는 말로 곧바로 저의 말을 정정한 바 있습니다. 아직도 갈피를 못 잡은 분들을 위해 제가 말하고자 하는 바를 예를 들어 설명해보도록 하겠습니다. 제가 염두에 두고 있는 것은 뭉크Edvard Munch, 제임스 엔서James Ensor, 쿠빈Alfred Kubin 등의 회화, 좀더 정확히 말해 신기하게도 지정학적으로 현재 파리에 집중되어 있는 회화들을 포위 공략하고 있다고 규정할 수 있을 회화입니다. 언제쯤 진지를 함락시킬 수 있을까요? — 최근에 저와 이 문제를 논한 화가 앙드레 마송André Masson의 말에 따르면 이것이 가장 시급한 문제라고 합니다. 하지만 이러한 회화들을 언급한다고 해서 제가 비 101
평의 역사적인, 유동적인 놀음에 끼려고 하는 것은 전혀 아닙니다. 비평이란 어느 화가건 어느 시대건 주어진 한 시점에 회화가 어떤 기능을 하는지를 파악하려 합니다. [반면] 저는 그 아름다운 예술의 기능의 근본 원리를 묻고자 하는 겁니다.

우선 메를로퐁티가 오래전부터 사유를 통해 맺어진 눈과 정신의 관계를 전복할 수 있었던 것은 그가 회화에서 출발했기 때문이라는 사실을 강조해두고자 합니다. 그는 화가의 〔창조적〕 활동은 철학자가 우리를 주체의 위상 속에 붙들어두는 표상의 장을 조직하는 것과는 전혀 다른 것이라는 사실을 훌륭하게 지적했지요. 이를 위해 그는 세잔Paul Cézanne을 따라 본인이 "이 작은 파란색들, 이 작은 갈색들, 이 작은 흰색들"이라 불렀던 것, 이를테면 화가의 붓에서 비처럼 쏟아져 내리는 터치들을 출발점으로 삼았습니다.

이 화가의 〔창조적〕 활동이란 무엇일까요? 그러한 활동으로부터 무엇이 만들어지는 것일까요? 어떻게 그것이 무엇인가를 만들어낼 수 있을까요? 이 정도 질문으로 벌써 프로이트가 무모하리 만치 대담하게 발을 들여놓았고 경솔하게도 그 이후의 분석가들이 무턱대고 뒤따라 들어갔던 장이 형체를 갖추며 모습을 드러냅니다.

프로이트는 〔예술에 대한〕 무한한 존경심을 가지고 자신은 예술적 창조의 진정한 가치가 어디서 오는지를 해결할 의사가 전혀 없다는 점을 누차 강조했습니다. 시인뿐 아니라 화가에 대해서도 그의 평가는 일정한 선을 넘지 않았지요. 모든 사람들, 작품을 관람하거나 청취하는 사람들이 무엇 때문에 예술 창작이 가치 있다고 느끼게 되는지에 대해 그는 말할 수도 없었고 알 수도 없었습니다. 그럼에도 그는 레오나르도 다빈치를 연구하면서, 한마디로 말하자면, 다빈치의 창작에서 작동했던 근원적 환상fantasme originel의 기능을 찾아내려 했습니다 — 그의 근원적 환상은 루브르 박물관에 소장되어 있는 그림이나 런던 국립미술관에 소장되어 있는 스케치에 그려진 두 어머니에 대한 그의 관계와 관련되어 있는데, 거기서 두 어머니는 아래쪽의 엉켜 있는 정강이에서 피어나는 듯하다가 허리 부근에선 이중의 몸뚱이로 연결되어 있는 것처럼 그려져 있지요. 자, 그렇다면 우리도 이런 식으로 연구해야 할까요?

아니면, 예술 창작의 원리는 예술 창작이 표상의 대리자 — 제가 *Vorstellungsrepräsentanz*라는 용어를 어떻게 번역했는지 기억해보시기 바랍니다 — 를 추출해낸다는 사실에 있다고 보아야 할까요? 그림과 표상이라는 것을 구분하면서 제가 여러분을 인도하고자 하는 곳이 바로 이 지점일까요?

당연히 그렇지 않습니다. 아주 보기 드문 작품들, 이따금 출현하는 회화, 너무 드물어 회화라는 기능 속에 위치시킬 수도 없는 몽상적인 회화를 예외로 한다면 말입니다. 참고로 아마도 그러한 작품은 소위 정신병리적 예술을 위치시켜야 할 경계선일 겁니다.

화가의 창작은 그것과는 전혀 다른 방식으로 구조화됩니다. 우리가 리비도적 관계의 구조를 파악해낸 이상, 이제 보다 유리한 입장에서 예술 창작을 검토할 수 있는 시대가 도래하지 않았나 싶은데요. 우리의 새로운 알고리즘이 예술 창작에서 핵심이 되는 것이 무엇인지에 대해 좀더 정확한 답안을 제시하도록 해줄 수 있으니 말입니다. 우리가 다뤄야 할 문제는 프로이트가 말한 의미에서의 창조, 말하자면 102
승화sublimation로서의 창조와 그것이 하나의 사회적 장 속에서 갖는 가치입니다.

작품의 성공만을 염두에 둔 이야기일 테지만 프로이트는 모호하면서도 분명하게 다음과 같이 말한 바 있습니다. 즉 화가 측에서는 순수한 것이었던 어떤 욕망의 창조가 상업적 가치 — 어쨌든 부수적이라 할 수 있는 상여금 — 를 갖게 되는 것은 그러한 창조가 사회나 그 영향 아래 있는 것에 유익한 효과를 발휘하기 때문이라는 겁니다. 막연한 이야기이겠지만 이렇게도 말할 수 있겠지요. 작품은 사람들에게 이 세상에는 자신들의 욕망을 이용해 먹고사는 자도 있다는 것을 보여줌으로써 위안을 주고 달래준다고 말입니다. 하지만 작품이 사람들을 정말로 만족시키려면 관람〔관조〕에 대한 그들 고유의 욕망에 위안을 주는 것뿐 아니라 또한 다른 효과를 미칠 수 있어야 합니다. 작품은 흔히들 말하듯이 사람들의 영혼을 고양시킵니다. 다시 말해, 포기를 부추긴다는 겁니다. 이것이 바로 제가 '응시-길들이기' 라 부른 기능을 가리키는 것 아니겠습니까?

지난 시간에 저는 응시-길들이기가 또한 눈속임이라는 측면으로도 나타난다고 언급한 바 있습니다. 그런 점에서 제가 전통적인 관점과는 반대로 눈속임 기능과 회화의 기능을 명확히 구분하지 않는 것처럼 보일 수도 있을 겁니다. 하지만 지난번 강의를 마무리할 때 제욱시스와 파라시오스의 작품을 대조하면서 저는 미혹의 자연적 기능과 눈속임 기능이라는 두 수준의 모호함을 분명히 지적했습니다.

제욱시스가 자신이 손수 그린 것이라고 하면서 가리켰던 벽화를 새들이 쪼아먹을 수 있는 포도로 착각해 날아들었다고 해서 이 같은 기획의 성공이 그 포도가 우피치 미술관에 있는 카라바조Michelangelo Merisi da Caravaggio의 작품 <바쿠스Bacchus>의 바구니에 담긴 포도처럼 정말로 실물과 똑같이 그려졌다는 뜻이 아님을 주목합시다. 포도송이가 실물과 똑같이 그려져서 새들이 그것에 속았다는 것은 별로 있을 법하지 않은 이야기입니다. 제아무리 뛰어난 손재주로 그린 포도라 한들 그것이 새들에게 무슨 의미가 있겠습니까? 새들에게 포도가 먹잇감이 될 수 있으려면 좀더 기호에 가까운, 좀더 축약된 무엇인가가 있어야 합니다. 반면 파라시오스의 예를 통해 우리는 사람을 속이려면 베일을, 말하자면 그 뒤를 보여달라고 요구하게 만드는 어떤 것을 그려 보여주면 된다는 것을 분명히 알 수 있습니다.

바로 여기서 이 우화는 플라톤이 왜 회화의 환영에 대해 반박했는지를 이해할 수 있게 해줍니다. 겉으론 플라톤이 그렇게 말하고 있는 듯이 보일지 몰라도 문제의 핵심은 회화가 대상에 대한 환영적인 등가물을 제공한다는 것이 아닙니다. 핵심은 바로 회화의 눈속임은 그 자신이 아닌 다른 어떤 것을 자처한다는 것입니다.

눈속임은 무엇으로 우리를 유혹하고 만족시키는 것일까요? 우리가 눈속임에 사로잡혀 희열을 느끼게 되는 것은 언제일까요? 그것은 103
우리가 시선을 다른 곳으로 돌렸는데도 표상이 따라 움직이지 않고 따라서 그것이 단지 눈속임에 지나지 않는다는 사실을 깨닫게 되는 때입니다. 왜냐하면 그 순간 눈속임은 이전에 보였던 것과는 다른 것처럼 보이거나, 혹은 더 정확히 말해 이제는 그 자신이 아닌 다른 어떤 것을 자처하기 때문이지요. 그림이 경쟁하는 것은 외양이 아니라 플라톤이 외양 너머에 있는 이데아라고 지칭한 것입니다. 플라톤이 자기 활동의 경쟁 상대라도 되는 듯 회화를 공격한 것은 그림이란 외양을 만들어내는 것이 외양 자체라는 점을 보여주는 외양이기 때문이지요.

이 다른 어떤 것이 바로 대상 *a*이며, 이 대상 *a*를 중심으로 눈속임을 제 영혼으로 하는 어떤 전투가 펼쳐지는 겁니다.

만일 역사 속의 화가의 위치를 구체적으로 그려보고자 한다면, 우리는 화가가 실재 속으로 이행될 수 있는 어떤 것의 원천, 이를테면 언제나 소작을 통해 수확될 수 있는 어떤 것의 원천임을 알게 됩니다. 사람들은 이제 화가가 더이상 귀족 후원자들에게 의존하지 않는다고 말합니다. 그러나 화상이 출현한 이후에도 근본적인 상황은 변하지 않았습니다. 화상 역시 후원자이며 그와 동일한 역할을 합니다.

귀족 후원자가 나타나기 전까지는 종교 조직이 성화를 그리게 하여 일감을 주었습니다. 화가에게는 항상 소작농 협회가 있었지요. 문제의 핵심은 언제나 대상 *a*입니다. 혹은 좀더 정확히 말하자면 그 대상을 창조자로서 화가가 대화를 나누는 상대인 하나의 *a*로 환원시키는 것입니다 — 어떤 수준에서 이는 여러분에게 신비스러운 이야기처럼 들리겠지만 궁극적으로는 진실입니다.

그러나 *a*가 사회적으로 어떻게 반향되는지를 살펴보면 훨씬 더 많은 것을 알 수 있습니다.

성화상icône — 다프니 수도원의 둥근 천장에 그려진 영광스런 예수상이나 훌륭한 비잔틴 모자이크화들 — 은 분명 우리를 그것의 응시 아래 붙들어두는 효과를 발휘합니다. 논의를 이쯤에서 멈출 수도 있겠지만 그렇게 되면 화가로 하여금 그 성화상을 제작하게 한 원동력이 무엇인지, 그리고 그것이 우리에게 제시됨으로써 무엇에 소용이 되는지를 이해할 수 없을 겁니다. 물론 그 속에는 응시가 있지만, 그것은 좀더 먼 곳에서 유래합니다. 성화상의 가치는 그것이 표상하고 있는 신 또한 그것을 응시하고 있다는 사실에 있습니다. 성화상은 신을 기쁘게 한다고 여겨지지요. 이 수준에서 예술가는 신의 욕망을 일깨울 수 있는 사물들, 이 경우에는 이미지들이 존재한다는 사실을 이용해 희생제의의 수준에서 활동하는 것입니다.

신은 창조자, 더구나 몇 가지 이미지들을 창조하신 창조자입니다. 「창세기」는 이것을 *Zelem Elohim*(하느님의 모습대로)[5]이란 말로 표현한 바 있습니다. 그리고 그런 것을 좋아하지 않는 신이 한 분 계시다는 성상파괴적 발상도 여전히 그와 같은 생각을 담고 있습니다. 그런 것을 좋아하지 않는 신은 단 한 분밖에 안 계십니다. 오늘은 이 문제를 깊이 다루지 않겠지만, 이 문제는 아버지의-이름들의 원천의 가장 핵심적인 요소들 중 하나로 이어질 겁니다. 그 핵심적인 요소란 어떤 유의 협약은 모든 이미지를 뛰어넘어 성립될 수 있다는 겁니다. 〔그러나〕 우리가 지금 논의하고 있는 것과 관련해서는 이미지가 여전히 신성의 중개를 맡고 있습니다. 야훼가 유대인에게 우상을 만드는 것을 금지한 것은 그 우상이 다른 신들을 기쁘게 하기 때문입니다. 어떤 면에서는, 신이 인간의 형상을 하고 있지 않은 것이 아니라 인간이 신이 되지 못하도록 요청받은 것이지요. 이 이야기는 여기서 그만 접도록 하겠습니다.

제가 '코뮌' 단계라 부를 다음 단계로 넘어가봅시다. 레판토 해전
을 비롯해 온갖 종류의 전투가 그려져 있는 팔라초 두칼레의 중앙 홀 104
로 가봅시다. 거기에는 종교적 차원에서 이미 엿볼 수 있던 사회적 기능이 분명히 나타나 있지요. 이러한 장소에 오는 사람들은 누구일까요? 바로 레츠[6]가 "시민peuples"이라 불렀던 사람들입니다. 이처럼 방대한 작품들 속에서 시민이 보는 것은 무엇일까요? 그들이 보는 것은 자신이 없을 때 그 홀에서 토의하던 사람들의 응시입니다. 그림 뒤에는 바로 그들의 응시가 존재합니다.

보시다시피 배후에는 항상 수많은 응시들이 있다고 할 수 있습니다. 이 점에서라면 앙드레 말로가 현대라고 구분한 시대, 말로가 "비할 데 없는 괴물"이라 부른 것, 즉 자신이 유일한 응시임을 주장하는 화가의 응시가 지배적이 된 시대도 전혀 새로울 것이 없습니다. 그림 뒤에는 항상 응시가 있었지요. 그렇다면 — 이것이 가장 미묘한 문제인데 — 이러한 응시는 과연 어디서 오는 것일까요?

3

이제 세잔의 "작은 파란색들, 작은 흰색들, 작은 갈색들", 좀더 정확히 말해 메를로퐁티가 이와 관련해 『기호들』[7]의 어느 한 구절에서 아주 적절하게 들고 있는 예, 즉 그림을 그리고 있는 마티스Henri Matisse의 모습을 슬로 모션으로 촬영한 필름의 기묘함으로 다시 돌아가 보도록 합시다. 이때 중요한 것은 마티스 자신도 그것을 보고 당황했다는 점인데요. 메를로퐁티는 여기서 제스처의 역설을 강조하는데, 이에 따르면 시간이 늘어남에 따라 커지는 제스처는 화가의 붓터치 하나하나가 극히 완벽한 심사숙고의 결과라고 상상하게 만든다는 겁니다. 메를로퐁티는 그러한 상상은 단지 환영일 뿐이라고 말합니다. 화가의 붓에서 미세한 터치들이 리듬에 맞춰 비처럼 쏟아지면서 하나의 기적처럼 그림을 만들어낼 때, 그 터치 하나하나는 선택choix이 아닌 다른 무엇입니다. 이 다른 무엇이 무엇인지를 공식화할 수는 없을까요?

제가 붓의 빗줄기라 부른 것을 통해 그것을 가장 정확하게 공식화해볼 수 있지 않을까요? 만일 새가 그림을 그린다면, 그림을 그리면서 깃털을 떨어뜨리지 않을까요? 뱀이라면 허물이 벗겨질 테고, 나무라면 송충이들과 이파리들을 비처럼 떨어뜨리겠지요. 회화의 경우 쌓이는 것은 응시를 내려놓는 제1의 행위입니다. 이는 아마도 지고의 행위일 텐데요. 왜냐하면 그 행위는 구체화되면서, 외부로부터 와서 그 결과물과 마주하게 될 모든 것들을 그 지고의 힘으로 떨궈내고 내쫓아버리고 무효화시켜버리는 무엇이 될 것이기 때문입니다.

화가의 붓터치는 하나의 동작이 끝을 맺는 곳이라는 사실을 유념하시기 바랍니다. 여기서 우리는 퇴행이라는 용어에 새롭고 색다른 의미를 부여해줄 수 있는 무엇인가를 만나게 됩니다. 즉 시간을 거슬러서 자신을 촉발하는 고유한 자극을 산출해내는 한에서, 반응이라는 의미에서의 동인動因을 만나게 되는 것이지요.

이에 따라 타자와의 관계가 분별되는 시초의 시간성이 여기 시관적 장에서는 최종적인 순간의 시간성이 됩니다. 시니피앙과 언술된 105
것의 동일시의 변증법에서는 서두르듯 앞으로 투사될 것, 온갖 새로운 지성의 출발점에서 '보는 순간' 이라 불리게 될 것이 여기서는 오히려 종결점이 됩니다.

이 최종적 순간 덕분에 우리는 행위acte로부터 제스처를 구별해낼 수 있습니다. 캔버스 위에 붓터치가 가해지는 것은 제스처를 통해서입니다. 그리고 거기에는 언제나 제스처가 존재한다는 사실이 너무나 분명하기 때문에, '인상' 이나 '인상주의' 같은 용어에서 알 수 있듯이 그림이 어떤 형태의 운동보다도 더 제스처에 가깝게 느껴진다는 것에는 의심의 여지가 없습니다. 그림 속에 그려진 모든 행동은 우리에게 전투 장면처럼 보일 겁니다. 말하자면 제스처를 위해 필연적으로 행해진 연극 장면처럼 보인다는 것이지요. 또한 바로 이처럼 제스처가 삽입되어 있기 때문에 구상화건 아니건 그림은 뒤집어볼 수 없는 것입니다. 슬라이드를 뒤집어 틀면 좌우가 뒤바뀌었는지를 금세 알아차릴 수 있습니다. 손짓의 방향이 양 측면의 대칭성을 분명하게 나타내주기 때문이지요.

따라서 우리는 여기서 응시가 어떤 하강, 아마도 욕망의 하강 속에서 작용한다는 것을 확인할 수 있습니다. 그러나 이것을 어떻게 말할 수 있을까요? 주체는 이런 상황을 전혀 알지 못하는데, 왜냐하면 그는 원격 조종되고 있기 때문입니다. 제가 무의식적인 것으로서의 욕망에 부여했던 '인간의 욕망은 타자의 욕망' 이라는 공식을 변형시켜 말하자면, 이때 문제가 되는 것은 이를테면 타자 '쪽의' 욕망이며 그러한 욕망의 끝에는 '볼거리를-주기'[8]가 있다고 말할 수 있습니다.

어떻게 해서 이 볼거리를-주기가 무엇인가를 달랠 수 있는 것일까요? 응시하는 자가 눈의 욕심[식욕]appétit을 가지고 있어서가 아닐까요? 충족시켜야[먹여살려야]nourrir 할 이 눈의 욕심이 바로 회화의 매혹적 가치를 만듭니다. 우리는 이 가치를 흔히들 생각하는 것보다 훨씬 더 낮은 차원에서 찾아야 할 겁니다. 그것은 눈이라는 기관의 진정한 기능인 사악한 눈, 탐욕으로 가득 찬 눈에서 찾아야 합니다.

사악한 눈의 기능이 보편적인 반면 선한 눈, 은혜를 베푸는 눈에 대한 흔적은 어디서도 찾아볼 수 없다는 것은 놀랄 만한 사실입니다. 이것은 무슨 뜻일까요? 이는 결국 눈은 분리 능력[9]을 타고나며 — 여기서 제가 다양한 영역에 걸쳐 이야기하는 것을 양해해주시기 바랍니다 — 그리하여 치명적인 기능을 갖추고 있다는 뜻이겠지요. 그런데 이 분리 능력은 시각적인 식별 기능을 훨씬 넘어섭니다. 이러한 능력이 가지고 있다고 알려진 힘, 가령 쳐다보는 것만으로 동물의 젖을 고갈시키거나 질병이나 재앙을 야기하는 힘 — 이러한 믿음은 예나 지금이나 그리고 가장 문명화된 국가들에까지 널리 퍼져 있습니다 — 을 *invidia*(질시)보다 더 잘 묘사할 수 있는 말이 있을까요?

*invidia*는 *videre*(보다)라는 동사에서 온 말입니다. 우리 분석가들에게 질시嫉視의 가장 좋은 본보기는 제가 오래전부터 아우구스티누스의 책에서 발췌해 본래의 의미를 되짚어보곤 했던 사례입니다.[10] 엄마의 젖을 물고 있는 동생을 바라보는 아이의 *invidia*에 대한 이야기가 그것인데, 여기서 아이는 동생을 산산조각내고 그 독성이 본인에게까지 미칠 만큼 표독스런 시선으로, *amare conspectu*, 동생을

응시합니다.

응시로서 기능하는 *invidia*가 무엇인지를 이해하려면 그것을 질 106
투jalousie와 혼동해서는 안 됩니다. 어린아이건 아니건 그가 '질시하는' 어떤 것이 꼭 그가 '갖고〔하고〕 싶어할avoir envie de' — 부적절하게도 그렇게 표현되고 있지만 — 만한 것은 아닙니다. 동생을 응시하는 아이, 이 아이에게 아직도 자신이 젖먹이이길 바라는 욕구가 있다고 말할 수 있을까요? 다들 아시다시피, 질시란 통상 질시하는 자에게는 아무 소용도 없으며 그것이 과연 어떤 것인지 짐작조차 하지 못하는 것을 다른 이가 소유하고 있을 때 부추겨지는 감정입니다.

이런 것이 바로 진정한 질시입니다. 주체가 이렇듯 질시로 하얗게 질리게 된다면 이는 무엇 때문일까요? 그것은 바로 그 앞에 그 자체로 완결되어 있는 충만함의 이미지가 있기 때문입니다. 자신이 매달려 있는 분리된 소문자 *a*가 어떤 타자에게는 그 타자를 만족시키는 소유물, *Befriedigung*(만족)이 될 수도 있다는 사실 때문이지요.

위안, 문명화, 매혹 등을 초래하는 그림 기능의 원천을 이해하기 위해 우리가 살펴보아야 하는 것은 이렇듯 응시에 의해 절망에 빠진 눈이라는 영역입니다. *a*와 욕망의 근본적 관계는 제가 전이와 관련해 이제부터 도입하려는 것의 본보기로 사용될 겁니다.

〈질의응답〉

미셸 토르__ 선생님께서 제시하신 제스처와 보는 순간의 관계를 좀더 명확히 해주실 수 있겠습니까?

제스처란 무엇일까요? 가령 위협의 제스처를 생각해봅시다. 그것은 하다 만 공격이 아닙니다. 그것은 〔애초부터〕 정지되고 유예되기 위해 행해진 것이지요.

물론 나중에 그 제스처를 끝까지 밀어붙일 수도 있겠지만, 위협의 제스처로서라면 그것은 시간을 거슬러서 기입됩니다.

이처럼 특별한 시간성은 제가 정지arrêt라는 용어로 규정했던 것으로서 뒤늦게 자신의 의미효과를 산출해내는데, 바로 이러한 시간성에 의해 제스처와 행위가 구분됩니다.

최근에 공연된 경극京劇을 보셨는지 모르겠지만, 거기서 가장 감탄할 만한 것은 싸우는 방식입니다. 거기서 배우들은 예로부터 싸워온 방식대로, 실제로 가격을 하기보다는 주로 제스처를 사용해 싸웁니다. 물론 공연 자체도 제스처가 절대적으로 주조를 이루지요. 이처럼 발레 같은 싸움을 하면서 그들은 절대로 서로 치고받는 법이 없으며, 제스처들이 연이어 펼쳐지는 서로 다른 공간 속으로 미끄러집니다. 그럼에도 이러한 제스처들은 극단적인 경우에 충분히 위협의 수단이 될 수 있다는 점에서 전통적인 전투에서 무기로서의 가치를 지니고 있었습니다. 다들 아시다시피, 원시 부족인들은 험상궂고 무시무시한 가면을 쓰고 공포스런 제스처를 연출하며 전장에 나갔습니다. 이것이 옛날 이야기일 뿐이라고 생각해서는 안 됩니다. 미국 해병들도
107 일본군에 맞서 싸울 때 그처럼 무서운 표정을 짓도록 훈련을 받았으니까 말입니다. 우리의 신무기 또한 일종의 제스처로 간주될 수 있습니다. 그 무기들이 그 정도에서 그치길 바랄 뿐입니다.

회화에서 백일하에 드러나는 것의 진정성authenticité이 우리 인간 존

재에게서는 줄어듭니다. 인간의 색채는 그것이 있는 곳, 즉 배설물 속에서 찾아져야 하기 때문이지요. 제가 깃털이 빠질 수도 있는 새를 언급했던 것은 우리 인간에게는 빠질 만한 깃털이 없기 때문입니다. 창조자는 이 작고 더러운 퇴적물, 줄줄이 쌓인 더러운 퇴적물들을 창조하는 데만 몰두할 뿐이지요. 우리가 시관적 창작 속으로 들어가는 것은 바로 이러한 차원을 통해서입니다. 즉 그것은 볼거리로 주어진 동작으로서의 제스처이지요.

이만하면 설명이 충분한가요? 당신이 한 질문이 바로 이것입니까?

미셸 토르__ 아닙니다. 저는 선생님께서 전에도 한 번 언급하신 적이 있는 시간성에 대한 이야기를 명확히 해주셨으면 했던 겁니다. 제가 보기에 이 시간성은 선생님께서 언젠가 논리적 시간에 대해 하신 말씀을 전제하고 있는 것 같습니다.

잘 들으시기 바랍니다. 저는 제가 제스처가 정지하는 최종적인 순간이라고 부른 것과, 동일시적인 서두름hâte의 변증법이라고 부른 또 다른 변증법에서 최초의 시기로 여겼던 것, 즉 보는 순간 사이에 존재하는 봉합suture, 의사동일성을 지적했습니다. 이 두 가지는 서로 겹치지만 결코 동일한 것이 아닙니다. 왜냐하면 하나는 시작하는 것이고, 다른 하나는 끝나는 것이기 때문입니다.

시간이 없었기 때문에 필수적인 사항들을 다 제시하지 못했던 다른 이야기를 꺼내봅시다.

제스처를 완료하는 응시의 순간, 이 최종적 순간을 저는 제가 그 다음에 사악한 눈에 대해 언급한 것과 긴밀하게 관련시키고자 합니다. 응시는 그 자체로 운동을 종결시킬 뿐 아니라 동결시킵니다. 제가 말한 춤동작들을 보십시오. 그것은 언제나 배우들이 부동의 자세로 멈춰서는 일련의 휴지기로 점철되어 있습니다. 이러한 제동, 운동의 휴지기란 무엇일까요? 그것은 매혹의fascinatoire 효과에 다름 아닙니다. 여기서 문제는 사악한 눈으로부터 응시를 몰수해 〔그 눈의 사악한 기운을〕 물리치는 하는 것이라는 점에서 말입니다. 사악한 눈, 그것은 *fascinum*[11]입니다. 그것은 말 그대로 운동을 정지시키고 생명을 죽이는 효과를 지니지요. 주체가 제스처를 유보하면서 정지하는 순간 그는 주검이 됩니다. 이처럼 최종적인 지점의 반反생명, 반反운동의 기능이 *fascinum*이며, 이는 정확히 말해 응시의 힘이 직접적으로 행사되는 영역 중 하나입니다. 여기서 보는 순간은 상상적인 것과 상징적인 것의 접합 내지 봉합으로서만 개입할 수 있습니다. 이러한 순간은 어떤 변증법으로 이어지는데, 서두름, 도약, 전진 등으로 불리는 시간적인 진보라 할 이 변증법은 *fascinum*으로 종결됩니다.

108 제가 강조하려는 것은 시관적 영역은 애원, 발성, 부름의 장[12]과 완전하게 구분된다는 사실입니다. 후자와는 대조적으로 시관적 장에서는 주체가 본질적으로 미결정되어 있지 않습니다. 여기서 주체는 엄밀히 말해, *a*의 절단〔단절〕을 통해 이뤄진 분리 그 자체, 즉 응시에 의해 도입된 매혹적인 무언가에 의해 결정되어 있습니다. 이 정도면 좀더 만족스런 답변이 되셨는지요? 물론이시라구요? 대충은 된 것 같다고요?

프랑수아 발_ 선생님께선 사악한 눈과 마찬가지로 지중해 문명에 자리 잡고 있는 어떤 현상에 대해서는 다루지 않으셨습니다. 바로 액막이로서의 눈인데요. 이 눈은, 정지가 아닌 운동과 관련되어 있으며 일정 과정 동안 지속되는 어떤 보호 기능을 지니고 있지요.

산호나 다른 여타의 것으로 만들어진 각뿔이건, 바로[13]가 묘사했던 *turpicula res*[14] — 제가 보기에 그것은 한마디로 남근입니다 — 처럼 좀더 분명한 모양을 한 다른 수많은 물건들이건, 액막이로 쓰이는 것은 대증요법적對症療法的인[15] 것이라 할 수 있습니다. 이는 눈이 자연에서처럼 단순히 미혹의 기능만이 아니라 공격적이며 독기어린 기능을 발휘하는 것은 인간의 욕망이 전적으로 거세에 기초하고 있기 때문이라는 사실에서 기인합니다. 여러 부적들 중에서는 맞-눈[16]처럼 보이는 형태들을 찾아볼 수도 있는데, 이는 동종요법적인 것입니다. 바로 이러한 우회로를 거쳐 이른바 액막이의 기능이 도입되기에 이릅니다.

예컨대 저는 『성서』에는 분명 은혜를 베푸는 눈이 나오는 구절들이 있을 것이라 생각했습니다. 그렇게 볼 수 있을 듯한 구절들이 몇 군데 있었지만 결국은 아니었지요. 눈이 액막이가 될 순 있지만 어쨌든 그것은 행운을 가져오는 것이 아니라 불행을 가져오는 것입니다. 『성서』에서, 특히 신약에서조차 선한 눈은 단 한 군데서도 찾아볼 수 없는 반면 사악한 눈은 곳곳에서 발견됩니다.

자크-알랭 밀레_ 선생님께선 얼마 전부터 세미나에서 주체를 양量이나 계측의 차원에, 즉 데카르트적 공간 속에 놓을 수 없다고 설명하시는데요. 다른 한편으로는 메를로퐁티의 연구가 선생님의 연구와 수렴한다고 말씀하시면서 그가 무의식의 준거들을 정립했다고까지 주장하셨습니다…….

저는 그런 말을 한 적이 없습니다. 다만 저는 메를로퐁티의 노트들에 무의식이라는 겨자 소스의 흔적들이 묻어 있고, 그것들로 인해 그가 우리의 장으로 들어오게 되었던 게 아닐까 하는 가정을 해보았을 뿐입니다. 하지만 확신할 수는 없는 일입니다.

자크-알랭 밀레_ 질문을 계속해보겠습니다. 메를로퐁티가 데카르트적 공간을 전복시키고자 한 것은 과연 타자와의 관계라는 초월적 공간을 열려는 의도에서였을까요? 그렇지 않습니다. 그것은 소위 상호주관성의 차원 또는 소위 대상 이전의 야생적이고 원초적인
109 세계라는 차원에 접근하기 위해서입니다. 그래서 저는 선생님께서 『현대』지에 기고하셨던 메를로퐁티에 관한 논문[17]에서 『가시적인 것과 비가시적인 것』의 출간으로 인해 수정하실 만한 사항이 있지 않을까 하는 의문이 들었습니다.

수정할 게 전혀 없습니다.

1964년 3월 11일.

전이와 충동

LE TRANSFERT ET LA PULSION

10

분석가의 현존

전이의 문제들
분석에서의 몽매주의
Ablata causa
이미 있는 타자
무의식은 바깥에 있다
『국제정신분석저널』의 한 논문

어떤 분에게서 성냥갑을 하나 선물 받은 덕분에 이제는 여기저기 113
서 성냥을 찾지 않아도 되게 되었습니다. 보시다시피 이만한 크기인데 여기에는 이런 격언이 적혀 있습니다. "듣는 기술은 올바로 말하는 기술만큼 중요하다." 우리 정신분석가의 직무의 특징을 잘 보여주는 말이지요. 우리가 이 직무에 어울리는 능력을 익힐 수 있게 되기를 기원합시다.

오늘은 전이를 다루겠습니다. 이 강의를 통해 여러분이 그 개념을 이해하실 수 있게 되기를 바라면서, 두번째 강의에서 예고했던 계획대로 전이 문제에 접근해보도록 하겠습니다.

1

통상의 견해에서 전이는 일종의 정동affect으로 제시되고 있습니다.

사람들은 막연히 거기에 긍정적이라거나 부정적이라는 수식어를 붙이는데요. 긍정적 전이는 사랑에 해당한다는 것이 일반적으로 받아들여지고 있는 견해입니다. 전이라는 용어를 그렇게 쓰는 것은 근거가 전혀 없는 것은 아니지만 전적으로 대략적인 용법에 불과합니다.

아주 일찍이 프로이트는 전이 속에서 생겨나는 사랑이 진정한 것인지에 대해 질문을 제기한 바 있습니다.[1] 단적으로 말하자면, 그것을 일종의 허위 사랑, 사랑의 그림자라 주장하는 것이 일반적인 경향입니다. 반면에 프로이트 본인은 그러한 방향으로 기울지 않았습니다. 전이 경험이 가져다준 커다란 이점 중 하나는 그것을 통해 아마도 소위 진정한 사랑, *eine echte Liebe* 문제를 그 어느 때보다도 더 심도 있게 다룰 수 있게 되었다는 것이겠지요.

이에 비해 부정적 전이라는 용어는 한층 더 신중하고 절도 있게 사용되며, 증오와 동일시되는 법은 없습니다. 그 대신 오히려 양가감정ambivalence이라는 용어가 사용되고 있습니다. 이 용어가 여태껏 제대
114 로 다뤄진 바 없는 무수히 많은 혼란스러운 사태를 증오라는 용어보다 훨씬 더 잘 감춰주기 때문이겠지요.

긍정적 전이는 해당 분석가에게 뭐랄까 호감을 갖는 경우이며, 부정적 전이는 분석가를 좋지 않게 쳐다보는 경우라고 말하는 편이 차라리 더 정확할 것 같습니다.

전이라는 용어에는 앞서 말씀드린 것과 구별될 만한 또다른 용법이 있습니다. 즉 전이란 분석가라는 타자와 맺는 모든 특수한 관계들을 구조화하는 것으로, 이 관계를 둘러싸고 발생하는 모든 사유의 가치는 특별한 유보 조항의 표시를 붙여 생각해야 한다는 겁니다. "그는 한창 전이에 빠져 있다"라는 표현이 바로 이러한 용법에서 유래한 것인데, 이 표현이 주체의 행동에 관해 사용될 때는 언제나 괄호 속에

넣어져 유보나 의혹이 있는 듯한 뉘앙스를 줍니다. 이는 주체가 느끼고 받아들이는 모든 것이 전이를 중심으로 재편성되었다는 것을 전제합니다.

전이의 의미에 대해 현재로서는 이상의 두 가지 지표로 충분한 듯하니 이에 대해 더이상 논의하지는 않겠습니다.

물론 우리의 목표가 전이 개념에 접근하는 것인 이상 절대로 그것으로 만족할 수는 없겠지요.

전이 개념은 그것이 하나의 실천 속에서 발휘하는 기능에 의해 결정됩니다. 그 개념은 환자를 치료하는 방식을 지휘합니다. 역으로, 환자를 치료하는 방식은 그 개념을 지배합니다.

바로 이렇게 해서, 전이가 분석 실천과 결부되어 있는지 아닌지, 전이란 분석 실천의 산물, 심지어 분석 실천의 가공물인지 아닌지에 대한 문제가 단번에 해결될 수 있는 것처럼 보일 수 있습니다. 많은 저자들이 전이에 대해 다들 한마디씩 했는데, 그중 이다 마칼파인은 전이를 바로 이러한 방향으로 논점화해야 한다는 주장을 가장 멀리까지 밀고 나간 사람입니다.[2] 그녀의 장점이 무엇이든 — 그녀는 매우 심지가 곧은 사람이지요 — 저는 어떤 식으로도 그처럼 극단적인 입장을 받아들일 수 없습니다.

어쨌든 이런 식으로 접근해서는 전이 문제를 해결할 수 없습니다. 전이를 분석 상황의 산물로 간주해야 한다 해도 우리는 분석 상황이 전이 현상의 모든 면들을 만들어낼 수는 없으며, 전이가 일어나려면 분석 상황 바깥에 어떤 가능성들이 이미 제시되어 있어야 한다고 말할 수 있습니다. 분석 상황은 그런 가능성들을 독특하다고 할 수 있는 방식으로 배합하는 것이라 할 수 있지요.

이는 분석 중에 일어나는 전이 작용과 동일하게 구조화될 수 있는 전이 효과들이 분석가 없이도 생길 수 있는 가능성을 배제하지 않습니다. 다만 분석은 전이 효과들을 발견해내면서 그 효과들에 대해, 이른바 자연적이라 지칭될 수 있는 모델과 반드시 다르지는 않을 어떤 실험적 모델을 제시하도록 해줄 겁니다. 따라서 전이를 그것의 구조적 근거들이 자리 잡고 있는 분석 속에 출현시키는 것은 이 개념을 적용하는 데 있어 보편성을 도입할 수 있는 유일한 방법이 될 것입니다. 이를 위해서는 분석의 영역 속에서, 더 나아가서는 이와 결부된 '독사doxa'의 영역 속에서 이 꾸러미를 풀어보는 것으로 충분하다고 할 수 있습니다.

115 이 모든 것은 결국 하나마나 한 이야기에 불과합니다. 그럼에도 논의의 출발점으로 삼을 만한 가치는 충분합니다.

2

지금까지의 도입부는 여러분에게 다음과 같은 사실을 상기시켜 드리기 위한 것입니다. 즉 정신분석의 토대에 접근하기 위해서는 정신분석을 정초하는 주요 개념들 사이에 어떤 정합성을 부여해야 한다는 겁니다. 이러한 정합성은 제가 무의식 개념에 접근했던 방식에도 이미 나타나 있는데, 기억하시겠지만 저는 무의식 개념을 분석가의 현존과 분리시킬 수 없었습니다.

분석가의 현존, 이것은 이와 같은 제목으로 출간된 어떤 책[3]에서 눈물에 호소하는 설교, 터무니없는 과장, 조금은 질척거리는 애정 표현 등으로 제시된 바 있지만 그런 것들로 축소시켜서는 안 되는 매우 멋진 표현입니다.

분석가의 현존은 그 자체로 무의식의 한 가지 현시물입니다. 따라서 오늘날 몇몇 경우에는 분석가의 현존이 무의식에 대한 거부로서 나타나더라도 — 이는 하나의 경향, 그것도 일부 사람들이 표명하는 사상 속에서 시인된 바 있는 경향이지요 — 오히려 그런 사실 자체가 무의식이라는 개념 속에 통합되지 않으면 안 됩니다. 이것이 바로 제가 〔무의식과 관련해〕 가장 전면에 놓았던 공식화, 즉 어떤 시간적인 박동pulsation 속에서 열리자마자 닫혀버리는 주체의 운동이라는 공식화에 이를 수 있는 첩경입니다. 저는 이러한 박동이 시니피앙 속으로의 삽입보다 더 근본적인 것이라 생각하는데, 왜냐하면 박동을 초래하는 것이 시니피앙이긴 하지만 본질의 수준에서는 — 사람들이 본질 이야기를 하게끔 부추기기 때문에 〔어쩔 수 없이〕 저도 본질에 관해 한 마디 하자면 — 시니피앙이 박동보다 우선하진 않기 때문입니다.

저는 산파술적이며 논쟁적인 방식으로, 무의식 속에서 말이 주체에게 끼치는 효과들을 보아야 함을 지적했지요 — 그 효과들이 정확히 말해 주체에게 주체로서의 위상을 가능하게 할 만큼 근간의 기초를 이루기 때문입니다. 이는 바로 프로이트의 무의식을 그에 걸맞은 자리로 되돌리기 위한 하나의 제안입니다. 물론 무의식은 프로이트 이전부터 항상 현존하고 존재하며 작용해왔습니다. 하지만 무의식의 기능을 이해하는 프로이트 이전의 모든 방식들은 프로이트의 무의식과 완전히 무관하다는 것을 강조하는 것이 중요합니다.

원초적인 것으로서의 무의식, 시원적인 기능으로서의 무의식, 아직 모습을 드러내기 이전의 존재의 수준에 위치시켜야 할, 사유의 감춰진 현존으로서의 무의식, 에두아르트 폰 하르트만의 형이상학적 무의식 — 비록 프로이트는 그것을 인신공격적으로 논박하기 위해 참조했지만 — , 특히 본능으로서의 무의식 등 이 모든 것들은 프로이트의 무의식과 무관하며 우리의 분석 경험과도 무관합니다. 정신 분석 용어가 어떻게 굴절되고 수정되더라도 이 점은 분명합니다. 저는 여기서 분석가 여러분에게 묻고 싶습니다. "여러분은 단 한 순간이라도 자신이 본능의 반죽을 주무르고 있다는 느낌을 받은 적이 있으신지요?"

저는 로마 강연[4]에서 프로이트의 발견이 지닌 의미와 어떤 새로
116 운 연대를 맺었습니다. 무의식은 주체가 시니피앙의 효과들을 통해
구성되는 수준에서 말이 주체에 대해 발휘하는 효과들의 총체입니다. 이는 주체라는 용어로 — 우리가 처음에 주체를 다시 불러낸 것은 바로 이런 이유에서일 텐데 — 우리가 가리키는 것이 주관적인 현상에 필요한 살아 있는 기층substrat도 아니고 어떤 종류의 실체도 아니며 일차적인 감정이건 이차적인 감정이건 어떤 감정을 느끼는 인식하는 존재도 아니고 어디선가 구현될 수 있을지도 모르는 로고스도 아닌 데카르트적 주체임을 뜻합니다. 그것은 의심이 확실성으로서 식별되는 순간에 출현한 주체입니다 — 물론 우리의 관점에서는 이러한 주체의 기반이 훨씬 더 광범위한 것으로 드러나지만 바로 이 때문에라도 그 기반은 주체가 놓쳐버린 확실성에 훨씬 더 종속된 것으로 나타나지요. 무의식이란 바로 이런 것입니다.

무의식이라는 장과 그 장이 드러난 시점時點, 즉 프로이트의 시점 사이에는 어떤 연관이 있습니다. 제가 그것을 뉴턴, 아인슈타인, 플랑크 같은 이들의 행보, 즉 비우주론적인a-cosmologique 행보와 유사하다고 평가하면서 표현하고자 하는 것이 바로 그러한 연관성이지요. 비우주론적인 행보란 우리가 아주 옛날부터 신에게 귀속시켜온 인식과 비교해볼 때 이들 장들이 모두 어떤 새로운 고랑을 실재에 새겨놓는다는 특징을 가지고 있다는 의미에서 그렇습니다.

프로이트적 장의 가장 확실한 존속을 보장해주는 〔이들 장들과의〕 차이점은 역설적이게도 프로이트적 장은 본성상 상실되는 장이라는 점입니다. 바로 그렇기 때문에 정신분석가의 현존이 그 상실의 증인으로서 간과될 수 없는 것이지요.

이 수준에서는 더이상 아무것도 뽑아낼 것이 없습니다. 왜냐하면 이는 박동의 기능 속에서 되풀이되는 경우가 아닌 한 그야말로 고스란히 모든 것을 잃는 것이기 때문이지요. 상실은 필연적으로 그림자가 드리워진 지대 — 제가 무의식, 반복, 전이라는 각각의 용어 앞에 일렬로 늘어놓은 공식들을 나눠놓기 위해 표시한 빗금이 가리키는 바가 바로 이것입니다 — 에서 일어날 수밖에 없습니다. 심지어 이 상실의 지대는 분석 실천의 실무들과 관련해, 이른바 정보화 시대라고 하는 요즘 시대의 인간 조건에 특징적이라 할 몽매주의를 강화하기도 합니다. 확실한 근거가 있어서 하는 이야기는 아니지만 장차 가공할 만한 몽매주의가 다시금 나타나리라는 것이 분명합니다. 제가 말하는 몽매주의란 특히 자칭 '아메리칸 라이프 스타일' 을 전파하는 데 있어 정신분석이 담당하고 있는 기능을 가리킵니다. 그것이 가령 자아 기능의 우월성 등과 같이 정신분석의 장에서 오래전부터 논박되어온 개념들을 다시 부각시키고 있다는 점에서 말입니다.

바로 이런 이유에서 분석가의 현존은 분석가의 담화가 공허한 것으로서 나타나는 측면을 통해서라도 무의식 개념 속에 포함되어야 합니다. 오늘날의 정신분석가인 우리는 우리의 조작 속에서 이 〔분석가의 현존이라는〕 찌꺼기[5]를 무의식의 발견에 의해 남겨진 *caput mortuum*[6]으로서 고려해야 합니다. 분석 내부에서 갈등 상황을 유지해야 하는 것, 분석이 존재하는 데 꼭 필요한 것으로서 그것을 유지해야 하는 것은 바로 이러한 찌꺼기 때문입니다.

정신분석이 심리적인 것이라는 표제 아래 포함될 수 있는 모든 것과 관련해 근본적인 갈등, 최초의 근원적 드라마에 입각하고 있다는 117 것이 사실이라 해도, '정신분석 경험에서 말과 언어의 기능과 장에 대한 환기' 라는 제목으로 제가 시사했던 혁신이 무의식에 관한 모든 것을 설명해줄 수 있다고 주장할 생각은 없습니다. 왜냐하면 이러한 혁신 자체도 갈등 속에서의 하나의 개입이기 때문이지요. 그러한 환기는 그 자체로 전이적인 영향력을 발휘한다는 점에서 직접적 효과를 갖습니다. 어쨌든 이 점은 제 세미나가 청중에게 정신분석협회의 교리의 관점에서 위험천만하다고 할 수 있는 어떤 기능을 수행한다는, 즉 전이 중에 개입한다는 비난을 받았다는 사실만 보아도 알 수 있습니다. 그런데 저는 이러한 비난을 거부하기는커녕 그 전이적인 영향력이야말로 사실상 프로이트의 발견과의 연대를 혁신하는 데 근본적인 것이라 생각합니다. 이는 무의식의 원인cause은 — 여기서 *cause*라는 단어는 중의적으로 쓰인 것으로, 견지되어야 할 대의大義인 동시에 무의식 수준에서의 원인의 기능을 가리킵니다 — 근본적으로 상실된 원인으로 간주되어야 한다는 것을 의미합니다. 전이적인 영향력은 우리가 그 원인을 만날 수 있는 유일한 기회인 것입니다.

제가 제대로 이해되지 못하고 있는 반복 개념 속에서 영원히 어긋난〔상실된〕 만남, 놓쳐버린 기회라는 〔반복의〕 원동력을 부각시켰던 것은 바로 이런 이유에서입니다. 그르침〔빗맞음〕ratage의 기능은 정신분석적 의미의 반복에서 핵심을 차지합니다. 만남의 약속은 항상 어긋남으로 끝이 납니다. 이것이 '투케' 의 견지에서 볼 때 반복의 허무함을, 그 구성적인 사라짐occultation을 만드는 것이지요.

반복 개념은 우리를 다음과 같은 딜레마에 빠뜨립니다. 즉 분석가로서 분석 경험을 논할 때마다 갑론을박 속에 휘말려드는 것을 그냥 참고 견디든지, 아니면 원인에 대한 초월론적 분석을 통해서밖에 객관화될 수 없을 무언가의 수준에서 이 반복 개념을 손질해보든지 해야 한다는 겁니다.

원인에 대한 초월론적 분석은 *ablata causa tollitur effectus*[7]라는 고전적인 명제에 근거해 공식화될 수 있을지도 모르겠습니다. [이를 위해서라면] 우리는 결과절을 복수형 *tolluntur effectus*[8]로 표기하면서 *ablata causa*[9]라는 조건절이 단수라는 것을 강조하기만 하면 될 겁니다. 이 명제는 "효과들은 오직 원인이 부재할 때만 제대로 발휘된다"라고 풀이할 수 있지요. 모든 효과들은 그들의 무도舞蹈 속에 끼워달라고 요구하는 어떤 초사실적인 원인적 질서의 압력에 종속되어 있습니다. 하지만 그 효과들이 노래 가사에서처럼 손과 손을 꼭 붙잡고 있다면 원인이 그들의 원무 속으로 끼어들기는 힘들겠지요.

이와 관련해 우리는 무의식적 원인을 존재자로 정의해서도 안 되고, *οὐκ ὄν*, 즉 비존재자 — 아마도 앙리 에가 규정한 것[10]과 같은 가능성으로서의 비존재자 — 로 정의해서도 안 됩니다. 그것은 어떤 존재자로 하여금 아직 도래하지 않은 상태에서 존재하도록 만드는 금지를 뜻하는 *μὴ ὄν*입니다. 그것은 확실성의 토대가 되는 불가능성의 한 기능이지요.

3

바로 이곳이 우리가 전이의 기능으로 인도되는 지점입니다. 왜냐 118
하면 전이는 어떤 불가해한 방식으로, 우리를 절대로 규정되지 않는 순수 존재라는 비규정자에, 즉 주체의 비규정성에 의해 구성되는 것으로 제시되는 무의식의 원초적인 위치에 접근할 수 있게 해주기 때문입니다. 전이는 우리로 하여금 주체가 확실성을 추구한다는 사실을 알 수 있게 해주는 고르디우스의 매듭입니다. 그런데 무의식에 관한 분석가 자신의 확실성은 전이 개념으로부터 도출될 수 있는 것이 아닙니다.

그러므로 정신분석에서 공식화되었던 전이에 대한 개념들이 얼마나 많고 다양하고 심지어 다의적인지를 보면 놀라울 따름입니다. 여러분에게 그것들을 전부 다 보여드리겠다는 뜻은 아닙니다. 저는 그저 어떤 선별된 탐색의 경로들을 따라 여러분의 길잡이가 되어볼까 하는 것이지요.

프로이트에게 책임을 물을 수는 없겠지만, 그의 저작과 가르침 속에 전이 개념이 등장한 시점에는 어떤 혼동의 위험이 도사리고 있었습니다. 전이 개념을 반복 개념 자체로 한정해버릴 수 있다는 것이 그것인데요. 프로이트가 전이 개념을 제시하면서 "기억될 수 없는 것은 행동을 통해 반복된다"[11]라고 말했던 것을 잊지 마시기 바랍니다. 이러한 행동이 무엇을 반복하고 있는지를 드러내기 위해서는 분석가의 재구성을 거쳐야 합니다.

물론 기억하기에 한계가 있는 것이 트라우마의 불투명성 — 애초에 그것에 대해 프로이트가 생각했던 기능, 다시 말해 우리가 의미효과에 대한 저항이라고 말할 수 있는 기능에 따르면 — 때문이라고 생각할 수도 있습니다. 그런데 결국 바로 여기에 주체로부터 대타자라 불리는 말의 장소, 잠정적인 진리의 장소인 타자에게로 권력이 이양되는 아주 중요한 순간이 있다는 사실을 알아본다면 우리는 좀더 편안한 마음으로 우리만의 고유한 이론을 구축할 수 있을지도 모르겠습니다.

바로 이 지점이 전이 개념이 등장하는 곳일까요? 언뜻 그렇게 보이기 때문에 사람들은 종종 더이상 나아가지 않고 거기서 멈추게 됩니다. 하지만 좀더 면밀히 들여다보아야 합니다. 프로이트에게 그러한 순간은 제가 무의식이 닫히는 순간이라 지칭했던 순간, 즉 무의식의 언표가 이뤄지는 어느 지점에서 그 무의식을 사라지게 만드는 시간적인 박동에 상응하는 극한의 순간으로 그치지 않습니다. 전이라는 기능을 끌어들일 때, 프로이트는 바로 그 순간이 우리가 전이라 부르는 것의 원인이라는 점을 분명히 했지요. 잠재적인 것이건 아니건 타자는 주체가 나타나기 전부터 이미 그곳에 현존하고 있습니다. 타자는 무의식에서 무엇인가가 나타나기 시작하기 전부터 이미 거기에 있는 것이지요.

무의식이라는 것이 제가 말한 것처럼 시니피앙의 놀이라면, 분석가의 해석은 무의식이 이미 꿈, 말실수, 재담, 증상 등과 같은 자신의 형성물을 통해 해석을 수행했다는 사실을 뒤덮어버릴 뿐입니다. 아무리 순간적인 열림일지라도 무의식이 열릴 때마다 그곳에는 항상 타자, 대타자가 있습니다.

프로이트가 초기부터 우리에게 지적한 것은 전이는 본질적으로 119
저항적이라는 점입니다. *Übertragungswiderstand*(전이저항)란 것이지요. 전이는 무의식의 소통이 중단되도록 만드는 수단입니다. 전이에 의해 무의식은 다시 닫혀버립니다. 전이는 무의식에 권력을 이양하기는커녕 오히려 무의식을 닫아버립니다.

이는 매우 공공연히 표명되는 — 심지어 프로이트의 텍스트 속에서도 찾아볼 수 있는 — 역설, 즉 분석가가 해석을 수행하기 위해서는 전이를 기다려야만 한다는 점을 지적하는 데 있어 본질적인 사항입니다.

저는 이 문제를 강조하고 싶은데, 왜냐하면 바로 이 문제가 전이를 이해하는 올바른 방법과 그릇된 방법을 가르는 분수령이 되기 때문입니다.

분석 실천 속에는 전이를 이해하는 다양한 방법들이 있습니다. 그러한 방법들이 언제나 서로 배타적인 것은 아니지요. 그것들은 각기 다양한 수준에서 규정될 수 있습니다. 가령 두번째 시기의 '지형학'에서 프로이트가 자아이상이나 초자아로 규정했던 여러 심급들과 주체의 관계에 대한 개념들이 부분적이었던 것은, 그가 본질적으로 대타자와의 관계라 할 수 있는 것에 대해 종종 어느 한쪽으로 편중된 시각만을 가졌기 때문입니다.

하지만 절대로 좁혀질 수 없는 견해차들도 있습니다. 그대로 따르다 보면 실천을 오염시킬 수밖에 없는 〔전이에 대한〕 어떤 개념이 있는데, 가령 전이에 대한 분석이 주체의 자아의 건강한 부분과의 유대관계를 기초로 이뤄져야 한다는 입장이 바로 그것입니다. 이러한 입장은 주체의 양식良識에 호소함으로써 분석가와의 관계 속에서 나타나는 주체 자신의 이러저러한 행동들의 환영적인 특성을 주체에게 주지시키고자 합니다. 이러한 테제는 문제의 핵심이 되는 것, 즉 주체 분열의 현전화présentification, 여기서는 현존 속에서 실제로 실현된 주체 분열이 현전화되는 것을 뒤엎어버립니다. 실재한다고 가정되는 주체의 건강한 부분, 즉 전이 속에서 일어나는 것을 분석가와 같은 편에서 〔올바로〕 판단할 수 있다고 가정되는 건강한 부분에 의존하는 것은 바로 그 부분이 전이와 관련되어 있다는 사실을, 다시 말해 문, 창문 혹은 덧문, 뭐라 불러도 좋지만 아무튼 그러한 것들을 닫아버리는 것이 바로 그 부분이라는 사실을 간과하는 것입니다. 자신들이 이야기를 나누고 싶어하는 미녀가 덧문 뒤에서 그 덧문이 다시 열리기만을 요구하고 있다는 사실을 간과하는 것이지요. 그 순간에 해석이 결정적인 것이 되는 것은 바로 이 때문입니다. 우리가 말을 걸어야 하는 것은 바로 그 미녀이니까 말입니다.

저는 지금 사람들이 머릿속에 가지고 있는 모델에 대해 이 도식이 함축하고 있는 역전을 지적하고 있을 뿐입니다. 저는 어디선가 "무의식은 **타자**의 담화다"라고 말한 적이 있지요. 하지만 여기서 실현시켜야 할 **타자**의 담화, 즉 무의식의 담화는 닫힘 저 너머에au-delà 있는 것이 아닙니다. 그것은 '바깥에au-dehors' 있지요. 분석가의 입을 통해 덧문을 열어달라고 요구하는 것은 바로 그 담화입니다.

그럼에도 역설적으로 이러한 닫힘의 운동 속에서 해석이 영향력을 발휘하는 최초의 순간을 지적할 수 있습니다. 그리고 바로 이때 전이 기능을 이해하는 적합한 방법과 관련해 분석 속에 항구적으로 존 120
재하는 개념상의 위기가 드러납니다.

전이 기능의 모순은 전이가 무의식이 닫히는 순간이라는 사실 자체에 의해 그 전이가 해석의 영향력이 발휘되는 지점이 된다는 데 있습니다. 그렇기 때문에 우리는 전이를 있는 그대로, 즉 하나의 매듭으로 다뤄야만 합니다. 그것을 고르디우스의 매듭으로 다룰 수 있을지 없을지는 두고 볼 일이지요. 전이는 하나의 매듭이며, 그렇기 때문에 그것은 제가 수년간 작업해온 위상학적 고찰을 통해 해명되어야 할 겁니다. 그 위상학적 고찰을 다시 한 번 환기해보는 것이 전혀 쓸모없지는 않았으면 하는 바람입니다.

4

분석은 어떤 위기에 직면해 있습니다. 제가 이 위기를 아주 분명히 보여줄 수 있는 범상치 않은 한 인물의 최신 논문을 선택한 것은 정당한 일이지요. 이러한 선택은 전혀 편파적인 것이 아니기 때문입니다. 『국제정신분석저널』 최신호에 실린 토머스 자즈의 간결하고 매우 재미있는 논문[12)]인데요 — 그는 시러큐스Syracuse에 대해 이야기하는데, 이 시러큐스는 뉴욕주에 있는 도시를 지칭하는 것이기에 안타깝게도 아르키메데스와는 전혀 상관이 없습니다.

이 논문은 그의 이전 논문들에 영감을 주었던 연구, 정신분석이라는 길의 진정성에 관한 정말로 감동적이라 할 수 있는 연구와 일맥상통하는 어떤 견해에 의해 고취된 것입니다.

이 저자, 더욱이 미국의 정신분석 그룹에서 가장 촉망받는 분석가 중 한 명인 저자가 전이를 분석가의 방어défense에 다름 아닌 것으로 간주하고 다음과 같은 결론에 이르게 된 것은 실로 놀라운 일입니다. "전이는 정신분석 치료 전체의 구조를 좌우하는 기본 축이다." 이는 그가 *inspired*하다고 말한 개념입니다 — 저는 항상 프랑스어와 철자는 같으면서도 의미가 다른 영어 어휘에 주의를 기울여왔기에 이 말을 어떻게 번역해야 할지 고심해보았습니다. 제가 보기에 *inspired*는 '고취된inspiré' 보다는 '〔제도에〕 영합적인officieux' 이라는 뜻인 것 같습니다. 저자의 말을 인용하자면, "그것은 필수불가결한 개념일 뿐 아니라 그만큼 또한 영합적인 개념이지만 그럼에도 개념 자체를 파괴할 뿐 아니라 정신분석 자체를 파괴할 만한 씨앗에 은신처, *harbour*를 제공한다". 이는 무엇 때문일까요? "이는 전이가 분석가라는 사람 자체를 환자, 동료, 분석가 자신 등을 통해 얻을 수 있는 현실 검증 너머에 위치시키는 경향이 있기 때문이다. 이러한 위험, *this hazard*를 솔직하게, *frankly* 인정해야 한다. 전문직업화도, 표준의 강화도, 엄격한 훈련 분석, *coerced training analysis*도 이 위험으로부터 우리를 지켜줄 수 없다." 그리고 바로 여기서 혼동이 일어납니다. 그는 "오직 분석가와 분석 상황의 온전한 통합만이 분석가와 피분석자 사이의 *the unique dialogue*, 유일한 대화 통로가 사라지는 것을 막아줄 수 있다"고 말하고 있지요.

저자가 이처럼 필연적으로 완전히 막다른 길에 다다르게 된 것은
그가 전이에 대한 분석을 오로지 자아의 건강한 부분, 즉 현실을 판단 121
하고 환영을 도려낼 수 있을 만한 부분으로부터 얻는 동의라는 관점에서밖에 생각할 수 없었기 때문입니다.

그의 논문은 나름 논리적으로 다음과 같이 시작됩니다. "전이는 착각, 환영, 환상 등과 같은 개념과 유사하다." 일단 전이가 나타나면 이는 피분석자와 분석가 사이의 합의의 문제라는 겁니다. 다만 이런 경우 분석가는 거역할 수 없는 최종적인 심판관의 위치에 놓이기 때문에, 우리는 전이에 대한 분석 전체를 통제되지 않는 절대적인 위험지대라고 부르지 않을 수 없습니다.

저는 이 논문을 그저 하나의 극단적인 사례로 들었을 뿐이지만 이 논문은 우리로 하여금 또다른 질서를 개입시키려는 어떤 결정으로 되돌아가지 않을 수 없게 자극한다는 점에서 본보기가 될 만합니다. 여기서 질서라 함은 바로 진리의 질서를 말합니다. 진리는, 말이란 것이 설령 거짓말이라 하더라도 오로지 진리에 호소하며 진리를 촉구한다[susciter]는 사실에 근거합니다. 이 진리의 차원은 자즈가 말하는 전이 개념의 분석을 지배하고 있는 논리실증주의에서는 전혀 찾아볼 수 없는 차원이지요.

시니피앙의 기능을 강조한다는 점을 빌미로 무의식의 동력학에 관한 제 관점을 주지화〔관념화〕[13]라고 부르는 사람들이 있었습니다. 그들이 말하는 주지화〔관념화〕라는 것이, 전이 현상에 드리워져 있는 환영적인 함축과 현실 간의 대조를 모든 면에서 대수롭지 않게 넘

겨버리는 조작 방식에 있음을 그들은 보지 못하는 것일까요?

우리가 해야 할 일은 두 주체를 이자적二者的 위치 속에서 고려하는 것이 아니고 행태 속에서 압박의 감소 효과로서 축적될 수 있을 것이라 가정되는 어떤 객관성에 대해 논하는 것도 아닙니다. 우리가 해야 할 일은 가능한 속임수의 영역을 등장시키는〔드러내는〕 것입니다. 저는 무의식에 의해 나타나는 것을 성찰할 때마다 필수적인 출발점으로 데카르트의 확실성의 주체를 도입한 바 있습니다. 그때 저는 데카르트에게서 기능하는 결코 기만하지 않는 **타자**라는 핵심적인 균형추의 역할을 강조했습니다. 그런데 정신분석의 경우 위험은 이 **타자**가 속을 수도 있다는 데 있습니다. 이것이 전이 속에서 염려해야 할 유일한 차원은 아닙니다. 하지만 만약 담화 속에서 속임수가 성공할 가능성이 있는 영역이 있다면, 우리는 사랑이 분명 그것의 모델이 되리라는 것을 인정하지 않을 수 없습니다. 속임수에 걸려드는 순간 스스로를 안심시키는 가장 좋은 방법은 당연히 자신이 주장하는 것이 진리임을 타자에게 설득하는 것이겠지요. 이것이 바로 전이를 통해 우리가 그려볼 수 있는, 사랑이라는 차원의 어떤 기본적인 구조가 아닐까요? 타자에게 그가 우리를 완전하게 해줄 무언가를 가지고 있다고 설득함으로써 우리는 안심을 하고 우리에게 결여되어 있는 무언가에 대해 계속 몰인식할 수 있게 됩니다. 속임수의 원환은, 그것이 때마침 사랑의 차원을 등장시키는 한에서, 다음번에 우리가 사랑의 트릭을 설명할 때 좋은 입구가 될 겁니다.

그러나 여러분에게 보여드리고자 하는 것은 이게 다가 아닙니다. 왜냐하면 이것은 전이가 내포하고 있는 닫힘의 근본적인 원인이 아니기 때문이지요. 전이를 초래하는 것은 제가 대상 *a*라는 이름으로
122 지칭한 무엇입니다. 이는 우리가 앞으로 전이의 개념들을 연구하는

또다른 측면으로서 제가 〔칠판〕 좌측의 어둡고 외진 부분에 그려놓은 물음표와 관련되어 있지요.

〈질의응답〉

프랑수아 발_ 선생님께서 강연 전반부에 하신 이야기는 기존의 이론 체계 속에서 어떤 인식론과 관련될 수 있을까요?

제가 분석 경험 속에서 근본적으로 그와 같은 방식으로 이해되는 무언가를 우리에게 제공한 것이 프로이트 장의 새로움이라고 말하고 있는 이상, 당신이 플로티노스에게서 그 모델을 발견하지 못한다고 해도 그리 놀랄 일은 아닙니다.

말하자면 저는 무의식의 존재론이라는 주제에 관해 밀레가 처음에 제기했던 질문에 대해서는 동의하지 않는다고 했는데, 그럼에도 저는 아주 아주 구체적인 참조점을 가지고 일말의 실마리를 제시했다고 할 수 있습니다. 저는 ὄν(있는 것)과 οὐκ(~이 아닌 것)에 대해 언급했으며, ὄν과 관련해서는 특히 무의식을 설명하는 데 최적격자라고는 말할 수 없는 앙리 에 — 그는 의식에 관한 자신의 이론 어딘가에 무의식을 위치시키기에 이릅니다 — 가 무의식에 대해 제시했던[14] 공식을 암시했습니다. 저는 μὴ ὄν, 즉 금지에 대해, '아니오' 라고-말하는-것dit-que-non에 대해 언급했습니다. 이러한 공식은 엄밀하게 형이상학적인 지적이라고는 볼 수 없으며, 그것을 통해 제가 스스로에게 부과한 제 한계들을 넘어서고 있다고 생각하지도 않습니다. 그러나 그럼에도 이 공식은 당신의 질문이 겨냥하고 있는 사안들을 완벽하게 전달 가능한 방식으로 구성해줍니다. 무의식 속에는 어떤 지식이 있는데, 그것은 결코 완성되고 완결될 수 있다고 생각될 수 없는 지식입니다.

ὂν(있는 것), οὐκ ὂν(있는 것이 아닌 것), μὴ ὂν(있지 않은 것), 이러한 공식을 무의식에 부여한다면 이는 무의식을 지나치게 실체화하는 것이 됩니다. 그렇기 때문에 저는 그렇게 공식화된 진술을 조심스럽게 피하고 있는 것이지요. 저 너머에 있는 것, 말하자면 조금전에 제가 덧문 뒤에 있는 미녀라 불렀던 것, 그것이 바로 오늘은 다루지 않았지만 문제의 핵심이 되는 것입니다. 관건은 어떻게 주체의 무언가가 그 뒤편을 통해 고도의 해리[解離], 즉 분열 상태로 빨려 들어가게 되는지를 분명하게 밝히는 것입니다. 그것이 바로 우리가 고르디우스의 매듭으로 다뤄야 하는 핵심점입니다.

피에르 코프만__ 선생님께서 찌꺼기[scorie]라 부르신 것과 더 이전에 잔여물[reste]이라 부르신 것 사이에는 어떤 관계가 있습니까?

잔여물은 인간의 운명에 있어서는 항상 생산적인 것입니다. 찌꺼기는 꺼져버린 잔여물입니다. 여기서 찌꺼기라는 말은 전적으로 부정적인 의미로 사용되지요. 분석가가 자신이 멀리할 수밖에 없는 어떤 장에 자리 잡게 되는 한에서라면 이 찌꺼기라는 용어는 심리학적
123 인식론의 차원에서 발생할 수 있는 진정한 퇴행[régression]을 가리킵니다. 이 경우 분석가는 주체에게 '해피니스'라는 지극히 신화적인 개념에 접근하도록 주선하는 순응주의적이고 정형외과적인 치료를 지향하는 이론들 속에서 확신을 얻으려 합니다. 이것이 바로 진화론에

대한 무비판적 운용과 더불어 우리 시대의 풍조를 이루고 있는 것입니다. 무의식의 발견의 열기가 아직 채 식지도 않았고 그 덕분에 유례없는 전복의 기회가 마련되었건만, 여기서 찌꺼기는 다름 아닌 분석가 자신인 겁니다.

1964년 4월 15일.

11

분석과 진리 혹은 무의식의 닫힘

참을 말하기, 거짓말하기, 오류를 범하기〔자신을 속이기〕
"나는 거짓말한다"와 "나는 생각한다"
소인간, 혹은 $\not{S}$
심리학의 유효성
환영과 환영의 교정
전이는 무의식의 현실을 현행화한다

지난 시간에는 여러분에게 전이 개념을 소개했습니다. 그때 저는 125
분석가가 겪게 되는 난점들에 입각해 문제를 펼쳐놓는 방식으로 개념을 소개했습니다. 가장 공신력 있는 정신분석 기관지 『국제정신분석저널』 최신호에 실린 한 논문을 우연히 접한 것이 그 계기였는데요. 이 논문은 심지어 전이라는 개념을 분석에서 사용하는 것에 대해 의문을 제기하는 데까지 이르게 됩니다. 오늘도 계속해서 이 논문을 읽어볼까 합니다.

1

저자에 따르면 정신분석가의 임무는 분석 상황의 현실과 관련해, 다시 말해 그 상황에 참여하는 두 명의 실제 주체들과 관련해 일어나는 다소나마 명백한 불일치discordance의 효과들을 환자에게 지적하는 것입니다.

우선 불일치의 효과가 매우 분명한 사례들이 있습니다. 청중에게 즐거움을 선사할 줄 아는 원로 분석가 스피츠가 이를 유머러스하게 예시한 바 있지요.[1] 그는 자신의 여자 환자 한 명을 예로 들고 있습니다. 그 환자는 전이 꿈이라 할 만한 꿈, 즉 이 경우에는 스피츠가 될 자기 분석가와 사랑을 나누는 꿈을 꾸었는데 그 꿈속에서 분석가는 덥수룩한 금발 머리로 나타났지요. 그가 대머리임 — 이는 유명하다고 할 만큼 잘 알려진 사실이지요 — 을 본 적이 있는 사람이라면 누구나 이 꿈이 무의식의 효과들이 어디까지 왜곡을 일으키는지를 분석가가 환자에게 어렵지 않게 보여줄 수 있는 사례임을 알 수 있을 겁니다.

하지만 환자의 행동이 분석가를 따르려 하지 않는다고 규정될 때
126 는, 자즈의 말에 따르면 "두 가지 중 하나이다. 환자가 〔분석가의 의견에〕 동의하든지, 그렇지 않을 경우 분석가가 항상 옳다는 원칙적인 입장만이 문제를 해결해 줄 것이다". 이것에 의해 우리는 자즈가 "분석가의 완전무결함intégrité"이라 부르는 신화적인 동시에 〔분석가를〕 이상화하는 쪽으로 귀착하게 됩니다. 이것이 진리의 차원으로 돌아가라는 것이 아니라면 무슨 뜻이겠습니까?

따라서 저는 이 논문을 저자 자신이 선택한 관점 속에 위치시킬 수밖에 없습니다. 즉 이 논문은 뭔가를 깨우치게끔 해주는 것이 아니라 논쟁적인 명목으로 작용하며, 막다른 골목에 봉착한 저자의 성찰 속에서 분석가라는 역할과 관련해 의식에 어떤 진정한 위기가 있음을 드러내고 있다고 할 수 있습니다. 이 의식의 위기가 우리의 관심을 끌기는 하지만 이는 부차적인 문제에 불과한데, 왜냐하면 제가 이미 지적했듯이 이 위기는 전이의 분석 실천을 편파적인 관점에서 이론

화할 때 당연히 뒤따르는 결과이기 때문입니다. 저는 이미 오래전부터 그러한 경향을 규탄해왔습니다.

문제를 제자리로 돌려놓을 수 있을 거의 현상학적이라 할 만한 자료들로 돌아가기 위해 지난 시간에 저는 분석 중에 설정되는 쌍방 간의 관계에서는 한 가지 차원이 빠져 있다는 사실을 지적했습니다.

이 관계가 전혀 상호적이지도 않고 대칭적이지도 않은 수준에서 세워진다는 것은 분명합니다. 자즈는 다음과 같은 사실을 인정하면서 부당하게도 그것을 개탄하고 있습니다. 즉 한쪽과 다른 한쪽의 관계 속에서 진리의 추구가 이뤄지는데, 여기서 한쪽은 알고 있다고, 적어도 다른 쪽보다는 더 많은 것을 알고 있다고 가정됩니다. 이때 곧바로 다른 쪽은 자신이 오류를 범하지〔자신을 속이지〕[2] 말아야 한다는 생각뿐 아니라 상대가 자신을 속일 수도 있다는 생각을 하게 됩니다. 이와 동시에, '오류를 범하는〔자신을 속이는〕' 것은 주체 탓으로 돌려집니다. 이는 단순히 주체가 정적인 방식으로 결여나 과오의 상태 속에 있어서가 아닙니다. 이는 주체가 역동적인 방식으로 자신의 담화 속에서 본질적으로 '오류를 범하는〔자신을 속이는〕' 차원에 자리 잡기 때문이지요.

이러한 점은 다른 분석가에게서도 확인될 수 있습니다. 뉜베르크가 바로 이런 경우이지요. 그는 1926년 "The will of recovery(회복의 의지)"라는 논문을 『국제정신분석저널』에 게재한 바 있습니다.[3] 그가 말하는 *recovery*란 정확히 말해 치료보다는 회복 또는 복귀를 뜻합니다. 아주 적절히 선택된 이 말은 주목할 만한 문제를 제기하고 있습니다. 이론을 통해 알려진 대로 환자의 증상이 그에게 어떤 만족감을 안겨주기 위해 생긴 것이라면, 그는 무엇 때문에 분석가에게 달려가 소위 건강이라는 것을 되찾아달라고 요구하는 것일까요?

뉜베르크는 건강이나 균형을 되찾으려는 의욕을 불러일으키는 일이 환자가 가장 직접적으로 획득할 수 있는 무의식적인 목표라는 점을, 굳이 분석을 깊이 진행하지 않고도 분명히 알 수 있는 경우들이 간혹 있다고 말합니다. 그는 이 점을 대부분 유머러스한 수많은 예들을 들어가면서 별로 어렵지 않게 보여주고 있습니다. 가령 성기능에 지장이 있다거나 불륜의 욕망에 빠졌을 때, 결혼 생활의 평화를 되찾기 위해 분석가에게 의지한다면 얼마나 위안이 되겠습니까! 하지만
127 환자가 가정을 잠시 떠나 있는 방법을 통해 자신이 분석의 본래 목적이라고 제시했던 것과는 정반대되는 것을 욕망하고 있다는 것은 처음부터 분명한 일입니다. 즉 환자가 욕망하는 것은 결혼 생활의 회복이 아니라 파탄이라는 겁니다.

바로 이 지점에서 우리는 결국 — 분석에 참여한다는 행위 그 자체에서, 그것도 바로 첫 걸음부터 — 환자의 주장은 하나같이 근본적으로 양의성을 갖는다는 사실을, 그 자체로 양면성을 갖는다는 사실을 더없이 분명하게 느낄 수 있습니다. 우리는 진리의 차원이 어떤 기만 속에서, 심지어는 기만에 의해 수립되고 있음을 확인합니다. 이런 점에서 진리는 엄밀히 말해 〔기만에 의해〕 동요되지 않습니다. 왜냐하면 기만 자체가 이미 자신을 진리의 차원 속에서 정립하기 때문이지요.

2

여러분은 제가 왜 분석 이론을 전면적으로 바로잡는 데 시니피앙과 주체의 관계를 가장 중요한 지표로 제시하고자 했는지를 이해하실 겁니다. 이는 그러한 지표가 무의식의 근본적인 기능을 구성하는 가장 중요한 것인 만큼이나 분석 경험의 정립을 구성하는 데 있어서

도 가장 중요한 것이기 때문입니다.

분명 이는 우리의 교육 효과라는 측면에서는 무의식을 그것이 닫고 있는 지극히 비좁은 발판이라 불릴 만한 어떤 것으로 한정시키는 것이겠지요. 하지만 우리가 그 어떤 실체화의 오류도 범하지 않을 수 있는 것은 바로 이러한 분기점 때문입니다.

이를 네 모퉁이를 가진 그래프에 위치시켜봅시다. 이 그래프는 언표 행위의 차원과 언표의 차원을 의도적으로 구분하고 있습니다. 이 그래프가 어느 정도로 유용한지는 지나치게 형식논리적인 사유가 얼마나 어리석은 주장으로 이어질 수 있는지를 보면 분명히 드러납니다. 예를 들어 그러한 형식논리적인 사유는 "나는 거짓말한다"라는 언표에 논리적 모순이 있다고 보지만, 그 말이 모순된 것이 아님은 만인이 다 아는 사실입니다.

"나는 거짓말한다"라는 말을 듣고 "만약 네가 '나는 거짓말한다'고 말한다면 이는 진실을 말하는 것이기 때문에 너는 거짓말을 하는 것이 아니다"라고 대답한다면 이는 완전히 잘못된 것입니다. "나는 거짓말한다"가 역설적임에도 불구하고 전적으로 유효하다는 것은 너무나 자명한 이야기이지요. 왜냐하면 언표를 진술하고 있는 '나', 언표 행위의 '나'는 언표의 '나', 언표 속에서 '나'를 지칭하는 연동소shifter와 동일하지 않기 때문입니다. 따라서 '나'가 언표하는 지점에서는, '나' — 이 순간 언표를 진술하고 있는 '나' — 는 지금 거짓말하고 있다고, 조금 전에 거짓말했다거나 앞으로 할 거라고, 심지어 "나는 거짓말한다"고 말하면서 자신이 거짓말할 의도를 가지고 있다고 단언하는 일이 얼마든지 가능합니다. 굳이 먼 곳에서 예를 찾을 필요도 없습니다. 상대에게 자신이 어디로 가는 기차를 타려 하는지를 말하는 짧은 유대인 이야기를 생각해보시기 바랍니다. "렘베르크에

가려고 하네"라고 말했더니 상대가 이렇게 대답하더라는 이야기입
128 니다. "너는 정말로 렘베르크에 갈 생각이면서, 왜 렘베르크에 간다고 말하는 거지? 그렇게 말하는 건 나더러 네가 크라코우에 가려 한다고 생각하게 하려는 게 아니니?"[4]

언표와 언표 행위의 분리는 실제로 언표의 연쇄 수준에 있는 "나는 거짓말한다"로부터 "나는 너를 속인다"를 도출시킵니다. 이때 "거짓말한다"는 타자 속에서 어휘의 보고寶庫의 일부를 이루는 시니피앙이며, 그 어휘의 보고 속에서 소급적으로 결정되는 '나'는 그것〔'나'〕이 언표 행위 속에서 생산하는 것을 통해 언표 수준에서 발생하는 의미효과가 됩니다. 분석가가 주체를 기다렸다가 그에게 그〔주체〕 자신의 메시지를 되돌려보내는 지점 — 공식대로 하자면, 주체의 메시지를 전도된 형태로, 즉 그것의 진정한 의미효과를 담아 되돌려보내는 지점 — 으로부터 "나는 너를 속인다"가 나오는 것이지요. 분석가는 주체에게 이렇게 말하는 셈입니다. "'나는 너를 속인다'라는 말로써 네가 보내는 메시지가 바로 내가 너에게 말하고자 하는 바이다. 그렇게 함으로써 너는 진실을 말하고 있는 것이다."

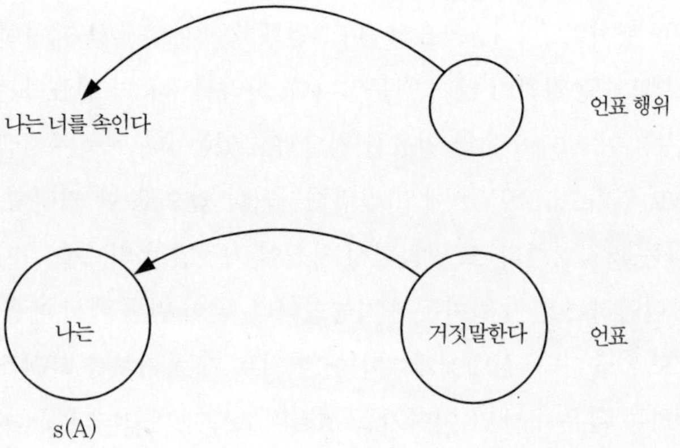

주체가 헤쳐나가는 속임수의 여정 속에서, 분석가는 "너는 진실을 말한다"라고 진술할 수 있는 위치에 있습니다. 우리의 해석은 이러한 차원에서가 아니면 결코 의미를 갖지 못합니다.

저는 이 도식에 담긴 함의를 통해 제가 — 무의식이 탈레스의 시대부터 항상 가장 원초적인 상호 인간관계의 다양한 양식의 수준에 존재해왔음에도 — 무의식의 발견 가능성의 기원이라 지적한 프로이트의 근본적인 행보를 이해할 수 있다는 점을 지적하고 싶습니다.

데카르트의 "나는 생각한다"를 이 도식에 적용해봅시다. 분명 그것은 언제든 언표 행위와 언표 사이의 구분에 의해 미끄러질 수 있고, 경우에 따라서는 걸려 넘어질 수 있는 지점이 되기도 합니다. 실제로 무엇인가가 '코기토'에 의해 정립되었다면, 그것은 바로 연장延長과의 대립으로부터 추출된 것으로서의 사유의 영역입니다. 이 사유라는 영역의 위상은 취약하지만 그럼에도 이는 시니피앙적 구성이라는 차원에서는 충분한 위상입니다. '코기토'가 확실성을 획득하게 되는 것은 그것이 언표 행위의 수준에 자리를 차지함으로써라고 말할 수 있습니다. 하지만 "나는 생각한다"의 위상 또한 앞서 언급한 "나는 거

129

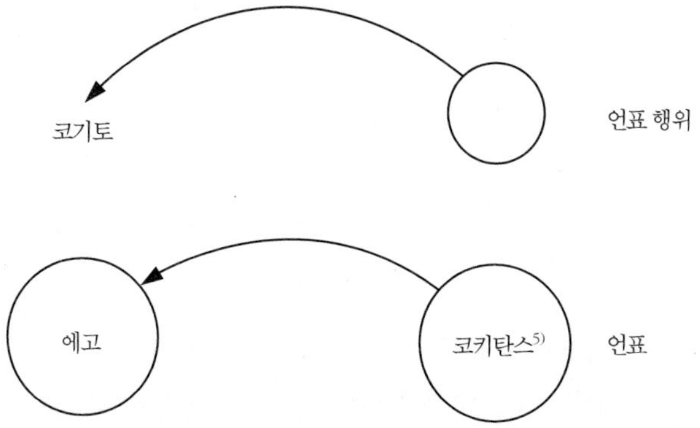

짓말한다"의 위상과 똑같이 극소極小의 것, 일종의 점點과 같은 것으로 축소됩니다. 그러므로 "나는 생각한다"의 위상에도 또한 "이는 아무 의미도 없는 말이다"라는 속뜻이 따라붙을 수 있을 겁니다.

그 자체의 의미효과를 포함해 모든 의미효과를 절대적으로 의심함으로써만 보장될 수 있는, 하나의 점으로 축소된 "나는 생각한다"는 심지어 우리가 "나는 거짓말한다"에 대해 공격할 수 있는 것보다 훨씬 더 취약한 위상을 지닌다고 할 수 있습니다.

그리하여 저는 감히 데카르트의 "나는 생각한다"를 확실성에 대한 그 노력에도 불구하고 일종의 조산助産[6]이라 규정하고자 합니다. 프로이트가 발견한 무의식의 차원에 의해 주체에게 부여된 위상의 차이는 '코기토' 수준에 욕망을 위치시켜야 한다는 사실에서 비롯됩니다. 언표 행위에 생기를 불어넣는 모든 것, 모든 언표 행위가 언급하는 것은 욕망에 속합니다. 말이 나온 김에 제가 공식화하고 있는 욕망은 프로이트가 진술했던 것 이상의 것이라는 사실에 주목해주시기 바랍니다.

저는 데카르트의 코기토 기능을 미숙아avorton 혹은 소인간[7]이라 부를 생각입니다. 이 기능은 소위 사유의 역사 속에서 나타날 수밖에 없었던 퇴보에 의해 설명될 수 있지요. 이 퇴보는 '코기토'의 '나'를 소인간으로 간주하는 것에 있습니다. 여기서 소인간이라 함은 우리가 심리학을 하려고 할 때마다, 즉 우리가 심리적 부조화나 공허함을 설명하려고 할 때마다 인간 내부에서 그를 지배하고 있다고 그려지는 그 유명한 작은 인간, 일종의 수레꾼을 말하는 것입니다. 오늘날의 용어로는 종합의 지점이라고도 일컫는 이 소인간의 기능은 이미 소크라테스 이전의 사유에 의해 지탄받은 바 있습니다.

반면 주체는 시니피앙에 대해 이차적으로 구성된다는 점에서, 우리의 용어로는 S에 빗금을 쳐서 $\not{S}$로 표기합니다. 사물이 단항적 표지[8]를 통해 아주 간단하게 제시될 수 있다는 점을 상기해보면 쉽게 이해할 수 있는 일입니다. 최초의 시니피앙은, 가령 주체가 짐승 '한 마리'를 죽였다는 것을 나타내기 위해 새긴 금입니다. 그 덕분에 그는 열 마리를 더 죽이고 나서도 기억에 혼동을 일으키지 않게 됩니다. 그는 자신이 얼마나 죽였는지를 일일이 기억할 필요가 없지요. 단항적 표지로 세어볼 수 있기 때문입니다.

주체 또한 단항적 표지로 자신을 표시합니다. 우선 주체는 최초의 시니피앙이라 할 문신으로 자신을 새겨넣습니다. 이 시니피앙, 이 하나[un]가 확립되면 셈은 하나가 '한 개' 있는 것이 되지요. 주체가 자신을 주체로 표시하는 것은 하나의 수준에서가 아니라 하나가 '한 개' 있는 수준, 즉 셈의 수준에서입니다. 이렇게 해서 두 개의 하나가 이 130
미 서로 구별됩니다. 즉 처음에 주체가 주체로 구성될 수 있도록 해준 기호로부터 주체 그 자신을 구별하는 첫번째 분열이 각인된다는 겁니다. 여기서 $\not{S}$의 기능과 대상 *a*의 이미지를 혼동하지 않도록 주의하시기 바랍니다. 그렇게 되면 주체는 자신을 이중화되어 있는[9] 것처럼 보게 될 테니 말입니다. 다시 말해, 주체는 스스로를 잠깐 동안 일시적으로 비춰진 통제의 이미지를 통해 구성된 것으로 보게 되며, 자신이 상상하는 자기 모습에 따라서만 자신을 인간이라 상상하게 된다는 것이지요.

분석 실천에서 주체의 위치를 시니피앙이 아니라 우리를 구성한다고 가정되는 현실과의 관련 속에서 파악하고자 한다면, 이는 이미 주체의 심리학적 구성의 퇴보 속으로 추락하는 셈이 됩니다.

3

심리학자의 경험에서라면 주체와 현실적 맥락의 관계로부터 출발하는 것에 나름대로 근거가 있을 수도 있습니다. 그렇게 하면 다양한 결과와 효과들이 발생할 것이고 그 덕분에 우리는 여러 가지 도표를 작성할 수도 있겠지요. 물론 이는 가령 우리가 작성한 테스트를 주체에게 제시하는 경우처럼 현실을 만들어내는 것이 항상 우리 자신이라는 맥락에서 가능할 겁니다. 이것이 이른바 심리학이라고 하는 것이 통용되는 영역입니다. 이는 우리가 정신분석 경험을 유지하는 수준과는 아무 관련이 없으며, 이를테면 주체의 빈곤을 극도로 심화시키는 것이라 할 수 있습니다.

제가 심리학적 '고립자isolat' 라 부른 것, 그것은 전통적으로 인식의 중심으로 설정된 오래된, 또는 여전히 신선한 저 모나드가 아닙니다. 가령 라이프니츠의 모나드는 고립된 것이기는커녕 인식의 중심이었지요. 그것은 하나의 우주론과 분리될 수 없거니와 우주 속에서 무엇인가가 정관靜觀이나 조화의 형태로 변주되면서 작용하기 시작하는 중심점입니다. 심리학적 고립자는 정신분석 이론에서 현실과의 관계에 있어 곤궁에 빠진en détresse 주체와 혼동되는 — 이러한 혼동은 제 생각에 하나의 우회로에 불과한 탈선을 통해 이뤄집니다 — 자아 개념 속에서 다시 등장합니다.

저는 먼저 다음과 같은 점을 분명히 지적해두고자 합니다. 즉 분석적 조작을 이런 식으로 이론화하는 것은, 다른 한편 우리가 분석 경험상 강조하지 않을 수 없으며 정신분석 문헌에서도 간과할 수 없는 어떤 것, 바로 내적 대상objet interne의 기능과 전혀 조화를 이루지 못하고 어긋난다는 겁니다.

내사introjection나 투사projection라는 용어는 줄곧 별 생각 없이 사용되어왔지요. 하지만 이처럼 불안정한 이론화의 맥락에서도 무언가가 제시되어 모든 것의 전면에 놓이게 됩니다. 내적 대상의 기능이 바로 그것인데요. 이 기능은 〔그러한 맥락 속에서는〕 결국 좋은 대상과 나쁜 대상으로 양극화되어버리고 마는데, 어떤 이들에겐 주체의 행동 속에서 왜곡, 굴절, 터무니없는 공포감, 이물체 등을 표상하는 모든 것이 이러한 내적 대상을 중심으로 돌아갑니다. 그것은 또한 신속함 131
을 필요로 하는 경우, 가령 비행사나 기관사를 양성하는 경우나 관리직, 정보처리사, 책임자 등과 같은 다양한 직종에서 직원을 선발하는 경우 몇몇 사람들이 소위 인성 테스트의 활용이나 속성速成 분석의 근거가 된다고 지적했던 작동점point opératoire이기도 하지요.

우리로서는 내적 대상의 위상이란 무엇인가에 대해 질문을 제기하지 않을 수 없습니다. 그것은 지각의 대상일까요? 무엇을 통해 그것에 접근할 수 있을까요? 그것의 근원은 어디일까요? 문제를 이런 식으로 계속 수정해나간다면 전이에 대한 분석은 어떻게 이뤄질까요?

모델을 하나 제시하겠습니다. 물론 차후에 보완되어야 할 부분이 많기 때문에 아직은 불완전한 모델로 여겨주시기 바랍니다. 환영을 교정하는 기능에 역점을 둔 도식들은 흡착력이 아주 강하기 때문에, 제가 그저 그것을 상쇄할 만한 것부터 제시한다고 하더라도 전혀 섣부른 일이 아닐 겁니다.

무의식이 어떤 시간적 박동에 따라 열리자마자 닫혀버리는 것이라면, 그리고 다른 한편 반복이 단순히 행동의 상동증[10]이 아니라 항상 빗나간〔결여된〕 무엇과의 관계 속에서 반복되는 것이라면, 우리는 전이 — 사람들이 우리에게 제시하고 있는 것과 같은 전이, 즉 무의식 속에 숨겨진 것에 대한 접근 방식으로 제시되는 전이 — 가 그 자체로 하나의 불안정한 길이 될 수밖에 없음을 알 수 있습니다. 만약 전이가 그저 반복에 불과한 것이라면 그것은 항상 동일한 실패의 반복이 되겠지요. 그런데 만약 전이가 이 반복을 통해 어떤 역사의 연속성을 복구하려 한다면 그것은 본질상 소실된 관계를 소생시킴으로써만 가능할 겁니다. 따라서 작동 모드mode opératoire로서의 전이를 반복의 효력이나 무의식 속에 숨겨져 있는 것의 복구와 혼동해선 안 되며, 나아가 무의식적 요소들의 카타르시스와 혼동해서도 안 된다는 것을 알 수 있습니다.

저는 여러분에게 무의식을 시간적인 박동 속에서 나타나는 어떤 것으로 제시했습니다. 거기서 여러분은 밑바닥에 물고기가 걸려드는 반쯤 열려 있는 '통발nasse'의 이미지를 떠올려보실 수 있을 겁니다. 반면 무의식을 '배낭besace' 모양으로 그리면 무의식은 무언가를 비축할 수 있도록 내부가 폐쇄되어 있고 밖에서 〔안으로〕 들어가게 되어 있는 것이 됩니다. 따라서 저는 다음과 같은 도식을 제시함으로써 〔배낭이라는〕 전통적인 비유에서 나타나는 위상학을 뒤집고자 합니다.

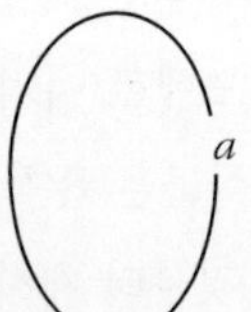

통발 도식

132 우리는 이 도식을 제가 「다니엘 라가슈의 보고서에 대한 논평」에서 제시한 이상적 자아moi idéal와 자아이상idéal du moi에 관한 광학 모델과 비교해볼 필요가 있습니다. 그 광학 모델에서 우리가 확인해둬야 할 것이 있다면, 주체가 이상理想으로서 구성되는 것, 예컨대 주체가

자신의 자아나 이상적 자아 — 자아이상이 아니라 — 를 조율해야 하는 것은 바로 타자를 통해서라는 겁니다. 말하자면 타자를 통해서야 비로소 주체의 상상적 현실이 구성된다는 것인데요. 이 도식을 통해 우리는 주체가 자기 자신을 보는 곳, 즉 자아의 도식에 주어진, 자기 자신의 몸에 대한 전도된 실상實像이 생기는 곳은 주체가 스스로를 응시하는 지점이 아니라는 것을 분명히 알 수 있습니다. 저는 최근에 제가 시관 충동을 중심으로 제시한 개념들과 관련해 이 점을 강조하고자 합니다.

하지만 분명 주체가 자기를 보는 것도 타자의 공간 속에서이며, 그가 자기 자신을 응시하는 지점 또한 그 공간 속에 있지요. 그런데 그곳은 또한 그가 말을 하는 지점이기도 합니다. 말을 하는 존재인 한 주체는 바로 이 타자의 장소에서 무의식적 욕망의 성질을 띠는 것의 출발점이라 할 진실한〔진실을 말하는〕 거짓말을 구성하게 된다는 점에서 말입니다.

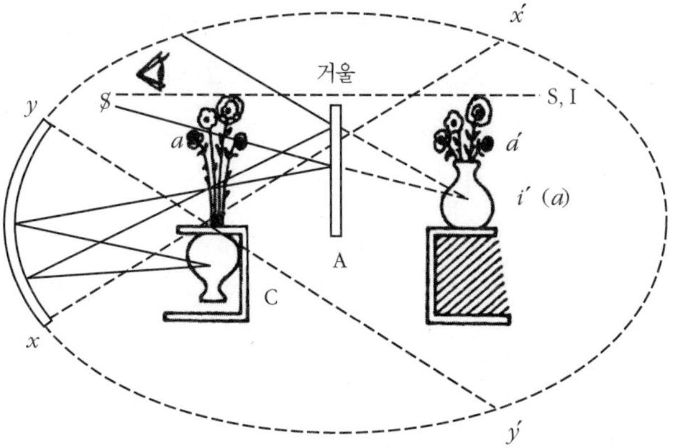

「다니엘 라가슈의 보고서에 대한 논평」에서 제시된 광학 모델

따라서 주체는 통발에 대해 — 특히 그것의 본질적인 구조를 구성하는 구멍과의 관계에서 — 안쪽에 있는 것으로 간주되어야 합니다. 중요한 것은 복음서의 말씀에서처럼 그 속으로 들어가는 무엇이 아니라 그곳으로부터 나오는 무엇입니다.

우리는 무의식의 닫힘을 셔터 역할을 하는 어떤 것의 효과로 생각할 수도 있습니다. 그 역할을 하는 것이 바로 통발의 구멍 속으로 빨려 들어가는 대상 *a*이지요. 이와 비슷한 이미지로 추첨될 복권 숫자들이 뒤섞여 있는 커다란 둥근 통을 상상할 수도 있을 겁니다. 이 커다란 룰렛 속에서 자유 연상의 첫 언표들이 뒤섞여 만들어진 무언가
133 가 대상이 틀어막지 못한 구멍의 간극을 통해 빠져나옵니다. 이 초보적이고 투박한 이미지는 상호 간의 이항대립[11] 속에서 작용하는 상징적인 것의 구성적인 기능을 복원할 수 있도록 해줄 겁니다. 이는 주체가 정신분석적 운용의 효과적인 작용을 통해 현전화된 어떤 것과 다시 만나게 되는 홀짝 게임입니다.

이 도식은 전혀 충분하지 않지만 불도저 같은 것으로서, 우리로 하여금 전이가 기억하기에 대한 장애물인 동시에 항상 적절한 시점에 절호의 만남을 그르치는 무의식의 닫힘을 현전화하는 것이라는 관념에 수긍할 수 있도록 해줍니다.

분석가들이 전이 기능에 대해 내린 정의들이 얼마나 다양하고 또 불일치하는지를 지적하며 이 모든 점을 예증할 수도 있겠지요. 전이와 치료의 종착점〔목적〕이 전혀 별개의 것임은 분명합니다. 또한 전이를 단순한 수단과 혼동해서도 안 됩니다. 정신분석 문헌을 통해 공식화되어온 두 가지 극단적 입장이 바로 여기에 위치합니다. 가령 여러분은 전이를 동일시와 혼동하는 발언들을 숱하게 읽으셨을 겁니다. 하지만 동일시는 단순히 휴지休止일 뿐이며, 정상적인 종료와 아주

자주 혼동되곤 하는 분석의 허위 종료에 불과합니다. 전이는 동일시와 밀접한 관계가 있지만, 이는 정확히 전이를 분석해내지 못한 한에서 그렇습니다. 또 역으로, 전이 기능이 현실에 적응시키기 위한 교정 수단으로 진술되는 것도 보실 수 있을 텐데, 오늘 제 강의는 전적으로 이를 반박하기 위한 것입니다.

이러한 것들을 참조해서는 절대로 전이를 올바르게 위치시킬 수 없습니다. 이들의 관건은 현실에 있으므로, 저는 바로 이 〔현실의〕 수준에서 비판을 가하고자 하는 것이지요. 다음 강의의 주제를 소개하는 의미에서 여러분에게 다음과 같은 경구를 하나 말씀드릴까 합니다. 즉 전이는 무의식의 현실을 현행화mise en acte하는 것이라는 겁니다. 전이는 환영을 현행화하는 것이 아닌데, 만약 그런 것이라면 그것은 어떤 이상적인 모델을 따르건 온갖 순응화에 의해 구성되는 소외된 동일시로 우리를 몰고 가게 될 겁니다. 분석가는 어떤 경우에도 그러한 모델을 지지할 수 없습니다.

저는 무의식 개념 속에서는 이 점을 유보한 바 있습니다. 이는 희한하게도 사람들에게서 점점 더 잊히고 있는 것이며, 저도 지금까지는 상기해보지 않았던 것이지요. 왜 그랬는지는 나중에라도 해명할 수 있기를 바랍니다. 저는 지금까지 무의식을 논하면서 여러분에게 주체를 구성하는 행위acte constituant du sujet의 효과를 상기시키는 데 중점을 두었는데, 이는 바로 그것이 우리가 강조해야 할 점이기 때문입니다. 하지만 우리는 프로이트가 무의식의 차원과 엄격히 동질적인 것으로서 가장 중요하게 강조한 것, 말하자면 성욕의 문제를 빠뜨려선 안 됩니다. 무의식과 성욕이 맺고 있는 관계가 무엇을 의미하는지를 점점 더 망각함으로써 정신분석은 프로이트가 2차 과정의 수준에 위치시킨 현실과는 무관한 현실 개념을 물려받게 되었지요.

따라서 다음 시간에는 전이를 무의식의 현실의 현행화로 제시하면서 다시 출발해보도록 합시다.

〈질의응답〉

134 **로졸라토 박사**Dr. Rosolato __ 선생님의 세미나를 들으면서 제가 생각한 것들을 이야기해보겠습니다. 먼저 어떤 유비적인 것에 대해 말씀드릴 수 있을 텐데, 선생님의 도식은 특이하게도 눈과 닮은 것 같습니다. 대상 *a*는 과연 어느 정도까지 수정체의 역할을 할 수 있을까요? 어느 정도로 이 수정체〔대상 *a*〕는 백내장이 될 수 있을까요? 그리고 또 하나, 선생님께서 자아이상과 이상적 자아에 대해 생각하시는 바를 바로 이 도식과 관련해 분명히 해주셨으면 합니다. 마지막으로, 현행화라는 말이 의미하는 바는 무엇입니까?

현행화, 그것은 한 가지 예고의 말입니다. 전이를 현행화로 규정하는 것은 그것이 알리바이의 구실이 되지 않게 하기 위해, 즉 어떤 왜곡과 우회로들 — 이는 반드시 무효한 것은 아닌데 〔가령〕 그것은 분석적 개입의 한계를 설명해줍니다 — 에 사로잡힌 불충분한 작동 모드의 구실이 되지 않게 하기 위해 반드시 필요합니다. 오늘 저는 특히 분석의 종료에 관해 내려질 수 있는 잘못된 정의들을 지적했습니다. 이에 대한 일례로 발린트가 분석가와의 동일시에 대해 말하면서 내린 분석의 종료에 관한 정의를 들 수 있지요.[12] 만약 전이를 올바른 차원에 위치시키지 않는다면, 우리는 그것의 부분적인 효과들을 이해하는 데 그치고 말 겁니다. 오늘은 이 올바른 차원에 대해 살펴보지 못했지만 다음 시간에 이 주제를 다뤄보도록 하겠습니다.

당신은 흥미로운 지적을 했습니다. 위상학에 속하는 것의 경우에는 항상 그것〔위상학에 속하는 것〕에 '게슈탈트Gestalt' 기능을 부여하지 않도록 충분한 주의를 기울여야 합니다. 그럼에도 특정 형태의 생물들에게서 우리는 제가 '동일시'에 관한 세미나에서 전개했던 기본적인 위상학적 물체들 — 가령 주교관mitre[13]이 바로 그런 예인데, 여러분이 분명히 기억하시다시피 그것은 자기 자신과 교차하는 형태로 삼차원의 공간 속으로 펼쳐진 하나의 표면입니다 — 의 비틀림과 비슷한 어떤 것을 만들어내기 위해 생물학적으로 노력하고 있다는 느낌을 종종 받지 않을 수가 없습니다. 저는 생명체가 위상학적 구성에 합류하기 위해 얼마나 눈물겹게 노력하는지를 해부학적 형태상의 이러저러한 점이나 면을 통해 분명하게 확인시켜드릴 수 있을 겁니다.

우리는 이런 식의 사고를 통해서만 내부에 있으면서 동시에 외부에 있는 무언가의 이미지를 떠올릴 수 있음이 분명합니다. 바로 이러한 이유에서 이런 식의 사고는 특히 무의식이 문제가 될 때 필수적인 것입니다. 제가 말씀드린 바와 같이 무의식은 주체의 내부에 있으면서도 외부에서만, 말하자면 무의식 본연의 위상을 획득하는 유일한 장소인 타자의 장소에서만 실현되는 것이기 때문입니다. 여러분 중에는 오늘 처음 오신 분들도 계실 테니 여기서 지금까지의 세미나에서 다뤘던 것을 전부 활용할 수는 없을 겁니다. 제가 통발이라는 아주 간단한 도식을 사용하고 셔터라는 개념만을 도입했던 것은 바로 이 때문입니다. 대상은 셔터〔마개〕입니다. 하지만 그것이 어떻게 그러한지를 알아내는 문제가 여전히 남습니다. 그것은 여러분의 사유에

135 어떤 실마리를 던져주기 위해 제가 그려보려 했던 수동적인 셔터, 마개로 축소될 수 없습니다. 저는 그것에 대해 좀더 복잡한 표상을 제공할 것이며, 거기서 여러분은 아마도 눈의 구조와의 어떤 유사성을 발견하실 수 있게 될 겁니다.

주체와 세계의 관계를 연대기적으로 그려내려 할 때마다 그처럼 쉽게 떠오르는 일반적 형태를 눈의 구조가 제시해준다는 것은 정말로 특이한 일임이 분명합니다. 아마도 우연은 아닌 듯한데요. 하지만 그렇다고 성급히 달려들어 그것을 맹목적으로 신봉하지는 않는 것이 좋습니다.

여하간 당신이 그런 지적을 했으니 이 기회를 빌어 제 도식과 자아를 렌즈로 그려낸 프로이트의 도식[14]이 어떻게 다른지를 지적해둘까 합니다. 프로이트의 도식에선 이 자아라는 렌즈를 통해 지각-의식이 *Unbewußtsein*(무의식)이라는 무정형의 덩어리에 작용하게 됩니다. 프로이트의 도식은 그 나름대로 가치를 갖고 있지만 어떤 면에서는 제 도식처럼 일정한 한도 내에서만 의미를 갖습니다. 그럼에도 어쨌든 여러분은 그 둘이 다르다는 것을 깨달으셨을 겁니다. 만일 제가 자아를 어딘가에 위치시키고자 했다면 저는 그것을 *i*(*a*)라 표기했을 겁니다. 하지만 여기서 우리에게 문제가 되는 것은 바로 *a*이지요.

1964년 4월 22일.

12

시니피앙들의 행렬 속에서의 성욕

무의식의 현실은 성적이다
중국 천문학에 관하여
융과 해석학에 반대해
현실의 탈성욕화
무의식의 입구
안나 O와 프로이트의 욕망

지난 시간에는 공식을 하나 제시하면서 강의를 마쳤습니다. 그 공 137
식이 좋은 반응을 얻었던 모양인데, 이는 전적으로 그것이 예고의 형태로 제시되었기 때문일 겁니다. 그 공식이 경구 형태로만 제시된 채 아직 심도 있게 다뤄지지 않았다는 점에서 말입니다.

저는 우리의 논의가 다음과 같은 공식에 기대 진행될 것이라 말했습니다. '전이는 무의식의 현실을 현행화하는 것이다.' 여기서 예고되는 것은 전이에 대한 분석에서 사람들이 가장 회피하는 경향이 있는 어떤 것입니다.

1

이러한 입장을 개진하기에 저는 애매한 입장에 있는 것처럼 보입니다. 지금까지 제가 무의식에 대해 뭐라고 가르쳐왔던가요? 바로 무의식이란 주체에 대한 말의 효과들이라는 것이었지요. 무의식은 말의 효과들이 전개됨에 따라 주체가 결정되는 차원이며, 따라서 언어처럼 구조화된다는 것입니다. 이러한 방침은 무의식을 현실의 관점에서 접근하길 거부하고 오히려 주체의 구성이라는 관점에 맞춰 파악하기 위한 것이었습니다. 하지만 그럼에도 불구하고 이러한 제 가르침은 애초에 제가 전이적이라 부른 하나의 목적을 염두에 두고 있었습니다. 제가 누구보다 청중으로 생각했던 사람들, 즉 정신분석가들을 분석 경험에 부합하는 방향으로 다시 집중시키기 위해선, 우리는 가르치는 자의 말이 출발하는 수준에 따라 공식화가 청중에게 어떤 효과를 미치는지를 개념을 다루는 과정 자체 속에서 고려해야 합니다. 이처럼 여기 모여 있는 우리들은 가르치는 자를 포함해 모두 무의식의 현실과의 관계 속에 놓여 있습니다. 우리의 개입은 그러한 무의식의 현실을 해명할 뿐만 아니라 어느 정도는 그것을 발생시키기도 할 겁니다.

138 핵심으로 들어가 봅시다. 무의식의 현실, 그것은 성적 현실 — 이는 용납하기 힘든 진리이지요 — 입니다. 프로이트는 기회가 있을 때마다 고집스럽다고 할 만큼 이 점을 분명히 했지요. 그렇다면 그것은 왜 용납하기 힘든 현실일까요?

성sexe에 대한 문제와 관련해선 프로이트가 무의식의 발견을 공언했던 시기, 즉 1900년대 내지는 그 직전 시기부터 오늘에 이르기까지 과학적 관점에서 일정한 진보가 있었습니다. 우리의 심상心象 속에서 아무리 당연한 것으로 여겨진다 해도, 그때부터 알게 된 성에 대한 과학적 지식이 그전부터 항상 존재해왔던 것이라 생각해선 안 됩니다. 성에 대해 우리는 조금 더 알게 되었습니다. 우리는 대부분의 생명체들을 지배하는 성적 분화가 종족 보존을 보장해준다는 사실을 알고 있지요.

플라톤처럼 종種의 존재를 이데아들 중의 하나로 보든 아니면 아리스토텔레스처럼 종은 종을 지탱하는 개체들 속에만 있다고 생각하든 그것은 여기서 그리 대단한 문제가 아닙니다. 종은 개체들이라는 형태로 존속된다고 해둡시다. 하지만 그럼에도, 가령 말馬이 종으로 존속되는 것에도 하나의 의미가 있습니다. 즉 개체로서 각각의 말은 일시적이며 죽는다는 것이지요. 이를 통해 우리는 죽음, 즉 개체의 죽음과 성의 연관이 근본적인 것임을 이해할 수 있습니다.

성적 분화 덕분에 존재는 교미행위, 즉 오랜 전통에 의해 암수로 특징지어온 양극 구조가 두드러지게 나타나는 교미행위에 의존해 삶을 유지합니다. 생식의 원동력이 바로 교미에 있다는 것인데요. 아주 오래전부터 많건 적건 생식이라는 최종 목표와 결합된 다른 특징들이 〔교미라는〕 이 근본적인 현실을 중심으로 한데 묶이고 조화를 이뤄왔습니다. 여기서 제가 할 수 있는 일은 그저 생물학적 영역 내에서 2차 성징과 2차 성기능의 형태로 성적 분극화와 결합하는 것이 무엇인지를 지적하는 정도겠지요. 오늘날 우리는 사회 속에서 교차 놀이를 통한 기능들의 분배 전체가 어느 정도로 이러한 토양에 근거하고 있는지를 잘 알고 있습니다. 현대의 구조주의가 가장 분명하게 해명해줄 수 있었던 것이 바로 이 점이지요. 근본적 교환이 행해지는 것은 생물학적 혈통이나 자연적 출산과는 대립되는 결연結緣의 수준 — 말하자면 시니피앙의 수준 — 에서이며, 사회적 작용의 가장 기초적인 구조들, 즉 어떤 조합의 항들로 기록될 수 있는 구조들이 재발견되는 것 또한 바로 그러한 수준에서라는 것을 그것이 보여주고 있기 때문입니다.

이러한 조합이 성적 현실 속에 통합되어 있다는 사실은 우리로 하여금 시니피앙이 이 세상에, 인간 세상에 들어오게 된 것은 바로 이런 방식에 의해서가 아닐까 의문을 제기하게 만듭니다.

어쩌면 유사분열에 대한 좀더 세밀한 연구를 가동시킨 최근 발견들이 시니피앙이 세상에 도입된 것이 성적 현실을 통해서라는 주장에 정당성을 줄 수 있을지도 모르겠습니다. 이 발견들은 성세포의 성숙, 다시 말해 두 차례의 감수분열이 어떻게 이뤄지는지를 밝혀냈지요. 감수분열에서 관건은 일정 수의 가시적 요소들, 즉 염색체를 잃게
139 된다는 것입니다. 다들 아시다시피, 이렇게 해서 우리는 유전학에 이르게 되었습니다. 유전학에 의해 밝혀진 것은 과연 무엇일까요? 살아 있는 유기체의 몇 가지 요소들을 결정하는 데 있어 조합의 기능 — 이러한 기능은 일정 단계를 거쳐 잔여물을 배제함으로써 작동합니다 — 이 지배적으로 나타난다는 사실이 아닐까요?

저는 여기서 대상 *a*의 기능을 참조하면서 어떤 유비론적 사변 속으로 뛰어들지는 않을 겁니다. 단지 성욕의 수수께끼와 시니피앙의 유희 사이에 일종의 친화성이 있다는 사실만을 지적하고자 할 뿐입니다.

저는 여기서 다음과 같은 사실을 강조하고자 할 따름입니다. 실제로 역사적으로 원시 과학은 어떤 조합, 다시 말해 음과 양, 물과 불, 뜨거움과 차가움 등과 같은 대립항을 활용해 이들로 하여금 춤을 리드하도록[1] 하는 사고방식에 뿌리를 두고 있었다는 겁니다. 여기서 춤이란 단어를 선택한 것은 그것이 비유 이상의 의미를 갖고 있어서인데, 왜냐하면 이들 대립항들의 춤은 근본적으로 사회 속의 성별 분류에 의해 촉발된 춤 의식들에 기반하기 때문이지요.

이 자리에서는 대충이라도 중국 천문학을 다룰 수는 없을 겁니다. 대신 레오폴드 드 소쉬르의 책[2]이라면 재미있게 읽으실 수 있을 텐데

요. 소쉬르 가문에선 가끔씩 이처럼 천재적인 인물들이 배출됩니다. 이 책에 따르면 중국 천문학은 정치, 사회 구조, 윤리, 극히 사소한 행위들의 규제에 이르기까지 구석구석 반향되고 있는 시니피앙들의 유희에 기초하고 있는데, 그럼에도 그것이 천문학으로서도 아주 훌륭한 과학이라는 것을 알 수 있을 겁니다. 일정 시점까지 천체의 현실 전체가 다름 아닌 시니피앙들의 거대한 별자리로 기록될 수밖에 없었다는 것은 사실입니다.

궁극적으로 원시 과학은 — 극단적으로 말하자면 — 일종의 성적 테크닉이라고나 할까요. 성적 테크닉으로서의 원시 과학도 분명 하나의 과학이기 때문에 경계선을 긋는 것은 불가능하겠지요. 중국인들의 관측술은 아주 정확한 것으로, 가령 그들이 매우 일찍부터 주야의 변화를 예측할 수 있는 매우 효율적인 체계를 가지고 있었다는 것을 보여줍니다. 그들의 시니피앙적 표식 덕분에 우리는 그것이 어느 시대에 속하는지를 가늠할 수 있는데, 그것은 천구에 분점세차가 표시되고 북극성이 오늘날과 다른 위치에 있었을 만큼 아주 먼 옛날입니다. 그러한 체계에는 누구에게나 타당한 경험적 검증과 그러한 검증을 이끄는 원리 사이를 가르는 선이 전혀 없습니다. 마찬가지로 레비스트로스가 강조하고 있듯이 이 모든 것이 원시적인 마술에서 피어오르는 연기나 공상이라고 말할 수는 없습니다. 거기에는 대단히 유용한 방대한 양의 경험적 검증이 축적되어 있기 때문이지요.

하지만 그럼에도 이들 메커니즘을 움직이는 성적 기원과의 닻줄이 끊어지는 순간이 옵니다. 역설적으로 보일 수도 있겠지만 시니피앙의 기능이 더 암묵적이고 더 눈에 띄지 않을수록 그 결렬은 더 뒤늦게 이뤄집니다.

지금 한 말이 무슨 뜻인지를 예를 들어 설명해보겠습니다. 데카르

140 트와 뉴턴의 혁명을 거친 이후에도 여전히 지구를 하나의 거대한 물신처럼 여기는 어떤 종교적인 이론을 실증주의 교리 한가운데서 볼 수 있습니다. 이는 콩트Auguste Comte의 다음과 같은 진술에 완전히 부합합니다. 즉 우리는 별들의 화학적 성분에 대해서는 영원히 아무것도 알 수 없을 것이며 별들은 제 자리에서, 다시 말해 — 다른 관점에서 이야기하자면 — 순수한 시니피앙 기능으로 붙박여 있을 것이라는 겁니다. 그런데 유감스럽게도 거의 같은 시기에 빛의 분석이 가능해짐으로써 우리는 별들 속에서 그 별들의 화학적인 조성을 포함해 일거에 수많은 것들을 이해할 수 있게 되었습니다. 그리하여 천문학과 점성술이 완전히 분리되기에 이르렀습니다. 물론 그렇다고 해서 대다수 사람들에게 점성술이 의미를 잃은 것은 아니지만 말입니다.

2

이 모든 논의는 어디로 향하는 것일까요? 바로 무의식을 사유와 성적 현실 사이의 저 시원적 접합의 잔류 효과로 간주해야 하느냐는 물음을 향해서가 아닐까요? 만약 성욕이 무의식의 현실이라면 — 여기서 무엇을 강조해야 할지를 이해하시기 바랍니다 — 이러한 사태는 접근하기가 매우 까다롭기 때문에 오로지 역사적 고찰을 통해서만 해명될 수 있을 겁니다.

과학이 널리 퍼지면서 성적 체험이 축소되었다면, 인간의 사유가 그 성적 체험이라는 차원에 의해 좌우되는 수준을 복구해내는 것이 바로 역사적으로 융의 사상을 통해 구현된 해결책입니다. 거기선 주체의 심리와 현실 사이의 관계가 원형原型이라는 이름으로 구현됩니다.

하지만 융 사상은 — 그것이 세계가 분절되는 원시적인 방식들을, 그의 표현대로 하면 프시케 자체의 중핵과 같이 지속적으로 존재하는 무언가로 간주하는 한 — 필연적으로 '리비도' 라는 용어를 거부하게 되고, 리비도의 기능을 심적 에너지라는 훨씬 더 일반화된 관심을 끄는 개념에 의거해 중화시킬 수밖에 없게 됩니다.

이는 단순히 학파에 따른 해석의 차이와 같은 사소한 차이가 아닙니다. 왜냐하면 프로이트가 리비도라는 기능 속에서 제시하고자 한 것은 어떤 시원적인 관계나 사유의 원시적인 접근 방식, 우리의 세계를 통해 지속적으로 나타나는 고대의 음영과 같은 어떤 세계가 아니기 때문입니다. 리비도란 욕망의 현존, 효력을 미치고 있는 것으로서의 현존 그 자체입니다. 그것은 욕망 — 실체로서의 욕망이 아니라 1차 과정의 수준에 존재하며 우리의 접근 방식 자체를 조종하는 것으로서의 욕망 — 을 통해 현재에도 계속해서 겨냥되어야 하는 무엇입니다.

최근 저는 1960년의 한 학회에서 제가 한 발언과 관련해, 어느 외부 인사가 무의식에 대해 발표했던 글[3]을 다시 읽어보았습니다. 그는 우리의 영역을 개념화하기 위해 자신이 위치한 곳에서 최대한 멀리까지 나아가려 했습니다 — 성함을 말씀드리자면 바로 리쾨르 선생입니다. 분명히 그는 철학자로서는 접근하기 가장 어려운 것, 즉 무의식의 실재론 — 무의식은 행위의 모호성, 즉 알 수 없는 것임이 이미 알려져 있는 미래의 지식 같은 것이 아니라 어떠한 결여 속에 기입되어 있는 공백, 단절〔절단〕, 결렬이라는 것이지요 — 에 도달하기 위해 꽤 멀리까지 나아갔습니다. 리쾨르 선생은 이러한 차원에는 유보 141
해야 할 어떤 것이 있다는 점에 동의합니다. 다만 그는 철학자라는 본인의 입장에서만 그것을 취할 뿐입니다. 그것을 그는 해석학이라 부릅니다.

요즘에는 소위 이 해석학이란 게 유행입니다. 해석학은 제가 우리의 분석적 모험이라 부른 것뿐 아니라 레비스트로스의 작업에서 표명되고 있는 것과 같은 구조주의에도 반대합니다. 그렇다면 해석학이란 무엇일까요? 해석학이란 인간의 연속적인 흥망성쇠 속에서 인간이 스스로의 역사를 구성하는 데 사용한 기호들의 진보, 그 인간 역사의 진보를 읽는 것 아니겠습니까? 이때 역사는 그 가장자리에 있어서는 무한정한 시간으로까지 연장될 수도 있는 역사입니다. 그런데 리쾨르 선생은 분석가들이 매 순간 다루고 있는 것을 순전히 우발적인 것으로 돌려버립니다. 당연히 제3자 입장에서 보면 분석가들의 공조가 그에게 뚜렷한 인상을 남길 만큼 근본적인 합의점에 도달하진 못한 것처럼 보일 수 있습니다. 하지만 그렇다고 정복한 땅을 그에게 넘겨줄 수는 없는 노릇입니다.

분석이 몇 걸음 더 나아갈 수 있다면 저는 무의식의 박동을 성적 현실과 결합시키는 결절점〔매듭〕이 무엇인지가 바로 분석의 수준에서 드러나야 한다고 주장하는 바입니다. 이러한 결절점〔매듭〕이 바로 욕망이라 불리는 것으로, 최근 몇 년 동안 제가 몰두했던 모든 이론 작업들은 임상 경험의 매 단계마다 어떻게 이 욕망이 요구demande에 의존하고 있는지를 여러분에게 보여드리기 위한 것이었습니다. 요구는 시니피앙들 속에서 분절됨으로써 환유적 잔여물을 남겨놓고 이를 자기 밑으로 흐르게 합니다. 이 환유적 잔여물은 미결정된 요소가 아니라 절대적이면서 동시에 포착 불가능한 조건이 되는 요소입니다. 그것은 필연적으로 막다른 골목에 봉착할 수밖에 없고, 충족되지 못하며, 실현 불가능하고, 몰인식되는 요소입니다. 이 요소가 바로 욕망이라 불리는 것이지요. 이것이 바로 프로이트가 1차 과정의 수준에서 성욕의 심급이라 정의했던 장과 접합을 이루고 있는 것입니다.

욕망의 기능은 주체에게 시니피앙이 낳은 효과의 최종적인 잔여물입니다. *Desidero*[4], 이것이 프로이트의 '코기토' 입니다. 1차 과정의 핵심이 자리 잡게 되는 것은 바로 이렇게 해서라고밖에 할 수 없습니다. 욕동impulsion이 본질적으로 환각hallucination에 의해 만족되는 장에 관해 프로이트가 뭐라고 말했는지 주목해보시기 바랍니다.

어떠한 메커니즘-도식으로도 반사궁反射弓에서의 퇴행이라 간주되는 것을 설명할 수는 없을 겁니다. '감각중추sensorium' 를 통해 들어온 것은 '운동중추motorium' 를 통해 나가야 합니다. 만약 운동중추가 원활하게 작동하지 않는다면 그것은 뒤로 되돌아가겠지요. 하지만 만약 그것이 뒤로 되돌아간다면, 대체 어떻게 여기서 지각이 이뤄진다고 생각할 수 있을까요? 정지된 전류로부터 에너지를 역류시켜 램프에 불을 켜는 어떤 것의 이미지를 통해서가 아니라면 말입니다. 그렇다면 그 램프는 누구를 위해 켜진 것일까요? 이런 식의 퇴행에서 제3자의 차원은 본질적입니다. 그것은 제가 요 전날 칠판에 언표의 주체와 언표 행위의 주체라는 이중 구조의 형태로 그렸던 것과 엄격히 유비적인 형태로만 이해될 수 있을 겁니다. 소위 지각의 동일성이 142
결정되도록 하는 그 자연적인 은유의 차원을 우리에게 제공하는 것은 오로지 욕망하는 주체, 그것도 성적으로 욕망하는 주체의 현존뿐입니다.

프로이트는 리비도가 1차 과정의 핵심 요소라 주장합니다. 이는 그가 자기 이론을 예증하려 했던 텍스트들에서 드러나는 바와는 반대로 환각, 지극히 단순한 욕구에서 비롯된 극도로 단순한 환각에서조차 욕구의 대상들이 그대로 나타나진 않는다는 뜻이지요. 가령 어린 안나의 꿈[5]에 등장하는 먹을 것에 대한 환각을 생각해봅시다. 정확히 무엇을 말하는지 저로선 잘 모르겠지만 그녀는 '파이', '딸기', '계란과자', 달콤한 군것질거리들이 있었다고 말합니다. 꿈에서 환각이 가능해지는 것은 이 대상들이 성적인 것이 되었기 때문이지요 — 여러분도 간파하실 수 있겠지만, 어린 안나가 환각의 대상으로 삼은 것은 오로지 금지된 대상들이니 말입니다. 물론 이것은 각각의 사례별로 검토되어야 합니다. 하지만 우리가 쾌락원칙에서 문제가 되는 것을 이해하기 위해서는 모든 환각 속에서 의미효과의 차원을 확인하는 작업이 반드시 필요합니다. 환각에 현실성이라는 함의가 주어지는 것은 주체가 욕망하는 시점부터입니다. 그런데 프로이트가 현실원칙을 쾌락원칙과 대립시킨다면, 이는 정확히 거기서 현실이 탈성욕화된 것으로 규정되는 한에서입니다.

최근의 분석 이론들은 종종 탈성욕화된 기능에 대해 언급하곤 합니다. 예를 들어 자아이상은 탈성욕화된 리비도의 투자에 바탕을 두고 있다는 식으로 이야기합니다. 저는 탈성욕화된 리비도에 대해 이야기하는 것은 상당히 어려운 일이라고 생각합니다. 하지만 현실에 대한 접근이 어떤 탈성욕화를 포함하고 있다는 생각은 실제로 프로이트가 *Zwei Prinzipien des psychischen Geschehens*, 즉 심리적 사건성을 구분하는 두 가지 원칙들을 정의할 때 근거가 된 것입니다.[6]

이는 무슨 말일까요? 우리가 성적 현실의 무게가 새겨진다고 여겨야 하는 것은 바로 전이 속에서라는 겁니다. 대부분 미지의 상태로 남겨져 있고 일정 지점까지는 감춰져 있는 성적 현실은 분석 담화 — 분명 요구의 담화로 구체화되는 — 의 수준에서 일어나는 것 아래로 흘러갑니다. 분석 경험 전체가 성적 현실에 대한 우리의 이해를 좌절과 만족이라는 용어 쪽으로 기울어지게 만든 것에는 다 그럴 만한 이유가 있는 것이지요.

언젠가 제가 '안으로 접힌 8'이라 칭했던[7] 약호에 따라 주체의 위상학을 칠판에 그려보았습니다. 보시다시피 이것이 우리가 〔잘라〕 만들 수 있는 어떤 표면이라는 사실만 생각하지 않는다면, 당연히 여기서 저 유명한 오일러의 원들을 떠올릴 수 있습니다. 그 표면의 가두리[8]는 연속체를 이루는데, 물론 그러다가 어느 한 점에 이르게 되면 그보다 앞서 펼쳐져 있던 표면에 의해 〔덮여〕 감춰지게 됩니다. 어떤 각도에서 보면 이 그림은 서로 겹쳐진 두 개의 장을 그린 것처럼 보일 수도 있지요.

무의식이 전개되는 장으로서 정의된 이들 면[面]이 성적 현실이라는 또다른 면에 겹쳐져 그것을 덮어 감춰버리는 지점, 저는 바로 그곳에 리비도를 위치시켰습니다. 그렇다면 리비도는 이 양자에 속한 것, 논리학에서 말하는 교집합의 지점이 되겠지요. 하지만 그렇게는 되지 않습니다. 왜냐하면 그 표면을 완전히 옆면에서 보면 알 수 있듯이, 두 개의 장이 겹쳐져 있는 듯이 보이는 그 부분은 빈 공간[vide]에 해당하기 때문입니다.

이 표면은 여러 기회를 빌려 제가 제자들을 위해 위상학적으로 그려 보인 바 있는 또다른 표면, 즉 크로스캡[cross-cap], 일명 주교관이라 불리는 것과 상통하는 점을 가지고 있습니다. 오늘은 그리지 않았지만,

143

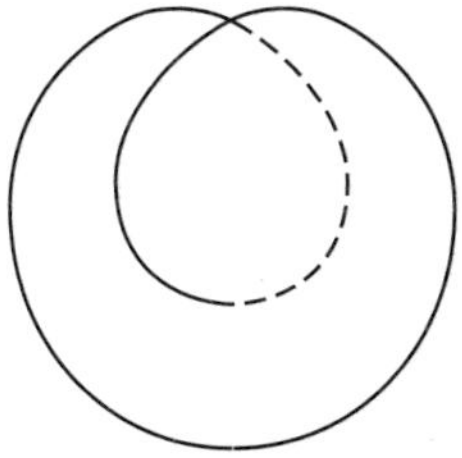

안으로 접힌 8

아주 쉽게 눈에 띄는 그것의 특징 몇 가지는 알아두셨으면 좋겠습니다. 그것은 안으로 접힌 8을 가지고 만들 수 있는 것입니다. 여기서 보이는 것처럼 표면을 하나 더 보완해서 두 개의 가두리가 서로 맞물리게 한 다음 봉해봅시다. 구는 마치 하나의 원이 안에 무언가를 담고 있는 양 그것을 봉해버립니다. 구가 원에 대해 이렇게 보완의 역할을 하듯이 이 표면은 안으로 접힌 8에 대해 똑같이 보완의 역할을 한다고 할 수 있습니다. 자, 바로 이렇게 해서 이 표면은 뫼비우스의 띠가 되어 겉과 안이 이어지게 됩니다. 이러한 형태에서 필연적으로 수반되는 두번째 특징은 이 형태가 곡선을 봉해버리기 위해서는 그것이 어딘가에서, 제가 방금 두번째 모델 위에 그린 선을 따라 바로 이 지점에서 이전의 표면을 가로질러야 한다는 것입니다.

이런 모양을 통해 우리는 요구라는 장 — 여기서 무의식의 소실이 현전화됩니다 — 과 성적 현실이 바로 욕망이라는 장소에서 접합되는 모습을 그려볼 수 있습니다. 이 모든 것은 욕망의 선線이라 부를 수 있는 것에 달려 있지요. 이 선은 요구와 연결되어 있고, 이 선에 의해 성적 효과가 경험 속에서 현전화되는 것입니다.

여기서 욕망이란 어떤 욕망일까요? 여러분은 제가 바로 여기서 전이의 심급을 가리킨다고 생각하시는지요? 그렇다고도 할 수 있고 그렇지 않다고도 할 수 있습니다. 제가 여러분에게 이 욕망은 다름 아닌 분석가의 욕망이라고 말한다면 사정이 그리 간단하지만은 않다는 것을 이해하실 수 있을 겁니다.

3

무모해보일 수 있는 주장으로 여러분을 당황하게 만들지 않기 위해선 무의식으로 들어가는 입구가 어떻게 프로이트의 시야 속에 출현했는지를 여러분에게 상기시켜드릴 수밖에 없을 듯합니다.

안나 O……. 이 O양 이야기는 그만 접고[9] 원래 이름인 베르타 파펜하임Bertha Pappenheim이라 불러봅시다. 이 이름은 독일 사회복지 사업 144
계에 꽤 큰 족적을 남겼는데요. 얼마 전에 기쁘게도 제자 한 명이 그녀의 모습이 실린 독일 우표를 가져다준 적이 있는데, 이는 그녀의 이름이 역사에 길이 남게 되었다는 사실을 보여줍니다. 전이가 발견된 것은 바로 이 안나 O의 사례에서였습니다. 브로이어는 그녀와의 작업이 순조롭게 진행되어 매우 흡족해했지요. 만일 당시에 누군가가 시니피앙이라고 하는 스토아 학파의 용어를 부활시킬 수 있었다면, 아무도 이 용어에 이의를 제기하지 않았을 겁니다. 안나가 더 많은 시니피앙을 제공하고 더 많이 재잘댈수록 일은 점점 더 원활하게 진행되었습니다. 이것이 바로 *chimney cure*, 굴뚝 청소입니다.[10] 이 사례를 다시 읽어보시기 바랍니다. 이 모든 것에는 장애가 될 만한 것이 아무것도 없습니다. 미시적으로나 거시적으로나 여기에는 성욕이란 것이 존재하지 않습니다.

그럼에도 성욕의 도입은 바로 브로이어를 통해 이뤄집니다. 심지어 그의 귀에 무슨 이야기가 들려오기 시작합니다. 그는 자기 식구에게 다음과 같은 말을 듣게 됩니다. "당신은 정신이 팔려 있어요."[11] 충실한 남편이었던 그는 이 말에 놀라 이젠 그 일에서 손을 떼야겠다고 생각했지요. 아시다시피 이에 대한 반응으로 안나 O는 의학 용어로 '가임신' 이라 불리는 것 — 이는 간단히 상상 임신을 뜻합니다 — , 소위 신경성 임신이라고 하는 것으로 대단하고 극적인 시위를 벌였지요.

이를 통해 안나 O가 보여주는 것은 무엇일까요? 이런저런 생각을 해볼 수도 있겠지만 너무 성급하게 육체의 언어라는 개념으로 뛰어드는 것만은 자제해야 할 겁니다. 그저 성욕이라는 영역이 기호들이 작용하는 자연스러운 모습을 보여준다고만 말해두기로 합시다. 이 수준에서 기호는 시니피앙이 아닙니다. 왜냐하면 상상 임신은 하나의 증상이며, 기호에 대한 정의를 따르자면 그것은 어떤 누군가에게 무언가를 대표하는 것이기 때문이지요. 반면 시니피앙은 이것과는 완전히 다른 것으로, 어떤 다른 시니피앙에게 하나의 주체를 대표하는 것입니다.

여기서 이것이 얼마나 큰 차이인지를 분명히 해둘 필요가 있습니다. 당연한 결과이긴 하겠지만 사람들은 모든 것이 베르타의 잘못이라고 쉽게 말하는 경향이 있기 때문입니다. 하지만 잠시 다음과 같은 테제를 숙고해보시기 바랍니다. 즉 베르타의 임신을 '인간의 욕망은 타자의 욕망'이라는 제 공식에 따라 브로이어의 욕망이 표출된 것으로 생각하면 안 되는 것일까요? 왜 아이를 갖고자 하는 욕망이 브로이어의 욕망이었다고는 생각하지 않는 것일까요? 이에 대한 단서를 드리겠습니다. 어니스트 존스가 어느 인터뷰에서 회상한 바에 따르면 브로이어는 아내와 이탈리아로 떠날 즈음에 서둘러서 아이를 가졌다고 합니다 — 저 냉정한 웨일스인의 말에 따르면 이러한 사연과 함께 태어난 아이는 그 인터뷰가 있기 얼마 전에 자살로 생을 마감했다고 합니다.

일단 이 결과와 무관하진 않을 어떤 욕망을 실제로 어떻게 생각할 수 있는지는 차치하더라도 프로이트가 브로이어에게 한 말은 주목해야 합니다. "뭐라고! 말도 안 돼. 전이는 그 베르타란 여자의 무의식이 혼자 힘으로 벌인 일이지 자네 때문이 아니네. 자네의 욕망이 아니란 말일세 — 이들이 서로 말을 놓고 지냈는지는 알 수 없지만 이는 가능한 일입니다 — 그건 타자의 욕망이야." 이런 점에서 저는 프로이트가 브로이어를 히스테리증자처럼 다뤘다고 생각합니다. 그가 브로이어에게 "자네의 욕망, 그건 타자의 욕망이야"라고 말하고 있기 때문이지요. 흥미로운 것은 프로이트가 비록 브로이어의 죄의식을 덜어주지는 못했지만 불안을 덜어주었다는 사실입니다. 제가 죄의식과 불안이라는 두 수준을 어떻게 구별하는지를 아시는 분들이라면 이 145
말이 무슨 뜻인지 이해하실 겁니다.

이는 프로이트의 욕망이 어떤 결과를 낳았는가라는 문제로 우리를 이끕니다. 그의 욕망은 전이에 대한 이해 전반을 빗나가게 만듦으로써 그것을 현재와 같이 극도로 터무니없는 방향으로 치닫게 만들기도 했는데, 심지어 어떤 분석가는 전이에 대한 이론이 모두 분석가의 방어일 뿐이라고 주장할 정도입니다.

저는 이러한 극단적인 항terme extrême을 뒤엎고자 합니다. 저는 그것이 분석가의 욕망이라고 말함으로써 정확히 그 반대편을 보여주고자 합니다. 제 말을 잘 이해하셔야 합니다. 이는 단순히 사태를 뒤집는 문제가 아닙니다. 제 이야기를 열쇠 삼아 전이 문제에 대한 개론을 읽어보시기 바랍니다. 저자가 누구라도 상관없습니다. 정신분석에 관해 '크세주' 문고를 쓸 만한 사람이라면 전이에 대해서도 일반적인 검토를 해줄 수 있을 겁니다. 누구를 가리키는지 충분히 짐작하실 텐데요.[12)] 전이에 관한 그 개론을 읽고 거기에 맞춰 여러분의 입장을 정리해보시기 바랍니다.

프로이트만 빼놓고 본다면, 각 저자들이 저마다 전이라는 주제에 대해 개진한 이론 속에서 우리는 저자 자신의 욕망을 완벽하게 읽어낼 수 있지 않을까요? 가령 우리는 아브라함Karl Abraham의 부분 대상 이론만 가지고 아브라함 자신을 분석해볼 수 있을 겁니다. [이론 속에는] 분석을 하면서 분석가가 환자가 어떻게 되어주었으면 하고 바라는 것만 들어 있는 것이 아닙니다. 분석가 입장에서 환자가 자신을 어떻게 대해주었으면 하는지도 들어 있습니다. 이를테면 아브라함은 완벽한 어머니가 되고 싶어했지요.

그러고 나서 페렌치Sandor Ferenczi의 이론의 여백에 "나는 아버지면서 아들이어라"라는 조르지우스[13]의 유명한 노래가사를 적어넣는 것 또한 재밌을 듯싶습니다.

뉜베르크 역시 그 나름대로 생각한 바가 있습니다. 그는 실로 주목할 만한 논문 「사랑과 전이Amour et transfert」에서 삶과 죽음의 힘의 재량권을 쥐고 있는 자처럼 행동합니다. 거기서 우리는 신적인 위치에 대한 그의 갈망을 확인하지 않을 수 없지요.

이 모든 것은 일종의 여흥거리에 불과합니다. 하지만 제가 오늘 칠판에 다시 그려보고자 했던 것과 같은 기능들이 추려질 수 있는 것은 바로 이런 식의 역사의 흐름 속에서입니다.

통발 도식을 제가 언젠가 정신분석적 의미에서의 인성人性에 심리학적으로 접근하는 어떤 이론에 응수하기 위해 제시했던 도식들과 결합시키고자 한다면, 제가 말한 셔터를 카메라 셔터로 간주하는 것으로 충분합니다. 물론 이 경우엔 셔터가 거울로 된 것일 테지만 말입니다. 이처럼 다른 쪽에 있는 것을 가려버린 작은 거울 속에서 주체는 소문자 *a*라는 가시화된 어떤 것을 중심으로 — 뒤집힌 꽃다발의 실험 속에서 산출된 것, 다시 말해 실상實像이라는 환영에 의거해 — 자기 자신의 이미지를 조율하는 놀이가 펼쳐지는 것을 보게 됩니다. 주체가 본질적인 통합의 기회를 발견하게 되는 것은 바로 이 조율된 이미지들의 총체 속에서입니다. 이 모든 것을 통해 우리는 무엇을 알 수 있을까요? 각 분석가들의 욕망이 분석의 역사 속에 연루되어 요동침에 따라, 그들 각각이 욕망의 수준에서 존재하는 방식을 규정지을 수 있도록 해주는 어떤 작은 세부 사항, 보충적인 소견, 부가적이거나 세밀한 우발적 사건들을 우리가 덧붙일 수 있게 되었다는 것이 아닐까요? 프로이트가 그의 표현대로 자신을 따르는 무리를 남긴 것은 바로 146
이 지점에서입니다.

아무튼 그리스도를 따랐던 사람들은 그리 명석한 자들이 아니었지요. 프로이트는 그리스도는 아니었지만 아마도 비리디아나[14] 같은 사람이었다고 할 수 있을 겁니다. 소형 카메라에 의해 매우 아이러니한 모습으로 찍힌 그 영화 속의 인물들을 보면, 이따금 저는 그처럼 수많은 사진들에 실렸던 프로이트의 사도들과 아류들의 집단을 떠올리지 않을 수 없지요. 제가 그들을 비하하는 것 같나요? 그들은 사도 이상이 아닙니다. 그들이 최상의 증언을 남길 수 있었다면, 이는 딱 그 사도의 수준에서였습니다. 그들이 우리에게 가장 큰 가르침을 준 것은 어떤 순진함, 박약함, 천진함을 통해서이지요. 소크라테스 주변 인물들이 훨씬 더 명석했으며, 그들이 전이에 관해 프로이트의 사도들 못지않게 많은 가르침을 주었다는 것은 분명한 사실입니다. 이 주제에 관한 제 세미나를 기억하는 사람들이 이 점을 확인시켜줄 수 있을 겁니다.[15]

다음 시간에는 바로 이 지점에서 강의를 이어 분석가의 욕망이라는 기능이 가진 함의를 해명해보도록 하겠습니다.

〈질의응답〉

자크-알랭 밀레_ 두 종류의 담화, 즉 무의식이라고 하는 타자의 담화와 과학의 담화 사이에는 어떤 고유한 관계가 있는지에 관해 질문을 드리고 싶습니다. 과학의 출현 이전에 존재하던 담화들과 달리 과학의 담화는 무의식적 조합에 근거를 두고 있지 않습니다. 과학은 무의식과 무관함non-rapport의 관계를 맺음으로써 성립됩니다. 과학은 무의식과 절연되어 있다는 것인데요. 하지만 그럼에도 거기서 무의식이 사라진 것은 아니며 우리는 무의식의 영향력을 여전히 감지할 수 있습니다. 선생님께서 주장하신 정신분석의 과학성을 숙고해보면 과학적 사유의 역사를 새로 쓰게 될 듯한데요. 이 점에 대한 선생님의 견해를 듣고 싶습니다.

보시다시피 이중의 문제 설정이 이뤄지고 있습니다. 분석가의 욕망이 발휘하는 본질적인, 그러면서 유동적인 파급 효과에도 불구하고, 정신분석을 현대 과학의 대열에 재합류시킬 수 있다면, 우리에겐 현대 과학의 배후에 있는 욕망이라는 문제를 제기할 수 있는 권리가 있을 겁니다. 과학의 담화는 분명히 무의식의 담화의 조건들로부터 절연되어 있지요. 이는 집합론을 보면 알 수 있습니다. 조합이 성욕의 포획에 빠져 있는 시기에는 집합론이 탄생할 수 없습니다. 그러한 절연은 어떻게 가능할까요? 우리는 다름 아닌 욕망의 차원에서 이에 대한 해답을 얻을 수 있을 겁니다.

1964년 4월 29일.

13

충동의 분해[1]

지난 시간에는 어떤 분할, 자기 안쪽으로 접혀 있는 어떤 테두리 147
의 위상학적 도식화를 통해, 통상 분석 상황situation analytique이란 잘못된 명칭으로 불리고 있는 어떤 것을 〔위상학적으로〕 자리매김하면서 강의를 마쳤습니다.

이러한 위상학은 이접되어 있으면서 연접된 지점, 결합을 이루면서 경계가 되는 지점, 분석가의 욕망만이 차지할 수 있는 그 지점이 어디인지를 머릿속에 그려볼 수 있도록 하기 위한 것이었습니다.

더 나아가 어떻게 이런 식의 〔위상학적〕 자리매김이 오랜 분석 경험 및 이에 대한 이론적 진술들을 통해 축적된 개념과 실천의 모든 길목들에서 필연적으로 도출될 수밖에 없는지를 이해하려면 — 사정상 지난 강의들에 참석하지 못한 분들을 위해 드리는 말씀입니다 — 제가 분석 경험에 본질적인 것이라 예고했던 네번째 개념을 주목해야 합니다. 바로 충동 개념이지요.

1

이 개념이 프로이트에 의해 전적으로 새롭게 제시된 개념인 한 우리는 오직 프로이트에 의거해서만 그 개념을 도입 — 프로이트의 용어를 빌리자면 *Einführung* — 할 수 있습니다.

Trieb(충동)는 심리학이나 생리학에서뿐 아니라 물리학에서도 역사가 오래된 용어입니다. 프로이트가 이 용어를 선택한 것도 분명 단순한 우연은 아니었지요. 하지만 그는 이 *Trieb*에 아주 특수한 용법을 부여했습니다. *Trieb*라는 용어가 분석 실천 자체 속에 너무나 완벽하게 통합된 나머지 그 용어의 과거가 감쪽같이 숨겨질 정도였지
148 요. 무의식이라는 용어의 과거가 분석 이론에서 그 용어의 용법을 무겁게 짓누르고 있는 것과 마찬가지로, *Trieb*라는 용어도 하나같이 우리 경험의 근원적 소여를 일컫기 위해 사용되고 있지요.

심지어 간혹 이에 근거해 무의식에 관한 제 학설이 분석가라면 누구나 경험을 통해 알고 있는 충동적인 것을 무시하고 주지화〔관념화〕해 버린다고 주장하면서 — 물론 제가 지성[intelligence]이란 것에 대해 어떤 생각을 품고 있는지를 알게 된다면 그들은 분명 그런 비난을 철회하겠지요 — 반론을 제기하는 사람들도 있습니다. 실제로 분석 경험 중에 우리는 비록 억제[répression]를 통해서일지라도 억제 불가능한 어떤 것과 대면할 수도 있을 겁니다 — 게다가 거기에 억제가 있는 게 분명하다면 이는 그 너머에서 밀고 올라오는 무언가가 있기 때문이지요. 우리가 다뤄야 할 각각의 사례에서 임상적 중요성을 갖는 충동이라 불리는 요소를 인식하기 위해서라면, 굳이 성인 분석 속으로 깊이 들어갈 필요도 없이 아동을 치료해보는 것으로 충분할 겁니다. 따라서 이 경우에는 충동이 최종적인 소여, 시원적인 것, 원초적인 것을

지칭하고 있는 듯이 보입니다. 제가 여러분에게 무의식을 이해하려면 이런 것에 기대지 말라고 말씀드렸는데, 바로 여기선 그것이 불가피해 보인다는 것이지요.

그렇지만 과연 충동과 관련된 문제가 유기체의 영역에 속하는 것일까요? 「쾌락원칙을 넘어서」의 한 대목에서 프로이트가 언급한 "충동, *Trieb*는 유기체의 삶 속에서 *die Äußerung der Trägheit*, 즉 관성의 어떤 발현을 대표한다"[2]는 구절은 그런 의미로 해석되어야 하는 것일까요? 충동이 그렇듯 관성에 의한 고정, 즉 고착, *Fixierung*에 대한 언급만 가지고 끝낼 수 있는 간단한 개념일까요?

저는 그렇게 생각하지 않을 뿐더러 프로이트가 충동 개념에 대해 했던 작업을 진지하게 검토해보면 오히려 그 반대가 될 것이라 생각합니다.

충동은 추동력poussée이 아닙니다. 다음과 같은 이유에서라도 *Trieb*는 *Drang*이 아닙니다. 즉 「나르시시즘 서론Einführung zum Narzißmus」이 나온 지 일 년 후 — 이 점을 기억해두는 것이 왜 중요한지를 곧 아시게 될 겁니다 — 인 1915년에 쓴 「충동과 충동의 운명Trieb und Triebschicksale」이라는 논문에서 — *Triebwandlungen*이라면 모를까 *Schicksal*을 '변모avatar' 로 옮겨선 안 됩니다. 그것은 모험, 변천〔운명〕vicissitude을 말합니다 — 프로이트는 충동의 네 가지 항목을 구분하는 것이 중요하다고 지적합니다. 네 가지 항목이란 *Drang*, 즉 추동력, *Quelle*, 즉 원천, *Objekt*, 즉 대상, *Ziel*, 즉 목표입니다. 물론 이러한 나열을 읽으면서 그것을 아주 자연스러운 것처럼 여길 수도 있지요. 하지만 저는 이 텍스트 전체가 그것이 그렇게 자연스러운 것이 아니라는 사실을 보여주기 위해 쓰인 것임을 증명할 겁니다.

우선 이 논문을 시작하면서 프로이트 본인이 충동은 하나의

Grundbegriff, 근본 개념이라고 말하고 있다는 사실을 상기하는 것이 중요합니다. 그러고 나서 그가 덧붙인 다음 대목은 그가 훌륭한 인식론자라는 점을 보여줍니다. 즉 그는 자신이 과학 속에 충동을 도입한 시점부터 상황이 두 가지 중 하나로 귀결될 것이라 말합니다. 그 개념이 보존되든지 아니면 폐기되든지 한다는 겁니다. 만일 그 개념이, 요즘 말로 작동한다고 한다면 — 저라면 그 개념이 통과해야 할
149 실재 속에 자신의 궤적을 그릴 수 있다면이라고 말할 겁니다 — 그것은 보존될 겁니다. 과학 분야에 속하는 다른 모든 *Grundbegriff*들의 경우에도 이는 마찬가지입니다.

여기서 프로이트가 무엇을 염두에 두고 있는지가 분명히 드러나는데, 그것은 바로 물리학의 근본 개념들입니다. 프로이트의 생리학 분야 선생들은 생리학을 현대 물리학의 근본 개념들과, 특히 에너지론의 개념들과 통합시키는 것을 추진했던 장본인들이었지요. 힘이나 에너지와 같은 개념은 역사의 흐름에 따라 점점 더 포괄적이 된 어떤 현실에 맞춰 무수히 자신의 테마를 반복해오지 않았던가요!

프로이트는 바로 이것을 예견한 겁니다. 그는 "인식의 진보는 어떠한 개념 규정의 *Starrheit*, 현혹에도 굴하지 않는다"라고 말합니다. 어딘가 다른 곳에서 그는 충동이 우리의 신화의 일부를 이룬다고 말합니다.[3] 저라면 신화라는 용어를 쓰지 않을 텐데요 — 참고로 바로 이 텍스트 첫 문단에서 프로이트는 보다 핵심에 근접한 용어인 *Konvention*, 즉 규약이라는 단어를 사용하고 있습니다.[4] 저는 저의 제자들에게 주지시켰던 벤담의 용어를 사용해 그것을 픽션이라 부르겠습니다.[5] 말이 나온 김에 한 마디 더 하자면 이 픽션이란 용어는 지나치게 남용되고 있는 모델이란 용어보다는 훨씬 나은 표현이지요. 어떤 경우에도 모델은 결코 *Grundbegriff*가 될 수 없습니다. 어떤 장

에서는 여러 모델들이 동시에 작용할 수도 있기 때문이지요. 하지만 *Grundbegriff*, 즉 근본 개념이나 근본적 픽션의 경우에는 그런 일이 있을 수 없습니다.

2

이제 충동과 관련해 프로이트가 언급한 네 개의 항목들을 좀더 면밀히 살펴봅시다. 무엇보다 우리는 이 네 개의 항목들이 제각각으로밖에 나타날 수 없다는 것을 알 수 있습니다.

가장 먼저 추동력, 이것은 방출에 대한 무조건적인 성향[tendance]과 동일시될 겁니다. 이러한 성향은 자극이라는 사태에 의해 발생하는 것입니다. 말하자면 자극의 수준에서 유입되는 추가분의 에너지, 『과학적 심리학 초고[*Entwurf einer psychologie*]』에 나오는 그 유명한 양[量] Qn을 전송함으로써 발생하는 것입니다. 다만 프로이트는 이 문제와 관련해 아주 의미심장한 지적 하나를, 그것도 주저하지 않고 하고 있습니다. 물론 여기서도 흥분, 자극, 프로이트가 이 수준에서 사용한 용어를 쓰자면 *Reiz*가 문제이지만, 충동과 관련된 *Reiz*는 외부 세계에서 오는 여타의 자극들과는 다른 것으로서 내적인 *Reiz*라는 것입니다. 이는 무엇을 뜻할까요?

이를 해명하기 위해서는 우선 유기체의 다양한 수준에서, 무엇보다 배고픔이나 갈증의 수준에서 볼 수 있는 것과 같은 욕구[besoin]라는 개념이 필요합니다. 프로이트가 내적 자극과 외적 자극을 구분하면서 말하려 했던 것이 바로 이러한 개념인 것처럼 보일 수도 있겠지요.
자, 하지만 프로이트가 이 텍스트의 첫 줄부터 *Trieb*는 *Hunger*, 배고 150
픔이나 *Durst*, 갈증 같은 욕구의 압력[pression]과 완전히 무관하다고 단언하고 있다는 것을 반드시 지적해야 합니다.

실제로 *Trieb*가 무엇인지 검토하기 위해 프로이트가 전체로서의 유기체의 수준에서 작용하는 심급의 것을 참조하는 것을 보신 적이 있는지요? 과연 실재가 총체적인 사태로서 거기에 침입하는 것일까요? 여기서 관건이 되는 것이 생명체일까요? 물론 아닙니다. 정확히 말해 항상 문제가 되는 것은 처음에 프로이트가 거의 분화되지 않은 형태로 제시했던 프로이트의 장 그 자체입니다. 제가 방금 전에 언급한 『초고』를 참조하자면, *Ich*, *Real-Ich*(현실자아[실재적-나])라는 수준의 장이지요. *Real-Ich*는 유기체 전체에 의해서가 아니라 신경 체계에 의해 유지되는 것으로 간주됩니다. 그것은 프로그램화되고 객체화된 주체라는 성격을 갖고 있습니다. 저는 이 장이 가진 표면이라는 특성을 강조해 이 장을 위상학적으로 다루고, 또한 이 장을 표면으로 다루는 것이 어떻게 해서 그것을 다룰 수밖에 없었던 필요성에 전적으로 부합하는지를 보여드리고자 합니다.

이 점은 본질적인 것입니다. 이 장을 좀더 면밀히 관찰해보면, 바로 저 *Triebreiz*(충동자극)에 의해 이 장의 몇몇 요소가 *triebbesetzt*, 충동적으로 투자된다는 사실을 알 수 있기 때문이지요. 이 투자라는 말은 우리를 에너지 — 아무 에너지가 아니라 포텐셜 에너지를 말합니다 — 의 영역으로 인도합니다. 왜냐하면 프로이트가 매우 힘주어 진술하고 있듯이, 충동의 특성은 그것이 *konstante Kraft*, 항상적인 힘이라는 데 있기 때문이지요. 그는 충동을 *momentane Stoßkraft*라고는 생각할 수 없었습니다.

그렇다면 이 *momentane Stoßkraft*란 무엇을 뜻할까요? 이미 역사적으로 이 *Moment*란 단어를 잘못 이해한 선례가 있습니다. 즉 1870년 파리가 포위되어 있던 동안에 파리 시민들이 비스마르크가 사용했다는 *psychologische Moment*라는 말에 대해 야유를 퍼부은 적이 있습니다. 그들에게 그런 말은 정말로 우스꽝스럽게 들렸습니다. 근래처럼 온갖 것에 적응하기 전까지 프랑스인들은 항상 단어의 정확한 사용에 민감했기 때문입니다. 심리적 순간moment psychologique이라는 완전히 생소한 말은 그들에게 웃음거리로 보였습니다. 사실 이 말은 아주 단순히 심리적 '요인facteur'을 뜻하는 것이었지요. 아마도 *momentane Stoßkraft*는 요인이라는 뜻으로만은 볼 수 없으며 운동역학에서 말하는 모멘트[6]란 뜻으로 이해해야 할 겁니다. 저는 여기서 말하는 *Stoßkraft*, 즉 충격력은 살아 있는 힘, 운동 에너지를 가리키는 것에 다름 아니라고 생각합니다. 하지만 충동에서 문제는 절대로 운동 에너지가 아닙니다. 문제는 운동으로 해결되는 어떤 것이 아니지요. 여기서 문제가 되는 양은 전혀 다른 성질의 것이며 다른 차원에 속합니다.

이 추동력의 항구성 때문에 우리는 충동을 언제나 리듬에 따라 움직이는 생물학적 기능과 결코 동일하게 취급할 수 없습니다. 충동에 관해 프로이트가 말한 가장 우선적인 사항은, 이를테면 충동에는 밤낮도, 봄가을도, 성쇠도 없다는 것입니다. 그것은 항상적인 힘이지요. 어쨌든 우리는 텍스트들을 고려하고 분석 경험도 고려해야 할 겁니다.

3

사슬의 다른 쪽 끝에서 프로이트는 *Befriedigung*, 만족에 대해 언 151
급합니다. 그는 여기서도 역시 이 단어를 원래의 철자 그대로, 하지만 이번에는 인용 부호를 달아 적어놓습니다. 충동의 만족이란 무엇을 뜻할까요? 여러분은 이렇게 말씀하실지도 모르겠습니다. "그건 정말 간단한 문제지. 충동의 만족이란 바로 그 *Ziel*, 목표에 도달하는 것이야." 맹수가 굴에서 나와 *querens quem devoret*[7], 먹이를 발견하면 그것을 먹어치우고 만족해합니다. 이 같은 이미지가 환기될 수 있다는 사실 자체가 충동의 만족이 엄밀히 말해 충동이라는 신화와 하모니를 이루며 공명하는 것으로 이해되고 있다는 증거겠지요.

하지만 곧바로 한 가지 반론이 제기될 수 있는데요. 처음부터 수수께끼로 제시되었고 프로이트의 다른 수수께끼들과 마찬가지로 그가 생을 마감할 때까지 필생의 과제로 계속 남아 있었건만, 아무도 그걸 주목하지 않았다는 것은 이상한 일이지요 — 프로이트는 그 문제에 대해 더이상의 설명을 남겨주지 않았고 아마도 그 작업을 그것을 완수할 수 있을 만한 다른 사람들에게 남겨놓은 것 같습니다. 실제로 여러분은 프로이트가 애초에 제시한 충동의 네 가지 운명 — 참고로 충동의 '네 가지' 요소와 똑같이 '네 가지' 운명이 있다는 사실은 흥미로운 일입니다 — 중 세번째 것이 승화라는 사실을 기억하실 겁니다. 그런데 프로이트는 그 논문에서 승화 역시 충동의 만족이라는 사실을 수없이 반복해서 말합니다. 물론 이 경우 충동은 *zielgehemmt*, 그 목표에 관해 금제되어 있습니다. 충동은 목표에 도달할 수 없습니다. 하지만 그럼에도 승화는 충동의 만족, 그것도 억압 없이 이뤄지는 만족이지요.

다른 말로 풀이하자면 이렇습니다. 지금 저는 섹스를 하고 있는 게 아니라 여러분에게 말을 하고 있습니다. 하지만 저는 섹스를 할 때와 똑같은 만족을 느낄 수 있지요. 위의 말은 바로 이런 뜻입니다. 그런데 이는 제가 정말로 섹스를 하고 있는가라는 질문을 던지게 만듭니다. 이 두 용어 사이에는 어떤 극단적인 이율배반이 있습니다. 이 이율배반은 우리에게 충동 기능의 활용이란 오직 충동의 만족이 어떤 것인지에 대해 의문을 제기하도록 만들 뿐임을 상기시킵니다.

이 자리에 계신 정신분석가 여러분은 모두 지금부터 제가 여기서 얼마나 본질적인 수준의 적응accommodation을 도입하고 있는지를 틀림없이 느끼시게 될 겁니다. 분명 우리가 담당하는 사람들, 즉 환자들은 흔히 이야기되듯 자신의 상태에 만족하지 못하는 사람들입니다. 하지만 우리는 그들의 현재 상태 전부, 그들이 경험하는 모든 것, 심지어는 그들의 증상까지도 만족에 속하는 것이라는 사실을 알고 있습니다. 그들은 분명 자신을 만족시킬 만한 어떤 것에 반대되는 것을 충족시킵니다. 혹은 더 정확히 말하자면, 그들은 그러한 것 '에' 부응하게satisfaire à 되지요. 그들은 자신의 상태에 만족하지 않지만, 그럼에도 그처럼 만족스럽지 못한 상태에 있음으로써 스스로를 만족시킵니다. 문제의 핵심은 정확히 여기서 만족되는 그 '스스로se' 라는 것이 무엇인가 하는 것입니다.

전체적으로 볼 때, 그리고 아주 어림잡아 말할 수 있는 사항은 그 152
들이 불쾌라는 방법을 통해 부응하게 되는 것은 그럼에도 쾌락법칙이라는 겁니다 — 여하튼 이는 통상적으로 인정되는 사실입니다. 말하자면 그들은 그런 유의 만족을 위해 스스로에게 지나친 고통을 부과한다는 겁니다. 어느 정도는 오로지 이 '지나친 고통' 덕분에 우리 분석가의 개입이 정당성을 얻는다고 할 수 있지요.

그렇다면 만족에 관한 한 목표가 달성되지 않았다고는 말할 수 없습니다. 목표에는 도달합니다. 단, 이는 최종적인 윤리적 입장이 아닙니다. 우리 정신분석가들이 문제에 접근하는 것은 어떤 점에서는 바로 이러한 측면에서라고 할 수 있습니다 — 물론 이는 우리 분석가들이 무엇이 정상이고 무엇이 비정상인지에 대해 다른 이들보다 조금 더 알고 있다는 전제하에서 말하는 것입니다. 우리는 원활하게 진행되는 것과 그렇지 않은 것 간의 타협의 형태들이 하나의 연속적 계열을 구성한다는 점을 알고 있습니다. 분석 중에 우리 손에 쥐어지는 것은 모든 것이 잘 정돈되어 있고 나름의 방식으로 만족을 달성하는 하나의 체계입니다. 우리가 그것에 개입하는 것은 그와는 다른 길, 가령 더 빠른 길이 있다고 생각해서입니다. 어쨌든 우리가 충동을 언급하는 이유는 만족 상태가 교정되어야 하는 것이 바로 그 충동의 수준에서이기 때문이지요.

이러한 만족은 역설적인 것입니다. 좀더 면밀히 들여다보면, 우리는 거기서 새로운 무언가가 작동하기 시작했음을 알아차리게 될 겁니다. 바로 불가능한 것이라는 범주인데요. 이 범주는 프로이트의 개념의 토대에서 절대적으로 근본적인 것입니다. 주체가 걸어가는 길은 — 여기서 주체라는 용어를 사용한 것은 오직 주체와 관련해서만 만족이 위치할 수 있기 때문이지요 — 불가능한 것의 두 벽 사이를 통과합니다.

부정의 형태로 제시되는 모든 기능이 그렇듯이 불가능한 것이라는 기능은 신중하게 다뤄지지 않으면 안 됩니다. 저는 그저 이들 개념을 다루는 최선의 방식은 그것들을 부정의 측면에서 이해하는 것이 아니라는 점을 시사해두기로 하겠습니다. 이러한 방법을 따른다면 우리는 가능한 것이란 무엇인가라는 질문에 이르게 될 텐데, 불가능한 것이 반드시 가능한 것의 반대는 아닙니다. 아니면 가능한 것의 대립항은 당연히 실재〔현실적인 것〕이므로 우리는 실재〔현실적인 것〕를 불가능한 것으로 정의해야 할지도 모르겠습니다.

제게는 실재를 그렇게 정의하는 데 어떠한 걸림돌도 보이지 않습니다. 특히 프로이트에게서 실재가 그런 형태로, 다시 말해 쾌락원칙에 대한 장애물로 나타나는 만큼 더더욱 그렇습니다. 실재는 충돌heurt

입니다. 외부 대상을 향해 손을 뻗지만 원하는 것을 곧바로 손에 넣진 못한다는 것이지요. 하지만 제가 보기에 이러한 관점은 그것에 대한 프로이트의 생각을 축소하고 완전히 오해하는 것입니다. 지난 시간에 언급했듯이 실재의 고유한 특징은 그것이 쾌락원칙의 장과 분리되고 탈성욕화된다는 데, 그리고 그 결과 그것의 경제가 새로운 무언가를, 바로 불가능한 것을 허용한다는 데 있습니다.

하지만 불가능한 것은 또한 다른 장〔쾌락의 장〕 속에서도, 그것도 본질적인 것으로 존재하고 있습니다. 심지어 쾌락원칙의 특징은 불가능한 것이 너무나도 분명하게 존재하고 있기 때문에 불가능한 것이 불가능한 것으로 인식되지 않는다는 것입니다. 쾌락원칙의 기능 153
이 환각을 통해 만족을 얻는 것이라는 개념은 바로 이 점을 예시해줍니다 — 〔물론〕 이는 하나의 예시일 뿐이지요. 대상에 달려드는 충동은 그런 식으로는 만족을 얻을 수 없으리라는 것을 익히게 된다고 할 수 있습니다. 실제로 충동의 변증법의 출발점에서 *Not*를 *Bedürfnis*로부터, 다시 말해 욕구를 충동적 요청exigence pulsionnelle[8]으로부터 구분한다면, 이는 정확히 어떠한 *Not*, 욕구의 대상도 충동을 전혀 만족시킬 수 없기 때문이지요.

심지어는 여러분이 입 — 충동이라는 영역에서 벌어지는 입 — 에 음식을 가득 채울 때조차도 입이 만족하는 것은 음식 때문이 아닙니다. 그것은 흔히 말하듯 입의 쾌감 때문이지요. 바로 이러한 이유 때문에 분석 경험에서 구강 충동은 단지 식사를 주문할 뿐인 상황에서도 최종점에 도달하게 되는 겁니다. 분명히 이것이 만족의 원칙을 따르는 입에서 일어나는 일입니다. 입으로 들어간 것이 다시 입으로 되돌아오며, 제가 방금 시쳇말로 입의 쾌감이라 부른 쾌락 속에서 소진됩니다.

이것이 바로 프로이트가 말하는 바입니다. 텍스트를 한번 읽어봅시다. "충동에 있어 대상은 엄밀히 말해 전혀 중요하지 않다는 점을 분명히 알아야 한다. 대상은 충동과는 전적으로 무관한 것이다." 프로이트를 읽을 때는 반드시 주의를 기울여야 합니다. 지금 우리가 다루고 있는 것과 같은 글도 약간은 주의를 기울여 읽어야 합니다.

어떠한 충동도 대상이 전혀 중요하지 않다면, 충동의 대상을 어떻게 이해해야 할까요? 예컨대 구강 충동에 관한 한, 문제의 핵심은 먹을 것〔수유〕이 아니며, 그것에 대한 추억도, 그것의 잔영도, 엄마의 보살핌도 아님이 분명합니다. 문제는 젖가슴이라 일컬어지는 어떤 것입니다. 그것은 같은 계열에 속하기에 저 혼자 작용하는 듯이 보이지요. 프로이트가 충동의 문제에서 대상은 전혀 중요하지 않다고 말한 것은 아마도 대상의 기능에 관한 한 젖가슴을 전혀 다른 각도에서 이해해야 하기 때문일 겁니다.

우리는 대상, 제가 개념화한 바와 같은 욕망의 원인으로서의 대상 *a*의 기능을 수행하는 이 젖가슴에, 그것이 충동의 만족 속에서 차지한다고 할 수 있을 어떤 기능을 부여해야 합니다. 제 생각에 이에 대한 최고의 공식은 다음과 같은 것입니다. '충동은 그 주위를 맴돈다la pulsion en fait le tour.' 다른 대상들에 대해서도 이 말을 적용할 수 있지요. 여기서 tour는 프랑스어 단어가 가지고 있는 양의적인 의미로, *turn*, 터닝포인트라는 뜻과 *trick*, 속임수라는 뜻으로 이해되어야 합니다.

4

마지막으로 원천의 문제를 살펴보기로 합시다. 만약 어떤 대가를 치르고라도 굳이 충동의 기능 속에 생체조절 작용을 다시 도입하고

자 한다면, 이는 바로 원천의 측면을 통해서라고 말할 수 있을지도 모르겠습니다.

왜 그럴까요? 왜 이른바 성감대는 가두리 구조로서 식별되는 지점들에서만 확인되는 것일까요? 왜 식도나 위가 아닌 입일까요? 식도 154
나 위도 입 못지않게 구강적인 기능을 갖고 있는데 말입니다. 하지만 성감 발생을 논할 때 우리는 입, 그리고 입뿐 아니라 입술, 치아, 호메로스가 이빨의 울타리라 부른 것[9]에 대해 이야기합니다.

항문 충동의 경우도 마찬가지입니다. 어떤 생체 기능이 세계와의 어떤 교환 기능, 즉 배설에 통합되어 있다고 말하는 것만이 능사가 아닙니다. 다른 배설 기능들도 있으며, 항문의 가두리 말고 다른 요소들도 그 기능에 참여합니다. 그럼에도 우리에게는 역시 항문의 가두리만이 어떤 충동의 원천과 출발점으로 규정됩니다.

충동과 비슷한 것을 들자면, 몽타주를 언급할 수도 있을 겁니다.

물론 여기서 몽타주는 합목적성이라는 관점에서 보았을 때의 몽타주가 아닙니다. 그러한 관점은 본능에 관한 현대적 이론 속에서 확립된 것인데, 여기서 몽타주 이미지는 아주 인상적인 방식으로 제시됩니다. 가령 이 경우 몽타주란 몇 미터 위에서 사육장의 닭들을 향해 매 모양으로 오린 종이를 떨어뜨리면 닭들이 흙 속으로 숨게끔 만드는 것과 같은 어떤 특정한 모양을 말합니다. 이는 다소간 적절한 반응을 유발하지만, 이 실험의 묘미는 그 반응이 반드시 적절한 것은 아님을 보여주는 데 있습니다. 제가 말하는 충동의 몽타주는 이런 식의 몽타주가 아닙니다.

충동의 몽타주는 우선 밑도 끝도 없이 마구잡이로 제시되는 몽타주입니다. 초현실주의 콜라주에서 말하는 몽타주와 같은 것이지요. 방금 전에 충동의 *Drang*(추동력), 충동의 대상, 충동의 목표라는 수준에서 규정한 바 있는 역설적 측면들을 종합해볼 때, 그 몽타주에서 확인할 수 있는 이미지는 가스관 플러그에 연결된 발전기가 작동하면 거기서 공작의 깃털이 나와, 정말 특이하게도 거기서 꼼짝하지 않고 버티고 있는 미녀의 배를 간질이는 형국이지요. 그런데 프로이트에 따르면 충동이 이런 식으로 뒤집힐 수 있는 메커니즘의 온갖 형태들을 규정하기 때문에 상황은 흥미로워지는 겁니다. 이는 발전기를 거꾸로 뒤집어 그 코일들을 풀어헤쳐 놓는다는 뜻이 아닙니다. 바로 그 코일이 공작의 깃털이 되고, 가스관 밸브가 숙녀의 입 속으로 들어가고, 공작의 꼬리가 그 한가운데서 튀어나온다는 겁니다.[10]

프로이트가 발전된 형태의 예로 제시했던 것은 바로 이런 것입니다. 다음 시간까지 프로이트의 이 텍스트를 읽어오시기 바랍니다. 거기서 여러분은 서로 완전히 다른 이미지들이 아무런 이행 단계도 없이 매 순간 비약하는 것을 보시게 될 겁니다. 프로이트에게 이 모든 것은 오로지 문법적 참조를 통해서만 일어납니다. 여러분은 다음 시간에 그것이 얼마나 작위적인지를 어렵지 않게 확인하시게 될 겁니다.

실제로 어떻게 하면 프로이트처럼 노출증은 관음증의 반대라든가 마조히즘은 사디즘의 반대라고 단정할 수 있게 되는 걸까요? 프로이트가 이런 주장을 하는 것은 단순히 문법적인 이유에서입니다. 마치 문법적 주어와 목적어가 현실적인 기능이라도 되는 양 주어〔주체〕
155 와 목적어〔대상〕가 뒤바뀌는 것이지요. 그게 전혀 사실이 아니라는 것을 증명하기란 그리 어려운 일이 아닙니다. 우리의 언어 구조를 참조해보는 것으로 이러한 추론이 불가능하다는 것을 충분히 알 수 있습니다. 하지만 이러한 놀이를 중심으로 프로이트는 충동의 본질과 관련해 제가 다음 시간에 행위의 궤적이라 규정하게 될 어떤 것으로

우리를 인도하게 됩니다.

〈질의응답〉

그린 박사 Dr. Green__ 선생님께서 강조하신 것 중에 분명 핵심적이라 할 사항이 한 가지 있는데요. 그것은 바로 충동의 특징을 이루는 네 가지 성질들을 불연속적인 요소들처럼 생각해야 한다는 사실입니다. 제 질문은 선생님께서 오늘 발표에서 약간 제쳐두신 추동력이란 요소에 관한 것입니다. 선생님은 그것이 우리를 잘못 인도하게 될 지름길들 중 하나라고 여기시는 것 같은데요. 하지만 선생님께서 제시하신 대로 만일 충동이 불연속적인 요소들로 이뤄짐으로 인해 결국 조합적인 성격을 띨 수밖에 없다면, 체계의 에너지에 내재한 모순에 관한 문제가 제기될 겁니다. 이 에너지는 항상적인 동시에 변주될 수밖에 없는 어떤 힘이라고 생각되기 때문입니다. 이 문제에 대해 가능한 한 명확하게 해명을 해주시기 바랍니다. 이는 저에게는 아주 중요하지만 선생님의 수업에선 잘 보이지 않는 경제적 관점과 관련된 문제이지요.

그렇게 하도록 하겠습니다. 이 문제를 어떤 측면에서 다룰 수 있을지를 보여드리겠습니다. 더욱이 제 논문을 읽어보신다면 제가 어떻게 다루게 될지를 쉽게 예상하실 수 있을 텐데요.[11] 올바른 길로 들어서는 데 참고가 될 만한 것이 하나 있습니다. 바로 에너지론의 어떤 한 장章을 참고하는 것인데, 제가 그것을 언급할 생각을 하지 않았던 것은 시간이 없어서이기도 했고 굳이 언급하지 않아도 되었기 때문이기도 했지요 — 그러고 보면 여기서 저는 번번이 여러분의 경청에 힘입어 길을 열고 있는 겁니다.

닫힌계에는 각각의 한정된 점이 최대한 가까운 점들에 대해 어떠한 포텐셜 에너지를 갖는지를 표기하는 일정한 방법이 있습니다. 이른바 스칼라 표기 또는 스칼라 지수라고 하는 건데요. 그에 따라 우리는 각각의 점을 일정한 도함수에 의해 규정할 수 있습니다 — 이것이 미적분법에서 무한히 작은 변분變分의 값을 구하는 방법 중의 하나라는 것을 알고 계실 겁니다. 따라서 각각의 점에는 그 점의 접선의 기울기를 나타내는 하나의 도함수가 있게 되며, 우리는 이러한 도함수를 그 장의 점 하나하나에 표기할 수 있을 겁니다. 이 도함수는 벡터라는 형태로 기입될 수 있는데, 우리는 벡터들을 합성할 수도 있습니다. 따라서 처음엔 이상하게 보이지만 분명 근본적인 것으로 간주되는 법칙이 하나 있습니다. 즉 어떤 벡터 — 포텐셜 에너지라는 관점에서 한 장의 각 점에 포함된 도함수들을 구성하는 벡터 — 에 의해 어떤 일정한 표면적 — 가두리의 구조로 정의된다는 점에서 간극이
156 라고 이름 붙일 것에 다름 아닌 표면적 — 을 뛰어넘게 되는 어떤 것은 동일한 표면적에 대해 하나의 상수constante가 된다는 것입니다. 계의 변주들이 나름대로 있을 수 있지만, 그럼에도 포텐셜의 적분의 수준에서 발견되는 것, 소위 말하는 유량flux은 항상적인constant 것이지요.

따라서 충동의 *Drang*(추동력)에서 우리에게 문제가 될 만한 것은 오직 *Quelle*(원천)와의 관계 속에 내포될 수 있을 만한 부분입니다. 이는 *Quelle*가 충동의 경계 속에 가두리 구조를 새겨넣기 때문이지요.

생리학적 변주들, 심층적인 변주들, 유기체 전체에 기입될 수 있

는 그 변주들은 충동을 계기로 생겨날 수 있는 모든 리듬에, 더 나아가 방출 그 자체에 종속되어 있습니다. 반면 충동의 *Drang*, 즉 추동력의 특징은 항상성이 유지된다는 것이지요. 그 항상성에 걸맞은 이미지를 떠올린다면, 그것은 어느 정도는 각각의 경우마다 다양한 크기로 벌어져 있는 개구부開口部라고 할 수 있습니다. 말하자면 인간은 여러 가지 크기의 입을 가지고 있다고나 할까요. 심지어 때로는 그것을 고려하는 것이 분석가들을 선발할 때 유용할지도 모르겠습니다. 하지만 결국 이것은 또다른 준거를 가지고 다뤄야 하는 문제일 겁니다.

이러한 설명은 당신이 제기한 문제를 완전히 해결하지는 못하겠지만, 당신이 지적해주었고 제가 미해결 상태로 남겨놓았던 이율배반을 합리적으로 해결하는 데 실마리를 제공해줄 겁니다. 사람들은 주의를 기울이지 않는 점이지만, 프로이트를 따라서 저는 체계가 *Umwelt*(주변세계)와의 관계 속에서 작동할 때는 방출이 문제이고, *Triebreiz*(충동자극)가 문제일 때는 장벽이 존재한다는 사실을 강조했지요. 그런데 이는 무슨 뜻일까요? 만일 장 자체 내에서 투자가 일어나지 않는다면 장벽은 없을 것이라는 이야기입니다. 따라서 우리는 다음과 같은 사실을 꼭 지적해야겠지요. 장벽의 작동이 장 자체에 있어 전혀 문제가 아닌 것은 그 장 자체가 이러한 투자를 포함하는 한에서입니다.

마티 박사 Dr. Mathis_ 가두리 구조에 관해 한 가지 질문을 드리고 싶습니다. 입과 항문의 가장자리가 문제가 되고 있는데, 선생님께선 성애화érotisation를 이 두 개의 말단 부위에 한정하신 것인가요? 그렇다면 코로 냄새를 맡는다거나 구토를 할 때처럼 식도나 위나 기관지의 수준에서 일어나는 것은 어디에 위치시킬 수 있을까요? 그런 것에는 선생님께서 입술의 차원에서 말씀하신 것과 근본적으로 다른 무엇이 있는 건가요?

저는 관管과 관련된 두 가지 가두리에만 국한해 설명한 겁니다. 물론 저는 눈곱이 끼는 눈꺼풀 주변이나 귀, 배꼽도 역시 가두리이며 그것들 모두가 에로티즘의 기능 속에 포함된다고 말할 수도 있었을 겁
157 니다. 정신분석 전통 내에서 우리는 항상 가두리 기능으로 축소된 부위들에 집중되어 있는 이미지를 참조합니다. 그렇다고 우리의 증상 체계에 다른 부위들이 개입되지 않는다는 뜻은 절대 아닙니다. 하지만 이러한 부위들이 나타나는 것은 성욕화sexualisation가 효력을 잃는 부분, 즉 제가 탈성욕화 혹은 현실 기능이라 부르는 것이 작동하는 부분에서라는 사실을 고려해야 할 겁니다.

예를 하나 들어봅시다. 히스테리에서는 혐오 반응이라 불릴 정도로 탈성애화라는 형태가 현저하게 출현하는데, 바로 이러한 탈성욕화로 말미암아 성적 대상이 현실의 측면으로 흘러 들어가 하나의 고깃덩어리로 나타나게 됩니다. 그렇다고 쾌락이 성감대에 국한된다는 뜻은 아닙니다. 욕망은 다른 어떤 것과 관련되어 있습니다. 심지어, 다양한 수준에서 유기체가 연루되긴 하지만 욕망은 그 유기체와는 전혀 다른 어떤 것과 관련되어 있습니다 — 다행히도 우리는 이 점을 너무나 잘 알고 있지요. 하지만 충동의 중심적인 기능이 산출하도록 되어 있는 만족은 어떤 만족일까요? 다른 부위들이 성감대 기능을 하는 것은, 다시 말해 그 부위들이 충동의 고유한 원천들이 되는 것은 정확히 〔그 부위들과〕 연계된 부속 부위들이 배제되는 한에서입니다. 이제 이해가 되시는지요?

물론 이러한 성감대와는 다른 부위들도 욕망의 경제 속에 연루되어 있습니다. 하지만 그러한 부위들이 출현할 때마다 무슨 일이 일어나는지를 주의 깊게 관찰해보시기 바랍니다. 제가 혐오의 기능에 대해 말한 것은 우연이 아니었습니다. 실제로 성욕화가 효력을 잃을 때 나타날 수 있는 욕망에는 두 가지 주요 측면이 있습니다. 하나는 성적 파트너를 어떤 것이든 현실의 한 기능으로 환원해버림으로써 발생하는 혐오감이고, 다른 하나는 시관적 기능과 관련해 제가 *invidia*, 즉 질시라 불렀던 것입니다. 질시는 시관 충동과는 다른 것이고, 혐오는 구강 충동과는 별개의 것입니다.

1964년 5월 6일.

14

부분 충동과 그 회로

Die ganze Sexualstrebung
모든 충동은 부분 충동이다
충동, 성 그리고 죽음
소위 발달 단계들
Schaulust
사도-마조히즘

τῷ τόξῳ ὄνομα βίος ἔργον δὲ θάνατος, 헤라클레이토스 B 48.[1] 159

저는 『계간정신분석』에서 에드워드 글로버 선생의 논문 「프로이트주의자인가 신프로이트주의자인가」를 읽었습니다.[2] 그것은 전적으로 알렉산더Franz Alexander 선생의 이론적 구성을 반박하기 위해 쓰인 논문이었지요. 그 글에서 알렉산더 선생의 이론이 시대착오적인 기준에 의해 논박되는 것을 보노라니 곰팡내 나는 악취를 맡지 않을 수가 없었는데요. 아! 저도 지금으로부터 14년 전인 1950년 정신의학대회에서 지극히 공개적인 방식으로 선생의 이론을 가차없이 비판한 적이 있지만[3] 그렇다 하더라도 그것은 대단히 재능 있는 사람에 의해 구성된 이론입니다. 그런데 그 이론이 비판되는 수준을 보면서, 저는 다른 곳에서는 물론이고 심지어 이곳에서 제게 불어닥친 온갖 난관들에도 불구하고 제 담화가 분석 경험이 어처구니없이 몽매한 방식으로 전수되는 것을 저지하는 역할을 하고 있다고 말하는 것이 정당함을 확인하게 되었습니다.

바로 여기서부터 충동에 관한 이야기를 다시 꺼내볼까 합니다. 충동을 다루기 전에 저는 전이란 무의식의 현실 — 무의식의 현실이란 성욕을 말합니다 — 의 현행화를 경험 속에서 드러내는 것이라 주장했습니다. 저는 이러한 단언 자체가 함축하는 바에 대해 골몰하고 있습니다.

우리가 성욕이 전이 속에서 작동한다고 확신하는 것은 어느 순간에 성욕이 사랑이라는 형태로 공공연히 자신을 드러내기 때문입니다. 바로 여기에 문제의 핵심이 있습니다. 사랑은 과연 전이의 *hic et nunc*(지금, 여기) 속에서 우리에게 성욕을 현전화시키는 정점, 성취의 순간, 의심의 여지가 없는 요인을 나타낸다〔대표한다〕고 할 수 있을까요?

충동과 그 운명들을 다루고 있는 프로이트의 텍스트, 당연히 주변적인 것이 아니라 중심적인 위치를 차지하는 그 텍스트는 이런 견해를 더없이 명백히 거부합니다.

저는 충동을 도입하는 것이 얼마나 번거롭고 또 얼마나 많은 문제를 내포하는지를 여러분에게 구체적으로 보여드리기 위해 지난 시간부터 이 텍스트를 다루기 시작했습니다. 많은 분들이 수업이 없을 때
160 이 텍스트를 읽어보실 수 있으면 좋겠습니다. 독일어로 읽는 것이 가장 좋겠지만, 사정이 여의치 않다면 영어나 프랑스어로라도 읽어보시기 바랍니다. 단, 정도 차는 있겠지만 양쪽 모두 번역이 썩 적절하다고는 할 수 없습니다. 물론 가장 형편없는 것은 프랑스어본입니다. 여기서는 그 난무하는 완전한 오역들을 잡아내는 일로 시간을 허비하지는 않을 겁니다.

한 번만 훑어보아도 전체적으로 이 논문이 두 부분으로 구성되어 있음을 알 수 있을 겁니다. '첫번째' 는 충동을 분해하는 것이고 '두번째' 는 *das Lieben*, 사랑의 행위를 검토하는 것이지요. 우리는 두번째 문제를 다룰 예정입니다.

1

프로이트가 분명히 밝히고 있는 바와 같이, 사랑은 어떤 식으로도 그 자신이 *die ganze Sexualstrebung*, 다시 말해 성욕에서 표출되는 힘의 수렴, 형태들, 성향 — 그것이 자신을 본질과 기능면에서 집대성하게 될 어떤 파악 가능한 전체로서, *Ganze*로서 완성될 수 있는 한에서 — 이라는 용어로 문제제기했던 것의 대표자로 간주될 수 없습니다.

프로이트는 그런 식의 풍문에 대해 *Kommt aber auf damit nicht zuher*, "그것은 절대로 그렇지 않다"라고 답했습니다. 그런데도 그를 제외한 우리 분석가들은 그러한 풍문을 온갖 착각을 불러일으킬 수 있는 온갖 공식들로 표현해왔지요. 논문 전체의 요지는 성욕의 생물학적 목적성, 즉 생식이란 관점에서 볼 때 충동, 심리적 현실의 과정 속에서 제시되는 바와 같은 충동은 부분 충동이라는 것입니다.

충동은 그 구조의 측면에서, 즉 그 충동이 만들어내는 압력tension 이라는 측면에서 어떤 경제적 요인과 결부되어 있습니다. 이 경제적 요인은 일정한 수준에서 쾌락원칙의 기능이 실행되는 조건들에 종속되어 있는데, 때가 되면 *Real-Ich*라는 이름 아래 이 수준에 대해 다시 논의하게 될 겁니다. 여기서 말해둬야 할 것은 우리가 *Real-Ich*를 중추신경계로 인식할 수 있다는 것인데, 이는 그것이 관계의 체계가 아니라 내적 압력의 일정한 항상성을 보장하는 체계라는 점에서 그렇습니다.

성욕이 부분 충동의 형태로만 기능할 수 있는 것은 항상성을 유지하는 체계의 현실 때문입니다. 충동이란 정확히 말해 무의식의 구조인 간극 구조에 부합하는 방식으로 성욕을 심리적 활동에 참여시키는 몽타주입니다.

분석 경험의 양쪽 끝을 살펴보도록 합시다. 최초로 억압된 것은 하나의 시니피앙입니다. 그리고 그 억압된 시니피앙 위에 축조되어 증상을 구성해내는 것을 우리는 언제나 시니피앙들의 더미〔비계〕
161 échafaudage로 간주할 수 있지요. 억압된 것과 증상은 동질적인 것이며 시니피앙들의 기능들로 환원될 수 있습니다. 이들의 구조가 아무리 다른 모든 축조물처럼 순차적으로 구축되었다고 해도 어쨌든 그것은 결국엔 공시적인 관계 속에 기입될 수 있습니다.

다른 한쪽 끝에는 해석이 있습니다. 해석은 어떤 특별한 시간 구조를 지닌 요인과 관련되어 있는데, 저는 그 시간 구조를 환유에 의해 정의해보려 했습니다. 해석은 종국에는 욕망을 가리키며, 어떤 의미에서는 그 욕망과 동일한 것입니다. 욕망, 그것은 결국 해석 그 자체이지요.

그 두 개의 극 사이에 바로 성욕이 있습니다. 만일 성욕이 부분 충동의 형태를 띠고 양극단 사이의 경제 전체를 지배하는 것으로 자신을 드러내지 않는다면, 우리의 분석 경험은 모두 점술에 그치고 말 겁니다. 그런 점술이라면 심리적 에너지라는 중성적인 용어와 딱 어울릴 수도 있겠지만 그만큼 그것엔 성욕의 현존, *Dasein*을 구성하는 것이 빠져 있을 겁니다.

무의식적 메커니즘들의 해석 속에서 성의 가독성은 항상 소급적으로 주어집니다. 만일 우리가 역사〔개인적 이력〕의 매 순간마다 부분 충동들이 적시 적소에 실제로 개입한다는 것을 확신하지 못한다면, 우리는 그저 성에 대한 기본적인 해석에만 그치고 말겠지요. 충동들이 개입한다면 이는 분석 경험의 초창기에 생각되었던 것처럼 비정형적erratique 형태로서 개입하는 것이 아닙니다. 유아 성욕은 미성숙한 주체를 유혹하는 성인의 성욕이라는 거대한 빙산에서 떨어져나와 이리저리 떠다니는errant 얼음 조각이 아닙니다. 이 점은 분석을 통해 곧바로 드러났지요. 뒤늦게 사람들을 놀라게 할 만큼의 중요한 의미를 가지고 말입니다.

프로이트는 『성욕 이론에 관한 세 편의 시론*Trois essais sur la théorie de la sexualité*』에서부터 성욕을 본질적으로 다형적이고 비정형적인 것으로 제시할 수 있었습니다. 유아기가 순진무구한 시기라는 환영은 깨졌습니다. 성욕이 이른 시기에, 심지어는 지나치게 이른 시기에 부과됨으로 인해 우리는 너무나 재빠르게 성욕이 그 본질의 수준에서 표상하는 것이 무엇인지를 검토하는 쪽으로 넘어가게 되었습니다. 다시 말해, 성욕의 심급과 관련해서라면 아이에서 성인에 이르기까지 주체는 모두 평등하다는 겁니다. 주체는 성욕 중에서 주체 구성의 망, 즉 시니피앙의 망으로 걸러지는 부분에만 관여한다는 것이지요. 성욕은 충동 — 성욕의 생물학적 합목적성이란 관점에선 부분적이라 할 충동 — 의 작용을 통해서만 실현된다는 겁니다.

성욕이 욕망의 변증법에 통합되는 것은 육체 속에서 장치〔보정기〕appareil라 불릴 만한 것이 작용함으로써입니다. 여기서 appareil는 육체들을 짝 짓게 할 수 있는s'apparier 것이 아니라, 성욕과 관련해 육체를 두르는〔보정하는〕s'appareiller 어떤 것을 말합니다.

성적 충동에 관한 논의에서 모든 것이 혼동되고 있다면, 이는 충동이 생명체에서 성욕이 완성되는 완만한 과정을 분명히 대표하긴 하지만 그것은 그저 대표할 '뿐', 그것도 부분적으로 대표할 뿐이라
162 는 사실을 우리가 보지 못하기 때문입니다. 성욕의 최종 종착지가 죽음이라는 것은 놀라운 일이 아닐 텐데, 생명체에게 성의 현존은 죽음과 관련되어 있기 때문입니다.

저는 오늘 칠판에 헤라클레이토스의 단상 하나를 적어놓았습니다. 이 구절은 소크라테스 이전 시대부터 단편적으로 남아 있던 것들을 집대성한 딜스의 기념비적 저서[4]에 수록되어 있는 것입니다. 그는 이렇게 말하고 있습니다. "*Biós*, 활의 이름은 생명 — 이는 강세가 첫 음절에 있는 *Bíos*이지요 — 이니 그것의 작품은 바로 죽음이다" — 이는 헤라클레이토스가 주는 지혜로운 교훈입니다. 그 교훈은 굽이굽이 돌아가는 과학적 연구보다 먼저, 그리고 곧장 문제의 핵심에 도달했다고 말할 수 있을 겁니다.

충동이 처음부터 자신의 존재 전체 속에 내포하고 있는 것, 그것은 바로 활의 변증법이며 궁술의 변증법이라 할 수 있습니다. 바로 이를 통해 우리는 심리적 경제 속에서 충동의 자리를 자리매김할 수 있지요.

2

프로이트는 이제 가장 전통적인 경로 중 하나를 통해 충동을 소개합니다. 그는 매 순간 언어의 자원을 활용하면서, 일말의 주저함도 없이 특정한 언어 체계에만 속하는 능동태, 수동태, 재귀태 등의 세 개의 경로를 기반으로 삼아 논의를 진행합니다. 하지만 그것은 단지 껍데기에 불과하지요. 우리는 시니피앙적 전회[5]와 그것이 포장하고 있

는 무언가는 서로 다르다는 점을 알아야 합니다. 각각의 충동의 수준에서 근본적인 것, 그것은 충동을 구조화시키는 왕복 운동입니다.

주목할 만한 사실은 프로이트가 동사에 해당하는 부분만을 이용해 이 두 극을 표현할 수 있었다는 겁니다. 즉 *Beschauen und beschaut werden*, 보다와 보여지다, *qualen*과 *gequält werden*, 괴롭히다와 괴롭힘을 당하다 같은 동사들인데요. 이는 처음부터 프로이트가 이 충동의 도정 중 어느 지점도 충동의 왕복 운동, 근본적인 전회, 순환성 등으로부터 벗어날 수 없다는 것을 기정사실로 간주했기 때문입니다.

마찬가지로 주목할 만한 사실은 프로이트가 *Verkehrung*(전회)의 차원을 보여주기 위해 *Schaulust*, 보는 즐거움과, 사도-마조히즘이라는 합성어로밖에 표현할 수 없었던 어떤 것을 선택했다는 겁니다. 그는 이 두 가지 충동들에 대해, 더 정확히는 마조히즘에 대해 언급할 때[6], 이 충동들에는 두 개의 시기가 아니라 세 개의 시기가 있다는 점을 강조하게 될 겁니다. 우리는 회로상에서 이뤄지는 충동의 회귀를, 세번째 시기에 출현하는 어떤 것과 — 그뿐 아니라 '출현하지 않는 것' 과도 — 분명히 구분해야 합니다. 다시 말해, 〔세번째 시기에〕 *ein neues Subjekt*(하나의 새로운 주체)가 출현한다는 것인데, 이는 하나의 주체, 즉 충동의 주체가 이미 이전부터 있었다는 뜻이 아니라 주체의 출현이 새로운 것〔처음 있는 일〕이라는 뜻으로 이해되어야 합니다. 엄격히 말해 그 자신이 타자라고 할 이 주체는 충동이 순환의 과정을 끝마치는 한에서 출현합니다. 충동의 기능은 오직 그 주체가 타자의 수준에서 나타남으로써만 실현될 수 있지요.

자, 이제 이곳을 주목해주시기 바랍니다. 여기 칠판에 올라갔다 내려오는 화살표 모양의 곡선으로 그려진 회로가 있지요. 원래

163

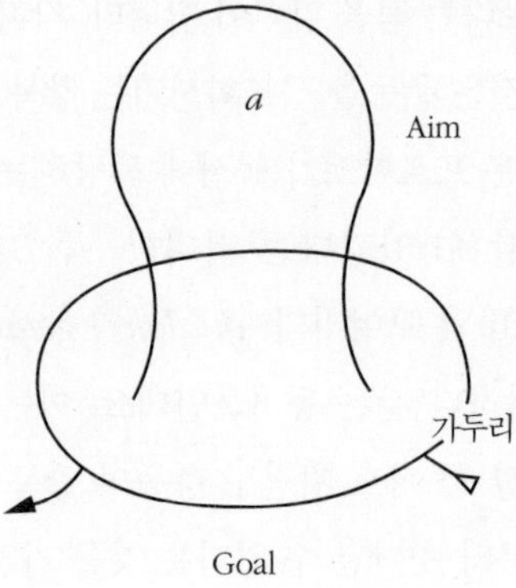

*Drang*을 의미하는 이 화살표 모양의 곡선은 제가 지난번에 가두리라 정의했던 것으로 구성된 표면을 가로지릅니다. 그 가두리는 이론에서 충동의 원천, *Quelle*, 말하자면 성감대라고 간주될 수 있는 것입니다. 압력은 항상 원환圓環 모양을 이루며, 성감대로 회귀하는 것과 떨어질 수 없습니다.

바로 여기서 *zielgehemmt*(목표가 금제된 것), 즉 목표 — 짝짓기를 통해 생식을 하는 생물학적 기능에 의해 규정될 수 있을 목표 — 에 도달하지 않고도 만족에 이를 수 있는 충동 형태의 신비가 밝혀집니다. 이는 부분 충동의 목표가 그러한 짝짓기의 실현에 있지 않기 때문입니다. 그렇다면 그것의 목표는 무엇일까요?

이에 대답하기 전에 먼저 이 목표but라는 단어와 이 단어가 가질 수 있는 두 가지 의미에 주의를 기울여봅시다. 두 가지 의미를 구별하기 위해 저는 그것이 특히 확연히 드러나는 언어, 즉 영어로 이를 표기해볼까 합니다. 먼저 *aim*, 이것은 누군가가 어떤 임무를 부여받았다고 할 때 그가 성취해야 하는 것이 아니라 그가 거쳐야 하는 과정을 가리킵니다. *aim*, 이것은 여정입니다. 또다른 형태의 목표가 있는데,

그것은 바로 *goal*입니다. 물론 *goal*도 궁술에서 말하는 표적, 활로 쏘아 맞히는 새를 가리키진 않습니다. 그것은 바로 과녁을 맞췄다는 사실, 그리고 이를 통해 목표에 도달했다는 사실을 가리킵니다.

충동이 기능의 생물학적 총체화라는 측면에서 생식이라는 목적을 충족시키는 것이라 가정되는 무언가에 이르지 않고도 만족을 얻을 수 있다면, 이는 그것이 부분 충동이기 때문이며 그 목표가 순환적인 회귀에 다름 아니기 때문입니다.

이러한 이론은 이미 프로이트 속에 들어 있습니다. 그는 어디선가 164
자가성애auto-érotisme의 이상적 모델이 자신에게 입을 맞추는 입이라고 말한 적이 있습니다.[7] 항상 의문점을 덧붙일 수밖에 없게 만드는 그의 표현들이 모두 그렇듯이 이는 매우 통찰력 있고 경탄할 만한 비유입니다. 충동 속에서 이러한 입은 화살표를 물고 있는 입이라 불릴 수 있는 것, 꽉 꿰매진 입이 아닐까요? 즉 우리가 분석 속에서 볼 수 있는 것처럼 순수한 형태의 구강 충동이 자체의 만족감에서 헤어나오지 못한 채 어떤 침묵 속에서 절정에 이르는 것과 같은 꽉 꿰매진 입이 아닐까요?

어쨌든 이러한 충동의 만족을 성감대의 무조건적인 자가성애와 구별할 수밖에 없는 것은 충동이 움켜쥐고 있는 어떤 무엇과 빈번히 혼동되곤 하는 충동의 대상 때문입니다. 여기서 충동의 대상은 사실 프로이트가 말하듯이 어떤 대상에 의해서든 메워질 수 있는 빈 구멍, 공백의 현존일 뿐입니다. 우리는 이러한 대상의 심급을 대상 *a*라는 상실된 대상의 형태로서만 알 수 있을 뿐이지요. 대상 *a*는 구강 충동의 기원이 아닙니다. 그것은 최초의 음식물이라는 자격으로 도입된 것이 아닙니다. 대상 *a*가 도입된 것은 오히려 구강 충동이 어떠한 음식물로도 만족될 수 없고 영원히 상실되어버린 대상 주위를 맴돌 뿐이기 때문입니다.

이제 우리에게 문제는 이러한 〔순환의〕 회로가 어디로 이어지느냐는 것입니다. 문제는 무엇보다 이 회로가 나선형을 이루는지, 다시 말해 구강 충동의 회로가 항문 충동으로 이어지는지, 그리하여 항문 충동이 구강 충동 다음 단계가 될 수 있는지입니다. 거기에는 대립을 통해 발생하는 변증법적 진보 같은 것이 있을까요? 이러한 질문은 그 뭔지 모를 발달의 신비라는 이름을 앞세워 충동을 유기체 안에서 후천적으로 이미 획득된 것이나 〔선천적으로〕 기입되어 있는 것으로 간주하도록 부심했던 사람들에게는 벌써 상당히 멀리까지 개진된 질문이라 할 수 있습니다.

이러한 개념은 성욕이 소위 완성된 형태로 출현하는 것과 관련해 실제로 우리가 다루는 것이 다름 아닌 어떤 기관적 과정이라는 점에서 타당성이 있는 듯 보입니다. 그러나 이 점을 다른 부분 충동들 간의 관계로까지 확장시킬 이유는 전혀 없습니다. 어떤 부분 충동과 그 다음 단계의 부분 충동 사이에는 어떠한 발생론적 관계도 존재하지 않습니다.

구강 충동에서 항문 충동으로의 이행은 어떤 성숙 과정에 의해 일어나는 것이 아니라 충동의 장에 속하지 않는 그 무엇, 말하자면 타자의 요구가 개입하거나 그 요구가 전도되기 때문에 일어납니다. 일련의 것으로 묶일 수 있는 다른 충동들 — 숫자상으로 정말 몇 안 되지만 — 을 개입시켜보아도 *Shaulust*, 시관 충동이나 제가 때가 되면 따로 말씀드릴 호원 충동을 방금 지목한 충동들과 관련해 어떤 역사적 연속선상에 위치시키는 것은 물론이고 그 충동들 사이에 최소한의 연역 관계나 발생 관계를 세우는 것조차 큰 무리가 있다는 것은 너무나 분명합니다.

구강 충동이 항문 충동으로 자연적으로 변용되는 것과 같은 일은
일어나지 않습니다. 항문 대상이라 불리는 대변이 또다른 맥락에서
부정적 파급효과를 발휘하는 남근과의 관련 속에서 구성하는 상징의 165
유희가 이 경우 우리에게 어떤 모습으로 나타나건, 우리는 항문기와
남근기 사이에 연속성이 있다거나 자연적인 변용의 관계가 있다고는
절대로 생각할 수 없습니다. 이는 경험이 증명해줍니다.

우리는 충동을 *konstante Kraft*(항상적인 힘)라는 이름으로 이해해야 합니다.[8] 이 힘은 충동을 항구적인 압력으로 유지시킵니다. 프로이트가 그러한 압력의 방출을 설명하기 위해 제시하고 있는 은유들도 주목해봅시다. 그는 *Schub*(밀어냄)라고 말하지요. 그는 그 말에서 떠오르는 이미지를 가지고 직접 그 말의 의미를 풀이해냅니다. 즉 그것은 용암이 분출하는 이미지, 에너지가 연속적인 여러 시기들에 걸쳐 순차적으로 폭발하면서 회귀의 여정이란 형태를 만들어내는 물질적 방출의 이미지입니다. 우리는 프로이트의 은유 속에서 어떤 근본 구조가 형상화되는 것을 볼 수 있습니다. 즉 무언가가 가두리로부터 나와 회귀의 여정을 따름으로써 그 가두리의 폐쇄된 구조를 배가倍加시킵니다. 여기서 그 구조의 일관성을 보장하는 것은 대상밖에 없습니다. 우회해야 할 어떤 것이란 명목에서 말입니다.

이러한 〔구조의〕 분절을 따른다면 우리는 충동의 출현을 머리 없는 주체sujet acéphale라는 양태로 간주해야 할 텐데, 왜냐하면 여기서는 모든 것이 압력의 관점에서 분절되고 주체와는 오로지 위상학적 공통체라는 관계만을 맺기 때문입니다. 저는 여러분에게 무의식을 시니피앙들의 투자의 분배에 의해 주체 내부에 설정된 간극들 속에 자리 잡고 있는 것으로 설명할 수 있었습니다. 이 간극들은 알고리즘상으로 마름모꼴[◇]로 표기할 수 있는데, 우리는 이러한 마름모꼴을 현

실과 주체 사이의 모든 무의식적 관계의 중심에 위치시킬 수 있습니다. 그런데 충동이 무의식의 활동에서 어떤 역할을 수행하는 것은 육체의 장치 속에 있는 어떤 것이 이와 동일한 방식으로 구조화되어 있는 한에서입니다. 작동 중인 간극들이 위상학적 통일성을 이루고 있기 때문인 겁니다.

3

이제 프로이트가 *Schaulust*, 보다voir, 보여지다être vu 등에 관해 언급했던 것을 따라가보도록 합시다. 이들은 모두 동일한 것일까요? 시니피앙으로써 기록해보지 않는다면 이들이 동일한 것일 수 있다는 게 과연 가당키나 한 일일까요? 아니면 거기에는 어떤 다른 수수께끼가 있는 것일까요? 실제로 거기에는 전혀 다른 어떤 수수께끼가 있는데, 이것을 확인하려면 *Schaulust*가 도착증을 통해 모습을 드러낸다는 점을 숙고해보는 것으로 충분합니다. 제가 강조하고 싶은 것은 충동은 도착증이 아니라는 점입니다. 프로이트의 설명에서 엿보이는 수수께끼 같은 특징은 그가 어떤 근본적인 구조, 즉 주체가 아직 자리 잡고 있지 않은 구조를 제시하려 한다는 사실에서 비롯된 것입니다. 반면, 도착증은 주체가 그 구조 속에서 자리 잡는 방식에 의해 규정되지요.

여기서 프로이트의 텍스트를 주의 깊게 검토해야 합니다. 프로이트가 개척한 분야에서 그의 텍스트가 귀중한 가치를 지니게 된 것은
166 훌륭한 고고학자들이 그랬듯이 그가 자신의 발굴 작업을 정리해버리지 않고 그대로 놔두었기 때문입니다. 그렇게 해서 우리는 설령 발굴 작업이 미완성 상태로 끝났다 해도 발굴물들이 무엇을 의미하는지를

알 수 있게 되었지요. 반면 페니헬 선생은 옛날 방식대로 모든 것을 긁어모은 뒤 마구잡이로, 아니면 적어도 완전히 제멋대로 순서를 정해 자기 주머니나 진열장 속에 넣어버립니다. 결국 후대 사람들은 거기서 아무것도 다시 찾아낼 수 없게 되고 말지요.

관음증voyeurisme에선 무슨 일이 일어날까요? 관음증자가 행위하는 순간에 주체와 대상은 각각 어디에 있는 것일까요? 이미 말씀드린 바와 같이 관음증에서 주체는 시관 충동의 수준에, 보는 차원에 존재하는 것이 아닙니다. 여기서 주체는 도착증자로 존재하며, 오로지 원환의 종착점에만 위치할 뿐입니다. 대상에 대해 말하자면 — 칠판 위에 그려져 있는 제 위상학에서는 확인하실 수 없겠지만, 그래도 그것을 보면 수긍하실 수 있을 겁니다 — 원환은 그 대상 주위를 맴돕니다. 대상은 미사일이라 할 수 있는데, 도착증은 바로 그 미사일을 가지고 표적을 적중시킨 경우입니다.

관음증에서 대상은 응시입니다. 주체 자체인 응시, 주체를 적중시킨 응시, 활로 표적을 명중시킨 응시이지요. 제가 사르트르의 분석에 관해 이야기했던 것을 다시 한 번 떠올려보시기 바랍니다.[9] 그의 분석이 응시의 심급을 부각시켜준다면, 이는 타자의 수준, 즉 열쇠 구멍을 통해 〔방을〕 훔쳐보고 있는 주체를 쳐다봄regarder으로써 기겁하게 하는 그 타자의 수준에서가 아닙니다. 왜냐하면 타자는 완전히 숨겨져 있는 응시로서 그 주체를 기겁하게 하는 것이기 때문이지요.

바로 여기서 여러분은 시관 충동에 관해 이야기할 때 쟁점화되는 것이 얼마나 애매한 것인지를 감지하실 수 있을 겁니다. 응시는 상실된 대상이지만 타자가 개입함으로써 격렬한 수치심과 함께 갑작스럽게 다시 발견된 대상입니다. 그때까지 주체는 무엇을 보려 한 것일까요? 그가 보려 한 것은 부재로서의 대상이라는 점을 알아야 합니다.

관음증자가 찾고 발견하는 것은 하나의 그림자, 커튼 뒤에 있는 하나의 그림자에 불과합니다. 그는 커튼 뒤에 무엇이 있건 그 뒤에 어떤 판타스틱한 존재가 있을 거라 꿈꾸게 될 겁니다. 말하자면 반대편에 있는 것이 털 많은 근육남이라 해도 아주 우아한 소녀를 꿈꾼다는 겁니다. 그가 찾는 것은 흔히 말하는 것과 달리 남근이 아니라 남근의 부재입니다. 특정 형태들이 그가 추구하는 대상으로서 선호되는 것은 바로 이러한 남근의 부재 때문입니다.

사람들이 응시하는 것, 그것은 보여질 수 없는 무엇입니다. 타자의 등장 덕분에 충동의 구조가 나타난다면, 그 구조가 진정으로 완성되는 것은 오로지 전도된 충동 형태, 되돌아온 충동 형태 — 이것이야말로 진정한 의미에서의 능동적 충동이지요 — 를 통해서입니다. 노출증의 경우 주체가 겨냥하는 것, 그것은 타자에게서 실현되는 어떤 것입니다. 욕망의 진정한 표적은 그러한 장면에 휘말리는 것을 넘어 강요된〔어쩔 수 없이 당하고 있는〕forcé 자로서의 타자입니다. 노출증에서 문제는 단순한 희생자가 아니라 자신을 응시하는 어떤 다른 사람과 연루되어 있는 한에서의 희생자이지요.

따라서 우리는 마조히즘을 이해하는 데 그토록 장애가 되었던 것의 열쇠 혹은 실마리를 이 텍스트에서 얻을 수 있습니다. 프로이트는 사도-마조히즘적 충동의 출발점에서 고통은 별로 중요한 것이 아니라고 아주 단호하게 말합니다. 여기서 문제는 *Herrschaft*(지배), *Bewältigung*(제압), 곧 폭력이지요. 그렇다면 무엇에 대한 폭력일까
167 요? 그 무엇이란 차마 입에 담기 어려운 어떤 것인지라 프로이트는 제가 여러분에게 설명한 모든 것에 부합하게도 그러한 폭력의 최초 모델을 주체가 자기 통제를 위해 스스로에게 행사하는 폭력에서 발견해냈으면서도 뒤로 물러섭니다.

그는 뒤로 물러섭니다. 여기에는 당연히 그럴 만한 이유가 있는데, 스스로를 채찍질하는 고행자는 어떤 제3자를 위해 그렇게 하고 있기 때문입니다. 그런데 프로이트가 포착하고자 하는 것은 전혀 그런 게 아닙니다. 프로이트는 단지 〔주체 자신의〕 고유한 신체 위로 충동의 시작과 끝이 되돌아오고 기입된다는 것을 지적하고자 했을 뿐이지요.

프로이트는 이렇게 묻습니다. "우리가 사도-마조히즘적 충동 속으로 고통의 가능성 — 그 순간에 충동의 주체가 된 자가 겪는 고통의 가능성을 말합니다 — 이 도입되는 것을 확인하는 순간은 언제인가?" 그의 말에 따르면 그것은 원환이 다시 닫힐 때입니다. 즉 한쪽 극에서 다른 쪽 극으로의 전회가 일어나는 순간, 타자가 개입하고 주체가 스스로를 충동의 끝, 종착점으로 간주하는 순간입니다. 바로 이 순간에서야 고통이 개입하기 시작하는데, 이는 주체가 타자를 통해 느끼게 되는 고통입니다. 그가 이러한 이론적 연역 속에서 앞으로 사디즘적 주체가 되고 그렇게 될 수 있다면, 이는 완성된 충동의 원환이 타자의 행동을 개입시키게 되는 한에서입니다. 결국 충동에 있어 문제의 핵심이 바로 여기서 드러납니다. 즉 충동의 경로는 쾌락원칙과 관련해 주체에게 허용된 유일한 형태의 위반인 겁니다.

주체는 자신의 욕망이 그 타자의 주이상스jouissance를 낚으려는 헛된 우회로일 뿐임을 깨닫게 될 겁니다 — 거기에 타자가 개입하는 한, 주체는 쾌락원칙 너머에 주이상스가 있다는 사실을 깨닫게 됩니다.

부분 충동의 여파가 쾌락원칙을 침범한다[10]는 사실, 바로 그것을 통해 우리는 다음과 같은 사실을 인식할 수 있게 됩니다. 즉 부분 충동들, 그 양의적인 충동들은 *Erhaltungstrieb*(자기보존 충동)가 성욕이라는 감춰진 얼굴에 포획되어 있는 곳인 그 자기보존 충동의 경계선, 항상성 유지의 경계선에 자리 잡는다는 겁니다.

충동이 쾌락원칙에 대한 침범forçage을 증언해주는 이상, 우리는 *Real-Ich* 너머에서 또다른 현실이 개입하고 있음을 알 수 있는데, 그 또다른 현실이 어떤 회귀를 통해 궁극적으로 *Real-Ich*에 그 구조와 다양성을 부여하게 되었는지에 대해서는 다음에 살펴보도록 하겠습니다.

〈질의응답〉

자크-알랭 밀레_ 저는 충동과 실재의 관계에 관해, 더불어 충동의 대상, 환상의 대상, 욕망의 대상 사이에 어떠한 차이가 있는지에 관해 묻고 싶습니다.

충동의 대상은 제가 머리 없는 주체화, 주체 없는 주체화, 뼈, 구조, 도면 등과 같은 은유로 표현했던 수준에 위치시켜야 합니다. 이것이 위상학의 한쪽 면을 이룬다면, 다른 쪽 면은 주체가 시니피앙과의 관계에 의해 구멍이 난 주체라는 것을 나타냅니다. 이 구멍들은 분명 어딘가로부터 유래한 것이지요.

168 자신의 첫번째 모델, 즉 시니피앙들이 안정적으로 교차하는 첫번째 그물망에서 프로이트가 염두에 둔 것은 제가 항상성이라 부른 것을 주체 내에서 최대한 유지하려 하는 무엇입니다. 이는 단순히 흥분의 문턱을 지양하는 것뿐 아니라 그 통로들을 배당하는 것까지도 해당되는 이야기입니다. 프로이트가 사용하는 은유들은 어떤 투자를

항상 한결같은 수준으로 분산시키고 유지하기에 적합한 크기의 직경을 그 통로들에 할당하는 것들입니다.

어디선가 프로이트는 정신 장치 자체의 진보를 가능케 한 것은 바로 쾌락원칙을 유지하기 위해 성욕 속에서 억압되어야 하는 것의 압력, 곧 리비도의 압력이라고 분명하게 언급한 바 있습니다 — 가령 *Aufmerksamkeit*, 주의注意 가능성이라 불리는 투자 가능성이 정신 장치 속에 자리 잡는 것도 바로 이렇게 해서라고 할 수 있습니다. *Real-Ich*의 활동은 쾌락원칙을 충족시키면서도 동시에 아무 방어 없이 성욕의 증강에 의해 투자되도록 결정되어 있다는 점이 바로 그것〔정신 장치의 진보〕의 구조를 가능케 하는 겁니다.

이 수준에선 심지어 주체의 어떠한 주체화도 고려할 필요가 없습니다. 주체는 하나의 장치입니다. 공백을 갖고 있는 장치입니다. 바로 이러한 공백 속에서 주체는 상실된 한에서의 어떤 대상의 기능을 만들어냅니다. 이것이 바로 충동 속에 현존하는 것으로서의 대상 *a*의 위상이지요.

대개의 경우에는 잘 드러나지 않지만 주체는 항상 환상 속에서 살고 있습니다. 그것이 꿈이건 백일몽이건 혹은 다소 발달된 형태의 환상이건 마찬가지이지요. 주체는 스스로 환상에 의해 결정된 자로서 위치합니다.

환상이란 욕망을 지탱해주는 것입니다. 대상이 욕망을 지탱해주는 게 아니지요. 주체는 점점 더 복잡해지는 시니피앙 집합과의 관련 아래 욕망하는 자로서 스스로를 지탱합니다. 이는 주체가 취하는 시나리오라는 형태 속에서 충분히 드러나지요. 그 시나리오 속에서 주체는 다소간 식별 가능하면서도, 대상과의 관계 어딘가에서 통상 두 개의 모습으로 쪼개지고 분열된 채로 존재합니다. 이때 대상은 대개의 경우 자신의 진정한 모습을 보여주지 않습니다.

다음 시간에는 제가 도착증의 구조라 부른 것을 다시 살펴볼까 합니다. 이는 엄밀히 말하자면, 환상의 한 가지 전도된 효과입니다. 주체가 주체성의 분열과 대면하면서 스스로를 대상으로 규정하는 경우인 것이지요.

안타깝게도 오늘은 시간 관계상 이쯤에서 멈출 수밖에 없겠지만, 저는 이 대상의 역할을 맡는 주체야말로 사도-마조히즘적 충동이라 불리는 상황의 현실성을 지탱하는 것임을 말씀드리고 싶습니다. 사도-마조히즘적 상황이라고 했지만 결국은 마조히즘적 상황이라는 한 가지 상태일 뿐이지요. 사도-마조히즘적 충동이 원환을 이루고 더 나아가 충동 자체로서 구성될 수 있는 것은 바로 주체가 어떤 상이한 〔다른 누군가의〕 의지의 대상이 되는 한에서입니다.

프로이트가 이 텍스트에서 지적하고 있듯이 사디즘적 욕망이 어
169 떤 환상과 관련해 가능한 것은 오직 두번째 시기에서일 뿐입니다. 사디즘적 욕망은 무수한 형태들에서, 가령 신경증에서도 나타나지만, 이는 엄밀한 의미에서의 사디즘이라고는 할 수 없습니다.

제 논문 「사드와 함께 칸트를」을 참조하시기 바랍니다. 그 논문을 보면, 사디스트는 자신도 모르는 사이에 어떤 타자를 위해 스스로 대상의 위치를 차지하고 그 타자의 주이상스를 위해 사디즘적 도착증자로서 행동한다는 사실을 아시게 될 겁니다.

따라서 여기서 여러분은 욕망이 겨냥하는 것과 결코 일치할 수 없는 대상 *a*라는 기능이 갖는 여러 가지 가능성들을 보실 수 있을 겁니다. 그것은 전주체적일 수도 있고, 주체의 동일시의 토대가 될 수도 있으며, 주체에 의해 부인되는[dénié] 동일시의 토대가 될 수도 있습니다. 바로 이런 〔마지막〕 의미에서 사디즘은 마조히즘에 대한 부인

dénégation에 불과한 것입니다. 이러한 공식을 통해 우리는 사디즘의 진정한 본성에 관해 많은 것을 밝힐 수 있을 겁니다.

하지만 일반적인 의미에서 욕망의 대상은 실제로는 욕망의 '버팀목' 이라 할 하나의 환상이거나 아니면 하나의 미혹입니다.

이 미혹이라는 주제는 당신이 조금 전에 주체와 실재의 관계에 관해 제시했던 모든 선결 문제들을 한꺼번에 제기하는데, 우리는 이러한 주제를 사랑에 관한 프로이트의 분석을 통해 풀어나갈 수 있을 겁니다.

프로이트는 엄밀한 의미에서 중성적 실재는 탈성욕화되어 있는 반면 사랑의 변증법을 도입하기 위해서는 *Ich*와 실재의 관계를 참조할 필요가 있다고 생각했는데, 그가 느낀 이러한 필요성은 충동이라는 수준에서 개입된 것이 아닙니다. 이것은 우리가 사랑의 기능에 대해 — 다시 말해 근본적으로 나르시시즘적인 그 구조에 대해 — 생각해야 하는 것과 관련해 더없이 풍부한 밑거름이 될 겁니다.

실재가 있다는 사실에는 절대로 의심의 여지가 없습니다. 주체는 쾌락원칙에, 즉 충동에 의해 침범되지 않은non-forcé 쾌락원칙에 긴밀하게 의존함으로써만 실재와 건설적인 관계를 맺는데, 바로 여기가 사랑의 대상이 출현하는 지점입니다 — 우리는 이를 다음 시간에 살펴볼 겁니다. 문제는 사랑의 대상이 어떻게 욕망의 대상과 유사한 역할을 수행할 수 있게 되는가, 다시 말해 사랑의 대상이 욕망의 대상이 될 가능성이 어떠한 애매함에 기대고 있는지입니다.

지금까지의 설명으로 좀 명쾌해지셨는지요?

자크-알랭 밀레_ 명쾌해진 것도 있고 그렇지 않은 것도 있습니다.

1964년 5월 13일.

15

사랑에서 리비도로

주체와 타자
나르시시즘의 장
성적 차이
충동의 장: 자신을 보이게 하기, 들리게 하기, 빨게 하기, 싸게 하기
박막의 신화

오늘 강의는 여러분을 사랑에서 리비도로 인도할 겁니다. 그렇다 171 고 해서 시간이 충분하다는 뜻은 아닙니다. 지난 시간에는 바로 이 사랑이란 주제 앞에서 논의를 접었습니다.

오늘 우리가 해명하고자 하는 것의 핵심이 될 만한 사항을 곧바로 다음과 같이 지적해두도록 하겠습니다. 즉 리비도는 흘러가버리는 유체 같은 것이 아니며 자기장에서처럼 주체에 의해 마련된 수렴의 중심점들 속에서 축적되거나 분할되는 것도 아닙니다. 리비도는 하나의 기관organe으로 인식되어야 합니다. 이는 기관이란 단어의 두 가지 의미에서 그렇습니다. 즉 그것은 유기체의 일부분partie으로서의 기관인 동시에 기구instrument로서의 기관입니다.

지난번 강의에서 누군가가 지적했듯이 제가 여러분을 인도하고 있는 이 길들에 어딘가 어두운 구석이 있다면 양해해주시기 바랍니다. 제가 보기에 그것은 우리의 장의 고유한 특성이라 할 수 있습니

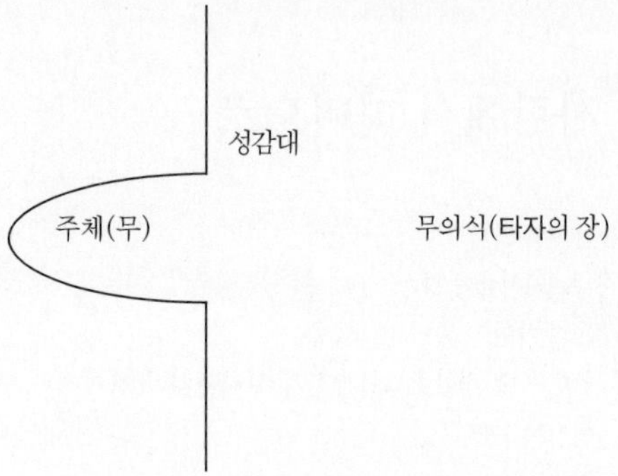

다. 무의식이 일반적으로 지하 저장실로 그려진다는 점을 잊지 마시기 바랍니다. 아니면 동굴로 그려지는데, 이는 플라톤의 동굴을 연상
172 시킵니다. 하지만 그것들은 올바른 비유가 아닙니다. 무의식은 오히려 오줌보vessie에 가까운 것이지요. 이 오줌보 안에 작은 조명을 넣으면 여러분의 앞길을 비춰줄 초롱으로 쓸 수도 있을 겁니다. 종종 이 조명이 켜지는 데 시간이 좀 걸린다고 해도 그다지 놀라운 일은 아니겠지요.

무의식의 박동에 따라 숨었다가 나타나기를 반복하는 주체에게서 우리는 오로지 부분 충동만을 포착할 수 있습니다. 프로이트는 주체에게는 *ganze Sexualstrebung*, 성적 충동의 전체성에 대한 표상이 존재하지 않는다고 말합니다. 저는 프로이트를 따라 정확히 이러한 결과로 이어지는 길로 여러분을 안내하는 중이며 제가 분석 경험을 통해 습득한 것들이 모두 이러한 결과에 부합한다는 것을 분명히 밝혀두고자 합니다. 물론 그렇다고 해서 여기 있는 모든 분들에게 그것에 동의하라고 요구할 수는 없는 노릇입니다. 여러분 중에는 분석 경험이 없는 분들도 계실 테니 말입니다. 하지만 여러분이 여기에 참석하고 있다는 사실 자체가 여러분이 제가 여러분과의 관계 속에서

타자라는 역할을 맡으면서 소위 선의善意라는 것을 가지고 있다고 생각할 만큼 신뢰를 보내고 있다는 것을 보증해줍니다. 타자와 주체의 이러한 관계가 결국 어디서 끝날지를 생각한다면, 당연히 이러한 선의는 언제나 일시적인 것이고 가정된 것에 지나지 않는다고 할 수 있겠지요.

주체 그 자체는 언어의 효과에 의해 분열되어 있으므로 불확실성 속에 있습니다. 이것이 바로 저, 라캉이 프로이트의 발굴의 흔적들을 답사하면서 여러분에게 가르친 것입니다. 말의 효과에 의해 주체는 타자 속에서 한층 더 현실화됩니다. 하지만 그는 거기서 이미 자신의 반쪽만을 뒤쫓을 수밖에 없지요. 말의 가늠 가능한cernable 환유로 인해 주체는 자신의 욕망을 한층 더 분열되고 파편화된 형태로만 만나게 될 겁니다. 언어의 효과는 분석 경험의 토대가 되는 다음과 같은 사실과 항상 얽혀 있습니다. 즉 주체는 타자의 장에 종속된 상태로서만 주체일 수 있다는 것, 주체는 이 타자의 장에 공시적으로 종속됨으로써 나타난다는 것이지요. 그렇기 때문에 주체는 바로 그곳을 빠져나오지 않으면 안 되는 것입니다. 그리고 바로 이러한 '빠져나옴'을 통해 그는 결국 실재적인 타자도 자신과 똑같이 거기서 빠져나와야 함을, 거기서 헤쳐나와야 함을 알게 될 겁니다. 바로 이로부터 선의에 대한 필요성이 불가피해집니다. 타자도 주체처럼 욕망의 경로에 대해 곤란을 겪고 있다는 확실성에 기초한 선의 말입니다.

이런 의미에서 진리란 곧 진리를 뒤쫓는 무엇입니다. 또한 진리는 바로 악타이온을 뒤쫓던 개들처럼 여러분이 제 뒤를 쫓아 달려가는 곳이지요. 아르테미스 여신의 은신처를 찾게 되면 저는 아마도 사슴으로 변할 테고 여러분은 저를 잡아먹을 수도 있겠지요. 하지만 우리에겐 아직 시간이 좀더 남아 있습니다.

1

지난 시간에 제가 프로이트를 아브라함, 이삭, 야곱 등의 인물처럼 그려보였던가요? 레옹 블로이는 『유대인들에 의한 구원』[1]이라는 저서에서 이 세 사람을 세 명의 노인으로 형상화한 바 있는데, 거기서 그들은 이스라엘의 소명 중 하나를 따라 뭔지 모를 덮개 주위에 앉아
173 고물상古物商이라고 하는 필수적인 일거리에 몰두하고 있었습니다. 그들은 어떤 것은 이쪽에, 또 어떤 것은 저쪽에 두는 식으로 물건들을 분류했지요. 프로이트도 이쪽에는 부분 충동을 두고 저쪽에는 사랑을 두었습니다. 그는 "이 두 가지는 같은 게 아니다"라고 말했지요.

충동은 우리를 성적 질서 속에서 강제합니다. 그것은 심장에서 나오는 것이지요. 정말로 놀라운 것은, 그가 다른 쪽에 있는 사랑은 배에서 우러나온다고 가르친다는 겁니다. 사랑은 바로 냠냠[2]의 세계에 속한다는 것이지요.

이것은 놀라운 이야기일 수도 있겠지만 분석 경험에 근본적인 어떤 것을 명확히 해줍니다. 즉 만일 생식기적 충동pulsion génitale이란 것이 존재한다면, 그것은 절대로 다른 충동들과 동일한 방식으로 분절되지 않는다는 겁니다. 사랑-증오의 양가성에도 불구하고 그렇다는 겁니다. 프로이트는 자신이 전제한 것과 자신이 쓴 것 사이에서 말 그대로 자가당착에 빠져버리는데, 예컨대 그는 이 양가성이 충동의 전회, *Verkehrung*의 한 가지 특징으로 간주될 수 있다고 말하지만 그것을 검토하는 대목에선 사랑-증오의 양가성과 충동의 전회가 절대로 같은 것이 아님을 분명히 합니다.

만약 생식기적 충동이 존재하지 않는다면, 그것은 다른 곳에서, 즉 칠판에 그려진 제 도식으로 볼 때 충동이 있는 왼쪽이 아닌 다른

쪽에서 가공될 수밖에 없습니다. 여러분은 벌써 생식기적 충동이 가공될 수 있는 곳이 바로 오른쪽, 타자의 영역임을 보셨을 겁니다.

그렇습니다. 이는 우리가 분석 경험을 통해 배운 것, 다시 말해 생식기적 충동이 오이디푸스 콤플렉스의 유통에, 친족의 기본 구조나 그 밖의 구조들에 종속되어 있다는 것에 정확히 부합합니다. 이러한 유통과 구조들이 바로 문화의 장이라 지적되는 것이지요. 이는 충분치 않은 지적인데, 왜냐하면 그 장이 근거를 두고 있다고 가정되는 곳, 즉 진정한 의미에서의 생식기성génitalité이 존재한다고 가정되는 곳은 *no man's land*(아무도 살지 않는 땅)이기 때문입니다. 사실 생식기성은 해체되어 있으며 하나로 통합되지 않습니다. 주체 안에서는 *ganze Sexualstrebung*을 어디서도 찾아볼 수 없기 때문이지요.

그것은 주체의 어느 곳에도 존재하지 않지만 그럼에도 주체 곳곳에 흩어져 있습니다. 바로 이것이 프로이트가 이 논문을 통해 보여주려 한 것이지요.

그가 사랑에 대해 말한 모든 것은 사랑을 인식하기 위해서는 반드시 충동의 구조와는 다른 종류의 구조를 참조해야 한다는 점을 강조하는 쪽으로 귀착됩니다. 그는 이 구조를 세 개의 수준으로 나눕니다. 실재의 수준, 경제론적 수준, 생물학적 수준이 바로 그것이지요.

이에 상응하는 대립도 세 가지입니다. 실재의 수준에서는 흥미를 끄는 것과 무관심한 것의 대립이 있습니다. 경제론적 수준에서는 쾌감을 주는 것과 불쾌감을 주는 것의 대립이 있지요. 오로지 생물학적 수준에서만 능동성과 수동성이라는 대립이 그것에 고유한 형태, 즉 문법적 의미와 관련해 유효성을 갖는 유일한 형태인 '사랑하다'와 '사랑받다'의 입장으로 나타납니다.

프로이트는 사랑을 본질적으로 *gesamt Ich*(전체적 자아)의 성적 열정에 지나지 않는 것으로 여기게끔 유도합니다. 하지만 *gesamt Ich*는 그의 저작에선 딱 한 번밖에 사용되지 않은[3] 용어인데, 우리는 이 용어를 그가 쾌락원칙을 설명할 때 제시했던 의미로 이해해야 합니다. *gesamt Ich*는 제가 여러분에게 하나의 표면으로 간주하도록 가르쳤던 장입니다. 그것은 이 칠판에 그리기에 적당하고 종이 위에 전
174 부 담아낼 수 있을 만큼 한정된 표면이지요. 여기서 문제의 관건은 교점들을 연결하는 선들, 아치 모양의 선들로 그려진 그물망입니다. 그러한 그물망에 의해 만들어진 닫힌 원환은 그러한 장 중에서 압력의 항상성, 긴장의 최소화, 불가피한 우회, 수많은 통로들을 통한 흥분의 분산 — 이는 그 통로들 중 어느 한 곳에서 흥분이 과열될 때마다 이뤄집니다 — 등을 통해 유지되어야 하는 부분을 나타냅니다.

자극을 방출로 여과시키는 것, 그것이 바로 무엇보다 프로이트가 *Real-Ich*(현실자아[실재적-나])의 단계라는 이름으로 규정한 것에 해당되는 장치, 빵모자 — 구 위에 그려본다면 — 모양의 장치가 하는 일입니다. 프로이트는 그것에 *autoerotisch*(자가성애적)란 수식어를 덧붙이게 될 겁니다.

이러한 사실로부터 분석가들은 — 이러한 자가성애적 사태를 이른바 발달의 어느 지점에 위치시켜야 한다는 듯이, 그리고 프로이트의 말은 복음서의 말씀이나 마찬가지이므로 — 젖먹이가 자기 주위의 모든 사물들에 무관심할 것이라는 결론을 이끌어냈습니다. 막상 관찰된 사실보다 믿음의 조항들이 더 막중한 가치를 갖는 관찰자들의 장 속에서 관찰자들은 어떻게 사물들이 자리 잡을 수 있는지를 궁금해했습니다. 결국 납득할 수 없는 무언가가 유아에게 있는데 그것은 유아가 자신의 지각 장 안에 들어온 것에 무관심하다는 점입니다.

신생아기의 가장 이른 시기부터 이미 대상들이 존재한다는 사실

에는 전혀 의심의 여지가 없습니다. *autoerotisch*는 절대로 대상들에 대한 관심이 결여되어 있다는 뜻이 아닙니다. 프로이트의 이 텍스트를 읽어보면 여러분은 두번째 시기인 경제론적 시기의 핵심이 바로 다음과 같은 사실에 있음을 이해하실 수 있을 겁니다. 즉 경제론적 시기에서 두번째 *Ich* — 이렇게 말하는 것은 그것이 당위적으로나 논리적 시간상으로나 두번째에 해당하기 때문이지요 — 는 프로이트가 *purifiziert*(정화된) 것이라고 한 *Lust-Ich*(쾌락자아〔쾌락-나〕)라는 겁니다. 정화된 *Lust-Ich*는 제가 프로이트의 설명에 따라 첫번째 *Real-Ich*를 적어넣었던 빵모자의 바깥 장에서 창출됩니다.

*autoerotisch*는 프로이트 자신도 강조하고 있듯이 만약 나에게 좋은 대상이 존재하지 않는다면 대상들은 출현하지 않을 것이라는 사실에서 비롯됩니다. '나'는 대상들이 출현하고 분배되는 기준입니다.

따라서 바로 여기서 *Lust-Ich*가 구성되고 이와 동시에 *Unlust*(불쾌)의 장, 잔여물과 이물체〔낯선 것〕로서의 대상의 장도 구성됩니다. *Lust-Ich*의 장에 속한 대상들이 사랑할 만한 대상이라면, 인식에 적당한 대상은 당연히 *Unlust*의 장에 속한 것으로 규정되는 대상입니다. *hassen*(미워하다)은 인식과 깊이 관련된 것으로서 다른 장에 속하는 것이지요.

이러한 수준에서는 충동적 기능들의 흔적을 찾아볼 수 없습니다. 있다면 진정한 충동에 속하지 않는 기능들일 뿐이며, 프로이트는 그러한 기능들을 자신의 텍스트에서 *Ichtriebe*(자아 충동)라 부릅니다. *Ich*의 수준은 충동적이지 않습니다. 부탁드리건대 텍스트를 주의 깊게 읽어보시기 바랍니다. 프로이트가 *Ich*의 수준에서 정초짓는 것은 바로 사랑입니다. 이렇게 *Ich*의 수준에서 규정된 모든 것은 성적인 가치를 갖지 않습니다. 그것이 *Erhaltungstrieb*(자기보존 충동), 보존의 영역으로부터 *Sexualtrieb*(성충동)로 이동하게 되는 것은 오로지 *Ich*의 각 장들이 어떤 부분 충동에 의해 점유되고 장악되는 한에서일 뿐입니다. 프로이트는 여기서 *Vorhangung des Wesentlichen*, 즉 본
175 질적인 것을 거론하자면, 주체가 *äußeren Reize*, 외부 세계로부터 온 것을 받아들이는 방식은 충동적이지 않고 순수하게 수동적임을 분명히 밝히고 있습니다. 주체의 능동성은 오직 *durch seine eigenen Triebe*, 그 자신의 충동을 경유해서만 나타납니다. 여기서 문제의 핵심은 바로 부분 충동들의 다양성입니다. 이에 따라 우리는 그가 끌어들이고 있는 세번째 수준, 즉 능동성-수동성이라는 수준에 도달하게 되지요.

이제까지의 논의에서 어떤 결과들이 도출되는지를 분명히 하기 전에 '자신의 행복을 바란다'라는 사랑관의 고전적인 성격을 환기하고 넘어갔으면 합니다. 이것이 전통적으로 육체적 연애론이라 불리는 토마스 아퀴나스의 *velle bonum alicui*[4]의 정확한 등가물임을 새삼 강조할 필요가 있을까요? 우리에게 토마스 아퀴나스의 진술은 나르시시즘의 기능으로 인해 〔자신의 행복을 바라는 사랑관과〕 동일한 가치를 지닙니다. 저는 오래전부터 타자의 행복을 지켜주는 데서 만족을 찾는 소위 이타주의의 궤변적 성격을 강조해왔지요. 그게 과연 누구의 행복을 위한 것일까요? 그것은 분명 우리가 필요로 하는 자의 행복일 겁니다.

2

자, 바로 이곳이 프로이트가 사랑의 초석을 위치시키고 싶어했던 곳입니다. 그중에서 엄밀하게 성적 관계^relation sexuelle^에 속하는 것이 개

입되는 것은 오로지 능동성-수동성이라는 개념을 통해서입니다.

하지만 능동성-수동성의 관계가 과연 성적 관계를 담아낼 수 있을까요? 가령 「늑대인간」의 어떤 구절이나 『다섯 가지 정신분석』[5] 여기저기서 볼 수 있는 몇 개의 다른 구절들을 읽어보시기 바랍니다. 요컨대 거기서 프로이트는 자신이 능동성-수동성이라는 양극을 참조하는 것은 성적 차이 속에서 가늠될 수 없는 것으로 남아 있는 것을 명명하고 포함하고 은유화하기 위해서라고 설명합니다. 그는 남녀 관계는 심리적으로 능동성-수동성의 대립이라는 대표자를 통해서가 아니면〔대립으로 대신하는 것이 아니면〕 달리 포착될 수 있는 방법이 없다고 주장합니다. 그 어떤 것도 남녀의 대립 자체에 딱 들어맞을 수는 없다는 겁니다. 이 구절에서 프로이트가 사용하는 동사[6]는 문제의 핵심을 아주 예리하게 표현해주는 것으로서, 제가 지금 반복해서 언급하고 있는 사항이 얼마나 중요한지를 여실히 보여줍니다. 즉 그는 수동성-능동성의 대립이 유입流入되고 본떠지고 주입注入된다고 말합니다. 일종의 동맥조영술artériographie이라 할 수 있는데, 이것으로는 남녀 관계 자체를 완벽하게 담아내지는 못합니다.

능동성-수동성의 대립이 사랑의 영역과 관련해 많은 것을 설명해줄 수 있다는 것은 당연히 잘 알려진 사실입니다. 하지만 우리가 문제라고 생각하는 것은 이를테면 〔남녀 관계 속에〕 사도-마조히즘을 주입시키는 것입니다. 이는 성 자체의 현실화와 관련해 결코 무턱대고 받아들여서는 안 되는 것입니다.

분명 성적 관계에서는 욕망과 관련된 온갖 틈새들이 작동합니다. "너에게 내 욕망은 어떤 가치가 있지?" 이는 연인들의 대화에서 제기되는 영원한 질문입니다. 하지만 가령 흔히 말하는 '여성적 마조히즘' 이 갖고 있다고 추정되는 가치에 관해서는 괄호 안에 넣고 신중하

176 게 검토하는 것이 좋을 겁니다. 여성적 마조히즘이 포함된 대화는 많은 점에서 남성의 환상이라 정의될 수 있습니다. 이에 관해서는 그것이 우리 측의 공모로 유지되고 있다고 여겨질 만한 여지가 많습니다. 이 주제에 관해 별다른 성과를 거두지 못한 앵글로색슨 계열의 연구결과에만 의지하지 말고, 또 여성적 마조히즘에는 여자들 쪽의 어떤 동의가 있다는 식으로 말하지 않으려면 — 이는 무의미한 말이지요 — 우리 쪽 분석가들로서는 우리 그룹에 속해 있는 여성들에게 논의를 국한시키는 것이 좀더 정당한 일일 겁니다. 정신분석 집단에서 여성을 대표하는 이들 저변에 특히 여성적 마조히즘의 존재를 믿으려는 경향이 깔려 있는 것을 보면 정말 놀라움을 금할 수 없습니다. 거기에는 아마도 성의 이해관계와 관련해 너무 성급하게 벗겨버리지 말아야 할 어떤 장막이 있을 겁니다. 이는 우리의 논의를 벗어나는 이야기이지만 그럼에도 그것과 아주 밀접하게 연관되어 있습니다. 어떤 연관이 있는지는 나중에 다시 살펴보아야 할 텐데 그때 여러분은 이 점을 확인하실 수 있게 될 겁니다.

어찌되었건 이 수준에서라면 우리는 절대로 사랑의 장을, 다시 말해 나르시시즘의 틀을 벗어나지 못합니다. 이러한 나르시시즘에 대해 프로이트는 이 논문에서 그의 용어로 그것은 *autoerotisch*가 자아에 대한 조직화된 관심들 속에 삽입됨으로써 구성된다고 지적했습니다.

이 나르시시즘이라는 틀 내부에 외부 세계의 대상들에 대한 표상, 선택과 분별, 인식 가능성 등이 포함될 수 있습니다. 요컨대 고전 심리학이 활동 무대로 했던 모든 장이 그 틀 속에 포함됩니다. 하지만 그중 어떤 것도, 아직 그 어떤 것도 타자, 근원적 타자, 진정한 의미에서의 타자를 표상해내지는 못합니다. 프로이트 이전까지의 사랑의 심리학이 모두 실패해버린 것은 바로 이 때문입니다.

성욕이 남성적인 것과 여성적인 것의 형태로 제시하는 대립적인 두 세계 사이에서 이 타자의 표상은 분명 결여되어 있습니다. 극단적으로 말하자면 남성적 이상理想과 여성적 이상이 심리 구조 속에 형상화되는 것은 제가 조금 전에 언급한 능동성-수동성의 대립이 아닌 다른 무언가를 통해서라고 말할 수도 있을 겁니다. 그러한 이상들은 본래 가면무도회로부터 유래하는데, 이것은 제가 도입한 용어가 아니라 한 여성 정신분석가가 여성의 성적 태도를 규정하기 위해 사용했던 용어이지요.[7]

가면무도회란 동물들이 짝짓기를 하는 데 꼭 필요한 구애 행위〔과시〕에서 작용하는 것을 말하는 것이 아닙니다. 동물에게 있어 그런 식의 몸치장은 일반적으로 수컷에게서 나타나지요. 인간에게 가면무도회는 이와는 다른 의미를 가집니다. 정확히 그것은 상상적 차원이 아니라 상징적 차원에서 작용하는 것입니다.

바로 여기서부터 이제 성욕 그 자체가 부분 충동을 매개 — 그것이 아무리 역설적으로 보인다 해도 — 로 회귀하며 자체에 고유한 능동성을 펼쳐나간다는 점을 보여줄 차례가 되었습니다.

3

부분 충동들에 대한 프로이트의 모든 진술에서 우리는 제가 지난 177
시간에 칠판에 그린 운동, 추동력의 순환 운동을 확인할 수 있습니다. 이러한 순환 운동은 성감대의 가두리를 거쳐나온 후 제가 대상 *a*라 부른 것을 한 바퀴 돈 다음 마치 그 가두리가 자신의 표적이라도 된 듯이 그 가두리로 되돌아갑니다. 저는 주체가 엄밀히 말해 대타자의 차원이라 할 수 있는 것에 도달하게 되는 것은 바로 이러한 순환 운동을 통해서라고 주장하는 바입니다. 프로이트의 텍스트 전체를 꼼꼼히 검토해보면 제 주장이 맞다는 것을 확인하실 수 있을 겁니다.

저는 '타자를 통해 자신을 사랑하는 것'과 충동의 순환성 사이에는 근본적인 차이가 있다고 생각합니다. 전자는 대상의 나르시시즘적 장 속에서 이뤄지는 것으로 그 사랑에 포함된 대상에게 어떠한 초월성도 남겨주지 않는 반면, 후자는 가는 것과 오는 것 사이의 이질성을 통해 그 사이로 어떤 간극을 드러냅니다.

'보다'와 '보여지다' 사이엔 어떠한 공통점이 있을까요? *Schaulust*, 즉 시관 충동의 예를 봅시다. 프로이트는 어떤 외부의 대상, 진정한 의미에서의 대상을 응시하는 것, *beschauen*과 어떤 다른 사람에 의해 응시되는 것, *beschaut werden*을 대립시킵니다.

왜냐하면 대상과 사람은 같은 것이 아니기 때문이지요. 그 두 동사가 원환의 끝에서 엇갈린다고 할 수 있습니다. 혹은 점선이 약간 비켜간다고도 할 수 있겠지요. 그런데 그 둘을 연결시키려면 프로이트는 그 기저에서 — 출발점과 종착점이 합쳐지는 곳, 정확히 말하자면 회귀의 지점에서 — 그 둘을 붙잡고 연결 고리를 찾아야 했습니다. 프로이트는 시관 충동의 뿌리는 전적으로 주체 안에서, 즉 주체가 스스로를 본다는 사실 속에서 이해되어야 한다고 말하면서 그 연결 고리를 찾아냅니다.

하지만 역시 프로이트답게 그는 여기서 함정에 빠지지 않습니다. 연결 고리는 거울을 통해 자신을 보는 것이 아니라 *Selbst ein Sexualglied beschauen*, 즉 "자기 성기 속에서〔자기 성기를 통해〕 자신을 응시하는 것"입니다.

하지만 여기서도 조심해야 할 텐데, 이 역시 정확하다고는 볼 수 없습니다. 이 문장은 그 역의 문장과 등치될 수 있기 때문이지요 — 그 역은 아주 흥미로운 문장인데, 아무도 그 유머를 알아채지 못했다는 것이 저로서는 놀라울 따름입니다. 그 역은 바로 *Sexualglied von eigener Person beschaut werden*이라는 문장인데요. 숫자 2가 홀수가 되는 것에 흐뭇해하듯이[8] 성기, 즉 음경은 자신이 응시되는 것을 즐깁니다. 그런 식의 느낌이 실제로 주체화〔주어화〕될 수 있다는 것을 프로이트가 아니라면 누가 정말 포착이나 할 수 있었겠습니까?

실제로 프로이트의 이 마지막 표현에서 용어 하나만 바꾸면 충동이 왕복하는 원환 구조를 도출해낼 수 있습니다. 고유한 의미에서의 대상 — 이는 사실 주체였던 것이 결국 대상의 위치에 놓인 경우입니다 — 인 *eigenes Objekt*은 그대로 두겠습니다. 당연히 타자를 뜻하는 *von fremder Person*과 *beschaut*도 그대로 놔두겠습니다. 하지만 *werden*(~이 되다)이라는 단어는 *machen*(~하게 하다)으로 바꿔야 합니다. 충동에서 관건이 되는 것은 바로 '자신을 보이게 하는se faire voir' 것이기 때문이지요. 충동의 활동〔능동성〕activité은 이처럼 '자신을 ~하게 하다se faire'로 집약됩니다. '자신을 ~하게 하다'를 다른 충동
들의 장으로 옮겨보면 우리는 그 충동의 활동〔능동성〕을 좀더 명확하 178
게 알 수 있을 겁니다.

아쉽게도 강의를 좀더 빨리 진행해야 할 텐데요. 요점만 간단히 제시하고 넘어가겠지만 그래도 프로이트가 충동들을 설명하면서 — 놀랍게도 — 남겨놓은 빈자리는 제가 보충할 수 있을 겁니다.

'자신을 보이게 하다'라는 공식 다음에 한 가지를 더 추가하도록 하겠습니다. 그것은 프로이트가 언급하지 않은 것으로 바로 '자신을 들리게 하다se faire entendre' 입니다.

이것과 '자신을 보이게 하다' 사이의 차이를 아주 간략하게나마

지적해야겠습니다. 귀는 무의식의 장에서 닫힐 수 없는 유일한 구멍입니다. '자신을 보이게 하다'는 실제로 주체로 되돌아오는 화살표로 표시될 수 있는 반면, '자신을 들리게 하다'는 타자를 향합니다. 이는 구조적인 이유 때문으로, 말이 나온 김에 꼭 지적해둬야 할 사항입니다.

구강 충동에 대해 살펴봅시다. 구강 충동이란 무엇일까요? 사람들은 뜯어먹히는 환상들, 즉 '자신을 먹어치우게 하다se faire boulotter'에 관해 이야기하곤 하지요. 실제로 다들 아시다시피, 이는 구강 충동을 이타화한[9] 표현으로서 마조히즘의 모든 반향들과 접해 있습니다. 하지만 왜 좀더 깊이 파고들어가지 못할까요? 우리가 참조하는 것이 젖먹이와 젖가슴인 이상, 그리고 젖을 먹는 것은 곧 젖을 빠는 것인 이상 구강 충동은 '자신을 빨게 하다se faire sucer' 라고 할 수 있습니다. 흡혈귀인 셈이지요.

이를 통해 우리는 젖가슴이라는 독특한 대상이 무엇인지 이해할 수 있게 됩니다. 저는 여러분의 머릿속에서 그것이 음식물의 비유로 여겨지지 않도록 각별히 주의를 기울여왔습니다. 젖가슴은 덧붙여져plaqué 있는 무엇입니다. 누가 무엇을 빠는 것일까요? 그것은 엄마라는 유기체를 빠는 것입니다. 따라서 어떤 식으로 주체가 자신과 분리되어 있으면서도 그 자신에게 속해 자신을 보완시켜줄 무언가에 대해 소유권을 주장하는지가 이 수준에서 충분히 드러납니다.

이러한 점은 항문 충동의 수준 — 긴장을 좀 풀어보도록 하겠습니다 — 에는 더이상 해당되지 않는 것처럼 보입니다. 하지만 그렇다고 해도 '자신을 싸게 하다se faire chier'[10]는 의미심장한 말입니다. 누군가가 "ici, on se fait rudement chier"라고 말한다면, 이는 무언가가 진저리나게 애를 먹인다는 뜻이지요. 단순히 저 유명한 된똥을 그것이 강박신경증의 신진대사에서 맡은 기능과 동일시하는 것은 잘못된 일입니다. 그리고 그 똥을 그것이 표상하는 것, 즉 선물로부터 분리시켜 생각하거나 그것이 더럽힘, 정화, 카타르시스 등과 맺는 관계로부터 분리시켜 생각하는 것도 잘못된 일이지요. 또 바로 거기서 헌신성oblativité의 기능이 생겨나는 것을 보지 못하는 것도 잘못입니다. 결국 여기서 대상은 우리가 영혼âme이라 부르는 장과 그다지 멀리 있지 않습니다.

이상과 같이 개관적으로 살펴보았을 때 우리에게 드러나는 바는 무엇일까요? 호주머니[11] 모양으로 선회하는 충동은 성감대를 통해 함입陷入되면서 매번 타자 속에서 응답하는 무언가를 구걸하러quêter 나서는 임무를 맡고 있는 것처럼 보이지 않나요? 타자 속에서 응답하는 것이 무엇인지를 일일이 다시 열거하진 않겠습니다. *Schaulust*의 수준에서는 그것이 응시라는 점만 지적해두겠습니다. 제가 이를 지적하는 것은 오로지 나중에 이 호소appel의 운동이 타자에게 미치는 효과를 다뤄보려는 취지에서일 뿐입니다.

4

여기서 충동의 순환에 있어서의 극성極性과 항상 그 중심에 있는 179
것 사이의 관계에 주목해봅시다. 그 중심에 있는 것은 충동의 도구라는 의미에서의 하나의 기관입니다. 이는 방금 전에 *Ich*의 유도자장 안에서 기관이라는 말에 부여되었던 것과는 다른 의미에서의 기관입니다. 이 포착 불가능한 기관, 우리로선 오직 우회만이 가능한 대상, 한마디로 그 허위 기관에 대해 질문을 던질 때가 왔습니다.

충동의 기관은 진짜 기관과의 관련 속에서 자리 잡습니다. 저는 여러분이 구체적으로 이해하실 수 있도록 그리고 이 충동의 기관이야말로 성욕의 영역에서 우리가 파악해낼 수 있는 유일한 극점極點이라는 주장을 뒷받침해줄 만한 신화를 한 편 소개해볼까 합니다. 저는 이 신화에 대한 역사적 후원자를 플라톤의 『향연』 중 아리스토파네스의 입을 빌려 사랑의 본질에 대해 언급되고 있는 부분에서 찾아볼까 합니다.

당연히 이 신화를 활용하는 것은 예전엔 제가 수강생들 앞에서 줄곧 사용하기를 꺼려왔던 장비를 〔이제〕 진리와의 한판 대결을 위해 써보기로 했다는 것을 전제합니다.

저는 수강생들에게 고대의 모델들을, 특히 플라톤의 장〔밭〕champ에 있는 모델들을 제시했습니다. 하지만 저는 그들에게 오직 그 장〔밭〕을 일구기 위한 장비를 제공했을 뿐입니다. 저는 다른 이들처럼 "애들아, 여기에 보물이 있구나"라는 식으로 말하지 않습니다. 그들은 그런 식의 말로 그 장〔밭〕을 일구어놓지만, 저는 보습의 날과 쟁기만을 줄 뿐입니다. 이를테면 무의식은 언어로 이뤄져 있다는 사실만을 주는 겁니다. 그리고 어느 한 시점에, 그러니까 거의 삼 년 반 전에 그로부터 아주 훌륭한 세 가지 작업이 이뤄졌습니다. 하지만 이제는 "보물은 내가 가르쳐준 길을 통해서만 찾을 수 있노라"라고 말해야 할 때입니다.

이 길은 희극적 성질을 띠고 있습니다. 이는 『향연』에 담겨 있는 것은 물론이거니와 플라톤의 대화편을 조금이라도 이해하려면 절대적으로 필요한 사항입니다. 심지어 여기서 문제는 일종의 개그라고 할 수 있습니다. 이는 당연히 아리스토파네스의 우화를 두고 하는 이야기입니다. 이 우화는 세월을 무색하게 하는데, 왜냐하면 수세기가 흘렀지만 아무도 그보다 더 멋진 이야기를 만들어내지 못했기 때문입니다. 자, 제가 한번 시도해보겠습니다.

저는 본느발 학회에서 논의되었던 것을 요약하는 자리에서 다음과 같은 요지의 말을 했던 적이 있습니다. "여러분에게 박막lamelle에 대해 이야기하겠습니다."

만일 여러분이 개그로서의 효과를 강조하고자 한다면, 그 박막을 '옴렛'[12]이라고 불러보시기 바랍니다. 곧 보시게 되겠지만 이 옴렛은 언제나 머릿속에 소인간homoncule을 앉혀야만 걸어 다닐 수 있는 태초의 인간homme primordial보다 더 쉽게 살아 움직일 수 있습니다.

알의 막을 깨뜨리며 이제 막 신생아가 나오려는 순간, 무언가가 그것으로부터 빠져나온다고 상상해봅시다. 그리고 달걀뿐 아니라 사람으로도 옴렛이나 박막을 만들 수 있다고 상상해봅시다.

박막, 그것은 아메바처럼 움직이는 초박형의 무엇입니다. 물론 아메바보다 좀더 복잡한 것이긴 하지만 그 어디로든 흘러 들어갈 수 있 180
지요. 또한 — 어떤 연유에서인지는 곧이어 말씀드리겠지만 — 박막은 유성 존재가 성욕 속에서 잃어버린 것과 관련되어 있습니다. 아메바가 유성 존재들과 달리 죽지 않는 것처럼 박막 또한 죽지 않습니다. 아무리 분열되어도 살아남으며 아무리 분열 번식해도 존속하기 때문입니다. 그리고 그것은 돌아다닙니다.

자, 이는 안심할 수 있는 일이 아닙니다. 그것이 태평스럽게 잠자고 있는 여러분의 얼굴을 덮친다고 상상해보시기 바랍니다.

우리가 그러한 속성을 가진 존재와의 결투를 피할 수 있으리라고는 생각하지 않습니다. 하지만 분명 수월하지 않은 싸움이 되겠지요. 이 박막은 존재하지 않는다는 특성을 갖지만 그럼에도 불구하고 하나의 기관 — 이 기관이 동물학적으로 어디에 위치하는지를 좀더 자세히 설명할 수도 있을 겁니다 — 입니다. 이것이 바로 리비도입니다.

이것은 리비도, 삶의 순수한 본능으로서의 리비도입니다. 말하자면 불사의 삶, 억누를 수 없는 삶, 어떠한 기관도 필요로 하지 않는 삶, 단순화되고 파괴 불가능한 삶에 대한 본능입니다. 이는 정확히 생물이 유성 생식의 주기를 따름으로 인해 상실하게 되는 부분입니다. 대상 *a*로 열거할 수 있는 형태들은 모두 그 잃어버린 것의 대표자, 등가물입니다. 그러니까 대상 *a*는 순전히 그 잃어버린 것의 대표자, 문양에 불과합니다. 가령 젖가슴 — 이것은 태반처럼 포유동물에게 고유한 요소이며 양의적인 의미를 지니고 있지요 — 은 개인이 태어나면서 잃어버린 자기 자신의 일부, 가장 근원적으로 상실된 대상을 상징하는 데 쓰이는 그 일부를 대표하게 됩니다. 다른 대상들 모두에 대해서도 저는 똑같은 말을 할 수 있을 겁니다.

바로 이렇게 해서 주체와 타자의 장의 관계가 좀더 명확하게 드러나게 됩니다. 제가 칠판 아래쪽에 그린 것을 봐주십시오. 자, 설명해 보도록 하겠습니다.

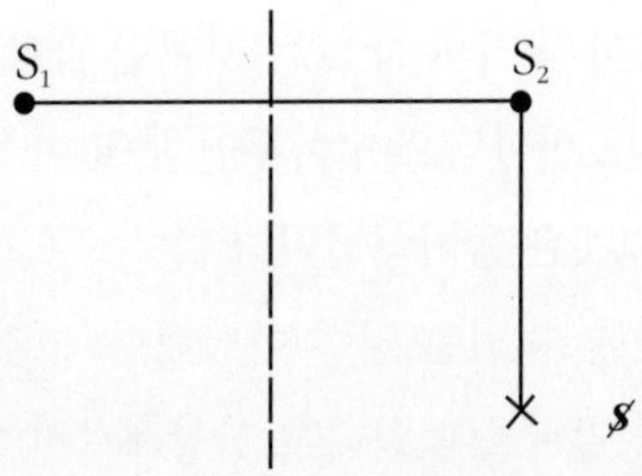

*Real-Ich*의 세계, 즉 자아의 세계, 인식의 세계에서는 여러분과 의식을 포함해 모든 것이 — 사람들이 그것에 대해 어떤 생각을 하든 — 아무런 주체도 없이 지금처럼 존재할 수 있습니다. 제가 가르친 것처럼 주체가 언어와 말에 의해 결정된 주체라면, 이는 곧 주체는 첫

번째 시니피앙이 나타나는 곳으로서의 타자의 장소에서 최초로 시작
된다는 것을 의미합니다.

그렇다면 시니피앙이란 무엇일까요? 아주 오래전부터 여러분에
게 되풀이해서 가르친 것이니 여기서 새삼 다시 설명할 필요는 없을
겁니다. 시니피앙이란 주체를 대표하는 것이지요. 그렇다면 누구에 181
게 대표하는 것일까요? 그것이 누구에겐가 주체를 대표한다면, 여기
서 그 누구란 또다른 주체가 아니라 또다른 시니피앙을 말합니다. 이
러한 공리를 예를 들어 설명하자면, 사막에서 상형문자가 쓰여 있는
돌 하나를 발견했다고 상상해보시기 바랍니다. 여러분은 그 배후에
그것을 쓴 어떤 주체가 있어야 한다는 것을 한 순간도 의심하지 않을
겁니다. 하지만 시니피앙 하나하나가 여러분에게 말을 걸고 있다고
생각한다면 오산입니다. 이에 대한 증거는 여러분이 그 문자를 전혀
이해할 수 없다는 점이지요. 반면 여러분은 각각의 시니피앙들이 각
기 다른 시니피앙들과 연관되어 있음을 확신하면서 그것들을 시니피
앙으로서 규정하게 되지요. 주체와 타자의 장의 관계에서 문제의 핵
심은 바로 이것입니다.

주체는 시니피앙이 타자의 장에 출현하는 한에서 탄생합니다. 하
지만 이러한 사실로 인해 그것 — 앞으로 도래하게 될 주체가 아니라
면 그 전에는 아무것도 아니었던 것 — 은 시니피앙으로 굳어버립니
다.

박막이 표상하는 바 — 이것은 남녀 관계라는 성별화된 극성이
아니라 살아 있는 주체가 그가 생식을 위해 성적 주기週期를 통과해야
함으로써 상실해버린 무엇과 맺게 되는 관계입니다 — 를 우리에게
출현시키는 것은 바로 이 타자와의 관계입니다.

저는 바로 이렇게 해서 모든 충동이 죽음의 지대와 맺고 있는 본

질적인 친화성을 설명하고 충동의 두 가지 측면을 화해시키려는 것입니다. 즉 충동은 한편으로는 무의식 속에서 성욕을 현전화하고, 다른 한편으로는 본질적으로 죽음을 대표한다는 것이지요.

동시에 제가 무의식을 열리고 닫히는 것으로 제시한 것은 무의식의 본질이 주체가 시니피앙과 더불어 분열된 채로 탄생된 순간을 각인하는 것에 있기 때문이라는 사실을 이해하실 수 있을 겁니다. 주체는 다음과 같은 식으로 출현하는데, 즉 그것은 방금 전에는 주체로서 아무것도 아니었지만, 나타나자마자 바로 그 순간 시니피앙으로 응결되어 버립니다.

*ganze Sexualstrebung*을 위한 어떤 버팀목이 있다면 이는 충동의 장에서의 주체와 타자의 장에서 환기되는 주체 사이의 결합에, 다시 말해 서로 합류하려는 노력에 달려 있습니다. 이것 말고는 다른 버팀목이 없습니다. 오직 이런 식으로만 무의식의 수준에서 양성의 관계가 표상되는 것입니다.

그 외의 성적 관계는 타자의 장의 임의성에 맡겨져 있습니다. 사람들이 그 관계에 대해 부여하는 설명에 달려 있다는 것이지요. 그것은 여자와 사랑을 나누려면 어떻게 해야 하는지를 다프니스에게 가르쳐주었던 노파의 소관인 것이지요.[13] 이는 전혀 쓸모없는 우화가 아닌 셈입니다.

〈질의응답〉

프랑수아 발__ 저는 첫째로 유성 생물이 겪어야만 하는 상실에 대해, 둘째로 능동성-수동성이라는 분절에 대해 질문을 드리고 싶습니다.

사실 제 강의에서 빠진 것을 한 가지 지적해주셨는데요. 박막에는 가두리가 있습니다. 그것은 성감대, 즉 몸의 구멍 중 하나에 달라붙게 됩니다. 이는 우리의 경험이 말해주듯이 이러한 구멍들이 무의식의 182
간극이 열리고 닫히는 것과 연결되어 있기 때문이지요.

성감대는 무의식과 연결되어 있습니다. 이는 생명체의 현존이 무의식과 얽히게 되는 곳이 바로 성감대이기 때문입니다. 우리는 소위 말하는 구강 충동, 항문 충동 그리고 제가 여기에 덧붙인 두 개의 충동, 즉 시관 충동과 제가 지나가는 말로 — 제가 하는 말 중에 순전히 농담으로 하는 말은 전혀 없습니다 — 닫히지 않을 수 있는 특권을 가지고 있다고 말한 호원 충동 등을 무의식과 연결하는 것이 다름 아닌 리비도의 기관, 즉 박막이라는 사실을 발견했습니다.

충동과 능동성-수동성 사이의 관계에 대해서라면 충동의 수준에서 이 관계는 순전히 문법적인 것이라는 말로써 제 생각을 충분히 전달했다고 생각합니다. 그러한 관계는 프로이트가 충동의 왕복 운동을 좀더 잘 이해시키기 위해 사용한 보조 장치, 묘수입니다. 하지만 저는 그것이 단순히 어떤 상호적 관계로 환원될 수 없다는 것을 네다섯 차례에 걸쳐 강조한 바 있습니다. 오늘 저는 프로이트가 각각의 충동에서 구분해낸 세 개의 단계 a, b, c를 각기 '자신을 보이게 하다', '자신을 들리게 하다' 등과 같이 제가 제시했던 목록으로 대체해야 한다는 점을 분명히 지적했습니다. 여기에는 기본적으로 능동성이 함축되어 있으며, 바로 그렇기 때문에 제가 한 이야기는 프로이트 본인이 충동의 장과 사랑의 나르시시즘적 장이라는 두 개의 장을 구분하면서 진술했던 것과 동일한 것이라 할 수 있습니다. 즉 프로이트는 사랑의 수준에는 '사랑하기'와 '사랑받기'의 상호성이 존재하지만, 충동의 장에 있어 주체에게 문제가 되는 것은 *durch seine eigene Triebe*(그 자신의 충동을 경유한) 순수한 능동성임을 강조했습니다. 이해가 되시는지요? 실제로 하나의 충동, 가령 마조히스트적 충동이 작용할 경우, 심지어 소위 말하는 그 충동의 수동적 단계에서조차도 마조히스트는 이를테면 지옥 같은 고통을 스스로에게 부과해야 한다[14]는 것은 자명한 사실입니다.

1964년 5월 20일.

타자의 장, 그리고 전이로의 회귀

LE CHAMP DE L'AUTRE, ET RETOUR SUR LE TRANSFERT

16

주체와 타자 — 소외

성적 동력학
'아파니시스'
피아제적 오류
'벨'
돈이냐 목숨이냐?
'왜?' 라는 것

정신분석이 무의식의 과학으로 성립하려면 무의식은 언어처럼 185
구조화되어 있다는 개념에서 출발해야 합니다.

이러한 개념으로부터 저는 주체의 구성을 설명할 목적으로 어떤 위상학을 도출해낸 바 있지요.

한때 — 이제는 이미 지나간 일이 되었으면 하는 바람이지만 — 이렇게 구조에 우월성을 부여함으로써 분석 경험에서 그처럼 명백하게 드러나고 있는 동력학을 무시하고 있다며 제게 이의를 제기하는 사람들이 있었습니다. 심지어 저는 제가 프로이트의 학설 속에서 확립된 원리, 즉 동력학이란 본질상 철두철미하게 성적인 것이라는 원리를 회피했다는 말까지 들었습니다.

올해 세미나의 흐름이, 특히 올해의 클라이맥스라 할 수 있는 지난번 세미나가 제가 그 동력학을 누락시키지 않았다는 것을 보여주었기를 기대합니다.

1

지난 시간에 참석하시지 못한 분들을 위해 제가 이 동력학에 완전히 새로운 요소를 하나 더 추가했다는 사실을 다시 한 번 지적하겠습니다. 제가 나중에 그 요소를 어떻게 활용할지는 두고 보면 아시게 될 겁니다.

우선 저는 주체의 장과 타자의 장 사이의 분할을 강조했습니다. 무의식의 입구와 관련해 이 두 장을 여전히 대립적인 관계로 보는 것이지요. 타자는 주체로서 현전화될 수 있는 모든 것을 지배하는 시니피앙의 연쇄가 위치하는 장소입니다. 그것은 주체가 출현해야 하는 곳으로서의 생명체의 장이지요. 그런데 저는 충동이 본래의 모습으로 발현되는 것은 바로 주체성의 출현이 요청된 이러한 생명체 쪽에서임을 언급한 바 있습니다.

모든 충동이 본성상 부분 충동인 이상, 어떤 충동도 *Sexualstrebung*, 즉 성충동의 전체성[totalité] — 사람들이 보기에 정신 작용 내로 들어올
186 경우 그 속에서 *Fortpflanzung*, 즉 생식 기능을 나타낼 수 있다고 가정되는 것 — 을 표상할 수 없습니다. 프로이트는 바로 이 점을 환기하면서 잠시 사랑이 그러한 전체성을 실현할 수 있는지 자문했습니다.

생물학적 수준에서라면 누가 그러한 기능을 인정하지 않을 수 있을까요? 하지만 저는 프로이트가 모든 방법을 동원해 증언하고 있는 바와 같이 정신 작용 속에선 이 기능이 그 자체로는 표상되지 않는다고 확신합니다. 정신 작용 속에는 주체를 남성이나 여성으로서 자리잡을 수 있게 해주는 것이 아무것도 없습니다.

주체는 정신 작용 속에 오직 남녀의 등가물들만을, 즉 능동성과

수동성만을 위치시킬 뿐입니다. 하지만 그것으로는 그 생식의 기능을 완벽하게 표상해내지 못합니다. 심지어 이에 덧붙여 프로이트는 비아냥거리듯 이러한 표상은 그렇게 구속적이지도 완벽하지도 — *durchgreifend und ausschließlich* — 않다는 것을 강조합니다. 남성과 여성이라는 대극성은 능동성과 수동성이라는 대극성에 의해 대표〔대리〕되는 것일 뿐이라는 겁니다. 능동성이란 극은 *Trieb*를 통해 모습을 드러내는 것이며, 수동성이라는 극은 *gegen die äußeren Reize*, 즉 외부의 자극에 대해서만 수동적인 것이지요.

지난 시간에 강의를 마치면서 이야기한 것처럼, 오직 이러한 분극만이 분석 경험을 통해 이미 확인된 바 있는 다음과 같은 사실에 필연성을 부여합니다. 즉 우리가 남성으로서 또는 여성으로서 어떻게 행동해야 하는지는 전적으로 타자의 장에 속한 드라마나 시나리오에 달려 있다는 것이지요. 이것이 바로 오이디푸스 콤플렉스입니다.

저는 지난 시간에 인간 존재는 남자로서 혹은 여자로서 무엇을 해야 하는지를 하나부터 열까지 항상 타자에게 배워야 한다고 말하면서 이 점을 강조했습니다. 저는 그때 다프니스와 클로에 이야기에 나오는 노파를 떠올린 바 있지요. 이 우화는 성적 성취가 이뤄지는 최종적 장이 있기는 하지만 결국 순진한 사람은 그곳에 이르는 길을 알지 못한다는 것을 보여줍니다.

그를 그리로 인도하는 것이 부분 충동이든, 부분 충동만이 정신 작용에서 성욕의 결과들을 대표하든, 어쨌거나 그것은 정신 작용 속에서 성욕이란 성욕 자체와는 무관한 것으로부터 도출된, 주체의 어떤 관계에 의해 대표된다는 것을 뜻합니다. 성욕은 결여라는 통로를 통해 주체의 장 속에 자리 잡는다는 것이지요.

여기서 두 가지 결여[manque]가 겹쳐집니다. 우선, 주체로 하여금 타자와의 관계를 통해 자신의 고유한 존재에 도달하게 만드는 변증법이 작동하는 데 중심이 되는 결함défaut이 있습니다. 이는 주체가 시니피앙에 의존하며 그 시니피앙은 무엇보다 타자의 장 속에 있다는 데서 비롯된 것입니다. 그런데 이러한 결여는 더 앞서 있던 또다른 결여를 계승하는 것입니다. 그것은 선행하는 또다른 결여, 즉 생명체가 출현하는 순간에 위치하는, 유성 생식의 순간에 위치하는 실재적 결여를 계승하지요. 실재적 결여란 생명체가 유성 생식을 통해 자신을 재생산하면서 자신의 살아 있는 일부를 상실하는 것을 말합니다. 이 결여를 실재적인 것이라고 하는 이유는 그것이 실재적인 어떤 것과 관련이 있기 때문이지요. 다시 말해, 생명체가 성에 종속된 주체가 됨으로 인해 개체로서의 죽음에 처하게 된다는 점과 관련되어 있기 때문입니다.

187 자신을 보완해줄 만한 것을 찾아 헤맨다는 아리스토파네스의 신화는 비장하고 매혹적인 이미지를 엮어냅니다. 이 신화는 생명체가 사랑을 통해 찾으려는 것은 바로 타자, 바로 자신의 성적 반쪽이라 설명하고 있습니다. 분석 경험은 사랑의 신비에 대한 이러한 신화적 표상을 주체의 탐색으로 대체하고 있는데, 이때 주체가 탐색하는 것은 성적 보완물이 아니라 자기 자신으로부터 영원히 잃어버린 부분입니다. 이러한 부분은 그가 하나의 유성 생물에 불과하며 더이상 불멸의 존재가 아니라는 사실에서 비롯된 것이지요.

어떤 이유 때문에 유성 생물이 미혹에 이끌려 성적 실현으로 유도되었다고 한다면, 이제 여러분은 그와 똑같은 이유에서 충동, 즉 부분충동은 근본적으로 죽음 충동이며 그 자체로 유성 생물 속에서 죽음의 몫을 대표한다는 사실을 이해하실 수 있을 겁니다.

바로 이렇게 해서 아마도 역사상 처음으로 저는 플라톤이 아리스토파네스에게 귀속시켰던 저 영예로운 신화에 도전장을 내밀며 그것 대신 상실된 부분을 구현하기 위한 신화를 하나 만들었는데, 저는 이를 박막의 신화라 부른 바 있습니다.

이 박막의 신화는 리비도를 힘들의 장이 아니라 하나의 기관으로 제시한다는 점에서 새로운 중요성을 갖습니다.

리비도는 충동의 본성을 이해하는 데 본질적인 기관입니다. 리비도라는 기관은 비현실적인 것입니다. 비현실적인 것은 상상적인 것이 전혀 아닙니다. 비현실적인 것은 우리로선 파악할 수 없는 어떤 방식으로 실재와 접속되는 것으로 규정됩니다. 그렇기 때문에 그것을 기술하기 위해선 제가 한 것처럼 신화에 의존할 수밖에 없습니다. 하지만 비현실적이라고 해서 하나의 기관으로 구현되지 못하는 것은 아닙니다.

지금 바로 구체적인 예를 제시해보도록 하겠습니다. 이 비현실적 기관을 육체 속에 구현하기 위한 가장 오래된 형식 중 하나는 문신, 난절亂切[1]입니다. 문신의 기능, 그것은 물론 〔주체로 하여금〕 **타자**에 대한 존재가 되도록 하는 것입니다. 즉 주체의 자리를 집단 관계의 장 속에, 개개인과 그 밖의 모든 사람들 간의 관계 속에 새겨넣으면서 주체를 **타자**에 대해 위치시키는 것입니다. 그런데 실제로 접해본 사람이면 누구나 느낄 수 있었겠지만 문신은 이와 동시에 명백히 에로틱한 기능도 갖고 있습니다.

저는 근본적인 충동 관계에서 본질적인 것은 충동의 운동, 즉 과녁을 향해 쏘아진 화살이 그 과녁으로부터 실재적으로 흘러나와 주체로 되돌아올 때만 제 임무를 완수하게 된다는 사실 자체임을 거듭 보여드린 바 있습니다. 이런 의미에서 도착증자는 자신의 주체 기능을 자신의 욕망의 실존에 가장 깊숙이 통합시키고, 그렇게 함으로써 지름길을 통해 누구보다 더 빠르게 자신의 목표에 도달한 사람이라 할 수 있습니다. 여기서 충동의 전회는, 대상이 주체의 안녕에 이용될 수 있느냐 없느냐에 따라 그 대상을 증오에서 사랑으로, 혹은 그 반대 방향으로 이동시키는 양가성의 변주와는 전혀 다른 것입니다. 우리는 대상이 우리의 목적에 적합하지 않다는 이유로 마조히스트가 되는 게 아닙니다. 프로이트의 환자 중엔 여성 동성애자라 불리는 여자가 있습니다. 그녀가 동성애자가 된 것은 아버지가 그녀를 실망시켰기 때문이 아닙니다 — 만약 그랬다면 그녀는 남자를 연인으로 취할 수도 있었을 겁니다. 충동의 변증법 속에 들어온 순간부터 우리는 언
188 제나 이와는 다른 것의 지배를 받게 됩니다. 근본적으로 충동의 변증법은 주체의 안녕과 다른 질서에 속하듯이 사랑의 질서와도 다른 질서에 속합니다.

바로 그렇기 때문에 저는 오늘 주체가 타자의 장소에 대한 시니피앙적 의존을 통해 실현될 때 어떠한 연산들이 이뤄지는지를 중점적으로 살펴보고자 합니다.

2

모든 것은 시니피앙의 구조로부터 출현합니다. 이 시니피앙의 구조는, 제가 처음에는 절단〔단절〕의 기능이라 불렀고 지금은 제 담화의 전개상 가두리의 위상학적 기능으로 제시하고 있는 어떤 것에 기반을 두고 있습니다.

주체가 타자와 맺는 관계는 전적으로 간극의 과정 속에서 발생합니다. 그러한 과정이 없다면 거기에 전체라는 것〔모든 것〕이 존재할 수도 있을 겁니다. 그러한 과정이 없다면 지금 여기 계신 여러분을 포

함해 실재 속의 존재들 간의 관계, 즉 살아 있는 모든 존재들 간의 관계가 서로 뒤집힐 수 있는 형태로 나타날 수도 있을 겁니다. 심리학과 사회학 전체가 겨냥하는 바가 바로 이것인데, 이는 동물의 영역만이 문제일 경우에는 제법 효과를 거둘 수도 있습니다. 생명체를 상상적인 것을 통해 포획하는 것만으로도 온갖 종류의 행태를 유발하기에 충분하기 때문입니다. 하지만 정신분석은 인간 심리가 이와는 전혀 다른 차원에 속한다는 사실을 상기시켜줍니다.

이러한 차원을 견지하는 데 철학적인 길로도 충분했을지 모릅니다. 하지만 철학은 무의식을 제대로 정의하지 못했기 때문에 아무래도 불충분하다는 것이 이미 드러났습니다. 따라서 정신분석은 시니피앙의 효과로서 규정된 주체의 기능 없이는 인간의 심리적 사태란 생각조차 할 수 없는 것임을 상기시켜줍니다.

물론 여기서 과정은 주체와 타자 사이에서 순환적인 것으로서 분절되어야 합니다. 이는 타자의 장에서 호명된 주체로부터, 그 자신이 지켜보는 가운데 타자 — 그곳으로 되돌아온 타자 — 의 장에서 출현한 무언가의 주체로 되돌아오는 순환 과정입니다. 이 과정은 순환적이지만 본성상 상호적이진 않습니다. 순환적이긴 하지만 비대칭적이지요.

아마도 오늘 제가 여러분을 다시 어떤 논리학의 영역으로 인도하고 있다는 것을 느끼실 겁니다. 저는 그러한 논리학이 갖는 근본적인 중요성을 여러분에게 강조했으면 합니다.

기호가 가진 모든 양의성은 그것이 누군가에게 무엇인가를 대표한다는 사실에서 비롯됩니다. 온갖 것들이 이 누군가가 될 수 있습니다. 얼마 전부터 우리는 정보가 엔트로피의 음성태[네겐트로피]로서 우주에서 순환하고 있다는 사실을 알게 되었는데, 그렇게 보면 우주 전체가 이 누군가가 될 수도 있습니다. 기호들이 무언가를 대표하고 있는 한 그 기호들이 모여드는 매듭은 모두 이 누군가로 간주될 수 있지요. 이와는 반대로 우리가 강조해야 할 사항은 시니피앙이란 또다른 시니피앙에게 어떤 주체를 대표하는 것이라는 점입니다.

타자의 장에서 생겨나는 시니피앙은 그것의 의미효과에 의해 주체를 출현시킵니다. 하지만 그 시니피앙이 진정한 시니피앙으로서 기능하는 것은 오로지 그것이 이러한 과정 중에 있는 주체를 그저 하나의 시니피앙으로 환원시킴으로써입니다. 즉 오로지 그것이 주체에
189 게 주체로서 말하고 기능하도록 호명하는 바로 그 운동을 통해 주체를 돌처럼 굳어버리게 만듦으로써인 것입니다. 바로 여기에 말 그대로 시간적 박동이 있는데, 이러한 박동 속에서 무의식 그 자체의 출발을 특징짓는 것, 즉 닫힘이 설정됩니다.

한 분석가가 이와는 다른 각도에서 그것을 간파하고 새로운 용어를 사용해 표현하려 했지요. 그것은 그 이후로 분석의 장에서는 한 번도 사용된 적이 없는 용어로서 바로 '아파니시스aphanisis', 사라짐이라는 용어입니다. 이 말을 고안한 사람은 존스[2]인데 그는 그것을 상당히 부조리한 것, 즉 욕망이 사라지는 것을 목격하는 것에 대한 두려움으로 파악했습니다. 하지만 '아파니시스'는 좀더 근본적인 수준에, 즉 제가 치명적이라 규정했던 사라짐의 운동 속에서 주체가 모습을 나타내는 수준에 위치시켜야 합니다. 저는 또다른 각도에서 이 운동을 주체의 '페이딩fading' 이라고도 부른 바 있지요.

여기서 잠시 멈춰 여러분에게 그러한 페이딩이 구체적 경험을 통해, 심지어는 관찰을 통해서도 얼마나 분명히 확인될 수 있는지를 보여드리고 싶습니다. 물론 이러한 관찰이라는 영역이 경험을 이끌어주고 관찰자의 눈을 일깨워준다면 말입니다. 예를 들어 설명해보겠습니다.

피아제적 오류 — 이 말이 무슨 신조어가 아닐까 하고 생각하는 분들을 위해 이것이 피아제Jean Piaget 선생을 가리킨다는 것을 분명히 해둡시다 — 는 소위 아동의 '자기중심적' 담화라는 발상에 있지요. 이 알프스 심리학자는 소위 상호성이라는 것이 결여되어 있는 단계가 있을 수 있다고 생각하면서 그것을 자기중심적 담화라 규정합니다. 하지만 상호성은 그 시점에 우리에게 꼭 필요한 것의 지평과는 거리가 멀며, 이 자기중심적 담화라는 개념은 당치도 않은 것이지요. 피아제가 녹취해서 들을 수 있었다고 하는 그 유명한 자기중심적 담화 속에서 아이는 그의 주장처럼 그를 향해 말하는 것이 아닙니다. 여기서 피아제가 '나'와 '너'의 기능에서 도출해낸 이론적 구분을 쓰자면, 분명 아이는 타자에게 말을 걸고 있는 것이 아닙니다. 그럼에도 거기에는 타자들이 있어야 합니다. 아이들이 말을 하는 것은 아이들이 함께 있는 경우, 가령 소위 몇 가지 능동적 교수법에 의해 마련된 소규모의 조작적 놀이에 다 같이 참여하는 경우입니다. 아이들은 물론 이 아이나 저 아이에게 말을 하는 것이 아닙니다. 이렇게 말하는 게 가능하다면, 아이들은 무대 뒤를 '향해'[3] 이야기를 하는 것이지요.

자기중심적 담화, 그것은 "말귀를 알아듣는 자는 알아들을 지어다"[4]라는 뜻이지요.

따라서 우리는 여기서 칠판에 작은 화살표로 표시된 부분처럼 주체가 타자의 장에서 구성된다는 사실을 다시 한 번 확인하게 될 겁니다. 주체가 타자의 장에서 탄생한다는 측면에서 주체를 이해해본다면, 무의식의 주체의 특성은 그 주체가 그물망, 연쇄, 이야기 등을 전개하는 시니피앙 아래에 있으면서 어떤 비결정된 자리에 놓인다는 것입니다.

꿈을 해석할 때 우리는 다양한 방식으로 무의식의 주체를 꿈의 여러 요소들, 거의 모든 요소들에 위치시킬 수 있습니다. 만일 우리 분석가들이 우리 자신이 원하는 바를 주체로 하여금 말하게 할 수 있다고 믿는다면, 이는 우리가 아무것도 이해하지 못했기 때문이지요 — 우리 분석가들이 이해력이 좀 떨어진다는 점은 꼭 지적해야 하겠습니다. 해석은 모든 의미〔방향〕를 향해 펼칠 수 있는 것이 아닙니다. 해석은 일련의 시니피앙들만을 지시할 뿐입니다. 하지만 실제로는 그 시니피앙들 중 어떤 것 아래에 위치시키느냐에 따라 주체는 다양한 자리에 놓일 수 있습니다.

190 자, 이제 오늘 제가 주체와 타자의 관계 속에서 구분해보려 했던 두 가지 연산을 살펴볼 차례입니다.

3

앞서 논의된 관계는 가두리의 과정, 순환 과정으로서 작은 마름모꼴로 표시될 수 있습니다. 제가 제 그래프에서 이 마름모를 사용하는 것은 정확히 말해 그 마름모를 〔가두리의 과정이라는〕 그 변증법에 의해 완성된 성과들 중 몇몇에 통합시킬 필요가 있기 때문입니다.

가령 우리는 그 마름모를 환상 그 자체에 통합시키지 않을 수 없습니다 — 환상은 $\$\diamond a$이지요. 또한 그것을 요구와 충동의 접속이 이뤄지는 근본적 매듭에도 통합시키지 않을 수 없는데, 이 매듭은 $\$\diamond D$로 표기되는 것으로서 울음소리〔외침〕[5]라 불릴 수 있겠지요.

이 작은 마름모꼴에 잠시 주목해봅시다. 이것은 가두리, 작동하고 있는 가두리입니다. 이 마름모꼴에 벡터의 방향성을 표시해주면 좋을 텐데요. 여기선 시계 반대 방향으로 돌게 됩니다. 이는 적어도 우리의 필서법이 왼쪽에서 오른쪽으로 읽게 되어 있다는 점에 근거합니다.

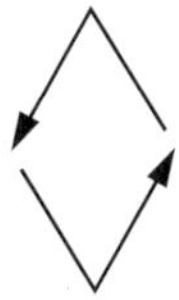

여기서 주의하셔야 합니다. 이것은 여러분의 사유를 돕기 위한 것이지만 인위성이 없지는 않습니다. 하지만 위상학은 어느 정도 인위성의 도움 없이는 불가능합니다 — 이는 주체가 시니피앙에 의존하고 있다는 점에서, 바꿔 말해 여러분의 사유에는 어떤 무능력이 있다는 점에서 비롯된 것이지요.

마름모꼴의 아래쪽 절반인 ∨는 이를테면 첫번째 연산으로 구성된 '벨'[6]입니다. 잠시 이를 살펴보기로 합시다.

여러분은 아마도 이런 것들에는 꽤 미련한 구석이 있다고 생각하시겠지요. 하지만 논리학에는 으레 그런 측면이 있기 마련입니다. 그러한 미련함을 뿌리까지 파고들지 않으면 어김없이 허황된 생각에 빠지기 마련입니다. 그런 예들을 제시하기는 어렵지 않습니다. 가령 소위 추론의 이율배반이나 범주의 이율배반이 그런 경우입니다. 자신을 포함하지 않는 목록들의 목록을 생각해봅시다. 그렇게 해서 미궁에 빠지게 되고, 논리학자는 영문도 모른 채 현기증을 느끼게 됩니다. 하지만 이에 대한 해결책은 의외로 아주 간단합니다. 즉 하나의 시니피앙으로 그 자신과 동일한 시니피앙을 가리킬 때와 그 자신과 다른 시니피앙을 가리킬 때는 서로 같은 경우가 아니라는 겁니다.[7] 이는 너무나 지당한 이야기입니다. 예를 들어 "구식이라는 단어는 그 자체가 구식인 단어이다"라고 말하기 위해 '구식'이란 말을 사용했다면 이 두 개의 '구식'이란 말은 서로 같은 단어가 아니라는 것이지요. 바로 이런 이유 때문에 우리는 제가 소개한 이 '벨'을 좀더 명확하게 다듬어볼 엄두를 내게 되는 겁니다.

191 여기서 '벨' 은 주체가 정초되는 데 기초가 되는 최초의 본질적 연산으로서의 '벨' 입니다. 그것은 바로 우리가 '소외aliénation' 라 부르는 연산과 관련된 것이라는 점에서 이처럼 많은 청중들 앞에서 그것을 펼쳐보인다는 것은 정말이지 흥미로운 일이 아닐 수 없습니다.

유감스럽게도 오늘날이라고 해서 이러한 소외가 일어나지 않는다고는 말할 수 없습니다. 무슨 일을 하든 우리는 항상 다소간 소외되어 있기 마련입니다. 경제적 장에서건, 정치적 장에서건, 정신병리학적 장에서건, 미학적 장에서건, 어디서도 이는 마찬가지입니다. 따라서 흔히들 말하는 그 소외의 뿌리가 어디에 있는지를 살펴보는 것도 그리 나쁘지 않겠지요.

그렇다면 이는 주체가 처음부터 오로지 타자의 장에서 출현하도록 운명지어졌다는 뜻일까요? 이것이 제가 말하고자 하는 바일까요? 그렇게 보일 수도 있겠지만 사실은 전혀 그렇지 않습니다. 결코 그렇지 않습니다.

소외는 주체로 하여금 어떤 분열 속에서만 나타나도록 운명짓는 — '운명짓다' 라는 말에 이견이 없다면 이 단어를 계속 사용하도록 하겠습니다 — '벨' 속에 있습니다. 이 분열에 대해서는 그것이 한편으로 시니피앙에 의해 생산된 의미sens로서 나타난다면 다른 한편으로 '아파나시스' 로서 나타난다는 말로써 충분히 설명되었으리라 생각합니다.

이러한 '벨' 을 그것의 또다른 용법들과 구분하기 위해서는 구체적으로 예를 들어볼 필요가 있습니다. 우선 '벨' 에는 두 가지가 있습니다. 여러분은 최소한의 논리학 교육은 받으셨을 터이니 배타적인 '벨' 이 있다는 것 정도는 알고 계시겠지요. 가령 "나는 이쪽으로 가든지 아니면 저쪽으로 갈 것이다" 에선 만일 내가 여기에 간다면 저기에는 못 가게 되므로 어느 하나만을 선택해야 합니다. 또다른 용법의 '벨' 도 있습니다. "나는 이쪽이든 저쪽이든 갈 것이다." 이는 이 둘은 마찬가지 경우이므로 어느 쪽이든 상관없다는 뜻이지요. 이렇게 두 개의 다른 '벨' 이 있습니다. 자, 그런데 세번째 '벨' 도 있습니다. 여러분이 혼동하지 않도록 이 '벨' 이 어디에 쓰이는지를 곧장 밝혀보도록 하겠습니다.

기호논리학은 다루기 까다로운 영역을 해명하는 데 아주 유용한 것으로 가령 합집합이라 불리는 연산이 어떤 효과를 갖는지를 가르쳐줍니다. 집합 용어로 말하자면 2개의 집합들을 합산하는 것과 그것들을 합집합으로 묶는 것은 같은 게 아니죠. 만일 왼쪽 원에 5개의 물체가 있고 오른쪽 원에 또다른 5개가 있다면 그것을 다 합치면 10개가 될 겁니다. 하지만 양쪽 원에 공통적으로 속하는 것이 있을 수 있지요. 두 원에 다 속하는 것이 2개라면, 이 두 집합으로 합집합을 만들 경우 그 2개는 더해지지 않고 합집합 속에는 8개의 물체가 있게 됩니다. 이처럼 유치해 보이는 예를 드는 것을 이해해주시기 바랍니다. 하지만 이는 제가 여러분에게 설명하고자 하는 이 '벨' 이 합집합이라는 논리적 형태로서만 유지된다는 것을 보여드리기 위한 것입니다.

소외의 '벨' 은 하나의 선택에 의해 규정됩니다. 그리고 이러한 선택의 속성은 다음과 같은 사실에 근거합니다. 즉 합집합 속에는 어떤 선택을 하든 결과적으로 "이쪽도 아니고 저쪽도 아닌" 것을 갖게 됨을 함축하는 어떤 원소가 있다는 겁니다. 따라서 이 경우 어쨌든 한쪽을 잃게 될 것이기 때문에 선택은 다른 한쪽이라도 건질 의향이 있는지와 관련될 뿐입니다.

192 이것을 우리의 관심사인 주체의 존재, 즉 의미 아래에 위치한 주체의 존재를 통해 구체적으로 살펴보기로 합시다. 존재를 선택하면, 주체는 사라지고 우리의 손을 벗어나 무의미 속으로 떨어지게 됩니다. 의미를 선택하면, 의미는 무의미의 부분이 도려진 채로만 존속하게 됩니다. 이때 무의미의 부분이 바로 주체가 실현될 때 무의식을 구성하는 것이지요. 바꿔 말하면, 이러한 의미는 그것이 타자의 장에 출현하는 만큼, 시니피앙의 기능 자체에 의해 야기된 존재의 사라짐을 통해 그 장의 적지 않은 부분에서 가려진다는 특징을 갖습니다.

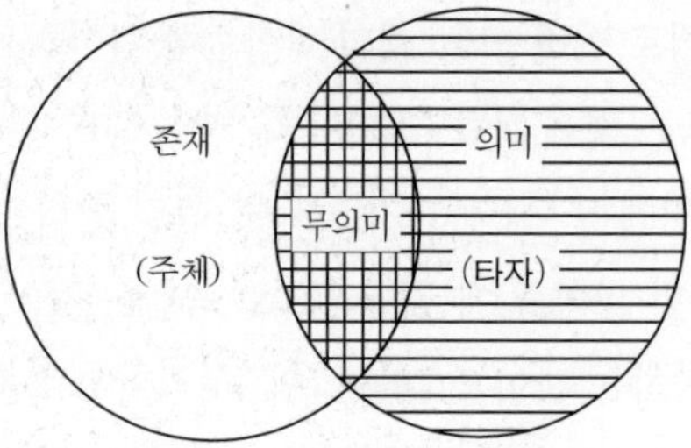

소외

이미 말씀드린 대로 여기에는 이로부터 매우 직접적으로 도출될 수 있지만 그럼에도 너무나 자주 간과되고 마는 어떤 귀결이 함축되어 있습니다 — 제가 그것이 무엇인지 이야기한다면, 여러분은 그것이 우리가 잘 보지 못한 것일 뿐 너무나도 자명한 것임을 아시게 될 겁니다. 즉 이러한 소외 때문에, 우리는 해석의 궁극적인 원천을 그 해석이 우리가 당면한 심리 현상의 활동 경로에 어떤 의미효과들이 있는지를 알려준다는 데서 찾을 수가 없다는 겁니다. 이런 결과는 서곡에 불과합니다. 해석은 의미를 겨냥하는 것이 아니라 시니피앙들을 무의미로 환원시키는 것입니다. 이는 우리가 주체의 행동 전반에 대한 결정인자들을 재발견할 수 있도록 하기 위한 것이지요.

이에 관해서는 제 제자 르클레르가 본느발 학회에서 제 테제를 응용해 발표한 것을 참고하시기 바랍니다.[8] 당시 발표에서 그는 유니콘이라는 시퀀스를 추출해낸 바 있는데, 이는 당시의 토론자들이 생각했던 것과 달리 의미에 대한 의존을 통해 추출된 것이 아니라 시니피앙 연쇄의 환원 불가능하고 광적인〔비의미적인〕insensé 특성을 통해 추출된 것입니다.

제가 지금 여러분에게 한 설명의 중요성은 아무리 강조해도 지나치지 않을 겁니다. 소외를 야기하는 이 '벨'은 결코 사람들이 말하는 탁상공론의 산물이나 자의적 고안물이 아닙니다. 이러한 '벨'은 언어 속에 존재합니다. 그것은 실제로 존재합니다. 그것이 언어 속에 분명히 존재하는 만큼 언어학적으로도 그것을 구별해주는 것이 낫지 않을까 싶을 정도이지요. 예를 하나, 그것도 지금 바로 들어보도록 하겠습니다.

"돈이냐 목숨이냐!" 만일 제가 돈을 선택한다면 돈도 목숨도 다 잃게 되겠지요. 만일 목숨을 선택한다면 돈 없는 목숨, 즉 한쪽 귀퉁이가 떨어져나간 목숨만을 건질 겁니다. 이제 제 말이 무슨 뜻인지 충분히 이해가 되셨겠지요.

제가 소외를 야기하는 '벨'이라는 용어를 사용하는 것을 정당화할 수 있는 증거를 발견한 것은 바로 헤겔의 저작에서였지요. 헤겔에 193
겐 무엇이 문제였을까요? 한마디로 요약하면, 인간을 노예의 길로 들어서게 하는 최초의 소외가 어떻게 발생하는가라는 문제입니다. 즉 "자유냐 목숨이냐!"라는 것이지요. 만일 자유를 선택하면 죽임을 당할 것이므로 즉시 둘 다 잃게 될 겁니다. 그런데 만일 목숨을 선택한다면, 그는 자유가 잘려나간 목숨만을 건지게 되겠지요.

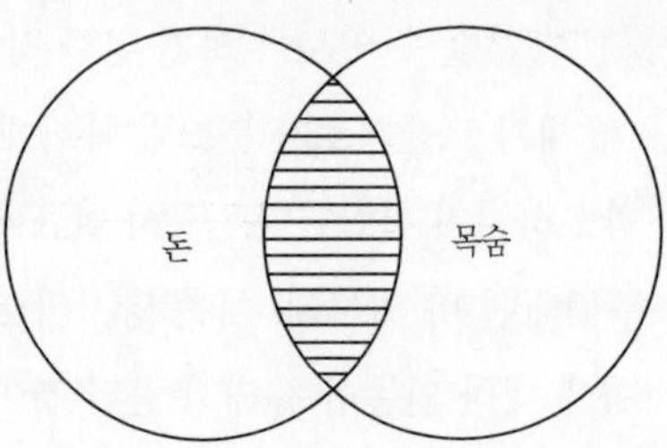

여기에는 뭔가 특별한 것이 있음이 틀림없습니다. 이 특별한 것을 '치사인자'라 불러볼까 합니다. 제가 환기한 이 치사인자는 때때로 생명 자체의 한가운데서 작용하는 시니피앙들의 유희가 우리에게 보여주는 몇몇 분할 속에서 찾아볼 수 있습니다 — 염색체라 불리는 이 시니피앙들 중에는 치사적 기능을 가지고 있는 어떤 것이 있을 수도 있습니다. 우리는 약간 특수한 어떤 예문을 가지고 이들 장 중 하나에 죽음 자체를 개입시켜봄으로써 이러한 치사인자가 어떤 것인지를 검사해볼 수 있을 겁니다.

가령 "자유냐 죽음이냐!"를 생각해봅시다. 여기서는 죽음이 개입하고 있기 때문에 조금 다른 구조의 효과가 산출되지요. 어느 쪽을 선택하든 양쪽을 다 갖게 될 것이기 때문입니다. 여러분도 아시다시피, 자유, 그것은 결국 저 유명한 노동의 자유, 아마도 프랑스 대혁명을 통해 쟁취하고자 했던 노동의 자유와 같은 것이지만 그것은 또한 굶어 죽을 자유가 될 수도 있습니다. 실제로 19세기 내내 자유는 그런 자유로 귀착되었으며, 바로 이 때문에 그 이후로 몇 가지 원칙의 수정이 불가피했던 겁니다. 만일 여러분이 자유를 선택한다면, 그것은 바로 죽을 수 있는 자유입니다. 희한하게도 "자유냐 죽음이냐!"라는 물음이 던져진 상황에서 여러분이 주어진 조건들 속에서 자유를 수행했다는 유일한 증거는 바로 죽음을 선택하는 것이 됩니다. 바로 그것을 통해 여러분은 자신이 선택의 자유를 누렸다는 것을 증명할 수 있기 때문입니다.

헤겔이 말한 테러Terreur의 순간이기 때문에[9] 헤겔적 순간이라고도 할 수 있는 바로 이때 이처럼 전혀 새로운 방식의 분할을 통해 여러분은 이 장에서 소외를 야기하는 '벨'의 본질적인 면모를, 다시 말해 치사인자가 무엇인지를 분명하게 확인하지 않을 수 없을 겁니다.

4

시간이 많이 흘렀기 때문에 오늘은 두번째 연산에 대해 소개 정도로 그칠 수밖에 없을 것 같은데요. 두번째 연산은 타자에 대한 주체의 관계의 순환을 완성시키지만 여기선 어떤 근본적인 비틀림이 나타납니다.

첫번째 연산이 합집합이라는 하위 구조에 바탕을 둔다면, 두번째 194
연산은 교집합 또는 곱이라 불리는 하위 구조에 기반하고 있습니다. 두번째 연산은 간극, 가두리 형태와 일치함을 엿볼 수 있는 반월 모양 속에 정확히 위치합니다.

두 집합의 교집합은 두 집합 모두에 속한 원소들로 구성됩니다. 그리고 바로 여기서 주체가 그 〔교집합의〕 변증법에 의해 인도되는 두번째 연산이 발생합니다. 두번째 연산을 정의하는 것도 첫번째 연산 못지않게 본질적인 작업인데, 왜냐하면 바로 두번째 연산에서 비로소 전이의 장이 출현하게 되기 때문입니다. 저는 여기서도 또 한 번 새로운 용어를 도입해 이 두번째 연산을 '분리séparation'라 부르기로 하겠습니다.

separare, 즉 분리하다séparer에서 저는 곧바로 *se parare*, 즉 *se*

*parer*의 다의성, 이 말이 프랑스어에서 갖는 온갖 유동적인 의미들에 대해 생각해보게 됩니다. 이 말은 '옷을 입다', '방어하다', '자신을 지키기 위해 필요한 것을 갖추다' 등과 같은 의미로 쓰이며, 또한 라틴어 전문가들도 인정하는 바처럼 *se parere*, 즉 '자신을 산출하다'까지 거슬러 올라갈 수도 있습니다. 이 수준에서부터 주체는 어떻게 자신을 조달해야se procurer 할까요? 바로 거기에 '산출하다'를 가리키는 라틴어 어휘의 어원이 있습니다. 재미있게도 인도유럽어족에서 '~을 낳다'를 가리키는 모든 단어들처럼 이것도 역시 법률 용어입니다. '해산parturition'이라는 말 자체가 어원상 '아이를 남편에게 조달해주다'라는 법률적이고 사회적인 조작을 의미하는 말에 기원을 두고 있지요.

다음 시간에는 소외를 야기하는 '벨'의 기능과 마찬가지로 이 교집합이란 개념이 어떻게 지금까지 정의된 '벨'들과는 전혀 다른 방식으로 사용되는지를 설명해보도록 하겠습니다. 우리는 이 교집합이란 개념이 어떻게 두 가지 결여의 중첩으로부터 출현하는지를 보게 될 겁니다.

먼저 주체가 이중 하나의 결여를 만나게 되는 것은 타자 속에서, 타자가 자기 담화로 그 주체에게 행하는 소환 자체 속에서입니다. 유아는 타자의 담화의 간격을 경험하면서 다음과 같이 분명히 자리매김될 수 있는 질문을 던지게 됩니다. "그는 내게 이렇게 말했지. 그런데 그가 그런 말로써 내게 원하는 것은 뭘까?"

시니피앙들을 절단하는[갈라놓는] 이 간격, 그러면서도 시니피앙의 구조 자체에 속하는 이 간격이 바로 제 논의 전개의 또다른 국면에서 제가 환유라 부른 것이 기거하는 곳이지요. 바로 거기서 우리가 욕망이라 부르는 것이 수건돌리기 놀이에서처럼 미끄러지고 빠져나가고 도망칩니다. 주체는 무언가가 어긋난 곳에서, **타자**의 담화의 결함을 통해 **타자**의 욕망을 간파합니다. 아이가 "왜?"라고 묻는 것은 모두 사물의 이치에 대한 호기심에서 나온 것이라기보다는 어른을 시험하는 것이라 할 수 있지요. "왜 내게 그런 말을 하는 걸까?"는 욕망의 수수께끼라 할 어른의 속내에 대해 언제나 반복해서 제기되는 질문입니다.

그런데 주체는 이러한 욕망의 포착에 대해 그리부이으[10]처럼 전前단계의 결여, 즉 자기 자신의 사라짐을 갖고 대답하게 됩니다. 여기서 주체는 **타자** 안에서 감지해낸 결여의 지점에 자신의 사라짐을 위치시키게 됩니다. 이처럼 대상을 알 수 없는 부모의 욕망에 대해 주체가 내미는 첫번째 대상은 바로 자기 자신의 상실이지요. "그가 나를 잃기를 바랄까?" 자신의 죽음이나 사라짐에 대한 환상은 주체가 이러한 변 195
증법에 개입시켜야 하는 첫번째 대상이며 실제로도 그렇습니다. 이는 수많은 사례들을 통해 알 수 있지요. 신경성 거식증anorexie mentale만 해도 그렇지 않나요? 또한 부모와의 애정 관계 속에서 흔히 아이가 자신의 죽음에 대한 환상을 갖는다는 것도 익히 알려진 사실입니다.

하나의 결여가 또다른 결여와 중첩됩니다. 따라서 주체의 욕망과 **타자**의 욕망 — 오래전부터 저는 이 둘이 서로 같은 것임을 지적해왔지요 — 사이의 이음새를 이루는 욕망의 대상들의 변증법은 욕망에는 직접적인 응답이 주어지지 않는다는 사실을 경유해야 합니다. 다음 시점에 촉발된 결여에 대한 응답으로 쓰이는 것은 바로 앞의 시점에서 생겨난 결여입니다.

오늘 제가 새롭고 근본적인 이 두번째 논리학적 연산 속에서 다루고자 한 것은 회귀 속의 비상호성과 비틀림이라는 두 가지 요점인데, 저는 오늘 이들을 충분히 부각시켰다고 생각합니다.

〈질의응답〉

자크-알랭 밀레_ 주체는 자기 외부에 있는 장에서 탄생하고 그 장에 의해 구성되며 그 장에서 질서를 부여받은 것으로 정의되었는데요. 어쨌든 선생님께선 이 주체의 소외와 자기-의식의 소외가 근본적으로 구분된다는 것을 보여주실 의향은 없으신지요? 한마디로 라캉을 헤겔에 '반하는' 것으로 이해해야 하는 게 아닐까요?

아주 좋은 지적을 해주셨습니다. 최근에 앙드레 그린이 제게 했던 말과는 정반대로군요. 그는 제게 다가와 예의상으로나마 악수를 청하더니 이렇게 말하더군요. "구조주의의 죽음이라……. 당신은 헤겔의 아들이군요." 저는 그의 말에 동의할 수 없습니다. 저는 헤겔에 '반하는' 라캉이라는 선생의 말씀이 훨씬 더 진실에 가깝다고 생각합니다. 물론 여기서 철학적인 논쟁을 할 생각은 전혀 없지만 말입니다.

그린 박사_ 아들은 아비를 죽이지 않습니까!

1964년 5월 27일.

17

주체와 타자(II) — 아파니시스

Vorstellungsrepräsentanz 문제
자유
표상과 헤겔적 미혹
데카르트의 욕망
회의주의, 확실성, 알고 있다고 가정된 주체
소문자들
파블로프 실험의 가치

올해 강의를 시작하면서 저는 "나는 찾지 않는다. 나는 발견한다" 197
라는 말을 한 적이 있는데요. 그것은 프로이트의 장에서는 그냥 몸을 숙이기만 해도 발견해야 할 것을 쉽게 주울 수 있다는 뜻입니다. 가령 *nachträglich*(사후에)라는 개념은 언제나 그 자리에 있었으며 그저 줍기만 하면 되는 것이었는데도 불구하고 그 실질적인 의미가 간과되어 왔지요.[1] 마찬가지로 언젠가 저와 같은 길을 가던 사람조차 *einziger Zug*, 즉 단항적 표지를 가지고 무엇을 할 수 있는지를 보고 놀라움을 표했던 기억이 납니다.[2]

오늘은 지난 시간에 제 도식을 통해 이미 지적된 바 있듯이, 억압의 수준에서 프로이트가 *Vorstellungsrepräsentanz*라 부른 것이 얼마나 중요한 의미를 지니는지를 보여드리고자 합니다.

1

*Vorstellungsrepräsentanz*라는 말에는 일종의 단층 같은 게 있어서 독일어의 상궤에 맞지 않게 s가 추가되어 있습니다. 이 s는 한정사의 정규 어미 변화에는 맞지 않지만 복합어를 만들기 위해선 꼭 필요한 것이지요. 따라서 *Vorstellungsrepräsentanz*에는 두 개의 단어가 들어 있습니다. 바로 *Vorstellung*과 *Repräsentanz*입니다.

지난 시간에는 소외의 형태를 설명하면서 몇 가지 예를 제시했습니다. 그리고 그것이 아주 특별한 성질을 지닌 '벨'로서 분절될 수 있다고 말씀드렸습니다. 오늘은 그것을 몇 가지 다른 방식으로 풀이해보겠습니다. 가령 "이것이 없으면 저것도 없다"라는 말을 살펴봅시다. 노예의 변증법은 "목숨이 없으면 자유도 없다"임이 분명하지만, 노예에게 자유가 있는 목숨은 주어지지 않을 겁니다. 한쪽에서 다른 한쪽으로 가려면 한 가지 필요조건이 있습니다. 이 필요조건이 바로 본원적 욕구exigence originelle의 상실을 초래하기에 충분한 이유가 되는 것입니다.

198 이는 아마 저를 따르는 사람들에게도 일어나는 일일 겁니다. 저의 시니피앙들을 거치지 않고는 저를 따를 수 있는 방법이 없습니다. 그런데 제 시니피앙들을 거침으로써 소외감을 느끼게 될 것이고 이 때문에 각자는 프로이트의 말대로 작은 차이[3]를 찾으려 하겠지요. 불행히도 이 작은 차이 때문에 그들은 제가 그들에게 일러주었던 지침의 의의를 망각하게 됩니다. 다행히 저는 그다지 까다로운 사람이 아니기 때문에 제가 보여준 방향 속에서 각자가 자기 길을 가도록 내버려둘 참입니다. 어쨌든 바로 그런 연유로 저는 모씨某氏의 눈에 제가 *Vorstellungsrepräsentanz*에 대해 처음에 제시했던 번역어에서 긴히

정정해야 할 것처럼 보였던 부분을 일부러 지적하지 않았던 겁니다.

저는 프로이트가 억압은 표상의 질서에 속하는 무엇, 그가 *Vorstellungsrepräsentanz*라고 이름 붙인 그 무엇에 대해 작용한다는 것을 강조했다는 사실을 지적한 바 있습니다.

몇 년 전 이러한 점을 지적한 후 저는 곧바로 프로이트가 억압되는 것은 정동情動이 아니라고 강조했음을 분명히 했지요.[4] 이는 또한 하나의 시리즈로 묶인 프로이트의 메타심리학 논문들 중에서 무의식에 관한 글 다음에 수록되어 있는 *Verdrängung*(억압)이라는 제목의 논문을 읽는 방법 중의 하나이기도 합니다. 정동 — 제 이론에서 이 용어가 무엇을 뜻하는지를 곧 보시게 될 겁니다 — 은 자신의 능력이 닿는 곳이면 어디든 다른 곳으로 갈 수 있습니다. 정동이 자기 자리가 아닌 다른 곳에서 의미를 갖는다는 사실을 환자에게 확인시켜주실 심리학 교수님들이라면 얼마든지 널렸습니다. 그래서 저는 억압되는 것, 그것은 욕망으로서 표상된 것, 즉 의미효과가 아니라 — 문자 그대로 번역해 — '표상의 대표자représentant de la représentation' 라는 사실을 강조했던 겁니다.

이때 혹자에게 소외의 기능이 개입하게 됩니다. 그는 다소간 대학의 특권적인 권위를 지키려는 괜한 마음에 그리고 대학에 자리를 얻었다는 것에 우쭐해 하며 제가 제시한 번역을 바로잡아야 한다고 주장하게 됩니다. 이러한 주장에 따르면 *Vorstellungsrepräsentanz*, 그것은 소위 '표상적 대표자représentant représentatif' 입니다.[5]

굳이 이런 이야기까지 할 필요가 있는가라고 생각할 수도 있습니다. 하지만 최근 출간된 심신의학에 관한 한 소책자에는 저의 욕망 이론이라 불리는 것에 어떤 몰인식 — 저는 이게 무슨 뜻인지 잘 모르겠습니다만 — 이 들어 있다고 주장하는 구절이 있습니다. 또한 그 책의 어느 짧은 각주에서는 제 제자 두 명이 발표한 텍스트에서 인용했다지만 출처가 분명하진 않은 어떤 구절을 언급하면서 그들이 저를 따라 욕망을 욕구에 대한 표상적 대표자로 만들고 있다고 주장합니다. 제 제자들이 실제로 그렇게 썼는지에 대해서는 언쟁하지 않겠지만 — 물론 저는 그러한 문단을 찾을 수가 없었는데요 — 중요한 것은 내용이 극히 빈약한 이 소책자에서 유일하게 타당한 지적은 "우리는 오히려 욕망은 표상적이지 않은 대표자라고 말할 것이다"라는 대목이라는 점입니다.

그런데 바로 이것이 *Vorstellungsrepräsentanz*를 표상의 대표자라고 번역하면서 제가 하고 싶었던 말이며 실제로 저는 그렇게 말했습니다 — 저는 말하고 싶은 바를 말할 뿐입니다.

199 우리는 이 *Vorstellungsrepräsentanz*를 소외의 본원적 메커니즘에 대한 제 도식 속에, 즉 주체가 무엇보다 타자 속에서 등장한다고 생각할 수 있게 해주는 시니피앙의 첫번째 짝짓기 속에 위치시킬 수 있습니다. 이는 최초의 시니피앙, 즉 단항적 시니피앙이 타자의 장에 출현하며 그 시니피앙이 다른 시니피앙에게 주체를 대표하는 한에서 그렇습니다. 이때 이 다른 시니피앙은 주체의 '아파니시스'라는 효과를 갖습니다. 바로 거기서 주체의 분열이라는 사태가 발생합니다. 즉 주체가 한쪽에서 의미로서 나타난다면 다른 쪽에서는 '페이딩', 즉 사라짐으로서 모습을 드러낸다는 겁니다. 따라서 단항적 시니피앙과, 주체 자신의 사라짐의 원인인 이항적 시니피앙으로서의 주체 사이에는 삶과 죽음의 문제가 걸려 있지요. *Vorstellungsrepräsentanz*란 바로 이 이항적 시니피앙을 말하는 것입니다.

이 이항적 시니피앙이 *Urverdrängung*(원억압)의 중심점을 구성하게 됩니다. 프로이트가 자신의 이론에서 지적한 것처럼 이 〔원억압의] 중심점은 무의식 속으로 밀려 들어가 *Anziehung*의 원점, 인력引力의 원점을 구성하게 되는데, 바로 이 원점 덕분에 *Unterdrückt*(억압된 것), 즉 시니피앙으로서 밑으로 내리눌린 어떤 것을 대신해 이와 유사한 다른 모든 억압들, 내리눌림들이 이뤄질 수 있게 됩니다. 이것이 *Vorstellungsrepräsentanz*라는 용어의 핵심입니다.

저는 전 시간에 주체에게 소외의 '벨' 로부터 되돌아오는 길을 찾게 해주는 것에 분리라는 이름을 붙였습니다. 분리를 통해 주체는 소외시키는 것을 본질로 하는 시니피앙 분절의 첫번째 쌍에서 취약한 지점을 발견하게 됩니다. 주체가 자신과 관련된 첫번째 타자의 담화를 경험하면서 탐지해낸 욕망이 기거하게 되는 곳은 바로 이 두 시니피앙 사이의 벌어진 틈입니다. 가령 최초의 타자가 엄마라고 생각해봅시다. 주체의 욕망이 구성되는 것은 바로 엄마가 말하고 명령하고 의미화하는 것 저편에 혹은 이편에 엄마의 욕망이 존재하는 한에서입니다. 즉 엄마의 욕망이 미지의 것으로 남아 있는 한에서입니다. 주체의 욕망이 구성되는 것은 바로 이러한 결여의 지점에서입니다. 결국 주체는 자신이 결여된 지점, 자신을 사라지게 만든 결여의 지점이라 할 원점으로 되돌아가게 되는데, 이는 속임수나 근본적인 비틀림이 없지 않은 — 이러한 비틀림 때문에 주체가 되찾은 것은 그러한 재발견의 운동을 불러일으킨 것과 일치하지 않게 되는 것이지요 — 과정을 통해 이뤄집니다.

우리는 이로부터 치료 그 자체와 관련해 어떤 결과들이 나오는지를 다시 상세히 살펴보게 될 겁니다. 그리고 이 비틀림의 효과가 전이로부터 빠져나오는 국면을 통합하는 데 본질적이라는 사실을 확인하게 될 겁니다. 현재로선 욕망 기능의 본질이라 할 수 있는 다음 사항에 초점을 맞춰봅시다. 이항적 시니피앙, 즉 *Vorstellungsrepräsentanz*가

unterdrückt(억압되는), 밑으로 내리눌리는 것은 주체가 분리 속에서 제 역할을 수행하는 한에서입니다.

이는 좀더 명확히 할 필요가 있는 아주 중요한 사항으로, 해석의 기호와 같은 아주 다양한 영역에 대해 즉시 해명의 실마리를 제시해 줍니다.

말이 나온 김에 다음의 사항을 지적해두는 것이 — 그것이 아무리 형이상학적으로 보일 수 있다 해도, 우리의 기술이 마치 당연하다는 듯이 무엇을 '자유롭게 하다' 라는 표현을 빈번하게 사용하고 있는
200 것을 감안한다면 — 결코 쓸데없는 일은 아닙니다. 즉 허상이라 불리기에 딱 맞을 '자유' 라는 용어가 제 의미를 찾게 되는 것은 바로 이 지점에서라는 겁니다. 주체가 자유로워지려면, 그 이항적 시니피앙의 아파니시스 효과로부터 자유로워져야 합니다. 좀더 자세히 살펴보면 우리는 실제로 바로 이것이 자유의 기능에서 문제의 핵심임을 알게 될 겁니다.

우리의 경험 수준에서 이 소외의 '벨' 이라는 용어의 정당성을 입증해야 하는 상황에서 그것을 뒷받침해줄 만한 것으로 우리가 생각해낸 가장 분명한 두 가지 공식이 하나는 노예의 입장을 구성하는 선택이고 다른 하나는 주인의 입장을 구성하는 선택이었다는 점은 분명 의미가 없지 않습니다. 노예에게 선택은 '자유냐 목숨이냐' 로 주어지고, 이는 '목숨이 없다면 자유도 없다' 로 귀결됩니다. 결국 자유라는 한 귀퉁이가 영원히 잘려나간 목숨만을 부지하게 되는 겁니다. 그런데 좀더 넓은 관점에서 보면 주인의 소외 또한 정확히 이와 동일한 방식으로 구성되어 있음을 알 수 있습니다. 실제로 헤겔이 주인의 지위가 순수한 위신을 위한 목숨을 건 투쟁에 의해 확보될 수 있다고 말한 것은 주인의 선택이 죽음을 거쳐야 한다는 점에서 주인 역시 근

본적 소외를 겪게 되기 때문입니다.

분명 노예와 마찬가지로 주인도 죽음으로부터 벗어날 수 없으며 항상 최후에는 죽음을 맞이하게 될 텐데, 바로 이것이 주인의 자유의 한계가 된다고 할 수 있습니다. 하지만 이렇게 말하는 것만으로는 충분치 않은데 왜냐하면 여기서 말하는 죽음은 주인의 소외를 야기하는 선택을 구성하는 죽음이 아니기 때문입니다. 즉 순수한 위신을 위한 목숨을 건 투쟁에서와 같은 죽음이 아니라는 겁니다. 주인의 본질이 나타나는 것은 그 자신이 "자유냐 죽음이냐"라는 질문을 듣는 순간, 즉 자유를 얻기 위해서는 죽음밖에 선택할 수 없는 테러의 순간에서입니다. 주인의 최상의 이미지는 클로델Paul Claudel의 비극의 등장인물인 시뉴 드 쿠퐁텐Sygne de Coûfontaine이 보여줍니다. 저는 제 세미나의 한 대목에서 긴 시간을 할애해 이 인물에 대해 설명한 적이 있는데[6], 그녀는 자기 자리, 즉 주인의 자리를 절대로 포기하려 하지 않는 모습을 보여줍니다. 그리고 그녀가 희생해가며 지키는 가치들은 스스로를 희생하도록 만들었을 뿐 아니라 가장 깊은 곳에 있는 그녀 자신의 존재 자체까지 포기하지 않을 수 없도록 만들었습니다. 그러한 가치를 위한 희생을 통해 자신의 본질을, 존재 자체를, 자기 존재의 가장 내밀한 것을 포기하지 않을 수 없게 되었다는 점에서 그녀는 결국 자유가 주인 그 자신에게서 얼마나 근본적으로 소외되어 있는지를 몸소 보여주었던 셈입니다.

2

여기서 *Repräsentanz*라는 말이, 모든 인간의 영역에서 이뤄지는 의사소통이라는 현실적 맥락에서 이해되어야 한다는 점을 굳이 강조할 필요가 있을까요?

여기서 말하는 대표자란 예컨대 흔히 프랑스 대표라고 말할 때와 같은 것이지요. 외교관들은 협상 중에 어떤 태도를 취해야 할까요? 그들은 상대에게 순수한 대표자로서의 기능만 수행해야 하며, 특히
201 그들 자신의 의미효과를 개입시켜선 안 될 겁니다. 외교관들은 대화를 나눌 때, 유동적이긴 하지만 그래도 그들 개인 너머에서 프랑스, 영국을 의미하는 무언가를 대표한다고 간주됩니다. 그러한 대화 속에서 각자는 상대가 시니피앙으로서의 순수한 기능 속에서 전달하는 것만을 접수해야 합니다. 상대가 눈앞에 있는 인간으로서 얼마나 호감이 가는지는 생각하지 말아야 합니다. 이 게임에서는 상호 간의 심리란 그저 불순물에 불과합니다.

*Repräsentanz*라는 용어는 이런 의미로 이해되어야 합니다. 시니피앙은 그 자체로 접수되어야 하는 것이며 의미효과의 반대 극에 있는 것이지요. 의미효과, 그것은 *Vorstellung*(표상) 속에서 작용하는 것입니다.

심리학에서 다루는 것이 바로 이러한 *Vorstellung*입니다. 이 경우에는 세상의 대상들이 어떤 주체라는 괄호 안에 담기고, 그 속에서 a, a′, a″…… 이라는 일련의 연쇄가 전개될 겁니다. 바로 이 지점이 인식론이 의존하고 있는 주체성이 위치하는 곳입니다. 물론 모든 표상에는 주체가, 하나의 주체가 있어야 합니다. 하지만 이 주체는 절대로 순수한 주체가 아니지요. 만일 각각의 주체가 자기만의 *Weltanschauung*(세계관) 혹은 어떤 타고난 *Weltanschauung*을 가지고 세상을 살아간다고 믿는다면, 진리의 길은 — 심리학이나 그 이후에 출현한 사회심리학이 여전히 보여주고 있듯이 — 이러한 *Weltanschauung*의 조사, 통계, 합산 등을 통해 열릴 겁니다. 만일

주체들의 세계 속에서 각 주체들이 이러저러한 세계관들을 대표하는 책임을 맡게 된다면, 세상이 그런 식으로 돌아갈 수 있을지도 모르겠습니다.

하지만 바로 이 지점이 철학적 관념론이 — 사실 그러한 관념론은 용인될 수 없을뿐더러 근본적으로 한 번도 정당성을 얻었던 적도 없습니다만 — 근본적으로 실패하는 지점입니다. 어딘가에서 주체의 '아파니시스'가 이뤄지지 않는다면 주체도 존재할 수 없지요. 주체의 변증법이 확립되는 것은 바로 이 소외, 이 근본적인 분열 속에서입니다.

제가 헤겔의 변증법을 옹호하는 것이 아니냐는 질문이 지난 시간에 제기된 바 있는데요. 제가 주체는 '벨'이라는 급소점, 평형점으로 인해 무의식의 장소인 다른 장소에서 자신의 '아파니시스'를 통해서만 의미의 차원에 나타날 수 있다고 말한다면 그 질문에 대한 충분한 대답이 되지 않을까요? 게다가 거기에는 어떠한 매개의 여지도 포함되어 있지 않습니다. 하지만 혹시 원하신다면, 저는 절대지를 목표로 삼아 시작된 실제 경험을 통해서는 연속적 종합에 대한 헤겔의 전망을 어떤 식으로든 예시해줄 만한 것에 도달하지 못한다는 것을 보여드릴 수도 있을 겁니다. 즉 우리는 헤겔이 막연하게 종합이라는 단계와 결부시켰고 혹자가 『삶의 일요일』[7]이라는 제목으로 익살스럽게 보여준 바 있는 그 순간, 주체의 중심에 있는 모든 균열이 아물게 될 그 약속의 순간에는 절대로 도달하지 못한다는 것을 보여드릴 수도 있을 겁니다.

여기서 헤겔적 미혹이 어디서부터 유래하는지를 지적할 필요가 있습니다. 그것은 '나는 생각한다'라는 데카르트의 행보 속에 포함되어 있습니다. 저는 역사 속에, 우리의 경험 속에, 우리의 필연성 속에 소외의 '벨' 을 도입한 시발점, 그 '벨' 의 존재를 절대로 그냥 지나칠 수 없도록 해준 시발점을 그러한 데카르트의 행보에서 찾아낸 바 있습니다. '벨' 이 주체의 변증법을 구성하는 요소로 처음으로 간주
202 되었던 것은 데카르트의 행보 속에서였으며 그 이후로 그 '벨' 은 빼놓을 수 없는 주체의 근본적 토대를 이루게 됩니다.

데카르트의 행보에 대한 참조는 향후 제가 전이 경험의 특성을 규정할 때 꼭 필요한 것이기 때문에 여기서 그것의 몇 가지 특징들을 다시 한 번 짚고 넘어가는 것이 좋을 것 같습니다.

3

'에피스테메épistème' 에 대한 고대의 탐구와 데카르트의 행보를 구분하는 것, 즉 전자의 용어 중 하나였던 회의주의와 후자의 〔회의적〕 행보를 구분하는 것, 이것이 바로 우리가 소외와 분리라는 이중 기능에 근거해 시도하려고 하는 것입니다.

데카르트가 추구한 것은 무엇일까요? 바로 확실성입니다. 그는 이렇게 말하고 있지요. "나에게는 참과 거짓을 구분하는 법을 배우고자 하는 강렬한 욕망이 있다." 여기서 욕망이라는 단어에 밑줄을 긋도록 합시다. "이는 나의 행동에 대해 명석하게 보기 위해서이며 이 삶을 확실성을 갖고 걸어가기 위해서이다."

이것은 지식을 추구하는 것과는 전혀 다른 문제가 아닐까요? 이러한 행보는 변증론자의 것도 아니고 교수의 것도 아니며, 기사騎士의 것은 더더욱 아닙니다. 데카르트의 전기傳記가 무엇보다 속세에서의 방황과 만남들에 의해, 그리고 결국 그의 감춰진 계획인 *Larvatus prodeo*[8]에 의해 각인되어 있다는 것은 익히 강조된 바 있는 사실입

니다. 저도 전기적 사실에 대한 관심은 작품의 의미에 비하면 부차적이라 생각하는 사람 중 한 명이지만 그럼에도 이를 지적하는 것은 그의 전기, 그의 행보가 그가 발견한 진리를 향한 길, 그 방법론을 전달하는 데 필수적이라고 강조한 것이 바로 데카르트 자신이기 때문입니다.

그는 자신이 제시한 것은 — 베이컨이 그보다 몇 해 전에 시도했던 것처럼 — 예를 들어 경험 앞에서도 포기하지 않고 자신의 이성을 잘 운용할 수 있게 해주는 일반적인 방법이 아님을 분명히 합니다. 그가 제시한 것은 그만의 고유한 방법입니다. 그가 명석하게 보기 위해 — 무엇에 대해 명석하게 보기 위함이냐면 바로 "자신의 행동"에 대해서입니다 — 참과 거짓을 가려내는 법을 배우고자 하는 욕망을 품고 이러한 방향으로 향했던 이상 그럴 수밖에 없었습니다. 따라서 이 예는 특수한[그에게 고유한] 것이지요. 심지어 데카르트는 다음과 같이 덧붙입니다. 나의 길이었던 것이 어느 순간 다른 사람들에게는 바람직하지 않게 보일 수 있더라도 이는 그들의 소관이며, 그들은 나의 경험에서 자신들이 받아들일 만한 부분은 받아들이게 될 것이다. 이 구절은 데카르트가 과학을 향한 자신의 여정에 대해 소개하는 글에 들어 있는 것입니다.

이는 지식에 대한 추구가 전적으로 부재한다는 뜻일까요? 데카르트의 영향권 안에서는 지식이 중요한 의미를 갖지 않는다는 것일까요? 하지만 분명히 그는 지식으로부터 시작하고 있습니다. 지식은 남아돌 만큼 충분하지요. 지식은 항상 존재해왔고 지금도 마찬가지입니다. 저는 억지를 부리고 있는 게 아니며 이는 그의 텍스트 본문에 들어 있는 내용입니다. 그는 당대 최고의 선생들로부터 가르침을 받았고 라 플레슈La Flèche 신학교를 나왔으며 예수회의 제자였지요. 데카르트에게는 지식이나 지혜가 부족했던 것이 아닙니다.

그가 지식의 과잉을 직감하고 있었던 것이 그가 예수회 출신이기 203 때문이라고 한다면 전혀 근거 없는 말일까요? 일종의 인문주의적 지혜를 통해 전수되었던 것의 중심에는 *perinde ac cadaver*[9]와 같은 것이 감춰져 있는 것이 아닐까요? 흔히들 생각하듯이, 성 이그나티우스Ignatius de Loyola의 규율에서 요구된다고 여겨지는 죽음을 말하는 것이 아닙니다. 이러한 죽음은 제게는 별로 와 닿지 않는 이야기인데, 즉 외부인인 제가 보기에 예수회 수도사들은 오히려 언제나 그런 규율 속에서 잘 지내고 있으며 심지어는 생동감을 보여주기까지 합니다. 그들은 어떤 다채로움 속에서 살아 있음을 느끼게 하며 이는 죽음을 환기시키는 것과는 거리가 멀지요. 죽음은 거기에 있는 것이 아닙니다. 문제의 죽음은 오히려 모든 인문주의적 사유의 최고봉을 차지하는 인간주의humanisme라는 개념 자체의 이면에 숨겨져 있지요. 사람들이 '인간과학sciences humaines'이라는 이름 아래 부흥시키려 하는 인간주의라는 용어 속에도 우리가 벽장 속의 시체[10]라 부를 만한 것이 있습니다.

바로 이런 점에서 데카르트는 새로운 길을 발견한 것입니다. 그의 목표는 불확실한 지식들을 논박하는 것이 아닙니다. 그는 다양한 지식들, 그리고 그 지식들과 더불어 사회 생활의 모든 규범들은 건드리지 않고 그대로 놔두게 될 겁니다. 게다가 주체가 출현하기 시작한 역사적 시기인 17세기 초엽에는 누구나 그랬듯이 그 역시 사방에서 넘쳐나는 자유사상가들과 친분을 쌓고 지냈습니다. 이 자유사상가들은 소외의 '벨'을 가리키는 또다른 이름이라 할 수 있지요. 그들은 현실적으로 피론학파, 회의주의자들이었고 실제로 파스칼은 그들을 회의주의자라 불렀지요. 충분히 여유를 갖고 그 명칭의 의미와 특징을 부각시켰던 것은 아니지만 말입니다.

회의주의란 지식의 길에서 빠져들게 되는 모든 견해들, 모든 길목들을 일일이 열거하면서 의심하는 것을 말하는 것이 아닙니다. 그것은 "아무것도 알 수 없다"는 주체의 입장을 견지하는 것입니다. 거기에는 분명 그러한 입장을 역사적으로 구현했던 인물들의 폭넓음, 다양함을 통해 구체적으로 다뤄볼 만한 무언가가 있습니다. 제가 지적하고 싶은 것은 몽테뉴는 사실 회의주의가 아니라 주체의 '아파니시스'라는 생생한 국면을 중심으로 활동했던 인물이라는 사실입니다. 바로 그런 점에서 그는 풍요로운 저작을 남겼으며, 역사적 전환점이라 규정될 시대를 대표하는 자로서 자신이 할 수 있었던 모든 것을 넘어 영원한 안내자가 된 것입니다. 하지만 그것은 결코 회의주의가 아닙니다. 회의주의는 우리로선 더이상 찾아볼 수 없는 어떤 것이지요. 회의주의는 하나의 윤리(학)입니다. 회의주의는 인간이 살아가면서 스스로를 지탱하는 한 양식이지요. 그것은 이제는 상상할 수 없을 만큼 까다롭고 영웅적인 태도를 함축하고 있습니다. 이제는 상상할 수 없다는 것은 확실성으로 가는 길chemin에 대한 탐구가 데카르트가 발견한 샛길passage로 인해 소외의 '벨'이라는 지점에 봉착할 수밖에 없기 때문일 겁니다. 그 소외의 '벨'에는 단 하나의 출구밖에 없는데, 그것은 바로 욕망의 길voie입니다.[11)]

이 확실성에 대한 욕망이 데카르트에게선 의심으로밖에 귀결될 수 없다 하더라도 이는 문제가 되지 않습니다. 이 길을 선택함으로써 그는 아주 독특한 분리를 수행하기에 이르렀지요. 이에 대해서는 그저 몇 가지 사항만 다뤄볼 생각인데, 이는 아무리 숨겨져 있다 하더라도 무의식을 탐구하는 우리의 방식 속에 여전히 살아 현존하면서 지침이 될 만한 어떤 핵심적인 기능을 포착하는 데 지표가 되어줄 겁니다.

4

204 데카르트에게 확실성이란 흔히 생각하듯이 일단 넘어서면 손에 넣었다고 여길 수 있는 어떤 순간이 아닙니다. 그것은 매번 각자에 의해 반복되어야 하는 것이지요. 그것은 일종의 고행입니다. 그리고 그것을 가치 있게 만드는 단호함을 유지하기가 특히나 어려운 어떤 지향점이지요. 확실성, 엄밀히 말하면 그것은 분리된 무언가를 설립하는 것입니다.

데카르트가 창안한 확실성 개념은 오로지 '나는 생각한다' 라는 사유 행위cogitation 속에서만 지탱될 수 있을 텐데, 그러한 사유 행위에는 지식의 파기와 회의주의라는 전혀 비슷하지 않은 두 가지 사이에서 빠져나올 수 없는 막다른 지점이 각인되어 있습니다. 어쩌면 여러분은 데카르트가 이러한 확실성 개념을 창안하면서 거기에 하나의 지식이 있다고 믿는 오류를 범했다고 생각하실지도 모르겠습니다. 즉 데카르트는 그 자신이 확실성이라는 것에 대해 무언가를 알고 있다고 말하며, '나는 생각한다' 를 단순히 소실의 지점으로 여기지 않았다는 겁니다. 하지만 사실을 말하자면, 그는 스스로 근본적으로 유보할 필요가 있다고 말했던 그 모든 지식들이 휩쓸려 다니던 장 — 그 자신이 굳이 이름을 붙이지는 않았던 장 — 과 관련해 무언가 새로운 일을 벌이고 있었습니다. 그는 그 지식의 장을 신이라고 하는 더 없이 방대한 주체, 알고 있다고 가정된 주체의 수준에 위치시킵니다. 여러분도 아시다시피 데카르트는 신의 현존을 다시 도입할 수밖에 없었던 겁니다. 하지만 그 방식은 뭐라 말할 수 없을 만큼 아주 독특한 것이었지요.

영원한 진리에 관한 문제가 제기되는 것은 바로 이 지점에서입니다. 자신이 기만적인 신과 마주하고 있지 않다는 것을 확신하기 위해 데카르트는 어떤 신의 중개를 거쳐야만 했지요. 게다가 그의 영역에서 중요한 문제는 완전한 존재라기보다는 무한한 존재입니다. 결국 그전까지 늘 그래왔듯이 데카르트도 신이라는 이름의 실존적 존재 내부 어딘가에 실제 과학이 존재한다는 사실로써, 말하자면 신은 알고 있다고 가정된다는 사실로써 과학적 연구 전체를 보증해야 한다는 요청에 굴복한 것일까요?

제 이야기가 우리의 경험의 장으로부터 상당히 벗어났다고 생각하실지도 모르겠습니다. 하지만 분석상에서 알고 있다고 가정된 주체는 바로 분석가입니다. 제가 이 점을 여기서 환기시키는 것은 저 자신을 변호하기 위해서이기도 하지만 다른 한편으로는 여러분의 관심을 우리의 경험 수준에 집중시키기 위해서이기도 합니다.

다음 시간에는 전이의 기능과 관련해 어떻게 해서 알고 있다고 가정된 주체의 기능을 도입하는 데 굳이 완전하고 무한한 존재라는 관념 — 이러한 차원을 자기 분석가에게 부여할 사람이 과연 있을지 의문이지만 — 을 사용할 필요가 없는지를 논의하도록 하겠습니다.

자, 이제 데카르트와 그의 알고 있다고 가정된 주체에게로 되돌아가봅시다. 그는 어떻게 이 난국으로부터 벗어나게 될까요? 아시다시피 그의 의지주의volontarisme에 입각해, 신의 의지에 지상권을 부여함을 통해서입니다. 그것은 분명 정신의 역사 속에서 한 번도 등장한 적 없었던 신출한 묘기 중의 하나입니다. 영원한 진리가 영원한 것은 신이 그것이 영원하기를 원하기 때문이라는 겁니다.

여러분이 진리, 특히 영원한 진리의 한 부분을 통째로 신에게 책임지우는 그 해결책이 얼마나 세련된 것인지를 아시리라 믿습니다. 데카르트는 2+2가 4가 되는 이유는 그저 신이 그것을 원하기 때문이

205 라고 말하려 했고 실제로도 그렇게 말했다는 점을 잘 알아두시기 바랍니다. 그것은 바로 신의 소관이라는 것이지요.

그런데 그것이 신의 소관임은 분명한 사실입니다. 2+2=4는 신의 현존이 없이는 자명한 것이 될 수 없습니다.

이 말이 무슨 뜻인지를 예를 들어 설명해보기로 합시다. 데카르트는 자신의 절차, 방법, 명확한 관념과 혼잡한 관념, 단순 관념과 복합관념에 관해 이야기하면서 자신의 방법상 이 두 가지 항목들이 어떤 순서를 따라야 하는지를 정해놓습니다. 결국 1+1+1+1이 4가 되지 않을 가능성이 있다는 것인데, 제가 소외의 '벨'을 설명하기 위해 기반으로 삼고 있는 것이 이에 대한 아주 좋은 실례임을 여러분에게 지적해둬야 하겠습니다. 그것은 기수의 질서 속에서 거의 다음과 같이 전개될 것이기 때문입니다.

$$1+(1+(1+(1+(\cdots\cdots)))).$$

새로운 항이 〔하나 더〕 도입될 때마다 다른 하나 혹은 여러 개의 항을 놓칠 위험이 있습니다. 4가 되기 위해 중요한 것은 기수가 아니라 서수입니다. 우선 첫번째 암산이 있어야 하고, 그 다음에는 두번째, 세번째, 네번째 암산이 따라와야 하지요. 만일 순서대로 하지 않는다면 우리는 계산을 놓치고 말 겁니다. 다 계산한 다음 그것이 3이 되는지, 4가 되는지, 2가 되는지를 아는 것은 상대적으로 부차적인 일입니다. 그것은 신의 소관인 것이지요.

데카르트가 방법 서설을 제시한 것과 같은 시기에 기하학과 굴절광학을 소개하고 있기에 곧바로 확인할 수 있는 사실이겠지만, 당시에 그가 도입한 것, 그것은 바로 소문자입니다. 그는 대문자를 대수학의 소문자 a, b, c 등으로 교체합니다. 대문자는 신이 세상을 창조할 때 사용했다는 히브리어의 알파벳이지요. 아시다시피 히브리어 알파벳은 뒷면을 가지고 있습니다. 즉 각각의 알파벳에 어떤 숫자가 상응한다는 겁니다. 이러한 대문자와 데카르트의 소문자의 차이, 그것은 바로 데카르트의 소문자는 숫자를 가지고 있지 않으며 서로 교환 가능하다는 것, 그리고 오직 치환의 질서만이 그러한 과정을 규정하게 될 것이라는 점입니다.

숫자 안에 이미 타자의 현존이 함축되어 있다는 사실을 예증하기 위해서라면, 수의 연속은 다소간 잠재적으로 0을 도입한 이후에만 상상할 수 있다는 점을 언급하는 것으로 충분하겠지요. 그런데 0, 그것은 바로 주체의 현존입니다. 주체는 이 수준에서 합산하는 자입니다. 우리는 0을 주체와 타자의 변증법으로부터 분리시킬 수 없습니다. 겉으로 보이는 이 장의 중립성은 욕망 그 자체의 현존을 감추고 있지요. 저는 그러한 욕망을 회귀의 효과를 통해서밖에 설명할 수 없을 겁니다. 그럼에도 우리는 욕망의 기능 속으로 몇 걸음 더 나아가게 될 겁니다.

실제로 데카르트는 신과 전혀 상관이 없는 과학이 출범할 수 있도록 기반을 닦아놓았습니다. 제정신이라면 누구도 감히 신이 과학에 대해 무언가를 알고 있는지, 혹은 신이 현대 수학을 알기 위해 굳이 그 분야의 논문을 훑어봐야 하는지를 물을 수 없다는 것이 바로 고대 과학과 구별되는 우리 현대 과학의 특징이기 때문입니다.

오늘은 논의를 꽤 진척시켰습니다. 더 나아가지 못한 데 대해서는 206
양해를 구합니다. 올해 제 강의의 최종 목표를 여러분에게 밝히면서 이상으로 마칠까 합니다. 올해 제 강의의 최종 목표, 그것은 바로 과학 내에서의 정신분석의 위치에 관해 질문을 제기하는 것입니다. 정신분석을 신과 전혀 상관없는 것으로 간주되는 현대 과학 속에 위치시킬 수 있을까요?

〈질의응답〉

그린 박사_ *Vorstellungsrepräsentanz* 문제와 선생님께서 그 다음에 말씀하신 것을, 특히 주체와 거울의 관계에 근거해 연관시킬 방법은 없는지요? 물론 그러한 관계가 주체로 하여금 거울 속에 있는 알고 있다고 가정된 주체를 참조케 하는 한에서 말입니다.

음……. 그런데 당신이 제시한 방향을 그대로 따를 수는 없을 것 같습니다. 제가 보기에 그것은 일종의 샛길이 될 테니 말입니다.

오늘 강의에서 꼭 필요한 것이긴 했지만 *Vorstellungsrepräsentanz*를 제가 다시 거론하게 된 것은 제가 시니피앙과 주체 사이에서 선택이, 즉 '벨'이 모습을 드러내는 한에서 자유라는 기능의 가상점point virtuel이라 일컬었던 지점에서입니다. 저는 아무리 열심히 노력해도 결코 되찾을 수 없는 자유, 그런 자유의 여러 변모들이라 부를 수 있을 만한 것에 대해 거론함으로써 그 지점을 설명한 바 있습니다. 그런 후에 저는 자유를 행위acte의 관점에서밖에 생각하지 않았던 데카르트에게로 화제를 옮겼지요. 데카르트가 자신의 자유를 손에 넣게 되는 것은 바로 행위 속에서이며 자신이 확실성을 발견한 길을 통해서입니다. 이는 그가 이 자유를 무슨 은행의 구좌처럼 우리에게 물려준 것이 아니라는 것을 뜻합니다.

다음 시간에는 오늘 타자의 기능을 중심으로 소개할 수밖에 없었던 용어들을 전이의 수준에서 논하게 될 텐데, 이를 위해서는 먼저 이러한 *Vorstellungsrepräsentanz*의 장소에 대해 다시 한 번 살펴보아야 할 겁니다. 여기서는 겉으로 보기에 우리의 영역과 아주 동떨어진 것처럼 보이는 어떤 것이 문제가 됩니다. 정확히 말하자면 정신신체적 현상[12]이 그것입니다.

정신신체적 현상이란, 시니피앙은 아니지만 어쨌든 주체의 수준에서 주체의 '아파니시스'를 초래하지 않는 어떤 방식으로 시니피앙적 유도誘導[13]가 발생하는 한에서만 생각할 수 있는 어떤 것입니다.

제가 조금 전에 언급한 소책자, 얼마나 장황한 이야기들로 가득 차 있을지 여러분도 짐작하실 수 있을 그 소책자에서는 그럼에도 본질적인 사항이 한 가지 지적되고 있습니다 — 이 지적이 반박하거나 문제 삼는 것은 다행스럽게도 제가 아니라 제 이름을 걸고 이야기하는 자들이지요. 이 지적에 따르면 욕망은 욕구를 표상하는représentatif 것이 아닙니다. 정신신체적 현상이 위치한 곳에서는 '아파니시스'로서의 주체가 연루되지 않기 때문에 *Vorstellungsrepräsentanz*가 우리의 해석이 작용하는 데 상당히 제한을 가하게 될 겁니다. 정신신체 207
적 현상이 신체적으로 일어나는 모든 것에는 심리적인 안감이 있다고 떠들어대는 단순한 장광설과 다른 방식으로 생각될 수 있다면, 이는 욕구가 욕망의 기능 속에 연루되는 한에서입니다. 이는 아주 오래전부터 알려져 있는 사실입니다. 우리가 정신신체적 현상을 이야기한다면, 이는 욕망이 거기에 개입하는 한에서이지요. [다시 말해] 주체의 '아파니시스'의 기능이 더이상 고려될 수 없다 하더라도 그곳에 욕망의 고리가 보존되어 있는 한에서인 것이지요.

말이 나온 김에 조건반사에서 문제가 되는 것이 무엇인지를 구체적으로 제시해보도록 하겠습니다. 사람들은 파블로프의 실험이 가능하려면 우리가 통합과 총체화라는 욕구의 기능을 부여할 수 있는 어떤 생물학적 기능의 실행이 분해 가능한 것이어야 한다는 사실에 충분히 주목하지 않았습니다. 그것이 분해될 수 있는 것은 거기에 하나 이상의 기관이 개입하고 있기 때문입니다. 일단 개에게 고깃덩어리를 보여주어 침이 나오게 하면, 이제 우리에게 흥미로운 점은 침의 분비가 사물〔고기〕 없이 일어날 수 있으며 심지어는 그 분비가 시니피앙처럼 작동하는 무언가와 연동될 수 있다는 것을 이 실험에서 확인할 수 있다는 겁니다. 시니피앙으로 작동한다고 말한 것은 그것이 실험자에 의해 만들어진 것이기 때문이지요. 바꿔 말하면, 타자가 존재한다는 겁니다.

하지만 그 가엾은 짐승의 심리라 일컬어지는 것에 대해서라면 실험은 아무것도 증명해주지 않습니다. 심지어는 실험을 통해 주어졌다고 하는 신경증적 효과들이라는 것도 전혀 신경증적 효과가 아닙니다. 이유는 간단한데, 그것들은 말에 의해 분석될 수 없기 때문입니다. 이러한 조건반사의 주된 이점은 동물이 무엇을 지각할 수 있는지를 보여준다는 겁니다. 우리가 시니피앙 — 동물에게는 시니피앙이 아닐 텐데, 그것이 시니피앙으로 작용하기 위해서는 차이 속에 기입되어야 하기 때문입니다 — 을 활용하는 것은 동물에게 *perceptum*(지각되는 것)의 수준에서 변별적인 것이 가능한지를 알아보기 위해서입니다. 물론 동물에게 *perceptum*이라는 용어를 쓴다고 해서 그 동물이 주체적인 의미를 지닌 용어인 *percipiens*(지각하는 것)가 될 수 있을 것이라는 뜻은 아닙니다. 실험자 외에는 어떤 주체도 존재하지 않으므로 필시 표상과는 완전히 무관하다고밖에 할 수 없는 동물의 지각 수준에서 변별성의 범위가 어떠한지를 보여준다는 점이 이런 식의 실험이 갖는 주된 이점입니다. 뿐만 아니라 우리는 사실 이 실험에서 우리 자신의 지각에 대해 알기 위해 동물에게 질문을 던지고 있는 것이라고도 할 수 있습니다. 보시다시피, 파블로프 실험의 효과를 이처럼 제한하는 것은 동시에 그 실험에 아주 커다란 중요성을 돌려주는 것이기도 합니다.

그 실험의 과학적이고 실질적인 이점은 제가 말한 바와 같고, 그 이점은 실제로 바로 그런 식으로밖에 활용될 수 없을 겁니다.

결국 그 실험의 이점은 다음과 같은 사실이 우리에게 제기하는 물음을 부각시켜준다는 데서 찾을 수 있을 겁니다. 즉 우리는 시니피앙들 — 동물의 지각 속에 시니피앙들을 배분한 것은 우리 실험자들이기 때문에 이 시니피앙들은 우리의 것이지요 — 이 서로 간의 일종의 등가관계를 나타낸다는 것을 동물을 통해 알 수 있다는 겁니다.

이러한 물음을 공식화했다고 해서 그것이 해결되었다는 뜻은 아닙니다.

하지만 이러한 종류의 등가성은 숫자의 리얼리즘에 대한 문제를 208
지적할 수 있도록 해줍니다. 그것도 방금 제가 숫자의 사용할 때 함축된 문제점이 무엇인지, 또 어떻게 산수가 대수학의 침입으로 말미암아 말 그대로 말소된 과학이 되었는지를 보여주면서 제기했던 것과는 다른 형태로 말입니다. 여기서 숫자는 순수한 진동수라는 명목으로 본래의 맥락에서 파블로프적 신호라 불릴 수 있는 어떤 것 속에 개입합니다. 다시 말해 초당 백 번의 시각 자극으로 조건반사하도록 된 동물은 초당 백 번의 음성 자극에도 반응하게 된다는 겁니다. 이에 따라 실험 속에 하나의 새로운 문제가 도입됩니다. 물론 여전히 문제는 진동수를 계산하는 우리에 대해서가 아니라면 전혀 시니피앙이라고 할 수 없는 어떤 것에 머물러 있습니다. 하지만 어쨌든 동물이 아무

훈련도 받지 않은 채 동일한 진동수를 유지하면서 한 감관에서 다른 감관으로 이행한다는 사실을 통해, 우리는 아마도 엄격한 의미에서의 지각의 구조에 대해 좀더 심도 있게 탐구할 수도 있을 겁니다.

이번 질문은 여러분에게 이야기해드리고 싶었지만 미처 그러지 못했던 것을 되짚어보는 기회가 되었습니다. 이쯤에서 마치기로 합시다.

1964년 6월 3일.

18

알고 있다고 가정된 주체, 최초의 이항체, 선에 대하여

분석가에게 주어진 신뢰
과학
알고 있다고 가정된 주체가 존재하는 순간부터 전이가 있다
믿음
'포르트-다' 놀이에서 포착된 소외
쾌락 속에서의 소외

제 수업의 목적은 분석가를 양성하는 것입니다. 지금까지 늘 그래 209
왔고 여전히 그렇지요.

분석가의 양성은 정신분석 연구에서 시사성 있는 주제입니다. 하지만 제가 이미 입증해 보여드린 바 있듯이, 정신분석 문헌에는 그러한 양성의 원칙들이 빠져 있습니다.

분석가 양성 과정을 거친 모든 이들의 경험에는 그 결여된 기준들이 의례적인 질서에 속한 어떤 것으로 대체되어 있음이 분명합니다. 핵심만 놓고 보면 이러한 대체물은 오직 한 가지로만 풀이될 수 있습니다. 바로 시뮬레이션이지요. 정신분석가에게는 자기 직무를 수행하는 것과 관련해 스스로 정당함을 느끼게 하는 데 근거가 될 만한 저 너머의 것, 저 너머의 실체가 아무것도 없으니 말입니다.

그럼에도 불구하고 그가 얻어내는 것은 형언할 수 없는 값어치를 지닙니다. 그것은 환자 자신인 주체의 믿음과 그 믿음이 어떤 기술에

따라 일궈낸 결과들이지요. 그렇다고 해서 분석가가 하나의 신처럼 보이진 않습니다. 그는 자기 환자에게 신이 아니지요. 그렇다면 이러한 믿음은 무엇을 의미할까요? 그 믿음의 중심에는 무엇이 있을까요?

믿음을 갖고 그것으로 인해 보상을 받는 사람에게 당연히 이는 문제가 되지 않을 수도 있습니다. 하지만 분석가에게는 절대로 그럴 수 없습니다. 분석가가 되기 위해서는 자신이 환자를 인도하는 과정이 무엇을 중심으로 진행되는지를 알아야만 합니다. 그는 분석 경험 속에서 무슨 일이 일어나고 있는지를 알아야 하며 그러한 앎을 전수받아야 합니다. 그 중심점이 바로 제가 '분석가의 욕망' 이란 이름으로 지적한 것이지요. 여러분은 이것이 이미 충분히 근거 있는 것이라 여기시겠지만, 우리의 논의가 진척됨에 따라 그만큼 더 명백하고 필연적인 것임을 확인하시게 될 겁니다.

지난 시간에 저는 데카르트의 행보가 시작된 자리를 보여드렸습
니다. 그의 행보의 시작과 끝은 근본적으로 과학이 아니라 자기 자신
210 의 확실성을 향하고 있었지요. 그 자리는 과학, 플라톤 이후로 그리고
그 이전부터 철학자들에게 성찰의 대상이 되었던 과학이 아니라 과학
La science의 중심에 위치합니다. 이때 강조점은 과학이라는 단어가 아
니라 La라는 정관사에 주어지지요. 우리를 둘러싼 과학은 우리가 살
고 있는 시대에 우리 모두의 활동 무대를 형성합니다. 이는 정신분석
가라고 해서 예외가 될 수 없는데, 왜냐하면 과학은 정신분석가에게
서도 역시 그의 조건들을 구성하기 때문입니다. 이것이 바로 〔대문자
정관사의〕 과학입니다.

바로 이러한 과학과의 관계 속에 정신분석을 자리매김해야 합니다. 이는 우리가 데카르트적 주체의 토대에 가한 수정을 무의식의 현상과 접속시켜봄으로써만 가능한 것이지요.

오늘은 먼저 전이의 현상학부터 시작해볼까 합니다.

1

전이는 주체와 정신분석가 모두가 포함되어 있는 현상입니다. 이를 전이와 역전contre-transfert이라는 두 가지 용어로 구분하는 것은, 그 주제에 대해 갖다 붙인 설명이 아무리 대범하고 거침이 없다 하더라도 문제의 핵심을 회피하는 한 가지 방식에 지나지 않습니다.

욕망이 인간 존재의 매듭과 같은 현상이라면 전이는 바로 이 욕망과 결부되어 있는 아주 중요한 현상으로서 이미 프로이트 이전에 발견된 것입니다. 이러한 전이는 사랑에 관한 논의를 담고 있는 플라톤의 텍스트, 『향연』이라는 제목의 텍스트에서 더없이 엄밀하고 완벽하게 논점화된 바 있습니다. 저는 전이를 다룬 일 년 동안의 세미나에서 이를 보여주는 데 많은 부분을 할애했습니다.

소크라테스가 유난히 말이 없는 모습으로 등장하고 있지만, 그럼에도 이 텍스트는 소크라테스라는 인물을 위해 쓰인 것이라 할 수 있지요. 우리가 분석가의 행동에 관한 질문을 제기하는 데 있어 참고해야 하는 중요한 출발점은 바로 소크라테스가 '에로스', 즉 욕망과 관련된 것 말고는 자신은 아무것도 알지 못함을 자처했다는 언급이 나오는 지점입니다. 이 한 가지 사실만으로도, 그리고 『향연』이 플라톤 대화편의 희극적 의미효과를 그 어디에서보다 분명하게 보여주고 심지어 무언극으로까지 치닫고 있는 만큼, 우리는 플라톤에게서 전이의 자리가 어디인지를 더없이 명확하게 확인할 수 있습니다.

알고 있다고 가정된 주체sujet supposé savoir — 오늘 저는 이것을 칠판 상단에 S.s.S.라는 약호로 표기했습니다 — 가 어딘가에 존재하는 순간부터 전이가 존재합니다.

정신분석가 협회가 자격증을 발부한다는 사실이 의미하는 바는 무엇일까요? 이는 그 협회가 알고 있다고 가정된 주체를 대표하기 위해, 누구에게 문의해야 하는지를 지정해놓는다는 뜻이 아닐까요?

하지만 어떤 분석가도 설령 아무리 대수롭지 않게라도 절대적 지식을 대변한다고 자처할 수 없다는 것은 누가 보더라도 명백한 사실입니다. 따라서 어떤 의미에서 우리가 문의할 수 있는 이가 있다면,
211 그것은 오직 한 사람뿐이라 말할 수 있습니다. '오직 한 사람', 그는 바로 생전의 프로이트입니다. 프로이트는 우리가 무의식 문제와 관련해 알고 있다고 정당하게 가정될 수 있던 주체였으며, 이 사실은 환자들이 그와 맺었던 분석 관계와 관련된 모든 사항을 논외의 것으로 삼게 했지요.

그는 그저 단순히 알고 있다고 가정된 주체가 아니었지요. 그는 알고 있었고, 우리로서는 폐기할 수 없는 용어들로 그 지식을 제공했습니다. 폐기할 수 없는 용어들이라고 한 것은 표명되고 난 이후부터 현재에 이르기까지 어떤 의문이 끊이지 않았다는 의미에서 그렇습니다. 프로이트가 무의식에 이르기 위해 닦아놓은 길들을 정리하면서 중심으로 삼았던 용어들을 하나라도 무시하면, 우리는 단 한 발자국도 앞으로 나아가지 못하고 반드시 옆으로 빠지게 됩니다. 이는 알고 있다고 가정된 주체의 기능이라는 게 어떤 것인지를 충분히 보여줍니다.

〔알고 있다고 가정된 주체라는〕 프로이트의 역할, 이와 함께 이로부터 유래한 프로이트의 위엄은 분석가가 위치하는 곳이라면 어디든 나타납니다. 그런 것들이 정신분석가들의 사회적, 단체적 조직의 드라마를 만들어내는 것이지요.

과연 누가 자신이 이 알고 있다고 가정된 주체의 권한을 완벽하게 부여받았다고 느낄 수 있겠습니까? 문제는 그게 아닙니다. 문제는 우선 각 주체가 알고 있다고 가정된 주체에게 말을 걸면서 어떤 관점에서 자신의 위치를 파악하느냐는 겁니다. 주체가 보기에 분석가든 아니든 누군가에게서 알고 있다고 가정된 주체의 기능이 구현되는 순간, 제가 여러분에게 제시한 정의에 따라 바로 그때부터 이미 전이가 자리 잡고 있는 겁니다.

만일 환자 주변에서 지목될 수 있는 자, 환자가 접할 수 있는 인물 중 누군가가 이미 환자에게 그런 역할을 하고 있다면, 그 환자를 담당하게 될 분석가는 전이를 작동시키는 데 특히나 어려움을 겪게 될 겁니다. 이 경우 그런 상황을 간파하고 피분석자를 기존의 알고 있다고 가정된 주체에게 인도하는 것은 이 세상에서 가장 바보 같은 분석가 — 이처럼 극단적인 용어가 실재하는지는 모르겠지만, 저는 논리학에서 말하는 일종의 신화적인 수, 가령 우리가 상상할 수 있는 가장 큰 수를 가리킬 때와 똑같은 방식으로 하나의 기능을 지적할 뿐입니다 — 라 하더라도 충분히 할 수 있는 일입니다. 물론 이는 그저 지엽적인 일이며 하나의 일화에 지나지 않습니다. 이제 문제의 핵심을 검토해보기로 합시다.

저는 분석가 자신이 전이의 대상인 한에서 그가 알고 있다고 가정된 주체의 자리를 맡는다고 말씀드렸습니다. 그런데 분석 경험을 통해 입증되는 바에 따르면, 분석을 시작하는 시점의 주체는 분석가에게 그런 자리를 부여하는 것과는 거리가 멉니다.

정신분석가가 기만자일 수 있다는 데카르트적 가설은 잠시 접어둡시다. 간혹 분석이 시작될 때의 현상학적 맥락에서는 이러한 가설을 전적으로 배제할 수만은 없지만 말입니다. 하지만 정신분석을 통해 우리가 알 수 있는 점은, 특히 분석이 시작되는 단계에 환자가 은밀한 속내를 최대한 감추고 〔자유연상이라는〕 분석 규칙에 몰입하지 못하게 되는 것은 바로 분석가가 환자에게 속을 수 있다는 위험성 때문이라는 것입니다.

분석을 하다보면 자잘하지만 중요한 환자의 내력을 너무 뒤늦게
212 알게 되는 경우가 빈번하지 않던가요? 좀더 쉽게 설명하기 위해 주체가 과거에 매독에 걸린 적이 있다고 가정해봅시다. 순진한 분석가라면 이렇게 질문하겠지요. "왜 좀더 일찍 그 사실을 말씀하시지 않으셨어요?" 그러면 피분석자는 이렇게 대답할 겁니다. "좀더 일찍 말씀드렸다면 선생님께선 제 고통을 부분적으로나마, 심지어는 문제의 핵심을 그것 탓으로 돌릴 수 있으셨겠죠. 하지만 저는 제 병의 원인을 어떤 신체 기관에서 찾으려고 선생님을 뵈러 온 게 아닙니다."

이는 당연히 무궁무진한 의미가 담겨 있는 예이며, 우리는 그것을 다양한 방법으로 해석해볼 수 있지요. 사회적 선입견, 과학적 논쟁, 분석 원칙 자체를 중심으로 남아 있는 혼동 등 여러 각도에서 해석해 볼 수 있습니다. 하지만 제가 여기서 이 예를 제시한 것은 다만 환자가 만일 자신이 분석가에게 어떤 요소들을 제공한다면 분석가가 속을지도 모른다고 생각할 수 있다는 것을 보여드리기 위해서입니다. 환자는 분석가가 너무 빨리 앞서나가지 못하도록 일정한 사항들을 속에 감추고 있지요. 물론 저는 좀더 적합한 예들로 그 점을 구체적으로 보여드릴 수도 있습니다. 〔다른 사람에게〕 속아 넘어갈 수 있는 사람이라면, 그가 말 그대로 오류를 범할 수도 있는〔스스로를 속일 수 있는〕 사람이라 의심받는 것은 당연하지 않을까요?

그런데 바로 거기에 한계가 있습니다. 제가 강조하고 싶은 것은, 바로 그 '오류를 범하다〔스스로를 속이다〕'를 중심으로 해서 무한히

미세한 눈금의 저울, 계량대가 놓인다는 사실입니다.

어떤 주체들에게 분석이 시작부터 의문시되고 속임수가 아닐까 하는 의구심이 생길 수 있다면, 어떻게 이 '오류를 범하다〔스스로를 속이다〕' 주위에서 무언가가 멈출 수 있을까요? 주체가 의심의 눈초리로 바라보던 분석가조차도 어떤 지점에서는 틀리지 않을 수 있다는 신뢰를 얻게 됩니다. 의혹의 대상인 분석가라 하더라도 간혹 어떤 우연한 제스처에 대해 모종의 의도를 가지고 있는 것처럼 간주되는 일이 일어난다는 것이지요. "선생님께서 저를 시험해보려고 그런 일을 하신 게 아닌가요?"

소크라테스적 논의는 다음과 같은 주제를 도입했습니다. 즉 선의 조건들을 알아보는 것 자체 안에는 인간으로선 거역할 수 없는 무언가가 있으리라는 겁니다. 이것은 가르침, 소크라테스의 가르침이라기보다는 — 플라톤의 희극을 통해서가 아니면 소크라테스의 가르침을 어떻게 알겠습니까? 또한 플라톤의 가르침이라고도 할 수 없을 텐데 플라톤은 희극적 대화라는 영역에서 가르침을 전개할 뿐 모든 문제를 열린 채로 놔두기 때문입니다 — 만인의 비웃음을 사면서도 계속해서 지속되고 있는, 플라톤주의를 악용한 어떤 가르침에서나 볼 수 있는 말도 안 되는 이야기입니다. 선의 조건들을 완벽히 알아본다고 해서 그 반대쪽으로 치닫지 않을 사람이 사실 몇이나 될까요? 그렇다면 결국 분석가에 대한 신뢰에서 문제가 되는 것은 무엇일까요? 분석가가 선을 바란다는 것을 어떻게 믿을 수 있을까요? 더군다나 타자를 위한 선을 말입니다. 무슨 말인지 설명해보도록 하겠습니다.

우리가 즐기기를 원하지 않을 수도 있다는 것을 다들 경험으로 알고 계시지 않은가요? 주이상스 자체로의 접근이 담고 있는 끔찍한 조짐들 때문에 누구든 거기서 한 걸음 물러서지 않을 수 없다는 사실을 감안한다면, 그것은 경험상 자명한 일이 아닐까요? 생각하기를 원치 않을 수도 있다는 것을 누가 모르겠습니까? 이는 교수님들이 계신 대학이라면 어디서나 확인할 수 있는 바입니다.

하지만 '욕망하기를 원치 않는다'는 것은 무슨 뜻일까요? 모든 분
213 석 경험은 — 이는 물론 각자의 경험의 근원 자체에 자리 잡고 있는 것을 표현해줄 뿐이지만 — 우리에게 욕망하기를 원치 않는 것과 욕망하는 것이 동일한 것임을 확인시켜줍니다.

욕망한다는 것에는 욕망함을, 욕망하기를 원치 않음과 동일한 것으로 만드는 어떤 방어의 국면이 포함되어 있지요. 욕망하기를 원치 않는 것, 그것은 욕망하지 않기를 원하는 것입니다. 이는 철학자들일 뿐 아니라 나름대로 종교인들이기도 했던 스토아 학파와 에피쿠로스 학파가 소크라테스의 질문이 다다른 궁지로부터 탈출구를 찾기 위해 사용했던 규율이지요. 욕망하기를 원치 않는다는 것 자체 안에 안과 밖이 없는 뫼비우스의 띠처럼 거역할 수 없는 어떤 것이 있다는 사실을 주체는 알고 있습니다. 다시 말해, 그러한 띠를 따라가다 보면 수학적으로 결국 그것의 안감이라고 추정될 수 있을 표면으로 되돌아가겠지요.

분석가가 기다려지는 것은 바로 그 만남의 장소에서입니다. 분석가가 알고 있다고 가정되는 한, 그는 또한 무의식적 욕망과 만나기 위해 출발한다고 가정되지요. 이 때문에 저는 욕망을 주축, 축대, 자루, 해머라고 말하는 겁니다. 바로 그것 덕분에, 환자의 담화 속에서 우선은 요구로서 진술되는 무언가의 배후에 있는 힘-요소, 관성, 다시 말해 전이가 작용하게 되는 것이지요 — 다음 시간에는 이미 칠판에 그린 적이 있는 어떤 작은 위상학적 도식으로 이를 그려보도록 하겠습

니다. 이러한 양날 도끼double hache의 공통점, 주축은 바로 제가 여기서 하나의 본질적인 기능으로 제시한 분석가의 욕망입니다. 제가 그 욕망을 명명하지 않는다고 여기지는 마시기 바랍니다. 그것은 정확히 욕망과 욕망의 관계에 의해서만 진술〔분절〕될 수 있는 지점이니 말입니다.

이 관계는 내재적인 것이지요. 인간의 욕망, 그것은 **타자**의 욕망입니다.

제가 주체의 토대 그 자체 속에서 지적했던 소외의 요소가 여기서 재생산되는 것이 아닐까요? 인간이 자신이 소멸되는 지점에서는 결코 인정받지 못하는 자신의 욕망을 오로지 **타자**의 욕망의 수준에서, 그것도 **타자**의 욕망으로서 인정받을 수 있는 것은 그의 눈에는 그 **타자**의 욕망 속에 자신의 소멸을 저지하는 장애물 같은 무언가가 있는 것처럼 보이기 때문이 아닐까요? 그 장애물 같은 무언가는 걷어내지지 않으며 걷어낼 수도 없는 것인데, 왜냐하면 분석 경험이 보여주듯 주체의 욕망은 **타자**의 욕망의 수준에서 작용하는 끊임없는 연쇄가 드러남으로써 구성되기 때문입니다.

욕망과 욕망의 관계 속에서 무언가가 소외로부터 보존됩니다. 하지만 이는 소외에서와 동일한 요소들, 그러니까 제가 지지난 강의에서 주체의 소외에 대한 공식을 연역해내는 데 기초가 된 시니피앙의 첫번째 쌍인 S_1과 S_2로 이뤄지는 것이 아닙니다. 그것은 한편으로는 이항적 시니피앙의 원억압, 탈락, *Unterdrückung* 등에 의해 구성된 것과, 다른 한편으로는 무엇보다 한 쌍의 시니피앙들에 의해 산출된 의미효과 속의 결여로서, 시니피앙들을 잇는 틈새 속에 위치한 결여로서 출현한 것, 다시 말해 **타자**의 욕망으로 이뤄집니다.

2

214 이제 연결 고리 — 이러한 고리가 없다면 우리의 사유는 미끄러지고 말겠지요 — 로서 간직해둘 만한 몇 가지 공식들을 다시 진술해 봅시다. 소외는 본질적으로 한 쌍으로 이뤄진 시니피앙들의 기능과 연결되어 있습니다. 실제로 시니피앙이 두 개인지 세 개인지에 따라 다른 결과가 나오지요.

이러한 시니피앙의 분절에서 주체의 기능이 어디에 있는지를 파악하고자 한다면, 두 개의 시니피앙을 가지고 작업해야 합니다. 왜냐하면 주체가 소외에 걸려드는 것은 그 두 개를 통해서이기 때문이지요. 시니피앙이 세 개가 되는 순간부터 미끄러짐은 순환적인 것이 됩니다. 주체는 두번째에서 세번째로 이행했다가 두번째가 아닌 첫번째로 되돌아간다는 것이지요. 두 개의 시니피앙 중 하나에서 산출된 '아파니시스' 효과는 현대 수학 용어로 이야기하자면 시니피앙들의 집합에 대한 정의와 관련되어 있습니다. 그것은 원소가 두 개밖에 존재하지 않을 때 — 집합론에서는 어떤 원소가 있을 때 대문자 E를 거꾸로 써서 표기합니다 — 소외 현상이 발생하도록 되어 있는, 원소들의 집합입니다. 즉 시니피앙은 다른 시니피앙에게 주체를 대표하는 것이지요. 그 결과로, 다른 시니피앙의 수준에서 주체가 소멸합니다.

또한 바로 이런 이유 때문에 저는 제가 쌍을 구성하는 S_2라 말했던 *Vorstellungsrepräsentanz*의 번역에 오류가 있다고 지적했던 겁니다.

여기서 관건이 되고 있는 것을 명확히 짚고 넘어가야 합니다. 이는 제가 언급한 한 제자의 텍스트에서 예견된 것이기도 한데 그 텍스트에선 그것을 부차적인 것으로 진술하면서 오류의 여지를 남겨놓았습니다. 정확히 말하면, 그 텍스트가 주체 기능의 근본적인 특성을 생략해버렸기 때문인데요. 그 텍스트에선 시니피앙과 시니피에의 관계가 끊임없이 논의되고 있는데, 이는 문제의 기초라 부를 만한 것에 충실한 태도라 할 수 있습니다. 물론 언젠가 저는 제 출발점이 어디인지를 보여주기 위해, 소쉬르 이론의 근간에서 이미 제시된 바 있는 공식을 칠판에 적어야 했던 적이 있지요. 하지만 저는 곧 본원적 단계의 주체 기능을 그 공식에 포함시킬 경우에만 그것이 효과적이고 적합하다는 사실을 보여주었습니다. 문제는 시니피앙의 기능을 명명행위nomination로, 즉 사물에 붙여진 이름표로 환원하는 것이 아니지요. 그렇게 하면 언어의 본질 전체를 놓치고 말 겁니다. 제가 지난 시간에 자만에 빠져 있다고 지적했던 그 텍스트는 파블로프의 실험에서 문제가 되는 것이 바로 그런 명명행위라고 말함으로써 터무니없는 무지를 또한 드러냅니다.

만약 조건반사라는 실험의 수준에 위치할 수 있는 것이 있다면, 그것은 분명 한 기호를 한 사물과 연합하는 것이 아닐 겁니다.

유기체적 조직에서 만들어낼 수 있는 욕구의 단절 — 〔욕구의〕 주기의 수준에서 나타나는 중단된 욕구이자, 여기 파블로프의 실험에서는 욕망의 절단〔단절〕으로서 다시 만나게 되는 것 — 을 통해 실험이 이뤄지는 한, 파블로프가 인정하든 인정하지 않든 모든 실험 조
건은 바로 '시니피앙을 조합하는' 것을 특징으로 합니다. 바로 이것 215
이 — "자, 이것이 선생의 딸이 말을 못하는 이유입니다"라고 말하듯이 — 동물이 절대로 말을 배우지 못하는 이유입니다. 동물은 분명 한 단계 뒤쳐져 있기 때문에 적어도 이런 식으로는 말을 배울 수 없습니다. 실험이 동물에게 각종 장애와 문제를 유발할 순 있지만, 동물은 아직까진 말하는 존재가 아니기 때문에 실험자의 욕망에 질문을 던

질 수 없습니다. 게다가 실험자도 동물에게 질문을 받게 되면 대답하기 곤란하겠지요.

그럼에도 이 실험을 이런 식으로 분절해보면 정신신체적 효과를 어떻게 이해해야 하는지를 볼 수 있다는 점에서 이는 사실 매우 유용한 실험입니다. S_1과 S_2 사이에 간격이 없을 때, 시니피앙의 첫번째 쌍이 뭉쳐져〔고형화되어〕[1] 홀로프레이즈[2]가 될 때, 우리는 일련의 사례에 대한 모델을 — 각각의 사례마다 주체가 동일한 자리를 차지하지는 않겠지만 — 갖게 된다고 말할 수 있지요.

X ◊ $\mathbf{S_1}$

O. s, s′, s′′ s′′′, …… **S** (*i* (a, a′, a′′, a′′′, ……))

$\mathbf{S_2}$

O. s, s′, s′′, s′′′, …… : 의미의 연쇄

i (a, a′, a′′, a′′′, ……) : 동일시의 연쇄

정신지체자 교육에 정신병적 차원이 도입되는 것은, 가령 정신지체 아동의 경우 아이가 칠판 오른쪽 아래〔S_1의 아랫줄〕에 있는 이 S의 자리를 차지하는 한에서입니다. 엄마가 그 아이를 어떤 불명료한 입장 속에서 자기 욕망의 지탱물에 불과한 무언가로 환원시켜버렸다는 점에서 말입니다. 여러분이 꼭 읽어보셔야 할, 우리의 동료 모 만노니가 최근에 발간한 한 저서[3]에서 어떤 방식으로든 장애의 치료를 맡은 사람들에게 보여주고자 한 것이 정확히 바로 이 점입니다.

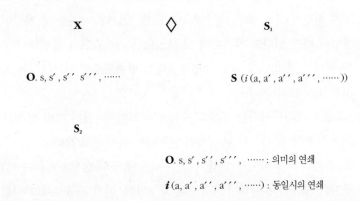

그것은 분명 정신병에서 문제가 되고 있는 것과 동일한 차원에 속한 것이지요. 첫번째 시니피앙 연쇄가 뭉쳐져〔고형화되어〕 하나의 덩어리처럼 되면 믿음이라는 현상에서 볼 수 있는 변증법적 열림이 일어나지 못합니다.

믿음이 고조되어 있는 듯이 보이는 편집증 자체의 깊은 밑바닥은
그럼에도 *Unglauben*(불신) 현상이 지배하고 있습니다. 물론 이는 216
'믿지 않는다n'y pas croire' 는 것이 아니라 믿음의 항들 중 하나가, 즉 주체의 분열을 지칭하는 항이 부재한다는 것입니다. 사실 그 믿음이 충만하고 온전한 믿음이 아닌 것은, 그것이 믿음을 통해 드러나야 할 최종적 차원과 믿음의 의미가 사라지게 될 순간이 엄밀히 상관적인 것임을 내심 전제로 하는 믿음이 아니기 때문입니다.

이는 모든 종류의 경험에서 확인될 수 있습니다. 오늘 참석한 만노니[4]가 언젠가 제게 그런 경험을 하나 아주 유머러스하게 이야기해 준 적이 있지요. 그것은 카사노바가 처한 참담한 상황에 관한 것인데요. 만노니는 그것에 대한 아주 재미있고 설득력 있는 견해를 제시해 줬습니다. 그전까지 여성의 호의를 이용해 일련의 어리석은 짓을 꾸미는 등 지독히 파렴치한 연애 행각을 벌여온 카사노바가 완전한 공황 상태에 빠지게 된 것은, 자기 마법이 정말로 성공한 것처럼 천상의 힘이 움직이며 그 주위로 폭풍이 불어닥칠 때, 다시 말해 마법이 의미를 갖고 실현되는 것을 보았을 때입니다. 그는 자신을 잡으려는 신의 얼굴을 보기나 한 듯 무기력해지게 됩니다. 욕망의 수준에서 하늘과 땅에 도전한 인물인 카사노바를 생각할 때 이는 놀랄 만큼 우스꽝스러운 일이 아닐 수 없지요.

이제 조금 전에 언급한 텍스트로 돌아가봅시다. 저자는 가령 '포르트-다' 놀이를 진부한 것으로 제시합니다. 모든 이들이 '포르트-

다' 놀이에 대해 한마디씩 하는 마당에 별다른 구실도 없이 한 번 더 사용한다면, 당연히 진부하다고 할 수도 있겠지요. 저자는 '포르트-다' 놀이가 이제는 만인이 다 아는 것이라는 구실을 들면서, 그 놀이를 최초의 상징화에 대한 실례로 간주합니다. 하지만 이는 서투른 실수가 아닐 수 없습니다. 왜냐하면 '포르트-다' 놀이에서 자체의 반복적 본질에 의해 설명되는 놀이의 원동력은 '포르트'와 '다'의 단순한 대립 자체로부터 도출되는 것이 아니기 때문입니다. 주체에게 관건이 되는 것이 단순히 통제의 기능 속에서 스스로를 설립하는 것이라 말한다면 이는 바보 같은 말이 아닐 수 없습니다. 이 두 가지 음소 속에서 말 그대로 소외의 메커니즘이 구현됩니다 역설적으로 보일 수도 있겠지만 이 소외의 메커니즘은 '포르트'의 수준에서 표현되지요.

'다'가 없으면, 이를테면 *Dasein*(현존재)이 없으면, '포르트'도 없습니다. 하지만 *Daseinanalyse*(현존재 분석)의 현상학이 실존의 근본적 토대로서 포착하고자 하는 것과는 반대로, '포르트'가 있다고 해서 *Dasein*이 있는 것은 아닙니다. 말하자면, 선택의 가능성이 없는 것이지요. 어린 주체가 '포르트-다' 놀이를 훈련할 수 있다면, 이는 바로 그것이 전혀 훈련되지 않기 때문입니다. 그것이 전혀 훈련되지 않는 것은 어떤 주체도 그 근원적인 분절을 포착할 수 없기 때문이지요. 어린 주체는 실패꾸러미의 도움으로, 즉 대상 *a*의 도움으로 그것을 훈련합니다. 이러한 대상을 가지고 하는 이 훈련의 기능은 소위 그 어떤 통제와 관련된 것이 아니라 소외와 관련되어 있지요. 실제로 문제가 되는 무한정한 반복은 주체의 근본적 흔들림을 훤히 드러내 보이고 있건만, 저자는 무한정한 반복 속에서 그러한 소외를 증식시킬 수 있을 어떤 것을 제대로 보지 못합니다.

3

늘 하던 대로 이 논의는 이쯤에서 제한해야겠습니다. 하지만 간단 217
하게나마 우리가 다음 시간에 논하게 될 주제를 지적하고 싶습니다. 저는 그것의 근본적인 변별점을 두 개의 도식으로 칠판에 그려보았습니다.

Triebe und Triebschicksale, 「충동과 충동의 운명」이라는 논문에서 프로이트는 사랑을 실재의 차원, 나르시시즘의 차원, 현실원칙의 상관항인 쾌락원칙의 차원 등에 한꺼번에 위치시킵니다. 그러면서 그것으로부터 양가성의 기능은 *Verkehrung*(전회)이라는 순환 운동 속에서 산출되는 것과는 전적으로 다르다는 결론을 도출하지요. 사랑이 문제가 되는 차원에서 우리는 프로이트가 두 단계로 구성된다고 말한 도식을 만나게 됩니다.

먼저, *Ich*가 있습니다. 이 *Ich*는 중추신경계 장치가 긴장을 최저 수준으로 유지하는 항상성의 조건과 연대해 작용하는 것으로서 객관적으로 규정된 것이지요.

만약 '외부hors'가 있다고 말할 수 있다면 우리는 *Ich*가 자기 외부에 있는 것에 대해 무관심할 뿐이라고 생각할 수 있습니다. 그리고 이 수준에서 관건이 되는 것은 긴장이기 때문에 무관심은 단순히 비존재inexistence를 의미합니다. 그럼에도 프로이트는 자가성애의 규칙은 대상들이 존재하지 않는 것이 아니라 오로지 쾌락하고만 관련된 대상들이 작용하는 것이라 말합니다. 따라서 무관심의 지대에서는 *Lust*, 쾌락을 유발하는 것과 *Unlust*, 불쾌를 유발하는 것이 구별되지요. 그런데 우리는 모두 오래전부터 *Lustprinzip*(쾌락원칙)란 용어의 모호함을 익히 보아오지 않았습니까? 실제로 어떤 이들은 그것을

Unlustprinzip(불쾌원칙)라 쓰기도 했지요.

문제는 바로 이러한 단계를 어떻게 나타내느냐, 다시 말해 항상성과 쾌락을 어떻게 접속시키냐는 겁니다. 왜냐하면 어떤 것이 쾌락을 수반하는 것은 균형 상태를 넘어서는 것을 의미하기 때문이지요. 정신 활동을 위한 어떤 장치가 최초로 구성되는 곳인 이 가설적인 *Ich*를 가장 타당하고 정확하게 보여주는 도식을 그려본다면 어떻게 그릴 수 있을까요? 저는 다음과 같이 그려볼까 합니다.

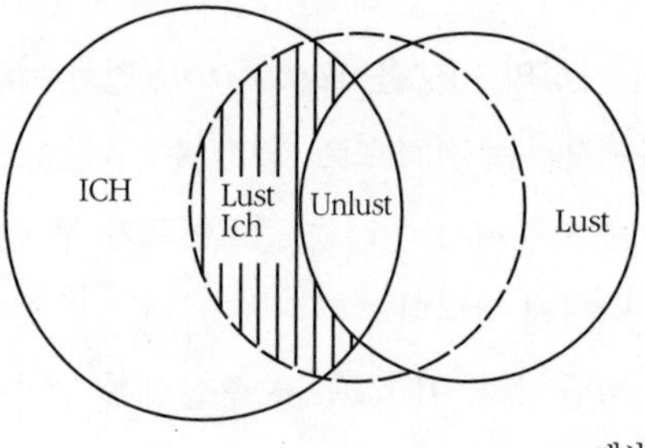

대상 *a*를 통한 검증

218 여기서 어떤 항상성을 지향하는 장치로서의 *Ich*가 대문자 ICH로 표기된 것이 보이실 겁니다. 이때 그 항상성이 최저 수준까지 내려갈 순 없는데, 그럴 경우 그것은 죽음이 되기 때문입니다. 이는 프로이트가 두번째 시기에 고찰했던 점이기도 합니다. *Lust*에 관해 살펴보자면, 그것은 엄밀히 말해 장이 아니라 언제나 하나의 대상, 자아 속에 비춰진 쾌락-대상입니다. 이러한 거울 속의 이미지, 대상에 일대일로 대응하는 것, 그것이 바로 프로이트가 말하는 정제精製된 *Lust-Ich*입니다. 즉 *Ich* 속에서, *Lust*로서의 대상으로부터 만족을 얻는 부분이지요.

반대로 *Unlust*는 쾌락원칙으로 환원되거나 동화될 수 없는 것입니다. 프로이트는 바로 그것을 근거로 비-자아가 구성된다고 말합니다. 그것이 원시적인 자아의 원환 내부에 위치한다는 사실을 명심하시기 바랍니다. 그것은 원시적 자아를 침식해 들어가는데, 항상성을 유지하는 작용도 절대로 그것을 저지하지 못합니다. 보시다시피, 바로 여기엔 나중에 소위 나쁜 대상의 기능으로서 다시 공론화될 어떤 것의 기원이 있습니다.

여러분은 특히 쾌락의 수준을 구성하는 것이 이미 소외의 분절을 가능케 하는 실마리를 제공하고 있다는 사실을 확인하실 수 있을 겁니다.

이를테면 *Lust*는 바깥 지대에 있으면서 혼잣말로 이렇게 중얼거립니다. "아! 어쨌든 *Ich*라는 놈에 신경 좀 써야겠어." 그런데 *Lust*가 *Ich*에 신경을 쓰는 순간, *Ich*의 완전한 평온함은 사라지게 됩니다. *Lust-Ich*가 구별되면서 이와 동시에 비-자아의 토대인 *Unlust*가 떨어져 나옵니다. 이는 장치가 사라진다는 뜻이 아니라 오히려 그 반대입니다. 이는 단순히 시원적인 차원에서 한 귀퉁이가 잘려나가는 것, 잘린 귀퉁이가 생겨나는 것일 뿐입니다. 저는 이러한 절단을 주체와 타자의 변증법에서도 강조했지만 이번에는 절단의 방향이 다릅니다.

이에 대한 공식으로는 '악〔나쁜 것〕 없이는 선〔좋은 것〕도 없다, 고통 없이는 좋은 것도 없다' 가 있을 텐데, 이 공식에선 여전히 선과 악이 둘 사이에서 가능할 수 있는 배합, 교차의 특성을 띠고 있습니다. 제가 조금 전에 제시한 한 쌍의 시니피앙들의 분절을 바로 이 같은 공식으로 환원시킬 수도 있겠지만, 이는 잘못된 발상입니다. 왜냐하면 다들 아시다시피, 사태를 선과 악의 수준에서 다시 고려한다면, 쾌락주의^hédonisme^는 욕망의 공학을 설명하는 데 실패하고 빗나가버리기 때문입니다. 다른 영역으로, 즉 소외의 분절로 넘어가게 되면 이는 완전히 다른 방식으로 표현됩니다. 아주 오래전부터 얼간이들이 정확히 무슨 뜻인지도 모르면서 "선악의 피안"이라 지껄이던 것을 다시 꺼낸 것 같아 부끄럽지만, 그럼에도 우리는 소외의 분절이라는 수준에서 일어나는 것을 분명히 진술해야 합니다. 즉 그것은 어떤 선[un bien]을 도출시키지 않는 악은 없지만, 진정한 선[le bien]이 있다면 그것은 그 어떤 경우에도 악과 결탁하지 않는다는 겁니다.

바로 그렇기 때문에 윤리(학)를 쾌락이라는 단순한 수준에는 위치시킬 수 없는 겁니다. 그리고 칸트가 너무나 당연하게 이런 식의 윤리(학)에 이의를 제기한 것도 마찬가지 이유에서입니다. 그는 최고선은 어떤 작은 선을 무한대로 확장한다고 해서 되는 것이 절대 아니라고 주장한 바 있습니다. 왜냐하면 대상들 속에는 선이 될 수 있는 것에 대해 부과할 수 있는 법이 존재하지 않기 때문이지요.

혼동의 여지가 있는 용어이긴 하지만 최고선이란 용어를 어쩔 수 없이 계속 써야 한다면, 최고선은 오직 법의 수준에만 놓일 수 있습니
219 다. 이는 제가 「사드와 함께 칸트를」에서 보여준 바와 같이 욕망의 수준에 있는 수동성, 나르시시즘, 양가성 등은 칠판 왼쪽에 자리 잡은 쾌락의 변증법을 지배하는 특성임을 의미합니다. 그 끝은 엄밀히 말해 동일시[identification]라 불리는 것입니다.

제가 주체의 분열 혹은 소외라 부른 것의 작용을 최대한 확실하게 구성할 수 있게 된 것은 바로 충동을 식별해냈기 때문입니다. 그렇다면 우리는 충동 자체를 어떻게 식별하게 되었을까요? 우리가 그것을 식별할 수 있었던 것은 주체의 무의식에서 일어나는 것의 변증법이 *Lust*의 장, 유익하고 좋은 대상들의 이미지뿐 아니라 결국엔 아무짝에도 쓸모없는 어떤 유형의 대상들을 참조하고 있다는 사실을 발견

해냈기 때문입니다. 젖가슴, 대변, 응시, 목소리 등과 같은 대상 *a*를 말하는 것인데요. 바로 이 새로운 용어 속에 무의식의 주체로서의 주체의 변증법을 도입하는 핵심이 있습니다.

다음 시간에는 전이라는 주제 속에서 계속해서 발전시켜야 할 것을 다시 한 번 다뤄보도록 하겠습니다.

〈질의응답〉

무스타파 사푸앙_ 저는 충동의 대상과 욕망의 대상이 어떻게 다른지 아직도 이해가 잘 안 됩니다. 이제 문제가 충동의 대상과 이드[le ça]의 차이를 확인하는 게 되니, 저는 실마리를 놓치고 말았습니다.

잘 들으시기 바랍니다. 이는 용어의 문제입니다. 본인의 당혹스러움을 보여주는 일일 텐데도 문제를 제기해준 것은 대단히 고마운 일이지요. 다른 사람들에게도 도움이 될 테니까 말입니다.

우리가 건강한 사람이라면, 우리에게는 우리 스스로 욕망한다고 믿는 아주 좋은 것들이 무척 많을 겁니다. 하지만 이에 대해 우리는 그것이 그저 우리 자신이 욕망한다고 믿고 있는 것일 뿐이라는 말밖에 할 수 없을 겁니다. 그런 것들은 일견 충분히 말로 전달할 수 있는 차원에 속한 것처럼 보입니다만, 정신분석 이론의 관점에서는 그렇지가 않습니다.

*Lust*의 영역에 있는 대상들은 주체와 근본적으로 나르시시즘적 관계를 맺고 있습니다. 따라서 동일시에서 나타나는 소위 사랑의 퇴

행이라는 수수께끼는 결국 제가 *Lust*와 *Lust-Ich*로 표기했던 두 장이 대칭을 이룬다는 데서 기인한 것입니다. 외부에서 얻을 수 없는 것이 있으면 인간은 언제나 그것의 이미지를 마음속에 담아두게 됩니다. 사랑의 대상과의 동일시도 이 못지않게 어리석은 일이지요. 저는 왜 이것이 〔선생뿐 아니라〕 프로이트 자신에게도 그렇게 골칫덩어리가 되었는지 잘 모르겠습니다. 자, 이것이 바로 사랑의 대상입니다.

게다가 우리가 충동의 대상과 결부된 그 독특한 가치와 상관없는 대상들을 언급할 때 쓰는 표현을 생각해보면 이 점을 잘 이해할 수 있을 겁니다. 프로이트가 주목했듯이, 우리는 이렇게 말하곤 합니다. "나는 양고기 스튜를 정말 좋아해〔사랑해〕aimer."[5] 이는 "나는 아무개
220 여사를 사랑합니다"라고 말할 때와 똑같은 경우이지요. 물론 그 여자에게 직접 그런 말을 하는 경우는 예외일 텐데, 그 경우에는 모든 것이 달라지게 됩니다. 선생이 그녀에게 그런 말을 하는 것에는 나름대로 이유가 있을 텐데, 그것에 대해선 다음 시간에 설명하도록 하겠습니다.

선생은 양고기 스튜를 좋아합니다. 하지만 선생은 자신이 그것을 욕망하는지는 확신할 수 없을 겁니다. 푸줏간 여주인을 예로 들어봅시다. 그녀는 캐비어를 좋아하지만aimer, 그것을 원하진 않습니다. 이게 바로 그녀가 그것을 욕망한다는 뜻이지요. 잘 들으시기 바랍니다. 욕망의 대상이란 욕망의 원인입니다. 그런데 욕망의 원인인 그 대상이 바로 충동의 대상입니다. 말하자면 충동이 그 주변을 맴돌고 있는 대상인 것이지요. 제가 지금 제 글을 읽어보신 분과 이야기를 나누는 것이기 때문에 이렇게 요점만 지적하는 겁니다. 욕망은 충동의 대상에 들러붙지 않습니다. 욕망이 충동 속에서 작동되는 한 욕망은 충동의 대상 주위를 맴돕니다. 그렇다고 모든 욕망이 반드시 충동 속에서

작동된다는 것은 아닙니다. 예컨대 오로지 누군가가 무언가를 금지했다는 사실 때문에 생겨나는 욕망, 즉 텅 빈 욕망désirs vides, 광적인 욕망désirs fous도 있습니다. 누군가가 당신에게 그것을 금지했다는 이유만으로 한동안은 그것밖에 생각할 수 없는 건데요. 그것도 어쨌든 욕망입니다. 하지만 어떤 좋은 대상[선의 대상]이 문제인 경우, 우리는 그것을 사랑의 대상이라 부릅니다 — 용어의 문제이긴 하지만, 이것은 정당성이 입증된 용어이지요. 다음 시간에는 사랑, 전이, 욕망 사이의 관계를 분절시키면서 이를 증명해보도록 하겠습니다.

1964년 6월 10일.

19

해석에서 전이로

자아의 장과 타자의 장
은유
해석은 모든 의미[방향]로 열려 있지 않다
주체의 비결정과 결정
사랑, 전이, 욕망
노예
자아이상과 대상 *a*

제가 오늘 소개하려는 것은 용어에 관한 한 유감스럽게도 여러분 221
에겐 전혀 익숙하지 않은 것입니다.

동일시identification, 이상화idéalisation, 투사projection, 내사introjection 등 아주 흔하게 쓰이는 용어들을 다룰 겁니다. 이들은 다루기가 쉽지 않은 용어인데, 이는 그 용어들이 이미 어떤 의미를 담고 있는 만큼 더더욱 그렇습니다.

동일시하는 것만큼 흔한 것이 또 있을까요? 동일시는 사유의 본질적인 작용처럼 보이기까지 합니다. 이상화하는 것 역시 심리학자의 태도가 좀더 심문조에 가까워질 때, 아마도 아주 요긴하게 쓰일 수 있을 겁니다. 투사하기와 내사하기의 경우 어떤 이들은 이 둘을 상호적인 것으로 간주합니다. 하지만 저는 오래전부터 — 아마도 이를 알아두시는 게 좋을 겁니다 — 이 둘 중 하나는 상징적인 것이 지배하는 영역과 관련되는 반면 다른 하나는 상상적인 것이 지배하는 영역과 관련된다는 점을 강조해왔습니다. 따라서 양자는 적어도 어떤 차원에서는 서로 무관하다고 할 수 있지요.

이들의 차원이 통상적인 이해 속에서 전개되기라도 하듯 용어들을 서로 연관짓지 않고 그 자체로 이해할 수 있다는 느낌에서 출발해 직관적으로 사용하는 탓에 온갖 혼란과 혼동이 일어나고 있는데요. 이는 담화에 속한 것 모두가 처한 공통적인 운명이지요. 통상적인 담화에서 화자는, 적어도 모국어를 구사하는 경우라면 매우 확실하게 그리고 매우 요령껏 자신을 표현할 수 있기 때문에, 어떤 용어가 적절하게 사용되고 있는지의 여부를 알아내는 데는 교육을 받지 않은 가장 평범한 언어 사용자가 기준이 될 정도입니다.

따라서 인간은 그저 무언가를 말하고자 하는 것만으로도 벌써 언어의 기본적인 위상학 속으로 들어가게 되는데, 그러한 위상학은 과학의 영역에 안주하는 이들이 지나치게 연연해 하는 지극히 단순화된 현실주의와는 전혀 다른 것이지요. 아무 예나 들어도 무방하지만, 가령 '마음속으로는' 이란 뜻의 à part soi, '좋든 싫든' 이라는 bon
222 gré mal gré, '용무' 라는 뜻 말고 '골칫거리' 라는 뜻의 une affaire 등과 같은 표현들의 자연스러운 용법에는 주체가 별 자각 없이 말하는 순간 자신이 곧바로 그 속에 있음을 확인하게 되는 감싸안는 위상학topologie enveloppante이 함축되어 있습니다.

제가 분석가들에게 말을 걸어 그들이 제가 방금 전에 나열한 각각의 용어들을 사용하면서 암묵적으로 어떤 위상학을 참조하고 있는지를 가늠하려 하는 것은, 당연히 그들 대부분이 — 종종 학식이 짧아서 그것들의 차이를 거의 구별하지 못하긴 하지만 — 통상의 담화에서처럼 즉각적이면서 적절한 용도로 그 용어들을 거침없이 사용하기 때문입니다. 물론 그들이 사례에 대한 관찰로부터 성과들을 무리하게 끄집어내고 이해하지 못하는 부분까지 이해하려 든다면, 그들은 그 용어들을 억지스럽게 사용할 겁니다. 이 경우 그 용어들을 다시 논의에 부치는 이들도 거의 없을 겁니다.

따라서 오늘은 몇 가지 용어들을 정신분석적으로 사용하는 요령에 대해 언급하고자 합니다. 이는 이 용어들을, 제가 이미 여기서 제시했고 칠판 위에 도식 — 원초적인 *Ich*, 신경 장치 안에서 대상화될 수 있는 *Ich*의 장, *Lust*, 즉 쾌락의 장과 *Unlust*의 장의 구별이 이뤄지는, 항상성을 유지하는 *Ich*의 장을 보여주는 도식 — 으로도 그려볼 수 있는 어떤 위상학을 통해 자명하게 드러나는 것과 연관시켜보기 위한 것입니다.

이미 지적한 대로 프로이트는 가령 *Trieb*에 관한 논문에서 *Ich*의 수준을 구분해내면서, *Ich*는 조직화된 모습을 띠고 나타날 — 이는 나르시시즘의 징조라 할 수 있지요 — 뿐 아니라 그 *Ich*가 엄밀하게 실재의 장과 접속하는 것이 바로 그런 한도 내에서라는 것을 강조한 바 있습니다. 실재 내에서 *Ich*는 *Lust*의 효과에 의해 항상성으로 회귀하는 것으로서 자신의 장에 반영된 부분만을 선별해 특권화합니다.

하지만 항상성에 일조하지 않고 어떤 대가를 치르고라도 *Unlust*로 유지되는 것, 그것은 그 장에 한층 더 깊숙이 파고듭니다. 그에 따라 *Unlust*에 속한 것이 귀퉁이가 잘려나간 자아, 비-자아, 자아의 부정으로서 자아 속에 기입됩니다. 비-자아는 자아를 둘러싸고 있는 것, 다시 말해 실재라는 광대한 영역과 혼동되어선 안 됩니다. 비-자아는 이물체, 즉 *fremde Objekt*로서 구별됩니다. 이것은 작은 오일러의 원 두 개에 의해 구성된 반달 모양 속에 위치하지요. 칠판을 보시기 바랍니다. 과학자가 자신이 움직임을 식별해낸 물체에 대해 외부에 있듯이 우리는 이렇게 해서 쾌락의 영역 속에서 객관화가 가능한 어떤 토대를 마련할 수 있습니다.

하지만 우리 인간은 그 정도로 그치지 않습니다. 그렇게 되기 위해서라도 우리는 역시 생각하는 주체여야 합니다. 그런데 우리가 생각하는 주체인 한, 우리는 이와는 전혀 다른 방식으로 연루됩니다. 우리가 태어나기 전부터 이미 거기에 존재해온 **타자**의 장, 그 순환적 구조들을 통해 우리를 주체로 결정짓는 **타자**의 장에 우리가 의존하는 만큼 우리는 전혀 다른 방식으로 연루되지요.

따라서 문제는 우리가 분석의 장에서 다루고 있는 다양한 일들이 어느 장에서 일어나느냐는 겁니다. 그중 어떤 것들은 *Ich*라는 첫번째
223 장에서 일어나며, 또 어떤 것들은 **타자**라는 다른 장에서 일어나지요 — 이 두 장에서 일어나는 것들을 따로 구별해야 하는데, 왜냐하면 이 둘을 혼동하게 되면 더이상 아무것도 이해할 수 없기 때문입니다. **타자**의 장에 대해서라면 저는 제가 소외와 분리로 규정해 구별한 두 가지 기능을 통해 그 장의 근본적인 분절을 보여드린 바 있습니다.

지금부터의 강의는 제가 이 두 가지 기능을 도입한 이후로 여러분이 다들 한 번쯤 그 기능들에 대해 고심해보았을 것이라는 전제하에 이뤄지는 것입니다. 다시 말해, 여러분이 그 기능들을 다양한 수준에서 작동시켜보고 시험해보았을 것이라 전제한 것입니다.

저는 이미 주체의 유예, 흔들림, 의미의 탈락 등과 같이 소외를 구성하는 아주 특별한 '벨'에 의해 초래된 몇 가지 결과들을 '존재냐 의미냐'로 집약되는 '돈이냐 목숨이냐', '자유냐 죽음이냐' 등의 익숙한 문구들로 나타내보려 했습니다 — 이 같은 용어들을 사용하면서 저는 마치 자력이 생겨 떠밀리듯이 그것들에 너무 성급히 의미를 부여해 혼란스럽게 만들지 말 것을 여러분에게 당부할 수밖에 없습니다. 우리는 이러한 담화를 개진하는 데 있어 조급함을 경계해야 합니

다.

그럼에도 가능하다면 여기서 우리가 내년에 다루게 될 주제를 소개하고자 합니다. 우리는 '주체의 입장들' 이라는 제목을 붙여야 할 문제들을 다루게 될 겁니다.[1] 분석의 토대들과 관련해 지금까지 준비해온 모든 것은 분석에 대한 분절〔이론화〕이 욕망으로부터 출발해 주체의 입장에 대해 무엇을 예시해주는지를 보여주는 쪽으로 나아가야 하기 때문이지요. 주체의 입장 말고는 그 어떤 것도 올바른 준거가 될 수 없다는 점에서 말입니다.

주체의 입장, 이는 무엇에 대한 입장일까요? 얼핏 떠오르는 대로 말하자면 '실존existence에 대한 주체의 입장들' 이라 할 수도 있겠지요. 이는 이미 항간에 널리 퍼져 있는 표현이기 때문에 우호적인 분위기를 기대할 수도 있을 겁니다. 하지만 엄밀히 적용해보면 이 표현은 불행하게도 오직 신경증자의 수준에만 — 물론 그것도 꽤 훌륭한 것이긴 하지요 — 적용될 수 있습니다. 그렇기 때문에 저는 '존재être에 대한 주체의 입장들' 이라고 하겠습니다. 반드시 이 제목이 될 것이라 미리 장담할 순 없으며 어쩌면 더 좋은 제목이 떠오를 수도 있을 겁니다. 하지만 어쨌든 문제의 핵심은 바로 거기에 있습니다.

1

논의를 좀더 진전시켜봅시다. 저로서는 위험천만해 보이는 것을 바로잡기 위해 제가 이미 참조한 바 있는 한 논문에서 저자[2]는 제가 무의식에 고유한 언어 구조와 관련해 도입한 것을 나름대로 성과가 없진 않은 어떤 방식으로 형식화하려 노력했습니다. 그는 요컨대 제가 제시했던 은유 공식을 어떤 공식으로 풀이해내는 데까지 이르게 되었습니다. 시니피앙의 응축condensation 작용이 무의식에 근본적인 것인 만큼 저의 은유 공식은 그 무의식이 출현하는 차원을 분명하게 보여주었고 그런 점에서 본질적이고 유용한 공식이었습니다.

당연히 시니피앙의 응축과 그에 따른 은유 효과는 모든 시적 은유에서 분명하게 관찰할 수 있는 것입니다. 바로 그렇기 때문에 저는 「잠든 보아스」에서 실례를 찾았던 것인데요.[3] 『정신분석*La psychanalyse*』
224 지에 실린 「무의식에서의 문자의 심급」이란 제목의 제 논문을 참고하시기 바랍니다. 저는 다행히 많은 이들이 암송할 수 있는 프랑스 시를 한 편 고를 수 있었지요. 소싯적에 「잠든 보아스」를 암송해보지 않은 사람이 있을까요? 그것은 분석가들이 다루기에도 그리 나쁘지 않은 예인데, 특히 제가 그 시를 소개했던 시점, 즉 그 예와 함께 부성적 은유métaphore paternelle를 소개했던 시점에는 더더욱 그랬습니다.

굳이 그 이야기를 반복할 생각은 없지만 우리가 그것을 도입하고 있는 현 상황에서 요점은 당연히 "그의 볏단은 탐욕스럽지도 악의가 있지도 않았다"는 은유로 문제의 인물인 보아스를 — 신성한 아버지이면서 동시에 신의 도구라는 위치에서 — 지칭하는 것이 의미 창조에 기여한다는 점을 여러분에게 보여드리는 것입니다. 이러한 은유에 의해 열린 의미의 차원은 우리에게 다름 아니라 최후의 이미지, 다시 말해 별 밭 속에 아무렇게나 던져져 있는 황금 낫의 이미지 속에서 나타납니다. 이는 심지어 이 시 속에 감춰져 있는 차원이기도 합니다. 그것도 여러분이 생각하는 것 이상으로 감춰져 있는 차원인데, 왜냐하면 제우스가 크로노스의 피로 세상을 잠기게 하기 위해 사용했던 낫을 여기에 등장시키는 것만으로는 〔그 의미를 이해하는 데〕 전혀 충분하지 않기 때문입니다. 문제가 되는 거세의 차원은 『성서』의 관점에서 볼 때 전혀 다른 질서에 속한 것으로, 보아스가 하느님께 드리는 기도와 더불어 역사의 모든 메아리들을 통해 생생히 작동하고 있지요. 보아스는 이렇게 기도합니다. "어떻게 저 같은 늙은이가 자식을 볼 수 있을까요?"

여러분이 다음과 같은 사실을 간파하셨는지 잘 모르겠습니다. 즉 함부로 입에 올릴 수 없는 이름을 지닌 하느님은 분명 불임의 여인과 늙은 남정네 사이의 출산을 지켜주는 자라는 겁니다 — 올해 예정되었던 아버지의-이름들에 관한 세미나를 예정대로 시행할 수 있었더라면, 이에 대한 이해가 훨씬 쉬우셨을 겁니다. 선택받은 민족의 운명의 전승에 의해 부성父性에는 근본적으로 초생물학적 특성이 도입되는데, 이러한 특성에는 시원적으로 억압되어 있지만, 그럼에도 자신의 의미를 숨긴 채 비틀거림, 헛디딤, 증상, 엇갈림, *dustuchia* 등의 모호한 형태들을 통해 항상 재등장하는 무언가가 있습니다.

그것이 바로 우리가 항상 재발견하게 되는 차원으로서, 만일 그것을 방금 언급한 저자가 하려 했던 것처럼 형식화한다면, 그가 실제로 했던 것보다는 좀더 신중을 기할 필요가 있습니다. 저자는 시니피앙과 시니피에 사이의 관계를 중간의 가로선으로 표기한다는 점에 의거해 이를테면 분수分數의 형식적 틀을 그대로 따랐습니다. 때에 따라서는 그 가로선이 시니피앙과 시니피에의 관계 속에서 수학적 의미의 분수로 사용되면서 하나의 값을 표시한다고 생각하는 것이 절대적으로 부당하다고만은 할 수 없습니다. 하지만 당연히 그러한 용법만 있는 것이 아닙니다. 시니피앙과 시니피에 사이에는 또다른 관계, 즉 의미 효과effet de sens라는 관계가 있습니다. 은유 속에서 의미 효과를 표시하는 것이 관건인 경우에는 그가 했던 것처럼 선불리, 무모하게 가로선을 조작해 분수로 변형시킬 수 없습니다 — 이러한 변형은 비례 관계에서나 가능한 일이겠지요.

225

$$F\left(\frac{S'}{S}\right)S \cong S(+)s \qquad\qquad \frac{S'}{S} \times \frac{S}{s} \rightarrow \frac{\frac{S'}{s}}{\frac{S}{S}}$$

은유의 공식 / 문제의 논문이 제시한 변형된 공식

분수의 경우라면 $\frac{A}{B} \times \frac{C}{D}$ 와 같은 곱셈을 $\frac{\frac{A}{B}}{\frac{D}{C}}$ 와 같은 4단 공식으로 바꿀 수도 있습니다. 그리하여 논문의 저자는 은유를 그런 식으로 변형시키는 것이 정당하다는 근거로 다음과 같은 주장을 내세우게 됩니다. 즉 은유를 체현하고 있는 최후의 시니피앙과 은유의 사용에 의해 새롭게 생겨나는 의미를 무의식 속에서 접합시킬 수 있을 만한 어떤 무언가에 대해, 무의식 속의 두 시니피앙들 간의 뭔지 모를 고정점épinglage이란 것이 상응해야 한다는 겁니다.

이러한 공식이 만족스럽지 못하다는 것은 너무나도 분명합니다. 무엇보다 시니피앙은 본성상 자기 자신을 의미화할 수 없는 만큼 어떤 논리적 결함을 초래하지 않고는 그 자신과 그런 식의 관계를 맺을 수 없을 것이기 때문입니다.

이는 수학에서 모든 것을 망라하는 논리적 공식을 만들어내려 할 때마다 발생하는 이율배반만 생각해보아도 충분히 알 수 있는 일입니다. 자기 이름이 수록되지 않은 목록과 그러한 목록을 적어놓은 목록 — 이 목록이 〔자기 이름이 수록되지 않은 목록이라는〕 위의 규정에 해당되어 그 목록 속에 기입되어야 할 때 — 이 같은 것이 아님은 분명합니다.

어떤 시니피앙이 어떤 다른 시니피앙을 대체함으로써 은유 효과가 창출된다는 사실을 이해하는 것은 이보다 훨씬 더 쉬운 일입니다.

그 첫번째 시니피앙은 자신이 쫓아낸 시니피앙을 다른 곳으로 보냅니다. 만일 이를 계속해서 분수 형태로 다루고 싶다면, 사라진 시니피앙, 억압된 시니피앙을 중간의 가로선 아래, 분모, *unterdrückt*, 억압된 것의 자리에 두면 될 겁니다.

따라서 이 저자가 쓴 것처럼 시니피앙과 시니피앙의 연결만이, 결과적으로 광적狂的인 연결만이 존재한다는 구실 아래 해석이 모든 의미〔방향〕로 열려 있다고는 말할 수 없습니다. 해석은 모든 의미〔방향〕로 열려 있지 않습니다. 그렇게 되면 분석적 해석의 불확실성에 반대해 실은 모든 해석이 가능하다는 주장을 펼치는 사람들에게 수긍하는 것이 되는 셈인데, 이처럼 어리석은 짓도 없을 겁니다. 제가 해석의 효과는 주체에게서, 프로이트의 표현대로 하자면 '난센스non-sense'의 중핵, *kern*을 분별해내는 것이라 말했던 것은 해석이 그 자체로 무의미하다는 뜻이 아닙니다. 226

해석은 하나의 의미효과이지만 그렇다고 아무 의미효과나 다 되는 것은 아닙니다. 해석은 *s*의 자리에 나타나 시니피앙이 언어 속에서 시니피에라는 효과를 갖게 만드는 관계를 뒤집어버립니다. 해석은 어떤 환원 불가능한 시니피앙을 출현시키는 효과를 갖고 있습니다. 해석은 *s*의 수준에서 이뤄져야 하는데, 그 *s*는 모든 의미〔방향〕로 열려 있지 않고 아무 의미〔방향〕나 될 수 있는 것도 아니며 당연히 근사치에 불과한 의미효과입니다. 주체의 무의식에 관해 말하자면, 거기에 있는 것은 풍부하고 복잡한 것입니다. 그것은 무의미로 이뤄진 환원 불가능하고 '난센스적non-sensical'인 요소들을 출현시키게끔 운명지어져 있습니다. 같은 논문에 수록된 르클레르의 작업은 특히 의미효과를 수행하는 해석에서 무의미한 시니피앙으로의 도약을 아주 훌륭하게 그려내주었습니다. 그는 본인이 맡았던 한 강박증 환자에게서 licorne(유니콘)이라는 단어의 두 음절을 서로 연결시키는 소위 *Poordjeli*(푸어젤리)라는 공식을 도출하고, 이를 통해 욕망이 활성화되는 하나의 연쇄를 그 시퀀스에 도입할 수 있게 해주었습니다. 여러분은 향후 출간될 그의 저서[4]에서 한층 더 심화된 논의를 보시게 될 겁니다.

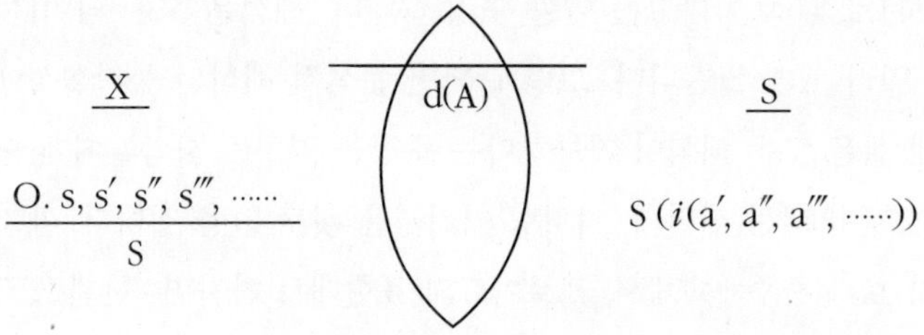

해석은 모든 의미〔방향〕로 열려 있지 않습니다. 절대로 아무렇게나 해석할 수는 없다는 겁니다. 그것은 의미 있는 해석이어야 하며 절대로 그르쳐선 안 됩니다. 그럼에도 주체의 출현에 본질적인 것은 그러한 의미효과가 아닙니다. 본질적인 것은 주체가 그 의미효과 너머에서 과연 자신이 주체로서 어떤 시니피앙 — 무의미하고 환원 불가능하고 트라우마적인 시니피앙 — 에 예속되어 있는지를 알아야 한다는 것입니다.

이를 통해 여러분은 분석 경험 속에서 구체적으로 어떤 일이 일어나는지를 이해하실 수 있을 겁니다. 프로이트가 분석한 주요 사례, 특히 그중에서도 가장 중요하고 놀라운 사례 — 이는 환상과 현실 간의 전환에 대한 문제가 수렴되는 지점, 즉 근원적으로 억압된 시니피앙으로서 작용하는 환원 불가능하고 '난센스적인' 어떤 지점이 다른 어
227 느 사례에서보다 더 분명하게 나타나 있기 때문입니다 — 인 「늑대

인간」을 살펴보시기 바랍니다. 이 사례를 읽는 데 길잡이가 되어줄 아드리아드네의 실을 하나 제공하자면, 꿈속의 창문에서 갑자기 나타난 늑대들은 주체의 상실에 대한 대표자로서 *s*의 기능을 하고 있다는 겁니다.

단순히 환자가 나무 위에 앉아 있는 일곱 마리 늑대들 — 환자의 그림에는 다섯 마리만 그려졌지만 — 의 응시에 매혹되었다는 뜻이 아닙니다. 그 늑대들의 매혹된 응시가 바로 주체 자신이란 이야기입니다.

이 사례 전체가 여러분에게 보여주고 있는 것은 무엇일까요? 그것은 이 주체의 삶의 각 단계에서 무슨 일이 일어나면서, 그때마다 이 본원적 시니피앙에 의해 구성된 결정적인 지표값을 다시 수정하게 된다는 사실입니다. 이렇게 해서 우리는 바로 주체의 욕망이 타자의 욕망에 의해 구성된다고 하는 변증법적 원리를 이해할 수 있게 됩니다. 아버지, 누이, 어머니, 보모 그루샤 등의 파란만장한 이야기를 떠올려보시기 바랍니다. 그 이야기만큼이나 많은 순간들을 통해, 타자의 욕망과의 관계 속에서 구성된 의미효과로서 분자의 자리에 놓이게 될 무언가가 주체의 무의식적 욕망을 풍요롭게 해줍니다.

자, 이때 무슨 일이 일어나는지를 잘 살펴보시기 바랍니다. X로서의 주체는 논리적으로 *Urverdrängung*, 즉 첫번째 시니피앙의 필연적인 탈락을 통해서만 구성된다는 사실을 고려해보시길 바랍니다. 주체는 *Urverdrängung*을 중심으로 구성되지만 그것 자체를 대체할 순 없습니다 — 왜냐하면 그러기 위해선 하나의 시니피앙이 다른 시니피앙에게 필히 대표 작용을 할 수 있어야 하는데, 여기에는 최초의 시니피앙 하나밖에 없기 때문이지요. 이러한 X 속에서 우리는 두 가지 측면을 구분해야 합니다. 〔한편으로〕 그곳엔 주체의 구성상 시니피앙스가 탈락하는 순간이 있으며, 우리는 이러한 시니피앙스를 그 기능상 무의식 수준의 어떤 자리와 연관시킬 수 있습니다. 하지만 그곳엔 또한 우리가 분수를 통해 이해할 수 있는 관계에 의해 작동하는 회귀 효과가 있습니다. 그러한 관계는 아주 신중하게 도입되지 않으면 안 되지만 그럼에도 언어의 효과들을 통해 분명히 확인할 수 있습니다.

다들 아시다시피 분모에 영零이 나타나면 분수값은 더이상 의미를 갖지 않지만 규약상 수학자들이 무한값이라 부르는 값을 갖게 됩니다. 어떤 의미에서는 이것이 바로 주체의 구성을 이루는 한 계기입니다. 최초의 시니피앙이 순수하게 무의미한 것인 한 그것은 주체값의 무한화를 짊어지게 됩니다. 이는 모든 의미를 향해 열리는 것이 아니라 그 의미를 모두 폐지해버리는 것입니다. 분명 이 둘은 전혀 다른 것이지요. 제가 소외의 관계에 대해 다루면서 자유라는 말을 언급하지 않을 수 없었던 것은 바로 이 때문입니다. 실제로 주체의 근원적인 의미와 무의미 속에서 자유의 기능을 정초하는 것은 바로 모든 의미를 죽여버리는 시니피앙이지요.

그렇기 때문에 무의식 속의 시니피앙이 모든 의미를 향해 열려 있다는 말은 잘못된 것입니다. 무의식 속의 시니피앙은 모든 의미들에 대해 자유로운 형태의 주체를 구성해내지만, 그렇다고 주체가 그 의미들과 관련해 결정〔한정〕되어 있지 않다는 뜻은 아닙니다. 왜냐하면 분자에는 영 대신에 의미효과들, 즉 타자의 욕망과의 관계 속에서 변증법화된 의미효과들이 기입되며, 그러한 의미효과들은 무의식과 주체의 관계에 어떤 결정된〔한정된〕 값을 부여하기 때문입니다.

내년에 이어질 제 세미나에서는 어떻게 우리가 분석 경험에 이끌
228 려 다음과 같은 공식화의 길로 들어설 수밖에 없는지를 보여주는 것

이 중요한 사안이 될 겁니다. 즉 이러한 주체의 무한을 욕망의 유한성으로 매개하는 것은, 칸트가 소위 철학적 사유의 인력 운동 속으로 들어가면서 '부정량' 이라는 이름 아래 아주 신선하게 도입한 것을 개입시킴으로써만 가능하다는 것이지요.

물론 신선함이란 나름대로 중요한 의미를 갖습니다. 철학자들에게 -1은 0이 아니라는 사실에 대해 고심해보길 촉구하는 것과 그런 담화는 알 바 아니라면서 귀도 기울이지 않는 것은 분명 다른 것이니 말입니다. 그럼에도 역시 — 바로 이것이 철학적 진술을 참조할 때 얻을 수 있는 유일한 유용성이지요 — 인간은 결국 매 순간 자신이 정복한 모든 것, 말하자면 주체로서 정복한 것을 잊어버려야만 살아남을 수 있습니다. 물론 인간이 그 정복된 것을 잊어버린다 해도 그것은 여전히 정복된 채로 있습니다. 하지만 정복의 효과를 통해 정복되는 것은 오히려 인간 자신이지요. 그런데 자신이 알지 못하는 무언가에 의해 정복되는 것, 그것은 때때로 끔찍한 결과들을 초래하는데, 그 중 가장 대표적인 것이 바로 〔개념의〕 혼동confusion입니다.

따라서 부정량, 바로 이것에서 우리는 소위 거세 콤플렉스라고 하는 것의 버팀목 중 하나, 다시 말해 그 콤플렉스 속에서 남근 대상이 돌입하게 되는 부정적 파급 효과를 가리킬 수 있는 방도를 찾을 수 있을 겁니다.

이것은 예고편에 불과하지만 지적해둘 만한 가치가 충분하다고 생각합니다.

2

그럼에도 우리에게 논란거리가 되고 있는 문제, 즉 전이에 관한 논의를 좀더 진전시켜야 하겠습니다. 이 문제를 다시 어떻게 거론할 수 있을까요? 알고 있다고 가정된 주체로부터 시작하지 않고서는 전이를 생각할 수 없습니다.

여러분은 오늘 저 알고 있다고 가정된 주체가 무엇을 알고 있다고 가정되는지를 좀더 잘 이해하게 되셨을 겁니다. 그가 알고 있다고 가정되는 무엇이란 누구든 일단 표명하기만 하면 그 순간부터 절대로 벗어날 수 없게 되는 것, 바로 의미효과를 말합니다.

당연히 이러한 의미효과는 그 주체가 그것을 거부할 수 없다는 것을 함축합니다. 바로 이런 이유로 저는 먼저 그 주체의 욕망의 차원을 선보인 겁니다.

이처럼 특권화된 지점은 아무 지식도 담겨 있지 않은 어떤 절대적 지점으로서의 성격을 우리가 알아볼 수 있는 유일한 지점입니다. 절대적[absolu] 지점이라 함은 그것이 아무런 지식도 아니면서, 무언가 계시되어야 하는 것을 해체[5)]시키는 것에 그의 욕망 자체를 결착시키는 지점이기 때문입니다.

바로 이 근본적 지탱물에 근거해 주체가 작동하게 됩니다 — 주체는 오로지 욕망의 주체가 됨으로써 알고 있다고 가정되는 것이지요. 그런데 이때 과연 무슨 일이 일어나는 것일까요? 가장 흔히 나타나는 현상으로 우리가 '전이 효과'라 부르는 것이 일어나지요. 전이 효과란 바로 사랑을 말합니다. 프로이트가 지적한 것처럼 이 사랑은 모든 사랑이 그렇듯 나르시시즘의 영역에서밖에 탐지될 수 없음이 분명합니다. 본질적으로, 사랑한다는 것은 사랑받고 싶다는 것을 의미하지요.

전이 효과 속에서 출현하는 것은 계시[révélation]와 대립됩니다. 사랑은
229 은 여기서 사랑의 본질처럼 계시된 기능, 즉 속임수라는 기능을 통해

개입합니다. 사랑은 하나의 전이 효과일 테지만, 이는 전이에 있어 저항의 측면에 속합니다. 해석하기 위해 우리는 전이 효과를 기다려야 하지만, 이와 동시에 그 전이 효과는 아시다시피 우리의 해석 효과에 대해 주체를 닫아버립니다. 여기서는 우리 정신분석가라고 하는 효과가 타자에 대한 주체의 태도를 통해 소외 효과 속에서 분절된다는 것이 아주 분명합니다.

이때 우리는 다음과 같은 사항 — 이는 프로이트에 의해 진술되었지만 언제나 간과되어왔던 것으로, 전이의 구실이 아니라 전이의 근거에 관한 이야기입니다 — 을 지적하는 것이 좋을 텐데, 즉 우리는 "부재중일 때나 그림으로는" 그 어떤 것에도 타격을 입힐 수 없다는 겁니다. 전이는 본성상 이전에 체험되었을 어떤 것의 그림자가 아니라는 뜻이지요. 이와 반대로, 주체가 분석가의 욕망에 종속되어 있는 한에서 그는 그러한 종속을 통해 분석가를 속이기를 욕망합니다. 분석가로 하여금 자신〔주체〕을 사랑하게 함으로써, 스스로에 대해 사랑이라는 본질적으로 가식적인 것을 내비치면서 말입니다. 전이 효과, 그것은 지금 여기서 현재 반복되고 있는 한에서의 속임수의 효과인 것이지요.

전이가 〔과거에〕 일어났던 어떤 일에 대한 반복이라면 이는 그 둘이 동일한 형태에 속한다는 이유에서만 그렇습니다. 전이는 전위轉位[6]가 아닙니다. 그것은 예전에 겪었던 사랑의 속임수의 그림자가 아니지요. 그것은 사랑이 갖는 속임수라는 순수한 기능이 현재 속으로 떨어져나와 작동하는 것입니다.

소위 전이애轉移愛의 이면에서 분석가의 욕망과 환자의 욕망이 연결되어 있음을 확인할 수 있다고 말할 수 있는 것은 바로 이런 이유에서이지요. 프로이트가 동료들을 안심시키는 이야기 — "결국 그건 환자의 욕망일 뿐이야" ― 를 하면서 일종의 감쪽같은 눈속임, 요술 거울[7]로 풀이해낸 것이 바로 이것입니다. 그것은 환자의 욕망입니다. 분명 그렇습니다. 하지만 분석가의 욕망과 만나고 있는 한에서의 환자의 욕망이지요.

분석가의 욕망, 제가 아직 그것에 이름을 붙이지 않았다고는 결코 말할 수 없겠지요. 욕망은 어차피 이름 붙일 수 없는 것이니 말입니다. 욕망, 그것은 가늠되는 것입니다. 우리는 역사 속의 많은 것들 속에서 이에 대한 흔적과 자취를 찾을 수 있지요.

조금만 들여다보아도 분석의 윤리와 스토아 학파의 윤리 사이에서 서로 닮은 듯한 점이 발견된다는 것이 특이하지 않은지요? 스토아 학파의 윤리란 그 근본에 있어 무엇일까요? 언젠가 여러분에게 증명할 시간이 있겠지만 이는 타자의 욕망에 의한 절대적 섭정을 인정하는 것, 기독교적 어투로 풀이하자면 "당신의 뜻대로 이뤄지소서!"가 아닐까요?

우리에게는 좀더 근본적인 해명이 촉구됩니다. 주인의 욕망과 노예의 욕망의 관계에 관한 문제가 제기될 수 있지요. 헤겔은 그 문제를 해결했다고 말했지만 어떤 식으로도 해결되지 않았습니다.

안타깝게도 올해 강의를 마쳐야 할 시점이 가까워졌습니다. 다음 시간이 마지막 강의가 되겠지요. 따라서 우리가 향후 어떤 방향으로 나아가게 될지에 대해 몇 가지 지적해볼까 합니다.

죽음을 떠맡는 것과 관련된 어떤 본원적 관계를 통해서만 주인이
230 주인으로서 위치한다는 것이 옳은 이야기이긴 하지만, 그가 욕망과 어떤 관계를 맺고 있는지를 가늠하기란 아주 어려운 일이라 생각합니다. 여기서 주인이라 함은 우리가 몇 가지 인물 묘사를 통해 알고 있는 고대의 주인, 가령 알키비아데스와 같은 주인이 아니라 헤겔이

말한 주인을 말합니다. 알키비아데스가 욕망과 맺고 있는 관계는 분명히 파악할 수 있습니다. 그는 자신이 '아갈마agalma' 라 부른, 자신도 알지 못하는 무언가에 대해 묻기 위해 소크라테스를 찾았지요. 몇몇 분들은 제가 한때 '아갈마' 라는 용어를 어떤 식으로 활용했는지 알고 계실 겁니다. 저는 알키비아데스의 응시를 둘러싼 안개 속에서 모든 선善을 넘어서 있는 무언가를 표상하는 신비로운 것, 그 '아갈마' 를 다시 한 번 살펴볼까 합니다.

소크라테스가 그에게 준 답변은 소싯적에 그에게 답했던 것과 같은 "네 영혼에 전념해라"가 아니라 원숙하고 세파에 단련된 사람답게 "네 욕망에 전념해라. 네 것에나 신경 써라"입니다. 그런데 바로 여기서 우리는 다름 아닌 전이를 가늠하는 기술에 대한 최초의 초안을 볼 수 있지 않을까요? 플라톤이 이 "네 것"을 경박하고 어리석으며 거의 어릿광대나 다름없는 사람에게서 구현했다는 점은 플라톤 자신의 입장에서 보면 아이러니의 극치라 할 수 있겠지요. 제가 최초로 지적했던 점일 테지만, 플라톤이 아가톤의 입을 통해 읊게 만든 사랑의 본성에 대한 구절은 아가톤이 어릿광대나 다름없는 경박한 인물이며 그렇기 때문에 분명 주인의 욕망을 견지하기에는 전혀 적합하지 않은 대상임을 보여줍니다. 여하튼 그의 이름이 플라톤이 최상의 가치를 부여한 아가톤[8]이라는 것은 아마 의도적인 것은 아니었겠지만 부인할 수 없는 아이러니의 어조를 한층 더 가미합니다.

이처럼 주인의 욕망은 그것이 역사 속에서 작동하기 시작한 순간부터 본성상 가장 혼동되었던 용어처럼 보입니다. 반면 자기 자신의 답을 찾기를 욕망하면서 〔그 답을 얻기 위해〕 소크라테스가 말을 건 자는 바로 자기 욕망을 행사할 권리가 없는 자, 노예입니다. 그는 항상 노예로부터 답을 얻을 수 있다고 확신합니다. 프로이트는 "이성의 목소리는 낮지만 언제나 같은 것을 말한다"라고 어디선가 말한 바 있지요. 프로이트가 무의식적 욕망에 대해 똑같은 것을 이야기했다는 식으로 비교할 생각은 없습니다. 하지만 무의식적 욕망의 목소리 역시 낮지만 절대로 파괴될 수 없는 집요함을 갖고 있지요. 아마도 양자 사이에는 어떤 관계가 있을 겁니다. 바로 이렇게 양자 사이에 어떤 유사성이 있다는 의미에서, 우리는 분석가의 욕망이 무엇인지를 가늠하는 것이 문제일 때 노예 쪽으로 시선을 돌려야겠지요.

3

그럼에도 오늘 강의를 마무리하기 전에 다음 시간을 위해 두 가지 사항, 동일시 기능에 대한 프로이트의 이론에 근거한 두 가지 사항을 지적해두고 싶습니다.

동일시에는 풀리지 않는 수수께끼들이 있으며, 이는 프로이트 자신에게도 마찬가지였지요. 그는 동일시의 항들 속에서 그렇게 쉽게 사랑의 퇴행이 일어나는 것에 놀란 듯합니다. 이는 사랑과 동일시가
231 어떤 영역에선 동등한 가치를 지니며 사랑의 대상에 대한 과대평가, 즉 *Verliebtheit*(사랑에 빠짐)과 나르시시즘이 정확히 동일한 것이라고 명시하고 있는 그의 텍스트들을 보면 알 수 있는 점입니다.

프로이트는 이 정도에서 멈췄는데, 여러분은 영국인들이 말하듯이 이에 대한 다양한 *clue*(단서)를, 흔적과 족적을 그 텍스트들 속에서 찾아보시기 바랍니다. 제 생각에 프로이트가 거기서 멈춘 것은 무언가를 충분히 구분해내지 못했기 때문이지요.

저는 『집단 심리학과 자아 분석*Massenpsychologie und Ich-Analyse*』 중 동일시를 다루고 있는 장에서 두번째 유형의 동일시를 강조했는데, 이는

그것으로부터 *einziger Zug*, 단항적 표지, 자아이상의 토대와 중핵을 간파하고 추출해내기 위해서였지요. 단항적 표지란 무엇일까요? *Lust*의 영역에서 특권을 부여받은 어떤 대상일까요? 그렇지 않습니다.

단항적 표지는 프로이트가 첫번째 유형의 동일시와 연관시켰던 나르시시즘적 동일시의 첫번째 장에 속하지 않습니다. 참고로 그는 아주 흥미롭게도 첫번째 유형의 동일시를 어머니에 대한 리비도적 투자가 이뤄지기 전에 — 이는 당연히 신화적 시간일 텐데 — 아버지가 갖고 있는 일종의 시원적 기능이나 모델 속에서 구현시킵니다. 주체가 매달리는 한에서의 단항적 표지는 욕망의 장 속에 있습니다. 여기서 욕망의 장이란 시니피앙의 지배하에서만, 주체가 타자와 관계맺는 수준에서만 구성될 수 있는 장입니다. 단항적 표지의 기능을 결정하는 것은 바로 타자의 장입니다. 왜냐하면 프로이트가 당시 개진한 지형학으로 볼 때 동일시의 주요 계기들인 이상화, 자아이상이 시작되는 것은 바로 그 타자의 장을 통해서이기 때문이지요. 저는 사냥꾼이 사냥감을 잡을 때마다 하나씩 칼자국을 내서 수를 세는 데 사용한 원시 시대의 뼈를 예로 들어 그 최초의 시니피앙의 흔적을 보여준 바 있습니다.

자아이상의 영향력의 본질적 원동력은 바로 이러한 교차, 즉 단항적 시니피앙을 *Lust*의 장 속에서, 다시 말해 나르시시즘적인 일차적 동일시의 장 속에서 기능하도록 만드는 교차 속에 있습니다. 다른 곳에서[9] 저는 자아이상, 즉 주체에게 거울 앞에서 자신을 안고 있는 부모의 모습으로 나타나는 첫번째 존재가 거울 속에서 그를 쳐다보는 것에 대해 기술한 바 있습니다. 거울 속에서 자신을 응시하는 자의 지표에 매달림으로써 주체는 자아이상이 아니라 이상적 자아, 스스로가 자신에게 사랑스러운 것이길 욕망하는 지점이 출현함을 보게 됩니다.

바로 이것이 자아이상이 구성해내는 기능, 원동력, 효과적인 수단입니다. 얼마 전에 한 소녀가 귀엽게도 제게 이런 말을 한 적이 있습니다. 자, 이제는 제가 저 자신에게 사랑스럽게 보이도록 누군가가 저를 돌봐줘야 할 때죠. 이렇게 말하면서 아이는 전이의 첫번째 단계에서 작용하는 〔전이의〕 원동력의 비밀을 순진하게 털어놓은 셈인데요. 분석에서 주체가 분석가와 맺는 관계의 중심은 자아이상이라 불리는 특권화된 시니피앙의 수준에 있습니다. 그러한 수준을 통해 주체는 자신이 사랑받고 있다는 느낌만큼이나 만족감을 느끼게 될 테니 말입니다.

하지만 이와는 다른 기능이 하나 더 있는데, 이는 전혀 다른 성질의 동일시를 설정하는 것으로, 분리 과정에 의해 도입됩니다.

여기서 문제의 핵심은 분석을 통해 발견된 특권화된 대상, 순수하게 위상학적인 현실을 가지고 있는 대상, 충동이 그 주위를 맴도는 대상, 여러분이 분석을 통해 깁고 있는 천 속에서 수선용 나무달걀[10]처럼 불쑥 튀어나온 대상, 바로 대상 a입니다.

232 이러한 대상은, 충동 속에서 인간의 삶에 성의 의미를 등장시키는 것이 바로 시니피앙의 작용이라는 사실을 통해 규정되고 명시되는 부분을 지탱합니다. 말하자면 인간이 시니피앙을 거치기 때문에, 인간에게서 성과 그 의미효과는 항상 죽음의 현존을 현전화할 수 있다는 겁니다.

삶의 충동과 죽음의 충동이라는 구분은 그것이 충동의 두 가지 양상을 보여주는 만큼 옳은 것이지요. 하지만 이는 모든 성적 충동들이 무의식 속의 의미효과의 수준에서 분절된다는 것을 이해하는 한에서만 그렇습니다. 그 충동들에 의해 출현하게 되는 것, 그것은 바로 죽음이기 때문입니다 — 이때 죽음은 시니피앙으로서의 죽음, 그저 시니피앙에 불과한 죽음일 텐데, 이는 과연 죽음을-향한-존재가 있다고 말할 수 있는지는 의문이기 때문이지요. 어떤 조건, 어떤 결정론 속에서 시니피앙으로서의 죽음이 완전무장한 모습으로 치료 속에 불시에 나타날 수 있을까요? 이 문제는 우리가 그러한 관계들을 분절하는 방식에 따라서만 이해될 수 있습니다.

대상 *a* 기능에 의해 주체는 스스로를 분리시키고, 존재의 흔들림에, 소외의 본질을 만드는 의미에 더이상 얽매이지 않게 됩니다. 우리는 이미 오래전부터 많은 흔적들을 통해 대상 *a* 기능을 충분히 파악해냈습니다. 언젠가 저는 언어적 환각을 지칭하기 위해 사용되는 목소리라는 용어 자체가 무엇을 의미하는지를 이해하지 못한다면, 언어적 환각에 대한 현상학이란 생각조차 할 수 없는 것임을 보여드린 바 있습니다.[11)]

percipiens(지각하는 자)가 현존하는 것은 목소리라는 대상이 거기에 현존하는 한에서입니다. 언어적 환각은 거짓된 *perceptum*(지각된 것)이 아니라 이탈한 *percipiens*입니다. 주체는 자신의 언어적 환각 속에 내재하고 있습니다. 바로 이러한 가능성으로 말미암아 우리는 *percipiens*의 조절〔적응〕과 관련해 분석을 통해 우리가 얻으려 노력하는 것이 무엇인가라는 문제를 제기할 수밖에 없는 겁니다.

정신분석이 등장하기 전까지 인식의 길은 언제나 *percipiens*, 주체를 정화시키는 길로 그려져왔습니다. 자, 그런데 우리, 우리는 주체의 보증을 위한 토대를 그를 지탱해줄 수 있는 오물saloperie과의 만남 속에, 그 현존이 필수불가결하다고 말하는 것이 부당하진 않을 소문자 *a*와의 만남 속에 정초짓는다고 말할 수 있습니다.

소크라테스를 생각해봅시다. 소크라테스의 타협할 줄 모르는 순수성과 그의 '무소성'[12]은 서로 한 쌍을 이루는 것입니다. 거기에 매 순간 다이모니온의 목소리가 끼어듭니다.

소크라테스를 이끌고 있는 그 목소리가 소크라테스 자신이 아니라고 말할 수 있을까요? 소크라테스와 그 목소리의 관계는 분명 하나의 수수께끼로서 19세기 초 심령서사들을 번번이 유혹했던 문제인데, 이제 더이상 아무도 그 문제에 관심을 갖지 않는 만큼 그들이 그 문제를 건드릴 수 있었다는 것만으로도 이미 대단한 일입니다.

그것은 우리가 지각의 주체를 이야기할 때 과연 그것이 무슨 뜻인
233 지를 이해하려면 필히 연구해보아야 할 한 가지 새로운 흔적입니다. 제 말에 대해 엉뚱한 상상은 금물입니다. 분석가가 목소리를 꼭 들어야 한다는 것은 아닙니다. 어쨌든 프로이트의 직계 제자이자 측근이었고 그 자신이 뛰어난 분석가였던 테오도르 라이크의 『제3의 귀로 듣기』[13]를 읽어보시기 바랍니다. 솔직히 저는 귀머거리가 되는 데 귀 두 개로도 모자란다는 뜻 같아서 그 제목에 공감이 가진 않습니다만 아무튼 그는 속임수를 귀띔해주는 그 뭔지 모를 목소리란 걸 듣는 데 이 세번째 귀가 사용된다고 주장합니다 — 그는 환자의 거짓말 이면에서 무엇이 말하고 있는지를 들을 수 있었던 저 좋았던 시대, 영웅적 시대를 보낸 사람이었던 겁니다.

분명 우리는 당시보다는 진일보했습니다. 우리는 분명 이제 막 출현하기 시작한 대상 *a*를 그러한 편차, 균열 속에서 알아볼〔인정할〕 수 있으니 말입니다.

〈질의응답〉

피에르 코프만__ 선생님께서 보아스와 테오도르 라이크에 관해 재차 언급하셨던 것과 『꿈의 해석』 7장 첫 부분에 나오는 아버지에 관해 언급하셨던 것 사이에는 모종의 관계가 있지 않은지요?

분명한 사실은 그가 잠들었다는 겁니다. 그런데 이는 자신과 함께 우리를 잠들게 하기 위한 것입니다. 말하자면, 우리가 거기서 이해할 수 있는 것만 이해하도록 하기 위한 것이지요.

저는 프로이트가 제시했던 원래의 맥락에서 이 문제를 다시 다루기 위해 유대 전통을 끌어들이고자 했습니다. 프로이트가 주체의 분열에 대해 글을 쓰다가 펜을 접었다는 것[14]과 그 바로 직전에 『인간 모세와 유일신교』에서 유대 전통의 가장 근본적인 요소들을 문제 삼았다는 것은 우연이 아니기 때문이지요. 그가 사용한 논거나 논증 과정이 역사적으로 보았을 때 아무리 이론의 여지가 있다 하더라도, 그가 유대 역사의 한복판에서 예언적 전통을 다른 어떤 메시지와 근본적으로, 더없이 분명하게 구별해냄으로써 '진리와의 결탁'을 분석가로서의 우리의 작업에 핵심적인 기능으로 만들었다는 것은 분명한 사실입니다. 프로이트 자신도 이 점을 의식하고 있었고 그것을 온갖 방식으로 기록해두었습니다. 그런데 바로 그렇기 때문에 우리는 진리와의 모든 결탁을 벗어던지는 한에서만 우리의 작업에 성실하게 전념할 수 있지요.

우리가 조금이나마 서로 안면이 있는 데다 어쨌든 정신분석 공동체 안에서 벌어지는 일에 대해 알고 계신 분들이 적지 않으니 재미있는 이야기를 하나 들려드리겠습니다. 오늘 아침 어떤 분이 자신이 살

아온 삶, 심지어 자신의 역경에 관해 제게 이야기해주었는데, 저는 그
이야기를 들으면서 통상의 학문적인 경력에서 교수 자격을 취득해
연구 주임이나 연구 책임자, 연구소장이 되는 것 — 좋은 진로를 위
해선 이러한 것을 염두에 둬야 하겠지만 — 이 얼마나 번거로운 일인
234 지에 대해 생각해보게 되었습니다. 이는 과학적 사유의 발전이란 관
점에서 볼 때는 당연히 매우 성가신 일들 중의 하나이지요. 자, 그런
데 요컨대 주체가 오로지 진리 추구라는 의미에서 자유로운 연구 자
격을 얻기 위해 노력하고 스스로 자유롭게 활동할 수 있는 순간부터
만 자신에게 연구 자격이 있다고 생각할 수 있는 장이 하나 있는데,
분석의 장 — 혹시라도 이것이 어딘가에 존재한다면 말입니다 — 이
바로 그것입니다. 하지만 교묘한 속임수를 통해, 바로 이러한 정신분
석의 장에서 그들은 대학의 학위부여 권한과 같은 위계 질서를 최대
한 복원하려 하고 그 자격 취득을 이미 자격증이 있는 이들의 손에 맡
겨버리려 합니다. 그뿐만이 아닙니다. 그들은 누군가의 가르침을 통
해 분석의 장 속에서 자신의 길, 사유 양식, 활동 방식 자체를 발견해
놓고선 정작 분석을 시술할 수 있는 명시적인 허가나 권한은 자신이
바보 같다고 여기던 타자들로부터 얻으려 합니다. 저는 이것이 분석
이라는 장과 대학이라는 장 사이에 존재하는 차이와 동질성 그리고
애매함을 잘 보여주는 또 하나의 예라고 생각합니다. 분석가들 본인
이 무의식 문제의 일부를 이루고 있다고 말할 수 있다면 바로 여기에
그러한 주장을 뒷받침할 수 있는 아주 멋진 실례, 분석해볼 절호의 기
회가 있는 게 아닐까요?

1964년 6월 17일.

결론지어야 할 나머지

RESTE A CONCLURE

20

네 안의, 너 이상의 것을

> 나는 너를 사랑하지만,
> 불가해하게도
> 내가 사랑하는 것은 네 안에 있는
> 너 이상의 것 — 대상 *a* — 이기 때문에,
> 나는 너를 잘라낸다

사정상 이곳에서 진행해야 했던 올 일 년 동안의 강의도 이제 마 237
무리할 때가 되었습니다. 강의를 이곳에서 진행해야 했던 바로 그 사정으로 말미암아, 저의 일련의 강의는 제가 여기서 제시해야 했던 근본 개념들 중 하나인 *dustuchia*, 잘못된〔불길한〕 만남을 통해 결국 설명될 수 있는 무언가가 구현되는 자리가 되었습니다.

이 때문에 저는 아버지의-이름들에 관한 수업에 참여한 이들로 하여금 내디디게 하려던 발걸음을 중단시킬 수밖에 없었습니다. 그리고 여기서 새롭게 구성된 청중들 앞에서 제 강의가 시작된 이후로 줄곧 제기되어온 질문, 즉 "우리의 실천이 산출해내는 진리는 어떤 차원에 속하는가?"라는 질문을 다시 한 번 거론하게 되었던 겁니다.

우리의 실천에 확실성을 부여해주는 것, 저는 그것의 기초가 되는 개념을 무의식, 반복, 전이, 충동이라는 네 가지 항목 아래 제시했다고 생각합니다 — 여러분도 보셨다시피 그중 충동에 대한 시론을 전이에 대한 연구 속에 포함시킬 수밖에 없었지만 말입니다.

우리는 우리의 실천의 성과에 고유한 특징을 그것이 암묵적으로나마 진리를 겨냥할 수밖에 없다는 점에서 찾을 수 있을까요? 이 물음은 다음과 같은 비의적秘義的 진술로 바꿔 물을 수 있습니다. "우리는 어떻게 우리가 사기꾼이 아니라고 확신할 수 있을까요?"

1

분석에 대한 문제제기가 항상 각 분석가의 견해뿐 아니라 더 나아가 그들의 내밀한 삶에 의해 좌우되는 경우, 그것이 사기 — 분석가
238 가 갖가지 의식, 격식, 의례의 방벽으로 막아내려는 저 억눌리고 배제된, 모호한 현존과 같은 것 — 의 기미를 띠게 된다는 것은 지나친 말이 아닙니다.

제가 오늘 강의에서 사기라는 말을 들먹이는 이유는 그것이 분명 정신분석과 종교의 관계에, 그리고 이를 통해 정신분석과 과학의 관계에 접근하게 해줄 실마리가 되기 때문입니다.

저는 이와 관련해, 쾌락추구형 인간이기도 했던 계몽적 인간이 종교를 완전한 사기로 몰아붙였던 시기인 18세기에 역사적 가치를 지녔던 어떤 공식을 염두에 두고 있는 것인데요. 그 이후로 우리가 어떤 길을 걸어왔는지는 굳이 설명할 필요가 없을 겁니다. 오늘날 감히 누가 종교 문제를 그처럼 간단하게 제쳐놓을 수 있을까요? 오늘날 종교는 전 세계에 걸쳐 보편적으로 존경받고 있다고 할 수 있지요. 반종교 투쟁이 벌어지는 곳조차도 예외가 될 수 없습니다.

우리가 좀더 복잡한 용어로 풀이해보긴 했지만 어쨌든 이 문제는 또한 믿음의 문제입니다. 모든 믿음을 지탱하는 바탕은 우리가 실천

하는 근본적 소외, 주체의 이중적 항으로 이뤄진 소외입니다. 요컨대 믿음의 의미효과가 가장 철저하게 소멸하는 듯이 보이는 바로 그 시점에, 정확히 믿음의 현실이었던 어떤 것을 통해 주체의 존재를 출현시키는 소외이지요. 미신이 존재에 끼치는 효과를 약화시키기 위해서는 흔히들 말하듯이 그 미신을 퇴치하는 것만으로는 부족합니다.

바로 이런 사실 때문에 우리로선 16세기엔 말 그대로 불신의 위상이 어떤 것이었는지를 가늠하기가 어려운 겁니다. 아시다시피 오늘날을 살아가는 우리는 역설적이게도 이 문제와 관련해 그 어느 때보다도 더 무능합니다. 종교인들이 훌륭하게 감지했던 바처럼, 우리의 유일한 보루는 라므네[1]가 말했듯이 종교에 대한 무관심이며, 그 무관심은 정확히 과학의 위상을 가지고 있습니다.

과학이 또한 과학자, 과학적 인간의 실존 양식을 떠받칠 수 있다면, 이는 과학이 주체의 소외의 변증법을 통해 결정된 어떤 장을 생략하고 회피하고 도려내버리는 한에서입니다. 즉 과학이 제가 분리의 지점이라 규정했던 바로 그곳에 위치하는 한에서이지요. 우리는 과학자에 대해, 그가 일련의 예방을 통해 자신이 추종하는 과학의 위상 자체를 포함하는 몇 가지 문제들로부터 거리를 취하는 방식, 스타일, 관행, 담화 양식이라는 측면에서 접근해볼 수 있을 겁니다. 그것은 물론 과학적 지식의 총체에 부여될 위상에 관한 문제만큼은 아니지만 사회적 관점에서 보았을 때 가장 중요한 문제들 중 하나입니다.

과학의 총체, 그것의 범위는 그것이 주체적 관계에서 제가 대상 *a*라 불렀던 것과 등가적이라는 사실을 인정함으로써만 가늠될 수 있을 겁니다.

정신분석에서 무엇이 과학으로 환원될 수 있고 무엇이 환원될 수 없는가라는 문제에 여전히 남아 있는 모호함은 분석이 실제로 과학 239

너머에서 무엇을 함축하고 있는지를 깨달음으로써 이해될 수 있습니다 — 여기서 과학이라 함은 제가 데카르트의 출발점에서 그것의 위상을 지적하려 한, 현대적 의미에서의 과학을 말합니다. 분석이 그 형태와 역사의 측면에서 아주 빈번히 유사함이 환기되는 어떤 것, 즉 교회나 종교와 같은 부류로 떨어질 염려가 있는 것은 바로 이 때문입니다.

이 문제에 접근할 수 있는 유일한 방법은 다음과 같은 사실에서 출발하는 것입니다. 즉 인간이 세계 속에서 자신의 실존에 대해 질문을 제기하는 한 가지 방식인 종교, 게다가 스스로에게 질문을 던지는 주체가 삶을 연명하는 방식이기도 한 종교는 그것에 고유하지만 이미 망각 속에 묻힌 어떤 차원에 의해 특징지어집니다. 다시 말해, 종교라는 명칭이 어울릴 만한 모든 것에는 사실상 조작적인 것을 마련하는 데 필수적인 차원, 바로 성사聖事라 불리는 차원이 있습니다.

견진성사가 세례와 어떻게 다른지를 신자들이나 사제들에게 물어봅시다. 결국 견진성사가 성사라면, 그러니까 조작을 가하는 것이라면, 그것은 무언가에 대해 조작을 가하는 것일 테니 말입니다. 그것이 죄를 씻어주는 것이나 어떤 협약 — 물론 저라면 그것이 과연 협약인지, 어떤 다른 것은 아닌지, 무엇이 그런 차원을 거치는지 의문부호를 달겠지만 — 을 갱신하는 것이라고 한다면, 우리는 우리에게 주어질 모든 응답들 속에서 언제나 종교를 넘어서는 것을 환기시키는 조작적이고 마술적인 흔적을 간파하게 됩니다. 이러한 조작적 차원을 환기해보면, 종교 내부에는 지극히 분명한 이유 — 즉 인간의 유한성이나 인간의 이성의 무능, 단절 때문에 — 에서 망각 속에 묻힌 어떤 것이 있다는 사실을 깨달을 수밖에 없을 겁니다.

정신분석이 의식儀式 속에서 제가 마찬가지로 공허한 얼굴이라 부르게 될 어떤 것에 의해 다시금 각인되기에 이른다면, 이는 그것이 종교처럼 자신의 위상의 근원이 어디에 있는지를 망각하는 한에서입니다.

하지만 분석은 종교가 아닙니다. 분석은 과학과 동일한 위상에서 유래한 것입니다. 분석은 주체가 스스로를 욕망으로 경험[실험]하는 중심적 결여에 관여합니다. 심지어 분석은 주체와 타자의 변증법의 중심에 열린 간극 속에서 뜻밖에도 중간이라는 위상을 차지합니다. 분석 속에는 아무것도 망각할 것이 없는데, 왜냐하면 그것은 그것이 조작을 가한다고 예상되는 어떤 실체도, 심지어는 성욕의 실체조차도 인정하지 않기 때문입니다.

성욕에 대해서라면 분석은 사실 별다른 조작을 가하지 못합니다. 분석이 성적 조작에 대해 새롭게 가르쳐주는 바는 없습니다. 성애술에 관해서라면 일말의 언질도 주지 않습니다. 그런 면에서는 이미 아랍, 인도, 중국, 심지어 경우에 따라서는 유럽 등의 전통의 밑바닥에서부터 전수되어 이미 수많은 쇄를 거듭해온 극소수의 책들 속에 오히려 훨씬 더 많은 것들이 들어 있습니다. 정신분석이 성욕을 건드리는 것은 오직 그 성욕이 시니피앙의 행렬 — 소외와 분리라는 이중적
계기를 통해 주체의 변증법이 구성되는 곳으로서의 시니피앙의 행렬 240
— 속에서 충동의 형태로 모습을 드러내는 한에서입니다. 분석은 성욕의 장과 관련해 사람들이 약속된 것이라 착각하며 기대했을 법한 것들을 지키지 않습니다. 분석이 그것을 지키지 않는 것은 지킬 필요가 없기 때문이지요. 그것은 분석의 영역이 아니니까 말입니다.

반면 분석 자체의 영역을 놓고 볼 때 분석은 엄청난 혼동과 혼란에 빠질 수 있다는 특징이 있습니다. 그렇기 때문에 단언하건대 조금만 물러나서 봐도 정신분석 문헌 전체는 이른바 문학적 괴설fous littérature이라는 항목 속에 끼워넣을 수 있게 되는 겁니다.

분석가가 자신이 제시한 자료조차 정확히 해석하지 못하고 얼마나 헤맬 수 있는지를 알게 된다면 분명 놀라지 않을 수 없을 겁니다. 저는 최근 『기초신경증』[2]이라는 책 — 물론 이 책은 수많은 관찰 결과들을, 그것도 당연히 경험을 통해 만날 수 있는 관찰 결과들을 능수능란하게 수집하고 조합해냈다는 점에서 꽤 괜찮은 저서이긴 하지만 말입니다 — 을 읽으면서도 그렇게 놀란 적이 있습니다. 버글러는 젖가슴의 기능에 대해 정확히 보고했음에도 여성에 대한 남성의 우월성, 남성에 대한 여성의 우월성 등과 같은 당대의 쓸데없는 논쟁에 빠져 그것의 핵심을 전혀 파악하지 못했습니다. 우월성 운운하는 그런 문제들은 몹시 격렬한 사안이라 할 만한 것을 제기함에도 불구하고 문제의 핵심과 관련해서는 별다른 소득이 없는 주제입니다.

오늘 제가 강조해야 할 것은 정신분석 운동 속에서, 제가 구별해낸 대상 *a*의 기능에 의거해야 할 어떤 사항입니다. 제가 여기서 버글러의 책을 언급한 데는 나름대로 이유가 없지 않습니다. 그 책은 그 자체로는 흥미로웠으나 부분 대상 본연의 기능을, 가령 저자가 빈번히 언급한 젖가슴이 무엇을 의미하는지를 충분히 자리매김하지 못함으로써 결국 길을 헤매다가 부질없는 결과만 낳은 꼴이 되었지요.

2

우리에게 대상 *a*는 경험 자체 속에서, 전이에 의해 지탱되는 과정과 추이 속에서 특별한 위상을 가진 것으로 부각되는 대상입니다.

사람들은 무슨 뜻인지도 모르면서 이른바 전이의 '청산liquidation'이란 말을 끊임없이 입에 올립니다. 청산이란 과연 무슨 뜻일까요?

이는 어떤 식의 정산법에 따른 것일까요? 증류기에서 일어나는 그 뭔지 모를 작용을 말하는 것일까요? "어딘가에서 비워내고 흘려버려야 한다"는 의미일까요? 만일 전이가 무의식의 현행화라 한다면, 전이는 무의식을 청산하는 것일 수 있다는 말일까요? 분석을 마치게 되면 우리에게는 더이상 무의식이 없다는 것일까요? 혹은 제 용어를 사용한다면, 청산되어야 하는 것은 바로 알고 있다고 가정된 주체일까요?

이 알고 있다고 가정된 주체, 여러분에 대해 무언가를 알고 있다고 가정되지만 사실 아무것도 알지 못하는 주체가 분석이 종결될 무렵 여러분에 대해 조금이나마 알기 시작할 때 청산된다고 간주되는 것은 어쨌든 참으로 특이한 일이지요. 따라서 알고 있다고 가정된 주 241
체가 증발되리라 가정되는 것은 그가 최고의 일관성을 얻는 듯이 보일 때입니다. 이때 청산이라는 단어에 의미가 있다면, 이는 오로지 무의식을 닫아버리는 방향으로 전이를 작동하게 만드는 속임수를 영원히 청산한다는 의미일 뿐입니다. 그러한 속임수의 메커니즘에 관해 저는 그것을 주체가 자신을 사랑받을 만한 대상으로 만드는 나르시시즘적 관계와 연관시켜 설명한 바 있습니다. 자신을 사랑해줄 것 같은 이를 참조하면서 주체는 타자로 하여금 자신〔주체〕이 사랑스러운 존재임을 자신〔주체〕에게 확신시키게끔 그 타자를 신기루의 관계 속으로 유인합니다.

프로이트는 그것이 동일시라 불리는 기능으로 자연스럽게 귀결됨을 지적합니다. 프로이트가 절묘하게 기술한 바 있듯이 — 지난 시간에 이미 언급한 『집단 심리학과 자아 분석』에서 「동일시」와 「사랑에 빠진 상태와 최면」, 이 두 개의 장을 읽어보시기 바랍니다 — 이때의 동일시는 거울상적인 직접적〔무매개적〕 동일시가 아닙니다. 전자는 후자의 버팀목입니다. 그것은 주체가 타자의 장 속에서 선택한 조망의 지점, 즉 그곳에서 보면 거울상적인 동일시가 만족스럽게 보일 수 있는 지점을 지탱해줍니다. 자아이상의 지점은 흔히들 말하듯이 주체가 '타자에 의해 보여지는' 것처럼 자신을 보게 되는 지점입니다. 이는 주체로 하여금 사랑이라는 관점에서 볼 때 그에게 만족감을 주는 어떤 이자적二者的 상황 속에서 스스로를 지탱할 수 있게 해줍니다.

사랑이 거울에 비친 신기루인 한에서 사랑의 본질은 속임수입니다. 사랑은 이상적 지점에 근거한 조망의 지점을 도입하는 데 필요한 단 하나의 시니피앙, 타자 속 어딘가에 위치한 그 대문자 I를 통해, 쾌락의 준거라는 수준에 설정된 장 속에 위치합니다. 대문자 I는 내가 〔타자에 의해〕 그렇게 보였으면 하고 바라는 대로 타자가 나를 바라보는 지점이지요.

그런데 정신분석이 전이에 담긴 속임수의 측면에 이끌려 이런 방향으로 수렴해가는 과정 자체 속에서 역설적인 일이 일어납니다. 바로 주체가 분석가를 발견하게 된다는 것인데요. 분석가의 발견은 또 다른 차원, 즉 우리가 소외의 관계를 위치시켰던 차원에서만 이해될 수 있습니다.

우리가 대상 *a*라 부르는 역설적이고 독특하며 특정화된 대상을 여기서 다시 거론하면 중언부언이 될지도 모르겠습니다. 하지만 저는 피분석자가 결국 자신의 파트너인 분석가에게 다음과 같이 말한다는 것을 강조함으로써 그러한 대상을 좀더 압축적인 방식으로 제시해보겠습니다. "나는 너를 사랑한다. 그러나 불가해하게도 내가 네 안에서 사랑하는 것은 너 이상의 것, 대상 *a*이기 때문에 나는 너를 잘라낸다."

그것이 바로 유방 콤플렉스, 젖가슴 콤플렉스, *mammalcomplex*

가 뜻하는 바입니다. 버글러는 이것과 구강 충동 간의 관련을 제대로 포착했지만, 문제의 구강성이 영양물과는 아무런 관련이 없으며 그것의 모든 강조점이 바로 그 절단mutilation이라는 효과에 있다는 점까지는 간파하지 못했습니다.

환자는 다시 이렇게 말합니다. "너에게 나를 준다. 하지만 나라는 증여물은 왜 그런지 알 수 없지만 참 신기하게도 똥 — 똥이라는 낱말도 젖가슴만큼이나 우리의 경험에선 중요한 용어이지요 — 이라는 선물로 바뀌어버린다."

이러한 변질이 해석에 의한 해명의 결과로서 획득된다면, 우리는 소급적으로 가령 재능이 있지만 정신병자의 경계선에 걸려 있는 한 242
인물이 가지고 있던 흰 종이에 대한 현기증을 이해하게 됩니다. 이 흰 종이는 그에게 타자로의 접근을 완전히 차단하는 가장 큰 증상적인 장벽이었는데요. 이루 말할 수 없이 마구 쏟아내던 지적 활동도 흰 종이만 보면 멈춰버렸고 그 흰 종이에 말 그대로 손도 댈 수 없었던 것은 그가 그것을 화장실 휴지로밖에 볼 수 없었기 때문입니다.

언제 어디서나 재발견될 수 있는 대상 *a*의 현존, 그것이 전이의 운동 속에서 미치는 영향에 대해 어떻게 말할 수 있을까요? 오늘은 시간이 넉넉하지 않지만 이를 구체적으로 그려보기 위해 어떤 짧은 이야기를, 우화를 다시 한 번 떠올려볼까 합니다. 언젠가 좀더 긴밀한 자리에서 몇몇 수강생들에게 한 적이 있는 이야기로, 첫 부분은 어느 정도 제가 지어낸 것이라 할 수 있지요. 이미 들으신 분들에게 반복하는 것을 사과하는 뜻에서, 이어지는 부분이 새로운 내용이 되도록 결말을 제시해보겠습니다.

주체가 분석가에게, 다시 말해 알고 있다고 가정되지만 분명 아직 아무것도 모르고 있는 〔분석가라는〕 주체에게 말을 걸기 시작하면 어떤 일이 벌어질까요? 우선 필연적으로 요구demande라는 형태를 띠게 될 무언가가 분석가에게 제공될 겁니다. 바로 이 때문에 분석에 대한 개념 전체가 좌절의 기능을 인정하는 쪽으로 기울어졌다는 것을 모르는 사람이 있을까요? 하지만 주체가 요구하는 것은 무엇일까요? 거기에 바로 문제의 핵심이 있습니다. 왜냐하면 주체는 자기의 식욕이야 어떻든, 자기의 욕구야 어떻든, 고작해야 메뉴를 고르는 만족 외엔 아무 만족도 얻지 못하리라는 것을 너무나 잘 알고 있기 때문입니다.

어렸을 적에 저는 고깃집 앞에서 고기 굽는 냄새를 맡는 한 불쌍한 거지의 삽화를 에피날화[3]에서 본 적이 있습니다. 이 경우 고기 굽는 냄새는 메뉴, 다시 말해 시니피앙입니다. 우리는 말로밖에 설명할 수 없기 때문입니다. 자, 상황이 좀더 복잡해져 — 여기서부터가 제가 만든 우화입니다 — 메뉴가 한자로 적혀 있다고 칩시다. 그러면 우리는 우선 여주인에게 번역을 부탁하겠지요. 그녀는 '왕만두' 니 '춘권' 이니 하는 식으로 번역을 해줄 겁니다. 만일 중화요리집에 처음 간 것이라면 번역도 소용이 없을 테니 결국 여러분은 여주인에게 이렇게 요구할 겁니다. "추천 좀 해주세요." 이는 다음과 같은 뜻입니다. "내가 이 중에서 뭘 욕망해야 하죠? 그걸 알고 있는 것은 바로 당신이잖아요."

하지만 그처럼 역설적인 상황이 과연 거기서 끝난다고 할 수 있을까요? 소위 말하는 여주인 — 보셨다시피 그녀의 중요성이 점점 더 커져만 가고 있는데요 — 의 점지력에 여러분이 의지하는 순간, 혹시 마음이 동한다면, 그리고 상황이 받쳐준다면, 그녀의 젖가슴을 살짝 보듬어보는 게 좀더 자연스럽지 않을까요? 중화요리집에 간 것은 단순히 끼니를 때우기 위해서가 아니라 오히려 이국적인 분위기 속에서 식사를 하기 위해서입니다. 제 우화에 어떤 의의가 있다면, 이는 먹고자 하는 욕망이 영양 섭취와는 다른 의미를 지니고 있는 한에서 입니다. 여기서 먹고자 하는 욕망은 정신에 의해 거부될 수 있는 단 하나의 차원인 성적 차원을 나타내는 상징이자 지탱물입니다. 충동 243
이 부분 대상과의 관계하에 바로 그 기저에 자리 잡고 있는 것이지요.

이 짧은 우화가 아무리 역설적이고 심지어는 경망스러워 보일지라도 정확히 바로 이것이 분석의 현실에서 관건이 되는 것입니다. 분석가는 티레시아스의 역할을 맡는 것으로 충분하지 않습니다. 아폴리네르가 말했듯이, 그는 유방을 갖고 있어야 합니다.[4] 제가 말씀드리고 싶은 것은 전이의 작용과 조작은 다음 두 지점 사이의 거리를 유지하게끔 진행되어야 한다는 것입니다. 즉 주체가 자신을 사랑받을 만한 존재로 바라보는 지점과 주체가 자신을 *a*에 의해 초래된 결여로서 바라보는 지점, 그러면서 주체의 시원적 분열로써 구성된 간극을 *a*가 틀어막고 있는 지점 사이의 거리를 유지시켜야 합니다.

대상 *a*는 절대로 이 간극을 넘어서지 않습니다. 대상 *a*의 고유한 기능을 포착하는 데 있어 가장 특징적인 항이라 할 응시를 생각해봅시다. 이 대상 *a*는 욕망이 가진 나르시시즘적 기능의 신기루 같은 장 속에서 이를테면 시니피앙의 목구멍에 걸려 삼켜지지 않는 대상 같은 것으로 나타납니다. 주체는 바로 이 결여의 지점 속에서 자신을 알아보아야[인정해야] 합니다.

전이 기능이 위상학적으로 제가 '동일시'에 대한 세미나에서 이미 고안한 바 있는 형태, 다시 말해 제가 당시 '안으로 접힌 8'이라 불렀던 형태로 그려질 수 있는 것은 바로 이런 이유에서입니다. 칠판에 그려진 것처럼 이는 두 겹의 곡선이 안으로 말려 있는 형태로, 그 곡선의 반쪽 하나하나가 연달아 이어지면서 바로 앞의 반쪽의 각 지점과 맞붙게 된다는 데 그 고유의 속성이 있습니다. 간단히 말해 그 곡선의 어떤 반쪽이 펼쳐진다고 가정해보면, 그 부분이 나머지 반쪽과 겹쳐진다는 것을 알 수 있지요.

이것이 다가 아닙니다. 여기서 문제는 바로 절단에 의해 만들어지는 어떤 평면이므로, 종이 한 장을 들고 몇 군데를 붙여보면 제가 말씀드리는 내용이 어떤 식으로 구상될 수 있는지를 충분히 이해하실 수 있을 겁니다. 이 표면에 의해 만들어진 한쪽 면이 돌아오는 지점에서 결국 다른 쪽 면과 다시 겹쳐지면서, 그 두 개가 가두리 형태를 통해 이어지리라는 것을 아주 쉽게 상상할 수 있습니다. 이는 지극히 평범한 공간 속에서도 타당성을 갖는다는 것을 주목하시기 바랍니다 — 다만 여기서는 하나의 표면이라는 기능에 국한된 위상학적 현실만을 다루고 있으므로, 이러한 형태의 의미를 파악하기 위해서라면 삼차원적 공간은 생각하지 않는 편이 좋습니다. 이렇게 해서 여러분은 평면의 한 부분이 그 가두리를 통해 되돌아와 다른 부분에 겹쳐지는 순간, 거기서 일종의 교차점〔교집합〕이 형성된다는 사실을 삼차원 속에서 쉽게 상상할 수 있을 겁니다.

이 교차점〔교집합〕은 우리의 공간 밖에서 의미를 갖습니다. 그것은 삼차원에 준하지 않고도 표면이 제 자신과 맺는 일정한 관계를 통해 구조적으로 정의될 수 있는 것이지요. 이는 물론 그 표면이 자신에게 되돌아오면서 분명 결정 가능한 어느 한 지점에서 자신을 횡단하는 한에서 그렇습니다. 자, 바로 이 횡단의 선이 우리에게 동일시의 기능을 나타낼 수 있습니다.

실제로 주체로 하여금 분석 중에 자신에 관해 이야기하면서 전이 저항, 가령 공격의 속임수나 사랑의 속임수 쪽으로 빠지도록 유도하면, 결국 그런 작업 자체를 통해, 중앙으로 말려 들어가는 나선형의 형태 자체 속에서 폐쇄의 값을 갖는 무언가가 나타납니다. 제가 여기

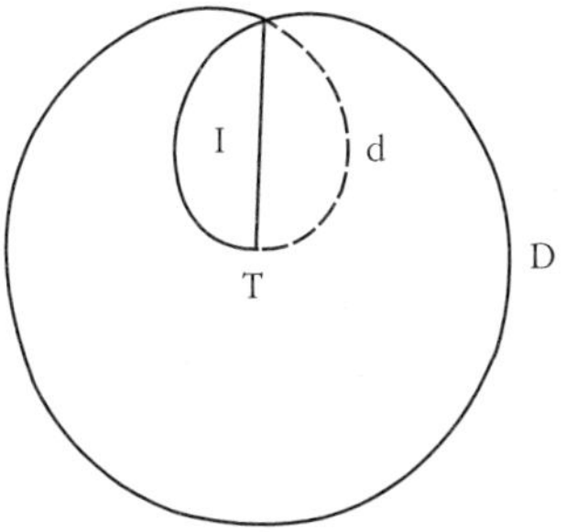

D: 요구의 선
I : '동일시' 의 교차선
T: 전이의 지점
d: 욕망

244

서 가두리로 그린 부분은, 주체가 말을 통해 자신을 실현하면서 알고 있다고 가정된 주체 앞에 자리 잡게 되는 지점을 기점으로, 타자의 장소로 구성된 면으로 되돌아갑니다. 분석을 개념화하면서 분석의 종결점을 분석가와의 동일시로 규정하려는 모든 발상 — 당연히 세상물정 모르는 순진한 발상이 아닐 수 없지요 — 은 이로써 전적으로 한계를 드러내고 말지요. 분석의 종결을 분석가와의 동일시로 교리화한다면, 그런 분석은 진정한 원동력을 잃었다는 것을 곧바로 드러낼 겁니다. 이러한 동일시 너머에는 무언가가 있습니다. 그 너머는, 동일시에서 이상화를 행하는 대문자 I와 대상 *a* 간의 거리와 관계에 의해 규정되지요.

이런 식의 주장이 실천의 구조 속에서 함축하는 바를 자세히 다룰 수는 없습니다. 여기서는 프로이트의 논문 중 방금 전에 언급한 바 있는 「사랑에 빠진 상태와 최면」이란 장을 참조해볼까 합니다. 그 장에서 프로이트는 자신이 *Verliebtheit*라 규정한 가장 극단적인 형태들을 포함해 사랑에 빠진 상태를 최면과 훌륭하게 구분해냅니다. 그 텍스트를 제대로 읽을 줄 안다면 우리는 프로이트가 그 이외의 저술 곳곳에서 다뤘던 어떤 주제에 관한 가장 확실한 이론적 준거를 그곳에서 발견할 수 있을 겁니다.

나르시시즘적인 것으로 규정된 대상인 *i*(*a*)와 *a*의 기능 사이에는 본질적인 차이가 있습니다. 따라서 프로이트가 최면에 관해 제시한 도식을 보아도 우리는 그것이 또한 그 논문이 쓰인 시기에 실제로 만연해 있던 집단적인 현혹을 나타내는 공식이라는 것을 간파할 수 있습니다. 그는 정확히 제가 칠판에 그린 바로 이 도식을 그려 보였습니다.

프로이트는 이 도식에 본인이 대상이라 말한 것 — 여러분은 거기서 제가 *a*라고 명명한 것을 알아보아야 합니다 — , 자아, 자아이상 등을 표기했습니다. 포물선은 *a*와 자아이상의 접합을 표시하기 위한 것이지요. 이러한 포물선을 통해 프로이트는 동일한 자리에서 대상 *a* 자체와 자아이상이라 불리는 시니피앙적 표지를 중첩시키면서 최면의 위상을 규정하게 됩니다.

245

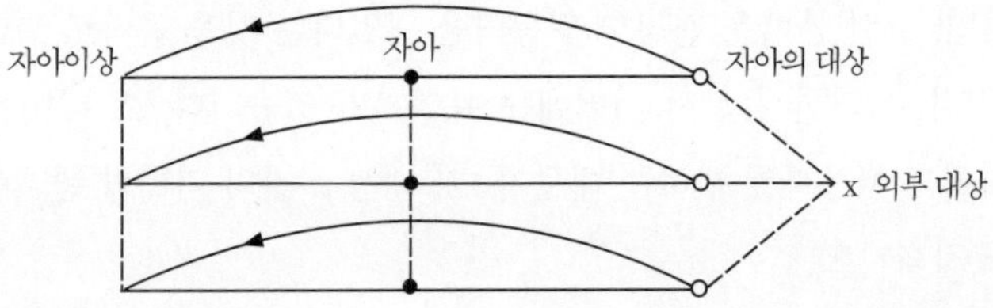

프로이트의 도식

저는 여러분에게 대상 *a*가 응시와 동일한 것이 될 수 있다고 말함으로써, 이 도식을 이해하는 데 필요한 요소들을 제공했습니다. 프로이트는 최면에서의 대상을, 물론 포착하기 힘들지만 논란의 여지없이 분명히 존재하고 있는 한 가지 요소, 즉 최면 시술자의 응시라고 공식화하면서 최면의 매듭〔핵심〕을 정확히 지적했습니다. 제가 응시의 기능에 대해, 그리고 그것이 얼룩과 맺고 있는 근본적 관계에 대해 설명했던 것을 기억해보시기 바랍니다. 세상 속에는 우리가 보기 이전에 이미 〔우리를〕 응시하고 있는 무언가가 있다는 겁니다. 의태 기능을 가진 눈알 모양의 반점은 주체가 보고 매혹되기 위한 전제조건으로서 꼭 필요한 것입니다. 얼룩에 의한 매혹이 그 얼룩을 발견하는 시선보다 선행한다는 것이지요. 이와 더불어 여러분은 최면에 있어 응시가 어떤 기능을 하는지를 이해하시게 될 겁니다. 물론 조금이라도 빛을 발하는 어떤 것, 가령 크리스털 마개 같은 것으로도 충분히 그 기능을 수행할 수 있습니다.

주체가 자신의 준거로 삼는 이상적 시니피앙과 대상 *a*를 어떤 한 지점에서 혼동하는 것으로 최면을 정의하는 것, 이는 최면과 관련해 지금까지 개진된 것 중 가장 확실한 구조적 정의입니다.

그런데 정신분석이 바로 이 최면과의 구분을 통해 정립된다는 것은 만인이 다 아는 사실 아닌가요? 분석 작업의 근본적인 원동력은 바로 I와 *a* 사이의 거리를 유지하는 것에 있으니 말입니다.

여러분에게 지표가 될 만한 공식을 제시하자면 이렇습니다. 만일 전이가 요구를 충동으로부터 떨어뜨려 놓는다면, 분석가의 욕망은 요구를 다시 충동으로 데려온다는 겁니다. 이러한 길을 따라 분석가는 *a*를 분리해내고, 자신이 구현하도록 주체에게 요구받은 I로부터 그 *a*를 최대한 떨어뜨립니다. 분석가의 욕망이 역방향의 최면 속에서 분석가 자신을 최면에 빠뜨릴 수 있는 한, *a*라는 분리자의 지지대가 되기 위해 분석가는 바로 그러한 이상화를 떨쳐내야만 합니다.

이렇게 동일시라는 국면을 뛰어넘는 것은 가능한 일입니다. 교육분석 속에서 분석 경험을 저와 함께 끝까지 체험한 사람들은 다들 제 말이 사실임을 알고 있습니다.

포물선이 다시 닫히게 되는 것은 분석의 출구와 관련해 한 번도 언급된 적이 없는 곳, 바로 *a*의 기능 저 너머에서입니다. 다시 말해 주체가 *a*와의 관계 속에서 자신을 자리매김한 후 근본적 환상fantasme
246 fondamental의 경험은 충동이 됩니다. 주체는 충동과의 이 근원적인 불투명한 관계에 대한 체험을 통과한 다음 무엇이 될까요? 근간의radical 환상을 횡단한 주체는 충동에 대해 어떤 체험을 할 수 있을까요? 이는 분석 저편의 일로서, 지금껏 한 번도 다뤄지지 않은 것입니다. 분석가에게 분석 경험의 주기를 완전히 횡단하는 것이 요구된다고 가정되는 만큼, 이는 아직까지는 분석가의 수준에서만 다뤄질 수 있을 뿐입니다.

하나의 정신분석, 오로지 교육 분석만이 있을 뿐입니다. 교육 분석이란 원환을 끝까지 완주한 분석을 말합니다. 원환은 몇 차례고 답파되어야 합니다. 무엇 때문에 이 원환을 몇 차례나 답파해야 하는지를 생각해보는 것 말고는 *durcharbeiten*[5]이라는 용어를, 그 작업[6]의 불가피성을 설명할 길이 없습니다. 저는 여기서는 이 문제를 다루지 않을 겁니다. 그것이 새로운 난점들을 야기할 뿐만 아니라, 이 자리가 정신분석의 토대만을 다루는 만큼 모든 것을 다룰 수는 없기 때문입니다.

분석 경험뿐 아니라 텍스트를 읽는 데 길잡이로 제가 제시한 도식을 통해 여러분은 전이가 요구를 동일시로 귀착시키는 방향으로 작용한다는 사실을 확인하실 수 있을 겁니다. 경험 속에서 주체의 분리를 매개로 동일시의 국면을 뛰어넘는 것이 가능해지는 것은 바로 분석가의 욕망이 어떤 〔미지의〕 *x*로 남아 동일시와 정반대의 방향으로 작용하는 한에서입니다. 이렇게 해서 주체의 경험은 무의식의 현실을 통해 충동이 현전화될 수 있는 국면으로 향하게 되는 것이지요.

3

저는 3세기 전부터 과학을 통해 정의되어온 것을 대상 *a*의 위상으로 규정된 주체적 위상의 수준에서 자리매김해보는 것이 어떤 이점이 있는지를 이미 지적한 바 있습니다.

오늘날 '매스미디어'라는 아주 그럴듯한 이름하에 폭발적으로 출현하고 있는 양상들, 우리의 장 속으로 점점 더 깊숙이 침입해 들어오고 있는 과학에 대한 우리의 태도 자체, 아마도 이 모든 것은 모두 제가 네 가지 기본 항목 속에 포함시킨 두 가지 대상을 참조함으로써 해명될 수 있을 겁니다. 두 가지 대상이란 하나는 목소리, 우리가 사용하는 장치들을 통해 온통 지구를 뒤덮고 성층권을 형성하고 있다고까지 할 수 있는 목소리이고, 다른 하나는 목소리 못지않게 시사하는 바가 큰 침투성을 가지고 있는 응시입니다. 이는〔그것이 눈이 아니라 응시인 것은〕 응시가 수많은 스펙터클이나 환상들에 의해 부추겨지는 반면 눈은 그 정도까지는 아니기 때문이지요. 하지만 이러한 양상들에 대해서는 그만 이야기를 접고 정말로 본질적이라 생각되는 다른 것을 강조하도록 하겠습니다.

우리가 겪어온 역사에 대한 비판 속에는 뭔가 깊숙이 감춰진 것이 있습니다. 그것은 다 지난 일이라 간주되고 있는 가장 끔찍한 형태들의 홀로코스트를 다시 출현시킨 것, 바로 나치즘의 드라마입니다.

저는 그런 〔홀로코스트〕 현상이 재출현한다는 점은 헤겔-마르크스주의적 전제에 근거한 역사적인 의미로는 절대로 설명될 수 없다고 생각합니다. 그런 현상의 재출현을 통해 분명히 알 수 있는 점은 어떤 끔찍한 것에 홀리기라도 한 듯 그들에게 제물을 바치고 싶은 유 247
혹을 뿌리칠 수 있는 주체는 거의 없다는 것입니다.

응시에 대한 무지, 무관심, 외면 등을 보면, 어떠한 베일이 이러한 미스터리를 계속 가리고 있는지를 이해할 수 있지요. 하지만 이러한 현상을 용감하게 직시할 수 있는 이에게 — 다시 한 번 강조하건대, 희생 그 자체의 매혹에 압도되지 않을 사람은 거의 없지요 — 희생이란 우리가 우리의 욕망의 대상을 통해 제가 '어둠의 신Dieu obscur' 이라 일컬은 타자의 욕망의 현존에 대한 증거를 찾으려는 노력을 뜻합니다.

이것이 희생에 담긴 영원한 의미입니다. 아마도 단 한 사람, 바로 스피노자만이 *Amor intellectualis Dei*(신을 향한 지적인 사랑)를 통해 그럴듯하게 공표할 수 있었던 믿음, 지키기가 매우 힘든 믿음으로 고취되지 않는다면, 어느 누구도 그러한 희생을 거역할 수 없습니다.

부당하게도 사람들이 스피노자의 사상을 범신론이라 규정할 수 있다고 믿었던 것은 다름 아니라 그가 신의 장을 시니피앙의 보편성으로 환원시켰기 때문입니다. 스피노자가 인간의 욕망에 대해 이례적으로 보여준 평온한 초연함은 바로 거기서 생겨난 것입니다. 스피노자는 "욕망은 인간의 본질이다"라고 말하고 이 욕망을 신적 속성들의 보편성에 철저하게 종속시켰는데 이러한 보편성은 시니피앙의 기능을 통해서만 생각할 수 있는 것입니다. 바로 이런 점에서 그는 철학자로서 어떤 초월적인 사랑 속으로 합류할 수 있는 독특한 입장 — 이 입장을 구현한 자가 유대 전통에서 떨어져나온 한 명의 유대인이라는 사실은 그냥 넘겨버릴 일이 아닙니다 — 을 취하게 됩니다.

우리에게 이러한 입장은 감당할 만한 것이 아니며, 경험은 칸트가 좀더 진실하다는 것을 보여줍니다. 제가 이미 증명한 바 있듯이, 그가 실천이성에 대해 쓴 것과 같은 양심 이론은 도덕법칙에 대한 어떤 규정을 통해서만 지탱되는데, 그 규정을 면밀히 검토해보면 도덕법칙은 순수 상태의 욕망에 다름 아님을 알 수 있습니다. 순수 상태의 욕망이란 사랑의 대상을 그것에 담긴 인간적인 애정과 더불어 완전히 희생시켜버리는 것으로 귀착되는 욕망이지요. 이는 정념의 대상에 대한 폐기일 뿐 아니라 그 대상의 희생이자 살해라고 할 수 있습니다. 바로 이러한 이유에서 저는 「사드와 함께 칸트를」을 썼던 것이지요.

이는 정신분석이 우리로 하여금 전통 윤리학의 무수한 시도들, 심지어 가장 고귀한 시도들에 눈뜰 수 있게 해준다는 것을 보여주는 좋은 본보기입니다.

이는 우리에게 극한의 입장이지만, 바로 그것을 통해 우리는 인간은 우선 자신이 욕망하는 존재로서 묶여 있는 한계를 답파한 이후에만 비로소 재발견된 인식connaissance에 해당될 듯한 어떤 장 속에서 자신의 상황을 그려낼 수 있다는 사실을 깨닫게 됩니다. 혹자들의 눈에는 우리가 사랑을 깎아내린 것처럼 보일 테지만, 사랑은 무엇보다 사랑의 대상이 포기되는 저편에만 자리 잡을 수 있습니다. 바로 이 점을 통해 우리는 또한 이성異性 간에 견딜 만한 완화된 관계가 자리 잡을 수 있는 은신처에는 부성적 은유라는 매개물의 개입이 반드시 필요하다는 것을 이해할 수 있습니다. 그것이 바로 정신분석의 가르침이지요.

분석가의 욕망은 어떤 순수한 욕망이 아닙니다. 분석가의 욕망은 248
절대적 차이, 주체가 최초의 시니피앙에 직면해 처음으로 그것에 복종하는 위치에 오게 될 때 개입하는 그 절대적 차이를 획득하고자 하는 욕망이지요. 오직 거기서만 한계 없는 어떤 사랑의 의미효과가 나타날 수 있습니다. 왜냐하면 그것은 법의 한계들을 넘어서 있기 때문이지요. 사랑이 살 수 있는 곳은 그곳뿐입니다.

1964년 6월 24일.

편자의 말

여기서 우리가 원한 것은 우리 자신을 최대한 낮춰 자크 라캉의 249
구술 저술로부터 존재하지 않는 원본에 앞으로 버금갈 만한, 그리고 신뢰할 수 있는 정본定本이 될 만한 필사본을 정립하는 것이다.

사실 속기사가 제공한 판본은 오해들로 가득 차 있고 제스처나 억양을 전혀 보완하지 못했기 때문에 그런 원본으로 간주될 수 없다. 그럼에도 불구하고 이는 없으면 어찌할 수 없는*sine qua non* 판본이며, 우리는 그것의 단어 하나하나를 저울질했고 바로잡았다. 물론 폐기된 분량은 3쪽을 넘지 않았다.

가장 까다로운 것은 구두법을 만드는 일이었다. 왜냐하면 쉼표, 마침표, 이음표, 단락 등 어떤 절분도 의미를 결정하기 때문이다. 하지만 이는 가독성 있는 텍스트를 얻기 위해 치러야 할 대가였다. 나는 동일한 원칙에 따라 모든 해의 세미나 텍스트를 정립할 것이다.

J. A. M.

후기

이렇게 해서, 장담하건대 이 책[bouquin]은 읽히게 될 것이다. 251

서적[livre] 형태로 팔리고 있는 나의 『에크리』[1] 같지는 않을 것이다. 사람들이 말하기를 『에크리』는 읽히지 않기 위한 것이니까.

『에크리』가 어려운 것을 우연으로 여겨서는 안 된다. 선집의 겉표지에 '에크리'라고 적으면서 스스로 다짐한 바는 나에게 쓰인 것이란 읽히지 않기 위한 것이라는 점이다.

왜냐하면 그것은 다른 것을 말하기 때문이다.

무엇을 말한단 말인가? 이것이 현재 나의 말하기[dire]가 도달한 지점이기 때문에 나는 여기서 그것을 내 용법에 따라 밝혀두려 한다.

따라서 적어도 내가 후기를 쓰고 있는 이상 여러분이 이제 막 읽었으리라고 가정되는 것, 그것은 쓰인 것이 아니다.

필사본. 나는 J. A. M., 즉 밀레라는 성을 가진 자크-알랭의 겸손 덕분에 이 필사본이란 단어를 발견했다. 그것은 글쓰기를 통과하면서도 원래의 상태로 남아 읽히는 것이다.

읽히는 것, 나는 바로 그것에 대해 말하고 있다. 왜냐하면 내가 말하는 것은 무의식, 무엇보다 읽히는 것이라고 할 수 있는 그 무의식에 헌정된 것이기 때문이다.

내가 고집을 피워야 할까? 당연하다. 왜냐하면 나는 지금 쓰고 있지 않기 때문이다. 내가 쓰고 있다면 나는 후기를 쓰고*postfacer* 있는 것이 아니라 나의 세미나를 나중에-지우고 있는*posteffacer*[2] 것이리라.

나는 고집을 피울 것이다. 그것이 읽히려면 그렇게 해야 하니까.

하지만 내가 말한 것에서 읽히는 것은 내가 그것을 말하고 있다는 사실을 통해서도 이에 못지않게 읽히는데, 이 점을 내가 확신하게 된 것도 마찬가지로 이 작업의 저자 덕분이다 — 그는 이 점을 그의 작업이 진행되는 내내 나에게 입증해 보여주었다. 강조점은 '말한다*dire*'에 놓여야 한다. '나'는 여전히 흘러갈 수 있기 때문이다.

요컨대 사람들이 나를 다시 읽을 수 있으리라는 나의 믿음이 분석
252 적 담화를 일관성 있게 만드는 데 유익할지도 모른다. 내가 고등사범학교에 입성한 시기에 그것을 맞춘 것은 내 고독의 끝을 기록해두는 것일 뿐이다.

내가 여기에 오기까지 허비한 시간을 생각하면, 나 자신이 쓰레기-출판[3]이라 규정했던 결과물을 내가 좋아하지 않으리라는 것에는 의심의 여지가 없을 것이다. 하지만 내가 말하는 것을 대학식 문체로 바꿔서까지 출판-망각[4]하려 한다면 당연히 우리는 그 둘이 서로 양립할 수 없다는 것을 지적해둬야 할 것이다.

쓰인 것을 내가 한 것처럼 [읽히지 않는 것으로] 상정하는 것, 우리는 우리가 그것을 궁극적으로 이론의 여지가 없는 우리 자신의 원칙으로 삼게 되리라는 것을 언급해야 할 것이다. 그러한 원칙이 나와 일말의 관련이 있을 수도 있겠지만, 그럼에도 나의 발견 이전에 그것이 확립되었다는 것에는 변함이 없다. 결국 읽히지 않기 위한 글쓰기를 도입한 이는 바로 조이스James Joyce이니 말이다. '도입한introduit' 이라는 표현보다는 '옮길 수 없게 도입한intraduit' [5]이 더 나을 것 같다. 단어를 각국의 언어를 초월한 어음으로 만들면, 그것은 어디서나 똑같이 거의 읽을 수 없을 것이며 그래서 거의 번역되지 않을 테니 말이다.

그럼에도 내가 누구를 상대로 말을 하는지를 생각한다면, 나는 탈모성화dématernalisation를 위해 무언가를 터득하는 곳이라는 의미에서 모성적이라고 일컬어지는 학교[6]에서 그들 자신이 배웠다고 믿는 것을 그들의 머리에서 지워버려야 한다. 즉 '문자를 익히면서-바보가 되면서' [7] 읽는 법을 배웠다는 믿음을 지워버려야 한다. 마치 그림을 보고 그것이 기린girafe인지 긴꼬리원숭이guenon인지를 읽을 줄 아는 아이가 그 두 단어에 쓰인 철자 G가 서로 다르게 읽히는 이상[8] 그 철자가 읽히는 것과는 아무런 관련이 없다는 사실만 배운 것이 아니라는 듯이 말이다.

'비정서법anorthographie' 에서 어떤 일이 일어나는지는 쓰인 것의 기능을 언어 활동 속에서 말을 하는 또 하나의 방식으로 간주할 때만 판단될 수 있다. 그것은 서투르게 서서히 터득되는 것이지만 사태를 파악하고 나면 훨씬 더 빠른 속도로 이뤄질 것이다.

해석해야 할 의무가 있을 때, 읽히는 것이 적합하게 들린다면 그

것으로도 이미 충분히 좋은 일이리라. 그것이 말하는 바가 읽히지 않는 말이라는 점에 대해, 분석가는 그럼에도 '아!' 하는 탄식과 함께[9] *더이상 서 있을 수조차 없을 때까지 열심히 귀를 기울이다가 그 순간을 넘기면 경기*驚起*를 일으킨다.*

의도, 도전, 발뺌을 하고, 도전하면서 스스로를 방어하고, 억압하고, 싫은 표시를 하고……. 이 모든 것은 그가 다음과 같은 사실을 듣지 않는 데 유용하게 쓰일 것이다. 즉 화자가 가장 덜 바보 같은 자이기에 유대인의 것이라 여겨지는 어떤 이야기에 등장하는 "왜 너는 나에게 진실을 말하려고 거짓말을 하느냐?"란 말이 그럼에도 철도 표지판이 크라코우가 아니라 렘베르크로 간다는 것을 읽어낼 수 있게 해주는 방편이 되는 것은 그것이 읽히는 책이 아니기 때문임을 말해준다는 것이다 — 아니 더 정확히 말하자면 문제를 깨끗이 해결하는 것은 역에서 발급된 기차표라는 것이다.

*그러나 쓰인 것의 기능은 표지판이 아니라 기찻길 그 자체이다. 내가 대상(a)라고 표기하는 것은 바로 해석에 대한 요구가 자리 잡고 있고 심지어 은신하는 곳이라고 할 무언가를 잉여-주이상스*plus-de-jouir *에 이르게 하는 철로이다.*

내가 꽃식물의 번식에서 꿀벌의 꿀 수집이 기여한 부분을 읽는다면, 제비들이 땅에 닿을 듯이 나는 모습에서 폭풍의 조짐을 읽는다면, 내가 해명해야 하는 것은 어떻게 해서 그것들이 내가 말한 사태를 가리키는 시니피앙이 되는가이다.

253 *여기서, 내가 '에크리'라는 단어를 나의 척도로 만든 것을 두고 누군가가 나더러 뻔뻔스럽다고 했던 기억이 난다. 그 일로 한 일본 여*

인이 흥분했는데, 이는 나에게는 놀라운 일이였다.

왜냐하면 그녀의 배려 덕분에 그녀의 모국어가 거주하는 곳으로 내팽개쳐졌음에도 나는 내가 그곳의 발치만을 더듬어보았을 뿐이라는 사실을 알지 못했기 때문이다. 내가 그 서체에서 이해할 수 있는 것이라고는 고작 감성이 그 서체에서 받아들인 것뿐이지만, 그 서체는 '음독on-yomi' 에서 '훈독kun-yomi' 까지 시니피앙을 울려퍼지게 했고, 그로 인해 시니피앙이 갈기갈기 찢겨지며 무수히 굴절되었는데, 더없이 보잘것없는 신문 쪼가리나 교차로의 표지판도 그러한 굴절에 부응하며 의지하고 있을 정도였다. 그 무엇도 수문水門들에서 흘러나오는 무수한 빛줄기들을, 천조대신天照大神에 의해 샘으로부터 탄생한 그 빛줄기들을 재생시키는 데 이만큼 도움이 되지 못한다.

그리하여 나는 말하는 존재가 그렇게 하면 무의식의 계략에서 벗어날 수 있다고 생각하기에 이르렀다. 무의식의 계략이 거기서 자신을 폐쇄시킴으로 인해 그 말하는 존재에 도달하지 못하게 된 것이다. 극한의 사례를 통해 나는 확신을 얻게 되었다.

여러분은 스테크리튀르[10]를 이해하지 못할 것이다. 오히려 잘된 일이다. 여러분에게 그것을 설명할 이유가 될 테니까. 그것이 답보 상태에 있다고 해도 여러분은 그냥 곤경embarras에 처하는 정도로 그칠 것이다. 보시다시피 내게 남겨진 곤경과 관련해서라면 나는 그것을 견디며 잘 살고 있는 편이다.

곤경이 의미가 있으려면 그 곤경은 심각한 것이어야 한다. 하지만 그러한 문제에 관해서라면 여러분은 나를 따를 수 있다. 즉 내가 이 세미나 전해에 행한 불안에 관한 세미나[11]에서 그 곤경이라는 말에

제 의미를 찾아주었다는 사실을 잊지 말기 바란다. 오로지 나를 통해야만 그러한 곤경에서 쉽게 빠져나갈 수 있다고 말한 건 바로 여러분이다.

여기서 읽히는 것이 사다리가 되어 여러분에게 도움을 줄 수 있기를 기대하지만 나는 여러분이 다시 내려오기 위해 올라가는 것은 원치 않는다.

한때 나의 말이었던 것을 다시 읽을 때 나는 그 이후에 내게 일어났던 일과 관련해 바보짓을 하지 않게끔 나를 보호해주었던 확실성 때문에 놀라지 않을 수 없었다.

내게 위험은 매번 전면적인 것처럼 보이고, 그것으로 인해 나는 피로해진다. J. A. M.이 내가 그러한 위험을 모면할 수 있게 해주었다고 해도 나는 여전히 그것이 여러분에게 아무것도 아닌 것이 아닐 것이라 생각하며, 뿐만 아니라 내가 그 위험을 모면한다면, 이는 내가 나 자신이 '믿고-쓰는'[12] 것보다 더 많은 것을 쓰기 때문이라고 믿게 된다.

일본보다 덜 '믿고-쓰는' 우리에게 「창세기」라는 텍스트가 주장하는 바가 무엇인지를 상기해보자. 그것은 시니피앙을 통해서가 아니면 '무로부터ex nihilo' 아무것도 창조되지 않는다는 사실이다. 이는 당연한 사실인데, 실제로 그것은 그 이상의 가치를 갖지 않기 때문이다.

골치 아픈 것은 실존이 시니피앙에 의존하고 있다는 사실이다. 말하기만이 실존의 증인이라는 것이다.

신이 스스로 그 점을 증명해준다는 사실에 따라 우리는 오래전부터 신을 제자리로 돌려놓아야 했다. 사람들이 지적했다시피, 『성서』

는 그 자리가 신화가 아니라 역사라고 가정한다. 이 점에 대해서는 마르크스가 제시한 복음도 전혀 다르지 않다.

끔찍한 사실은 모든 것의 근원이 되는 관계는 오로지 주이상스와 관련될 뿐이며, 또 종교가 주이상스에 투사하는 금지가 철학을 탄생시키는, 주이상스에 대한 공황恐慌과 공동체를 이루면서, 수많은 실체들이 단 하나의 고유한 실체에 대한 대체물로 나타난다는 점이다. 단 하나의 고유한 실체란 실재le réel라 할 수 있는 주이상스에 대해 말하는 것이 불가능함을 말한다.

이러한 '아래쪽의-시구'[13]는 이미 쓰인 것이 가장 덜 어리석은 말 254
하기를 만들어내는 시라는 형식을 통해 좀더 접근하기 쉬운 것이 되는 것은 아닐까?

만약 그것이 내가 분석이라는 새로운 담화에 대한 약속의 땅으로서 추정한 것이라면 그것은 구성해보아야 할 가치가 있는 것이 아닐까?

나는 관계의 부재야말로 말하는 이로 하여금 실재에 접근하도록 하는 것이라고 말하지만, 그럼에도 그 새로운 담화를 통해 그 관계를 기대할 수 있다는 뜻은 아니다.

그러나 세계로서 읽히는 무언가를 유발하기 위해 주이상스가 거치게 되는 경로들의 기교에서 우리가 읽게 되는 것, 그것이 존재onto —토토가[14] onto라고 적은 —를, 나아가 존재동어반복론[15]을 피할 만한 자격이 있다는 것을 우리는 인정하게 될 것이다.

이곳에서만큼은 그러할 것이다.

1973년 1월 1일.

주

1 파문

1. 본서에서 라캉은 자신의 세미나를 가리키기 위해 세미나(séminaire), 강좌[강연](conférence), 수업[강의](enseignement) 등을 사용하고 있다. 서로 다른 수업 형식을 지칭하는 이러한 용어의 혼재는 그의 세미나가 위치한 다양한 맥락에서 기인한다. 수강자들의 능동적 참여, 발제, 토론을 전제로 하는 세미나는 무엇보다 라캉이 자신의 수업을 지칭하기 위해 제시한 공식적인 명칭이다. 반면 라캉이 고등실천연구원(EPHE)에서 맡은 수업의 행정적 지위를 가리키는 경우 그는 강좌[강연]라는 용어를 사용하고 있다. 본서에서 '수업' 혹은 '강의'로 옮긴 enseignement은 라캉의 수업을 가리키는 가장 일반적인 용어로, 기존의 프랑스정신분석학회(APF) 혹은 장차 신설될 파리프로이트학교(EFP)에서 맡은 정신분석 교육 과정으로서의 세미나를 의미한다.
2. 1955년 출간된 『외과의학백과사전*L'Encyclopédie Médico-Chirurgicale*』 3권에 실린 라캉의 논문 「표준치료의 변형태」를 가리킨다. 이 논문은 1960년 삭제되었다가 본문에서 라캉이 암시한 바와 같이 1966년 『에크리』에 재수록되었다. Jacques Lacan, "Variante de la cure-type", in *Écrits*, Seuil, 1966.
3. Jacques Lacan, "Variante de la cure-type", in *Écrits*, 323쪽.
4. excommunication majeur. 교단으로부터의 퇴출을 의미하는 것으로, 성사의 금지만을 규정한 excommunication mineur(소파문)와 구별된다.
5. 앞에서 언급한 스피노자를 가리킨다.
6. fondement. '토대', '초석', '기초' 등을 뜻하는 fondement은 어원적으로 '아래에 있는 것', '항문' 등에서 유래한 말이다.
7. Kabbale. 원래는 '전수받는다'는 의미로서 『성서』에 해석학적으로 접근해 영적인

고양에 도달하는 것을 목표로 하는 유대교의 비의적인 이론, 실천의 총체를 뜻한다.

8. *pudendum*은 '성기', '음부'를 뜻한다. 카발라 의식에서 fondement을 뜻하는 *yesod*는 궁극적으로 '전수'라는 측면에서의 남녀 성기, 또는 그 성적 에너지를 의미한다.
9. schibbolet. 원래는 '강의 흐름'을 의미하나, 『구약성서』에서 갈라드 부족이 전쟁 중에 에프라임 부족 사람을 식별하기 위해 사용했다고 전해지는 암호이다. schibbolet를 발음하게 한 다음 sch 발음의 여부에 따라 에프라임 사람임을 식별했다는 데서 '잣대', '식별의 준거' 등의 의미를 갖게 되었다.
10. 인문과학과 자연과학의 경계선을 말한다.
11. revendication herméneutique. revendication이란 무언가가 자신의 소유물, 속성임을 주장하는 태도를 뜻한다. 해석학에 대한 필요성, 혹은 인간의 해석학적 본성에 대한 주장 등으로 이해할 수 있다.
12. Pierre Duhem(1861~1916).
13. Grand Œuvre. 연금술을 의미하는 관용적 표현이지만 직역하면 '위대한 작업', '대작'이라 번역된다.
14. Robert Oppenheimer(1904~1967).
15. agriculture는 '농업'이라는 뜻 외에 농업과 관련된 기술이나 그러한 기술의 전승을 위한 지식 체계를 가리키는 반면 agronomie는 과학으로서의 농학, 개념들과 그 개념들의 관계에 의해 구성되는 학문적 담화로서의 농학을 가리킨다. 이런 맥락에서 agriculture는 '농기술'로, agronomie는 '농과학'으로 번역해 구분하고자 했다.
16. Otto Fenichel(1897~1946). 라캉이 암시하고 있는 페니헬의 저서는 1941년 출간되어 국제정신분석학회(IPA)에서 정신분석 기술 교과서로 높은 평가를 받았던 『정신분석 기술의 문제들』이다. Otto Fenichel, *Problems of psychoanalytic technique*, Psychoanalytic Quartely Press, 1941.
17. 몰리에르(Molière), 『본의 아니게 의사가 된 사람*Le médecine malgré lui*』, 1666, 2막 4장 참조.
18. 원래 11번째 세미나로 계획되었다가 중단된 아버지의-이름들에 관한 세미나를 말한다. 그중 시행된 한 차례의 세미나는 자크-알랭 밀레에 의해 편집되어 『아버지의-이름들』이라는 제목으로 2005년에 출간되었다. Jacques Lacan, *Des Noms-du-Père*, Seuil, 2005.
19. Claude Lévi-strauss, *La pensée sauvage*, Plon, 1962.

2 프로이트의 무의식과 우리의 무의식

1. Jacques Lacan, *Le Séminaire livre X, L'Angoisse*, Seuil, 2004.
2. scopique. scopique은 '관찰하다', '주시하다' 등을 뜻하는 scope에서 파생된 형용사로서 욕망과 충동의 장으로서의 시각의 특성을 가리킨다. 라캉은 scopique이란 형용사를 사용해 pulsion scopique, champs scopique, fonction scopique 등의 용어들을 조합해내는데, 이는 모두 가시성의 영역에서 응시를 중심으로 이뤄지는 욕망, 환상, 충동의 메커니즘을 논점화하기 위한 용어들이다. 가령, 인식론적인 가시성의 영역과 밀접한 관련을 맺고 있는 기하광학적 원근법을 다룰 경우 라캉은 champs de la vision이란 표현을 쓰지만, 그것을 리비도적 장이란 차원에서 접근할 경우에는 champs scopique이란 용어를 사용한다. 본서에서는 visuel을 '시각적'이라 번역해 감각으로서의 시각을 강조한 반면, scopique은 '자세히 보다', '주시하다' 등의 의미를 담은 한자 관(觀)을 써 '시관적(視觀的)'이라 표기해 충동의 대상으로서의 '응시'와의 연관성을 부각시키고자 했다.
3. Louis Aragon, "Le contre-chant", *Fou d'Elsa*, Gallimard, 1963, 73쪽.
4. 위 시는 액자식으로 구성되어 있는 한 편의 시에 삽입된 것으로, 안-낫지(An-Nadjî)는 삽입된 이 시를 지었다고 가정되는 상상적인 시인이다.
5. 라캉의 세미나에서 le réel은 모순적이게도 '불가능성으로서의 실재'로서만이 아니라 일반적 의미에서의 '현실'이란 의미로 쓰인다. 그럼에도 본서에서는 이 용어를 '실재' 혹은 '실재적'이라는 하나의 시니피앙으로 통일했는데, 이는 무엇보다 le réel이라는 용어가 갖는 다의성이 개념의 불확실성이 아닌 그의 실재 개념이 갖는 위상학적 함의로부터 비롯된 것이기 때문이다. 개념 수준에서 실재와 현실은 '대립'과 '배제'의 관계에 있는 것처럼 보이지만, 위상학적 수준에서는 안과 밖이 구분되지 않는 '안으로 접힌 8'이나 뫼비우스의 띠의 관계다. 실재는 현실 바깥이 아니라 현실의 가장 깊숙한 곳에 있으며, 뫼비우스의 띠에서처럼 양쪽 사이의 이행을 허용한다. 실제로 라캉은 le réel이란 용어를 우리가 흔히 접할 수 있는 원초적 '현실'을 지칭하기 위해 사용하다가도 그러한 현실에 생긴 작은 틈새를 따라 우리를 자신의 '실재' 개념, 즉 '불가능한 것'으로서의 '실재' 개념으로 인도한다. 따라서 이러한 이행과 다의성을 살리기 위해, 문맥에 따라 용어를 분할하기보다는 되도록 하나의 용어로 통일해 의미의 스펙트럼을 유지하고자 했다.
6. Jacques Lacan, *Le Séminaire livre VI, Le Désir et son interprétation*, 미출간, 1958

년 12월 3일자 강의 참조. 여기서 언급되는 지능지수 검사관은 지능지수 테스트를 최초로 고안한 프랑스 심리학자 알프레드 비네(Alfred Binet, 1857~1911)를 암시한다.

7. force vive. 라이프니츠의 용어인 *vis viva*에 해당하는 프랑스어 번역어이다. 질량과 속도의 제곱의 곱으로 나타내지는 사물의 운동 에너지.
8. clocher. '잘못되다' 라는 뜻 외에 고어로 '절뚝거리며 걷다' 라는 뜻이 있다. '실패' 와 '헛디딤' 의 의미를 동시에 함축하는 표현이다.
9. *GW XVI*, 182쪽(「인간 모세와 유일신교」, in 『종교의 기원』, 352쪽).
10. 낙태전문 산파의 원어는 faiseuse d'anges로 직역하면 '천사를 만드는 여자' 이다. '림보(limbe)' 는 세례를 받지 못하고 죽은 유아처럼 지복직관(至福直觀)에 들지는 못했지만 벌을 받고 있지는 않은 사자(死者)들이 머무는 곳을 말한다. 라캉은 '태어나지 않은 것' 으로서의 '실재' 와 '억압' 의 관계를 '림보' 와 '낙태전문 산파' 의 관계에 비유하고 있다.
11. *GW II-III*, 530쪽(『꿈의 해석』, 612쪽).
12. 앙드레 라랑드가 1927년 편찬한 『철학비평 기술 사전』을 말한다. André Lalande, *Vocabulaire technique et critique de la philosophie*(1927), PUF, coll. Quadrige, 2002.
13. Georges Dwelshauvers, *L'Inconscient*, Flammarion, 1916.
14. *GW II-III*, 533쪽(『꿈의 해석』, 615쪽).
15. Theodor Reik(1888~1969), *Le Psychologue surpris: Devenir et comprendre les processus inconscients*, Denoël, 1976, 87쪽.
16. un. 프랑스어에서 un은 불특정 관사이며 숫자 '하나' 혹은 철학적 용어인 '일자' 를 뜻하지만 철자 자체만 놓고 보면 무의식을 뜻하는 독일어 단어 *Unbewußte*에서처럼 '아님', '없음' 을 뜻하는 접두사 *Un*을 연상케 한다. 라캉은 이 점에 착안해 '연속성' 에 선행하는 '불연속성' 으로서의 무의식에 대한 논의를 끌어들이는데, 이에 따르면 최초의 '하나(un)' 는 전체성, 통일성을 전제하는 '하나' 가 아니라 마치 *Unbewußte*처럼 결렬, 균열, 결여를 전제하는 '하나(un)' 이다. 같은 맥락에서 라캉은 다음 단락에서 무의식은 *Unbegriff*라고 말하는데, 여기서도 *Un*은 '비(非)' 라는 뜻이기보다는 '결여' 라는 뜻이며 이런 의미에서 *Unbegriff*는 '결여-개념', '결여의 개념' 이라고 이해할 수 있다.
17. *GW II-III*, 530쪽(『꿈의 해석』, 612쪽).

18. 지그문트 프로이트, 『일상생활의 정신병리학』, 1장 참조.

19. Ernest Jones, *La vie et l'œuvre de Sigmund Freud*, PUF, 1961, 2권, 445쪽.

20. 본서에서는 통상 '대타자' 혹은 '큰 타자' 라고 번역되는 Autre를 고딕체 **'타자'** 로 표기하고 '소타자' 로 번역되는 autre는 사람을 지칭할 때는 '타자' 로, 사물일 경우에는 맥락에 따라 '타자' 혹은 '다른 것' 으로 표기했다. 반면 **'대타자'** 라는 용어는 라캉이 명시적으로 grand Autre라고 말한 경우에 한정해 사용했으며 '타인' 이란 표현은 autrui에 한정해 사용했다. 라캉에게 Autre가 '대타자' 라고 번역될 수 있는 측면이 없는 것은 아니지만, 이는 상상적인 것과 상징적인 것의 대립 구도 속에서 주체와 타자의 비대칭적 관계를 부각시키는 경우에 한에서이다. 타자를 '다름' 이란 관점에서 접근할 경우 Autre와 autre의 차이는 규모나 크기의 문제가 아니라 특질의 문제다. 상상적인 것과 상징적인 것만을 놓고 볼 경우 우리는 대타자와 소타자라는 이분법을 편리하게 활용할 수 있지만, Autre가 타자의 실재성을 지칭할 경우 '대타자' 란 역어는 적당치 않다. 게다가 음성으로 진행된 라캉의 세미나에서 라캉 본인이 Autre grand A 혹은 grand Autre라고 명시하지 않는 이상, autre와 Autre의 차이는 식별되지 않는다. 그것은 이후에 문맥에 따라 세미나 편자인 자크-알랭 밀레에 의해 문자적으로 표기됨으로써만 식별되었다. 따라서 본서에서 autre와 Autre는 맥락에 따라서 의미가 규정되어야 한다는 점에서 '다름' 의 의미를 담고 있는 원래의 시니피앙을 남겨두고 대신 autre와 Autre의 차이를 구별하는 준거가 되는 소문자와 대문자를 고딕체 여부로 대체하기로 한다.

3 확실성의 주체에 관하여

1. "천상의 힘들을 꺾을 수 없다면 저승을 움직이련다." 고대 로마 시인 베르길리우스의 서사시 『아이네이스*Aeneis*』, 7절 312행. *GW II-III*, 613쪽(『꿈의 해석』, 699쪽).
2. Frederic William Myers(1843~1901).
3. Emilio Servadio(1904~1995).
4. *GW II-III*, 609쪽(『꿈의 해석』, 694쪽).
5. Jacques Lacan, "Le temps logique et l'assertion de certitude anticipée"(1945), in *Écrits*.
6. *GW II-III*, 558쪽(『꿈의 해석』, 641쪽).
7. *GW II-III*, 513쪽(『꿈의 해석』, 593쪽).

8. 윌리엄 셰익스피어, 『햄릿*Hamlet*』, 1막 5장 76행.
9. *GW II-III*, 521쪽(『꿈의 해석』, 602쪽).
10. *GW XII*, 293~294쪽(「여성 동성애가 되는 심리」, in 『늑대인간』, 373쪽).
11. Jacques Lacan, *Le Séminaire livre X, L'Angoisse*, 91~92쪽.
12. Jacques Lacan, *Le Séminaire livre V, Les formations de l'inconscient*, Seuil, 1998.

4 시니피앙의 그물망에 관하여

1. 2장의 옮긴이 주 16 참조.
2. point d'appui. 지렛대를 지탱하는 지점.
3. Jacques Lacan, *Le Séminaire livre VIII, Le transfert*, Seuil, 2001, 390~391쪽.
4. *GW II-III*, 519쪽(『꿈의 해석』, 600쪽).
5. Jacques Lacan, *Le Séminaire livre VII, L'Éthique de la psychanalyse*, Seuil, 1986, 63~64쪽.
6. 지그문트 프로이트, 『정신분석의 탄생』, 112쪽.
7. *GW II-III*, 541~542쪽(『꿈의 해석』, 623~624쪽).
8. maître. 문맥상 스승으로 번역될 수 있으나 현대 과학의 핵심이 '주인 담화'에서 '과학 담화', 혹은 '대학 담화'로의 이행에 있다는 점에서 '주인'을 병기한다.
9. 지각에 대한 퇴행적 투자 과정이라는 프로이트의 환각 개념을 말한다.
10. 스피노자, 『에티카』, 2부「정신의 본성과 기원에 관하여」, 정의 4 참조.
11. *GW VIII*, 374쪽(「전이의 역동에 대하여」(1915), in 『끝낼 수 있는 분석과 끝낼 수 없는 분석』, 44쪽).

5 투케와 오토마톤

1. en souffrance. souffrance는 '고통', '괴로움', '번민' 등을 의미하나 관용어구 en souffrance는 '미결의', '미처리된', '중단된'이란 뜻으로 *unterlegt, untertragen*의 원래 번역어에 해당한다. 라캉은 en souffrance라는 말을 문자 그대로 해석하면서 원래의 용어에 '고통'이란 의미를 덧붙이고자 했다.
2. Gustav Theodor Fechner(1801~1887).
3. Jacques Lacan, "Subversion du sujet et dialectique du désir dans l'inconscient

freudien"(1960), in *Écrits*.

4. explétif. 통사적인 구조상으로는 필수적인 요소가 아니지만 일반적으로 감정적 뉘앙스를 살리기 위해 사용되는 요소. 라캉이 예로 드는 ne는 원래 부정문을 만들 때 사용하는 기능적인 단어이지만 부정문이 아닌 경우에는 두려움, 촉구, 확신, 기대 등의 뉘앙스를 담는 허사이다.
5. impléance. '허사(explétif)' 와 대구를 이루는 용어로서 라캉이 만든 신조어이다. 허사가 문법적인 구성을 위해 드러나 있으면서도 의미는 없는 어휘를 가리킨다면, impléance는 그러한 허사를 통해 표현되는 내밀한 존재감, 현존 등을 가리킨다.
6. *GW II-III*, 514쪽(『꿈의 해석』, 594쪽).
7. François de La Rochefoucauld, *Réflexions ou sentences et maximes morales*(1664~1675), 136번째 금언.
8. 「쾌락원칙을 넘어서」 5절을 말한다.
9. signifiance. signification이 시니피앙의 효과라는 측면에서 '의미효과' 를 뜻한다면 signifiance는 의미효과를 만들어내는 '과정' 으로서의 시니피앙의 운동 자체를 뜻한다.
10. Henri Wallon(1879~1962).
11. gouache. 물, 꿀, 고무 등을 섞어 만든 불투명한 물감이다.

6 눈과 응시의 분열

1. regard. 철학사에서 regard는 인간의 시각이 갖는 지향성이란 관점에서 '시선' 이라는 용어로 번역되는 것이 일반적이다. 하지만 라캉의 regard는 인식론적, 실존적 함의가 아니라 리비도적 함의를 가지며 무엇보다 타자의 '욕망' 과 '결여' 라는 개념과 연동되어 있다는 점에서 본서에서는 '시선' 이 아닌 '응시', '바라봄' 이란 용어를 채택했다. '시선' 은 바라보는 행위의 뉘앙스를 살려주지 못하고 그에 대응하는 동사가 없는 반면, 응시는 시선에 담긴 욕망의 차원을 드러내줄 뿐 아니라 '응시하다' 와 함께 능동태와 수동태로 쉽게 변주될 수 있다는 장점이 있기 때문이다.
2. partie de signifiants. partie는 '일부', '파트', '게임', '놀이' 등의 의미를 갖는다. 수학적인 의미에서라면 정수부(整數部)에 대비되는 '시니피앙 파트' 라 해야겠지만 다른 한편으로 뒤에 나오는 카드놀이와 맥락을 이룬다는 점에서 '시니피앙의 놀이' 라고 풀이할 수도 있다.

3. *GW XIII*, 27쪽(「쾌락 원칙을 넘어서」, in 『정신분석학의 근본 개념』, 297쪽).
4. *GW XII*, 121쪽(『늑대인간』, 300쪽).
5. Maurice Merleau-Ponty, *Le Visible et l'Invisible*, Gallimard, 1964.
6. 프랑스 정신의학자인 앙리 에의 주관으로 1960년에 본느발(Bonneval)에서 열린 무의식에 관한 콜로키움. 무의식이라는 주제로 자크 라캉, 모리스 메를로퐁티, 조르주 랑테리로라, 앙드레 그린, 폴 리쾨르, 장 라플랑슈, 세르주 르클레르, 세르주 르보비치 등 당대의 철학자들과 정신의학자들이 참석했으며, 당시의 발표문들과 토론이 이후 앙리 에에 의해 편집되어 1966년에 출간되었다(Henry Ey ed., *L'Inconscient: VIe Colloque de Bonneval*, Desclée de Brouwer, 1966). 라캉의 논평은 라캉 자신에 의해 논문 형태로 쓰여 1964년에 앙리 에에게 제출되었고, 위 저서에 수록되었다가 이후 「무의식의 위치Position de l'inconscient」라는 제목으로 1966년 『에크리』에 재수록되었다.
7. pousse. 식물의 새싹이 돋아나는 과정이나 그렇게 돋아난 새싹 자체를 말한다. 정신의학적으로는 pousse au meurtre, pousse au crime 등과 같이 병리적인 맥락에서 충동과의 관련성을 연상시키는 행위의 원천을 지칭하는 말로 사용된다.
8. 본서 51쪽 참조.
9. 2장의 옮긴이 주 2 참조.
10. Roger Caillois, *Méduse et Companie*, Gallimard, 1960.
11. corps mimétisé. '의태된 신체' 라고 직역했으나 '모방된 대상으로서의 신체' 라는 뜻이 아니라 '무언가를 모방하기 위해 변이된 신체' 를 뜻한다.
12. vu는 voir의 과거분사이다. 문법적으로는 수동형이지만 의미론적으로는 언제나 주체의 입장에서 보는 관점을 함축한다. '보이는' 것이지만 언제나 주체 앞에서의 '보임' 이란 의미에서 그것은 주체가 '보는' 광경이다. 바로 이런 맥락에서 vu라는 말은 주체 측에서의 '보기', '관찰' 을 의미한다. 반면 donné-à-voir는 주체의 입장 이전에 세계 속에 볼거리로서 먼저 주어진 대상을 가리키는 것으로서, 주체 또한 대상과 마찬가지로 광경으로서 '보여질' 수 있는 가능성을 함축한다.
13. Paul Valéry, "La jeune Parque"(1917), in *Œuvres*, Tome 1, Gallimard, Bibliothèque de La Pléiade, 1957.
14. escamotage. 사물을 '숨기는' 마술이나 비슷한 유의 속임수를 말한다.
15. sentiment d'étrangeté. 사전적으로는 '생경함', '낯섦', '기이함' 을 의미하지만 무엇보다도 불안을 촉발하는 낯섦인 프로이트의 *das Unheimlich*를 함축한다.

16. 『장자』 내편 중 「제물론」에 등장하는 호접지몽. 라캉은 14번째 세미나 『환상의 논리학』에서 이 꿈에 대해 다시 논평하게 된다. Jacques Lacan, *Le Séminaire livre XIV, La logique du fantasme*, 미출간, 1967년 1월 25일자 강의 참조.
17. *GW XII*, 39쪽(『늑대인간』, 210쪽). 특히 이 책의 8장 참조.
18. Maurice Merleau-Ponty, *Le Visible et l'Invisible*, 293쪽.

7 왜상

1. tableau. 본서에서는 '회화', '그림'을 지칭하는 말로 peinture와 tableau가 사용되고 있다. peinture가 개별 작품을 포함해 그림 일반, 회화, 혹은 그리는 활동을 의미한다면, tableau는 회화사의 한 시점에 탄생한 회화의 한 형태로서 캔버스, 종이, 벽 등과 같은 경계선이 분명한 공간 속에 그려져 있거나 액자 속에 넣어진 휴대 가능한 그림을 가리키는 좀더 한정된 표현이다. 라캉이 이 세미나에서 탐구하는 시각의 장은 회화 일반, 즉 peinture가 아니라 스크린, 창틀, 환상이란 맥락 속에서, 그리고 기하광학적인 장치와 더불어 고려할 수 있는 tableau이다. 본서에서는 이 둘을 구별해 peinture를 '회화'로, tableau를 '그림'으로 번역했다.
2. George Berkeley(1685~1753).
3. voyure. 라캉이 '보다'의 의미를 지닌 동사 voir에 기초해 만든 신조어.
4. Maurice Merleau-Ponty, *Le Visible et l'Invisible*, 317쪽.
5. René Laforgue, *Essais sur la schizonoïa*(1925), Mont-blanc, 1965.
6. Jean-Paul Sartre, *L'Être et le Néant*(1943), Gallimard, coll. Tel, 1979, 298~299쪽.
7. géométral. 형용사 géométral은 사전적으로 상대성을 함축할 수밖에 없는 시점을 배제한 채 건축물이나 대상의 부분들의 크기, 형태, 배치 등을 표시하거나 측정할 수 있도록 고안된 장치의 특성을 의미하는 단어로 통상 '실측적'이라고 번역된다. 가령 plan géométral은 지역이나 건물을 시점을 배제한 채 공중에서 촬영하거나 그려낸 '조감도'를 의미한다. 하지만 라캉은 géométral이란 형용사를 '실측'이라는 의미로서가 아니라, 어원적으로 하나의 시점이 절대적 조망 속에서 전지적 시점을 획득하게 되는 허구적 장치를 가리키기 위해 사용했다. 이는 미술사에서는 사용되지 않는 라캉 고유의 용법일 뿐 아니라 라캉 자신도 『세미나』 11권에 국한해서만 사용한 표현이다. 본서에서는 이러한 광학적인 장치와 기하학의 어원적인 관계를 부각시키기 위해 이 용어를 '기하광학적'이라 번역했으며, 원근법의 시점이 출발하

는 점에 해당하는 point gémétral은 '기하광학적 조망점' 이라고 번역했고, optique géométrale은 말의 반복을 피하기 위해 '기하광학' 으로 축약했다.

8. Jurgis Baltrusaïtis(1903~1988), *Anamorphoses ou perspectives curieuses,* Olivier Perrin, 1955.
9. Jacques Lacan, *Le Séminaire livre VII, L'Éthique de la psychanalyse.*
10. Vitruvius(1세기경), *De architectura.*
11. Vignola(1507~1573), *Regola delli cinque ordini d'architettura*(1562), CNRS, 2003.
12. Leon Battista Alberti(1404~1472), *De la pintura,* 1435.
13. Denis Diderot, "Lettre sur les aveugles à l'usage de ceux qui voient"(1749), in *Œuvres complètes,* Gallimard, Bibliothèque de La Pléidade, 1946.
14. portillon. 알브레히트 뒤러(Albrecht Dürer)가 삼차원적 대상을 평면 위에 원근법적으로 표시하기 위해 만든, 네모난 틀과 끈으로 구성된 원근법기록기(perspectographe).
15. organe ad hoc. 특별한 때만 활동하는 임시 기관을 의미한다. 여기서 특별한 때란 발기 상태를 암시한다.
16. *Vanitas.* '허무' 를 뜻하는 라틴어이다. 16~17세기 북유럽에서 유행한, 인생의 덧없음과 현세의 쾌락의 순간성을 상징하는 사물들을 그린 정물화의 일종이다.
17. Heinrich Cornelius Agrippa de Nettesheim(1486~1533), *De incertitudine et vanitate scientiarum,* 1530.
18. 살바도르 달리(Salvador Dali), <기억의 고집La Persistance de la mémoire>, 1931.

8 선과 빛

1. 본서 138쪽 참조. 라캉은 이보다 먼저 『세미나』 7권에서 이에 대해 언급한 바 있다. Jacques Lacan, *Le Séminaire livre VII, L'Éthique de la psychanalyse,* 161쪽.
2. passez-muscade. muscade란 작은 코르크 공을 의미한다. '감쪽같이 사라져라!' 라는 뜻의 요술을 부리는 주문을 뜻한다.
3. faire tableau. 직역하면 '그림을 만들다', '그림이 되다' 이며, 관용적으로는 '그림 같은 장면을 연출하다', '그림 같은 포즈를 취하다' 등을 의미한다. 이러한 표현 속에서 라캉이 염두에 두는 것은 주체가 하나의 '광경' 이 되고 있다는 사실이다.

4. Maurice Merleau-Ponty, *Phénoménologie de la perception*, Gallimard, 1945, 351~365쪽.
5. Raymond Ruyer(1902~1987), *Le Néo-finalisme*, PUF, 1952.
6. damier. 원근법을 정립할 때 그림 속의 거리와 비례의 준거로 삼기 위해 화가가 서 있는 지점과 그림 사이에 있는 바닥을 체스판처럼 똑같은 크기의 정사각형으로 분할해놓은 것을 말한다.
7. 직역하면 '부분 밖의 부분'. 복수의 항들이 하나의 위치를 동시적으로 점유할 수 없는 공간 형태를 말한다.
8. Lucien Cuénot(1866~1951).
9. 생물이 현재 처해 있는 환경과는 다른 환경에 처하거나 생활 양식을 바꿔야 할 때, 그 자체 안에 이미 그것에 적합한 형질을 가지고 있어 적응과 같은 효과를 나타내는 현상.
10. trompe-l'œil. 여러 기교의 착시 효과를 통해 현실적인 느낌을 만들어내는 회화 기법이나 그러한 기법에 의해 만들어진 그림, 즉 눈속임-그림을 지칭한다. 본서에서는 엄밀한 의미에서의 '눈속임-그림'에 한정되지 않고 대개 그림 일반의 속성을 해명하는 차원에서 '눈속임'이라는 기능, 기법을 지칭한다는 점에서 '눈속임'으로 통일했다.
11. …… l'œil se repose du regard. 직역하면 '눈이 응시를 쉰다'.
12. pulsion invocante. '목소리'를 대상으로 하는 충동. invocant은 사전적으로 '애원', '기도', '호소' 등을 의미하는 invocation에서 파생된 형용사이다. 응시를 대상으로 하는 충동을 pulsion scopique라 칭한 것처럼 라캉은 목소리의 충동을 pulsion vocale(음성 충동)이나 pulsion auditive(청각 충동)가 아니라 pulsion invocante라 부르는데, 이는 충동의 대상이 단순한 목소리가 아니라 타자의 욕망과 연동되어 있는 목소리, 즉 타자의 '부름'임을 강조하기 위한 것이다. 타자의 '부름'과 '욕망'이란 요소를 부각시키기 위해 부를 호(呼)와 바랄 원(願)자를 써서 '호원 충동'이라 번역했다.

9 그림이란 무엇인가?

1. Maurice Merleau-Ponty, *Phénoménologie de la perception*, 354~355쪽.
2. bâtis와 charpente 모두 '틀', '뼈대'라는 함의를 갖지만, bâtis가 주로 창문의 창틀

을 지칭하는 반면, charpente는 건물을 지탱하는 목재나 철근 같은 골조를 가리킨다. 창문이 풍경을 볼 수 있는 이미지의 스크린이라면 그러한 이미지의 틀은 창틀(bâtis)이라 할 수 있을 것이다.

3. pouvoir séparatif. 광학 용어로 가까이 접해 있는 사물들을 분별해내는 능력을 뜻한다.
4. 「시편」 115장 5~6절 참조. "입이 있어도 말을 못하고 눈이 있어도 보지 못하고."
5. 「창세기」 1장 26절 참조. 인간은 하나님의 모습으로(Zelem Elohim) 창조되었다.
6. 레츠 추기경, 본명은 Jean-François Paul de Gondi.
7. Maurice Merleau-Ponty, *Signes*(1960), Gallimard, coll. Folio, 2001, 73~75쪽.
8. donner-à-voir. '보여주다' 를 뜻하며, '드러내다' 라는 의미의 montrer와는 구별되어야 한다. '보여주다' 라는 의미 외에 '증여' 와 '대상' 을 동시에 함축하는 표현이기 때문에 '볼거리를-주기' 로 번역했다.
9. pouvoir séparatif. 앞서 라캉이 시각의 변별 능력이란 의미에서 사용했을 때는 '식별 능력' 이라고 번역했지만 여기서는 라캉이 시각의 변별 능력을 인식론적 차원이 아니라 리비도의 차원으로 옮겨 치명적인 기능을 덧붙인다는 점에서 문자 그대로 '분리 능력' 이라 번역했다.
10. 『고백록*Les Confessions*』 I-7권에 등장하는 아우구스티누스의 사례.
11. '매혹', '주술' 그리고 남자의 성기인 '남근' 을 뜻한다.
12. invoquant, vocatoire, vocationnel은 어원적으로 '목소리' 의 장, 즉 호원 충동의 장을 가리키기 위해 사용된 형용사들이다.
13. Marcus Terentius Varro(BC 116~BC 27).
14. '상스러운 물건', '추한 물건' 을 의미한다.
15. allopathique. 어떤 병리적인 효과들에 대해 정반대 효과들을 산출해 치료하는 방법.
16. contre-œil. '눈에는 눈(l'œil contre l'œil)' 을 연상시키는 표현이다.
17. Jacques Lacan, "Maurice Merleau-Ponty", in *Le Temps Moderne*, n° 184, 1961. *Autres écrits*, Seuil, 2001에 재수록됨.

10 분석가의 현존

1. *GW X*, 317쪽(「전이 사랑에 대한 소견(1915)」, in 『끝낼 수 있는 분석과 끝낼 수 없는 분

석』, 142쪽).

2. Ida Macalpine, "The development of the transference", in *Psychoanalytic Quarterly*: 19, n°4, 1950.
3. Sacha Nacht, *La présence du psychanalyse*, PUF, 1963.
4. Jacques Lacan, "Fonction et champ de la parole et du langage", in *Écrits*.
5. scorie. 광재(鑛滓), 즉 광석으로부터 금속을 빼고 남은 찌꺼기이다.
6. 직역하면 '죽음의 머리', '해골'이며, 연금술사들이 증류를 하면 영혼이 날아간다는 의미에서 증류한 후 남은 찌꺼기를 뜻한다.
7. 원인을 없애야 효과가 사라진다.
8. 효과들이 사라지다.
9. 원인을 없애다.
10. Henri Ey, "Connaissance de l'inconscient", in *L'Inconscient, VIe Colloque de Bonneval*.
11. *GW X*, 129쪽(「기억하기, 되풀이하기 그리고 훈습하기」, in 『끝낼 수 있는 분석과 끝낼 수 없는 분석』, 110쪽).
12. Thomas Szasz, "The concept of transference", in *International Journal of Psychoanalysis*, vol. 44, 1963.
13. intellectualisation. 전통 정신분석에서 라캉을 비판하기 위해 사용했던 용어이다. 지성/감성의 대립을 함축한다는 점에서 '주지화'로 번역할 수 있지만 또한 라캉이 '정동(affect)'의 차원을 무시한 채 무의식의 동력학을 오로지 지식, 관념, 표상의 차원에서 접근함을 비판한다는 점에서 '관념화'로 번역할 수도 있다.
14. Henri Ey, "Connaissance de l'inconscient", in *L'Inconscient, VIe Colloque de Bonneval*, 13쪽.

11 분석과 진리 혹은 무의식의 닫힘

1. René Spitz, "Transference: the analytic setting and its prototype", in *International Journal of Psychoanalysis*, vol. 37, 1956.
2. se tromper. '오류를 범하다', '실수를 범하다' 라는 뜻 외에도 '자신을 속이다' 라는 의미를 가지며, 여기서는 뒤에 나오는 '다른 사람이 그 자신을 속인다' 라는 구절과 대구를 이룬다.

3. Herman Nünberg, "The will of recovery", in *International Journal of Psychoanalysis*, vol. 7, 1926.
4. *GW VI*, 127쪽(『농담과 무의식의 관계』, 148쪽).
5. res cogitans. 사유하는 것을 속성으로 갖는 것.
6. avortement. '유산', '사산' 등을 의미하나 본문에서는 아래 사용된 avorton이란 말과 맥락을 이루면서 '미완성', '조산'의 의미로 쓰이고 있다.
7. homoncule. 연금술사가 만들어내는 사람 모양의 창조물을 뜻하지만 고어로서 '난쟁이'라는 의미로 쓰이기도 한다.
8. trait unaire. 이항적 시니피앙의 체제 이전에 동일시를 가능케 하는 일항적 시니피앙을 의미한다. 이것은 어떤 특질로 환원되지 않는 '하나'의 표지로서, 의미가 형성되기 전에 타자 속에 주체를 자리매김하는 최초의 시니피앙이며 이런 의미에서 '이항적 시니피앙'과 대조를 이룬다. trait를 '특질'이 아니라 '표지'라고 한 것은 그것이 특질 이전의 시니피앙일 뿐 아니라, 의미의 소통을 전제로 하는 말의 질서가 아닌 '쓰인' 것의 질서에 속하기 때문이다.
9. redoublé. '안감을 댄 것처럼', '속이 꽉 차 있는 것처럼'이라고 번역할 수도 있다.
10. stéréotypie. 무의미한 말이나 운동, 행위를 지속적으로 반복하는 증상.
11. contraposition réciproque. contraposition은 어원적으로 '반대의 위치에 놓는 것', 사전적으로는 논리학의 '대우명제'를 뜻한다. 본문에서는 상징적인 것의 구성 원리라고 할 수 있는 두 항 간의 대립 관계를 암시하는데, 이러한 대립 관계를 opposition이 아닌 contraposition이라고 부른 것은 그것이 특질적인 것, 실질적인 대립이 아니라 어느 한 변별적인 특질의 부재와 현존, +와 −로 약호화될 수 있는 두 항 간의 형식적인 대립이기 때문이다. 또 contraposition réciproque는 opposition réciproque(상호대립)를 연상시키는 말로, 그러한 이항대립이 상대 항의 입장에서 전도될 수 있는 것임을 암시한다.
12. Michael Balint, *Primary love and psycho-analytic technique*, Hogarth, 1952.
13. Jacques Lacan, *Le Séminaire livre IX, L'Identification*, 미출간, 1962년 5월 16일자 세미나.
14. *GW II-III*, 541~543쪽(『꿈의 해석』, 623~625쪽).

12 시니피앙들의 행렬 속에서의 성욕

1. mener la danse. 사전적으로는 '춤을 리드하다', '어떤 집단적인 행동을 주도하다' 라는 뜻의 숙어로 각각의 항들을 관계짓고 작동시키는 구조의 작용을 가리키기 위한 표현이다.
2. Léopold de Saussure(1866~1925). 페르디낭 드 소쉬르의 동생이며 중국학자이다. Léopold de Saussure, *Les Origines de l'astronomie chinoise*, Maisonneuve, 1930.
3. Paul Ricœur, "Le conscient et l'inconscient", in *L'Inconscient, VIe Colloque de Bonneval*.
4. 나는 욕망한다.
5. *GW II-III*, 135쪽(『꿈의 해석』, 172쪽).
6. 지그문트 프로이트, 「정신적 기능의 두 가지 원칙」(1911), (『정신분석학의 근본 개념』).
7. Jacques Lacan, *Le Séminaire livre IX, L'Identification*, 1962년 4월 11일자 강의 참조.
8. bord. 사전적으로는 '가장자리', '테두리', '가두리' 이지만 위상학적으로 경계의 지점, 이쪽도 아니면서 저쪽도 아닌 지점, 맞물려 있는 지점 등을 가리킨다는 점에서 '가두리' 로 번역했다. 영어 번역어인 *rim*에 해당하는 우리말인 '테두리' 도 가능한 번역어일 수 있으나 '테두리' 는 어떤 물리적 형태로 둘러쳐져 있는 '둘레' 를 강조한다는 점에서 위상학적 함의를 전달하지 못하는 한계가 있다.
9. 1954년 출간되어 선풍적인 인기를 끌었던 폴린 레아주의 성애소설 『O양 이야기』를 풍자한 것이다. Pauline Réage, *Histoire d'O*, Jean-Jacques Pauvert, 1954.
10. *GW I*, 263쪽(『히스테리 연구』, 47쪽).
11. 문자 그대로 해석하면, "심지어 무언가가 그에게로 되돌아오기 시작합니다. 그것이 그에게로, 그의 집에서부터도 되돌아옵니다 — 당신은 그것에 정신이 팔려 있어요" 가 된다. 한편으론 억압된 것의 회귀를 연상시키지만, 뒤 문장은 이러한 회귀가 브로이어의 부인의 비난을 통해 되돌아오는 것임을 보여준다는 점에서 주체의 메시지를 타자가 전도된 형태로 되돌려주는 것을 연상시킨다.
12. 다니엘 라가슈를 가리킨다. Daniel Lagache, *La Psychanalyse*(*Que sais-je?* 문고 시리즈), PUF, 1955.
13. 본명은 Georges Guibourg(1891~1970)로 프랑스의 작가, 배우, 가수.

14. Viridiana. <비리디아나>는 루이스 부뉴엘(Luis Buñuel)의 1961년 영화이며 또한 이 영화의 주인공 이름이기도 하다.
15. Jacques Lacan, *Le Séminaire livre VIII, Le transfert.*

13 충동의 분해

1. démontage. 문자 그대로 풀이하면 몽타주(montage)를 해체하는 것이다. '몽타주'란 초현실주의의 '콜라주' 처럼 여러 개의 이질적 요소들을 이어 만든 조립품을 말한다.
2. *GW XIII*, 38쪽(「쾌락 원칙을 넘어서」, in 『정신분석학의 근본 개념』, 308쪽).
3. *GW XV*, 101쪽(『새로운 정신분석 강의 』, 128쪽).
4. *GW X*, 210쪽(「본능과 그 변화」, in 『정신분석학의 근본 개념』, 102쪽).
5. Jacques Lacan, *Le Séminaire livre VII, L'Éthique de la psychanalyse*, 1장 참조. Jeremy Bentham, *The Theory of fictions*(1932).
6. 어떤 종류의 물리적 효과가 하나의 물리량뿐 아니라 그 물리량의 분포 상태에 따라 정해질 때 정의되는 양.
7. 삼킬 자를 찾나니. 이 구절은「베드로전서」5장 6절의 다음과 같은 구절을 연상시킨다. "사자같이 두루 다니며 삼킬 자를 찾나니."
8. exigence. 육체적인 수준에서의 '명령', '필연성', '절박함' 을 함축하는 것으로서 충동의 맹목적인 요구를 뜻한다.
9. 호메로스, 『일리아스*Illias*』 XIV권, 85~91행.
10. 마르셀 뒤샹(Marcel Duchamp)의 미완성 작품 <그녀의 독신자들에 의해 발가벗겨진 신부조차도La mariée mise à nu par ses Célibataires, même>(1915~1923)를 암시한다.
11. Jacques Lacan, "Position de l'inconscient", in *Écrits*, 847쪽 각주 1 참조.

14 부분 충동과 그 회로

1. 활은 생명이라는 이름을 부여받으며 그것의 작품은 죽음이다.
2. Edward Glover(1888~1972), "Freudian or neo-freudian", in *Psychoanalytic Quarterly*, n° 33, 1964.

3. Jacques Lacan, "Intervention au premier congrès mondial de psychiatrie"(1950), in *Autres écrits*.
4. Herman Alexander Diels. *Die Fragmente der Vorsokratiker*, Griechisch-deutsch, 1903.
5. réversion.이 세미나에서 라캉은 충동의 왕복 운동, 그리고 그러한 왕복 운동에서의 역전을 가리키는 말로 réversion, inversion, retournement이라는 세 개의 용어를 쓰고 있다. inversion이 '역전', '전도'를 뜻한다면, retournement은 '돌아옴', '회귀'를 의미한다. réversion은 이 두 단어를 집약적으로 나타내주는 것으로서 '회귀'와 '역전'을 동시에 의미한다는 점에서 '전회(轉回)'라고 번역할 수 있다.
6. *GW X*, 220쪽(「본능과 그 변화」, in 『정신분석학의 근본 개념』, 115쪽).
7. *GW V*, 83쪽(『성욕에 관한 세편의 에세이』, 77쪽).
8. *GW X*, 212쪽(「본능과 그 변화」, in 『정신분석학의 근본 개념』, 103쪽).
9. Jacques Lacan, *Le Séminaire livre I, Les Écrits techniques de Freud*, Seuil, 1975, 240~241쪽.
10. forcer. '힘으로 밀고 지나가다', '뚫고 지나가다', '몰아대다'라는 뜻으로서 '위반', '넘어섬'의 뉘앙스를 담고 있다.

15 사랑에서 리비도로

1. Léon Bloy, *Le Salut par les juifs*, 1892.
2. miam-miam. 먹는 즐거움이나 먹고 싶은 심정을 암시하는 감탄사이다.
3. *GW X*, 229쪽(「본능과 그 변화」, in 『정신분석학의 근본 개념』, 127쪽).
4. 타인의 행복을 바라다.
5. Sigmund Freud, *Cinq psychanalyses*, PUF, 1954. 마리 보나파르트(Marie Bonaparte)와 루돌프 뢰벤슈타인(Rudolph M. Lœwenstein)이 '도라', '꼬마 한스', '늑대인간', 슈레버', '쥐인간' 등 프로이트의 다섯 개의 사례를 묶어 편역한 책으로 1954년 처음 출간되었다.
6. '용해하다', '융합하다'라는 뜻의 독일어 *verschmelzen*에 해당한다.
7. Joan Riviere, "Womanliness as a Masquerade", in *International Journal of Psychoanalysis*, vol. 10, 1912, 303~313쪽.
8. Le numéro deux se réjouit d'être impair. 원래는 베르길리우스의 유명한 시 구절

인 *Numero deus impare gaudet*(신은 홀수를 좋아한다)를 앙드레 지드가 자신의 책 『팔뤼드』에서 프랑스어로 번역하면서 말놀이를 한 것이다. André Gide, *Paludes* (1895), Gallimard, 1973.

9. autrifié. autrifier의 과거분사 형태이다. autrifier란 '타자', '다른 것'을 뜻하는 autre를 가지고 만든 라캉의 신조어이다. 타자를 경유해 주체로 회귀하는 충동의 구조적 특성을 가리킨다.
10. se faire chier는 직역하면 '자신을 똥싸게 하다'가 된다. 하지만 관용적으로 '애를 먹다', '괴롭힘을 당하다' 등을 의미하기도 한다.
11. 충동의 화살표가 귀환하는 모습이 호주머니 모양을 그린다는 것을 염두에 둔 표현이다.
12. homelette. 인간을 뜻하는 프랑스어 단어 homme에 '소(小)'를 뜻하는 접어 -lette를 붙여 달걀 요리 오믈렛과 동음이의어를 만든 것이다. 인간은 알을 깨고 나와 인간이 되지만 그럼으로써 깨진 존재, 분열된 존재가 된다는 것을 암시하는 말이다.
13. 롱구스, 『다프니스와 클로에*Daphnis et Cloé*』, 575.
14. se donner un mal de chien. '죽도록 고생하다'라는 뜻의 관용어이지만 여기서 라캉은 이 어구를 문자 그대로 풀이해 사용하고 있다.

16 주체와 타자 — 소외

1. sacrification. 문신이 신체의 피부에 그림이나 문자를 새겨넣는 일이라면 sacrification은 피부를 도려내거나 상처를 내 표시하는 것을 말한다.
2. Ernest Jones, "Le developpement precoce de la sexualité féminine"(1927), in *Théorie et pratique de la psychanalyse*, Payot, 1969.
3. *à la can*tonade. cantonade는 사전적으로 '무대 뒤', '막후' 등을 뜻하고 은유적으로는 '앞에 보이지 않는 불특정 다수'를 의미하는 것으로서 불특정 다수의 총체인 타자를 가리킨다. 한편 발음상 à la cantonade는 '아 라 캉토나드'로 발음할 수 있는데, 라캉이 여기서 à la can(아라캉)에 강세를 준 것은 정신분석의 타자 개념이 라캉 자신의 이론적 구성에서 온 것임을 암시하기 위해서이다.
4. à bon entendeur salut. 직역하면 "말귀를 알아들을 수 있는 자는 안녕!"으로 "귀 있는 자는 들을 지어다"라는 『성서』 표현에서 온 관용구이다.
5. cri. 누군가를 '부르는' 울음소리나 외침을 의미한다.

6. *vel.* 영어의 접속사 *or*에 해당하는 라틴어 단어로서 '~이거나' 에 의해 연결된 선언 명제의 논리를 의미한다.
7. 직역하면 다음과 같다. "그 자신과 같은 시니피앙을 가리키는 데 사용된 시니피앙과 그 자신과 다른 시니피앙을 가리키는 데 사용된 시니피앙은 동일한 시니피앙이 아니라는 겁니다."
8. Serge Leclaire, "Le rêve à la licorne", in *Psychanalyser: Essai sur l'ordre de l'inconscient, et la pratique de la lettre*, Seuil, 1968.
9. 헤겔, 『정신현상학』, 6장을 참조할 것.
10. George Sand, *L'Histoire du véritable Gribouille*(1850), Albin Michel, 1987.

17 주체와 타자(II) — 아파니시스

1. Jacques Lacan, *Le Séminaire livre I, Les Écrits techniques de Freud*, 215쪽.
2. Jacques Lacan, *Le Séminaire livre IX, L'Identification*, 1961년 11월~12월, 특히 12월 13일자 강의 참조. *einziger Zug*에 대해서는 프로이트의 『집단 심리학과 자아 분석』 중 동일시를 다룬 7장에서 두번째 동일시를 참조할 것.
3. *GW XIV*, 474쪽(『문명 속의 불만』, 292~293쪽).
4. Jacques Lacan, *Le Séminaire livre VI, Le Désir et son interprétation*, 1958년 11월 26일자 강의 참조.
5. Jean Laplanche, "L'inconscient: une étude psychanalytique", in *L'Inconscient, VIe Colloque de Bonneval*, 111쪽. 라플랑슈는 이곳에서 Représentant représentatif 라는 용어를 제시한 후 1968년에 퐁탈리스와 함께 불역한 메타심리학에 관한 프로이트의 논문들에서 이 용어를 공식적인 번역어로 채용한 바 있다. Sigmund Freud, "L'inconscient", in *Métapsychologie*, Gallimard, 1968, 82쪽.
6. Jacques Lacan, *Le Séminaire livre VIII, Le transfert*, 315~385쪽.
7. Raymond Queneau, *Le Dimanche de la vie*, Gallimard, 1952.
8. '나는 가면을 쓴 채 전진한다' 라는 뜻의 데카르트의 모토.
9. '죽은 듯이 복종하라.' 엄격한 금욕 속에서 교황과 교단에 대한 충성을 뜻하는 예수회의 모토.
10. un cadavre dans le placard. 원래는 속내에 숨기고 있는 '은밀한 비밀' 이나 '바람' 을 뜻하는 관용적인 표현이다.

11. 이 단락에서는 '길'과 관련해 chemin, voie, passage라는 세 개의 표현이 사용되었다. chemin이 방향성이 담겨 있는 '길', 출발점과 목적지를 전제로 하는 '길'이라면 voie는 장애물을 제거해 앞으로 나아갈 수 있도록 뚫어놓은 '길'을 뜻한다. 반면 passage는 길과 길을 옆으로 잇는 좁은 '통로', '샛길'을 의미한다.
12. '정신신체적 현상'이란 정신과 신체에 동시에 관계된 것을 지칭한다. 정신의학적으로 볼 때 부분적으로나 전체적으로 '심인성'에 의해 발생할 수 있는 유기적 · 기능적 신체 현상을 의미한다.
13. induction. 원래는 '배(胚)'가 발생하는 도중 한 부분이 다른 부분에 영향을 미쳐 기관이 형성되는 현상을 가리키는 생물학적 용어이다. 본문에서는 시니피앙 자체는 아니지만 시니피앙에 의해 유도되어 발생한 현상을 뜻한다.

18 알고 있다고 가정된 주체, 최초의 이항체, 선에 대하여

1. se solidifier. '고체가 되다', '응고되다'라는 뜻이지만 solidarité(연대)라는 말에서 볼 수 있듯이 항들 간의 견고한 관계를 함축한다는 점에서 pétrifier(굳어지다)와는 구별된다.
2. '하나' 혹은 '혼자'를 뜻하는 holo라는 접두사에 '문장'을 뜻하는 phrase를 결합해 만든 합성어. 하나의 단어가 분절된 요소들을 포함하지 않으면서 문장으로서의 통사적인 기능을 수행하는 경우를 지칭한다.
3. Maud Mannoni, *L'Enfant arriéré et sa mère*, Seuil, 1964. 모 만노니(1923~1998)가 출간한 책으로서 라캉이 쇠이유 출판사에서 기획한 '프로이트의 장' 총서의 첫 번째 간행물이다.
4. 앞에서 언급한 모 만노니가 아니라 옥타브 만노니(Octave Mannoni)를 가리킨다.
5. '사랑하다'라는 뜻의 aimer 동사가 쓰였기 때문에 우리말 어법상 '좋아한다'로 번역했지만, 여기서 라캉이 궁극적으로 겨냥하고 있는 것은 인간이 aimer라는 시니피앙을 통해 표현하는 사랑이라는 감정이다.

19 해석에서 전이로

1. 라캉의 열두번째 세미나 『정신분석의 주요 문제들』(1964~1965)을 가리킨다. Jacques Lacan, *Le Séminaire livre XII, Problèms cruciaux pour la psychanalyse,*

미출간.

2. 장 라플랑슈를 가리킨다.
3. 「잠든 보아스Booz endormi」는 빅토르 위고의 시집 『세기의 전설*La légende des siècles*』(1859)에 실려 있는 교과서적이면서 매우 대중적인 시이다. 라캉은 이 시를 세미나 3권 『정신병*Les psychoses*』과 「무의식에서의 문자의 심급L'instance de la lettre dans l'inconscient ou la raison depuis Freud」(1957)에서 분석한 바 있다.
4. Serge Leclaire, "Le rêve à la licorne", in *Psychanalyser: Essais sur l'ordre de l'inconscient, et la pratique de la lettre.*
5. résolution. '용해', '해결', '해소' 등을 뜻하는 단어로, 라캉은 이 단어를 '절대적'을 의미하는 absolu와 짝을 만들어 공명시키고 있다. '절대적' 이란 의미의 absolu는 근거가 되는 모든 실체적인 것이 용해되어 과정이나 행위만 남아 있는 지점을 지칭하기 위한 형용사이다.
6. ectopie. 태생적으로 이뤄진 인체 기관의 위치 이동이나 비정상적인 배치를 의미하지만 어원적으로는 '이동한 것', '이탈된 것' 을 뜻한다.
7. escamotage, miroir aux alouettes. escamotage는 사물을 '감추는' 마술이나 속임수를 뜻하고, miroir aux alouettes는 종달새를 잡을 때 덫으로 사용되는 '거울 장치' 를 말한다.
8. 선(善)을 뜻하는 그리스어이다.
9. Jacques Lacan, "Remarque sur le rapport de Daniel Lagache", in *Écrits.*
10. 수선할 때 수선할 천을 받치기 위해 사용하는 달걀 모양의 나무토막.
11. Jacques Lacan, *Le Séminaire livre III, Les psychoses,* Seuil, 1981 참조.
12. atopia. '장소' 를 의미하는 topos에 '부정' 을 뜻하는 접두사 a를 붙여 만든 합성어로 '특정 장소에 고정될 수 없으며', 따라서 '위치를 헤아릴 수 없는 곳' 을 뜻한다.
13. Theodore Reik, *Écouter avec la troisième oreille*(1948), Claude Chou, 2002.
14. *GW XVII*(「방어 과정에서 나타난 자아의 분열」(1938), in 『정신분석학의 근본 개념』).

20 네 안의, 너 이상의 것을

1. Félicité Robert de Lamennais(1782~1854).
2. Edmund Bergler, *La Névrose de base*(1949), Payot, 1963.
3. 19세기 프랑스 북동부 도시 에피날에서 유행했던 민생을 주제로 한 채색목판화.

4. Guillaume Apollinaire(1880~1918), "Les Mamelles de Tirésias"(1917), in *Œuvres poétique*, Gallimard, Bibliothèque de la Pleiade, 1965.
5. 프로이트의 기술적 용어인 *durcharbeiten*은 '관통'과 '지속'을 의미하는 접두사 *durch*에 '노동하다', '일하다'를 의미하는 동사 *arbeiten*을 붙여 만든 합성어이다. 영어로는 *working through*라고 번역되고 프랑스어로는 perlaboration이라고 번역된다. 이는 분석 과정에서 환자가 '저항'을 극복하고 분석적 진리로 접근하는 지속적인 과정을 의미한다. 작업을 지속하면서 저항을 극복한다는 맥락에서 '돌파하기', '답파하기'로 번역할 수 있다.
6. élaboration. 앞의 *durcharbeiten*에서 *arbeiten*에 해당하는 프랑스어 역어이다.

후기

1. 1966년 출간된 라캉의 선집 제목이지만, 글자 그대로 번역하면 '쓰인 것'이다. 이하 책의 제목을 의미하는 곳에선 『에크리』라고 번역했지만 그 이면에 쓰인 것이라는 함축이 담겨 있음을 주지해야 한다. 반면 책의 제목이 아닌 경우는 '쓰인 것'이라고 번역했다.
2. '나중에', '이후에' 등을 의미하는 접두사 post에 '지우다'를 의미하는 effacer를 붙여 만든 신조어. '후기를 쓰다'라는 의미의 동사 postfacer의 대구로 사용되었다.
3. poubellication. '쓰레기통'을 의미하는 명사 poubelle와 '출판'을 뜻하는 명사 publication을 합쳐 만든 신조어.
4. p'oublier. '출판하다'를 뜻하는 동사 publier와 '망각하다'를 의미하는 동사 oublier를 합쳐 만든 신조어.
5. '부정'을 나타내는 접두사 in에 '번역하다'를 의미하는 동사 traduire를 붙여 만든 신조어. 여기서는 '도입하다'에 해당하는 동사 introduire와 대구를 이루면서 그것을 변조한 형태라는 점에서 '번역이 불가능하게 도입하다'라는 의미로 이해할 수 있다.
6. école maternelle. '유치원'을 의미하지만 직역하면 '모성적 학교'. 앞에 나오는 '탈모성화'라는 단어와 대구를 이룬다는 점에서 '모성적 학교'라고 직역했다.
7. s'alphabêttisant. '문자를 익히다'라는 뜻의 대명 동사 s'alphabétiser와 '짐승'을 뜻하는 명사 bête 혹은 '어리석음'을 뜻하는 bêtise를 합쳐 만든 신조어. 문자를 익히는 것과 '어리석음'을 같은 맥락에서 파악하는 말로 이해할 수도 있으며 제임스

조이스의 『피네건의 경야*Finnegan's Wake*』에 등장하는 '알파벳 동물'이라는 말을 연상시키기도 한다.

8. 프랑스어 발음의 원칙상 g는 뒤에 어떤 모음이 오느냐에 따라 다르게 읽힌다. 가령 girafe의 g가 [ʒ]발음으로 읽힌다면 guenon의 g는 [g] 발음으로 읽힌다.
9. se poussah, ah!. se pousser와 ah!를 합쳐 만든 신조어. 여기서 se pousser는 '집요하게 ~을 하다' 내지는 '~을 밀어붙이다'를 뜻한다. 따라서 '아! 하는 탄성과 함께 집요하게 ~을 하다' 정도로 번역할 수 있다. 한편 poussah는 명사로서 '오뚝이'를 의미하기도 한다.
10. stécriture. '성인'을 뜻하는 saint의 약자 st와 '글쓰기'를 뜻하는 명사 écriture를 붙여 만든 신조어. 또한 '이 글쓰기'라는 말에 해당하는 프랑스어 어구 cette écriture와 발음이 같다.
11. Jacques Lacan, *Le Séminaire livre X, L'Angoisse*, 1장 참조.
12. écroire. '쓰다'를 뜻하는 동사 écrire와 '믿다'를 뜻하는 동사 croire를 합쳐 만든 신조어.
13. stance-par-en-dessous. 앞에서 등장한 '실체'라는 말에 해당하는 substance를 문자 그대로 풀이한 것이다.
14. Toto. '누군가', '혹자' 등을 뜻하는 구어적인 표현이며, 주로 프랑스 농담에 등장하는 남자 주인공을 가리키는 이름으로 사용된다.
15. ontotautologie. 존재론, 즉 ontologie와 동어반복을 의미하는 tautologie를 합쳐 만든 신조어.